阳明学研究新论

第六辑

邓朝勇 李承贵 主　编
王蜀黔 戴　岳 副主编

中国社会科学出版社

图书在版编目（CIP）数据

阳明学研究新论. 第六辑 / 邓朝勇，李承贵主编 . —北京：中国社会科学出版社，2024.1
ISBN 978-7-5227-2994-7

Ⅰ.①阳…　Ⅱ.①邓…②李…　Ⅲ.①心学—文集　Ⅳ.①B244.8-53

中国国家版本馆 CIP 数据核字（2024）第 034007 号

出 版 人	赵剑英
责任编辑	郝玉明
责任校对	谢　静
责任印制	张雪娇

出　　版	中国社会科学出版社
社　　址	北京鼓楼西大街甲 158 号
邮　　编	100720
网　　址	http://www.csspw.cn
发 行 部	010-84083685
门 市 部	010-84029450
经　　销	新华书店及其他书店
印　　刷	北京明恒达印务有限公司
装　　订	廊坊市广阳区广增装订厂
版　　次	2024 年 1 月第 1 版
印　　次	2024 年 1 月第 1 次印刷
开　　本	710×1000　1/16
印　　张	21.75
插　　页	2
字　　数	342 千字
定　　价	128.00 元

凡购买中国社会科学出版社图书，如有质量问题请与本社营销中心联系调换
电话：010-84083683
版权所有　侵权必究

《贵阳学院学报》（社会科学版）
"阳明学研究"专栏
贵阳学院阳明学与黔学研究院
2020 年论文选编

主　　　编：邓朝勇　李承贵
副　主　编：王蜀黔　戴　岳
编委会成员（以姓氏笔画为序）：
　　　　　　王建蕊　韦嘉卉　刘继平　刘晓华
　　　　　　任　健　赵平略　蓝泰凯

王阳明心学的学术精神（代序）

李承贵

王阳明认为，"学术"不是某些人的私有财产，而是天下之公器，是天下人共享的公理。阳明说："夫学术者，今古圣贤之学术，天下之所公共，非吾三人者所私有也。天下之学术，当为天下公言之，而岂独为舆庵地哉！"[1] 所谓"公言"，就是为天下人主持公正，说公道话。那么，"学术"怎样才能为天下人说公道话呢？答案就在阳明的学术精神中。

客观精神。阳明虽然钟情于对经书的新解，虽然期待对先贤的超越，虽然致力于对争鸣的突破，但对学术的客观性仍然怀有虔诚的敬畏。在阳明看来，作为学术研究的对象，在没有进入思考、研究之前，都应该是完整无缺的存在，都应该是毫无雕饰的存在，而不应该有随意的删改、主观的损益。顾惟贤曾咨询阳明编撰杨简文集的事，并将"欲摘其尤粹者再图翻刻"的想法告知阳明，但此想法遭到了阳明的否定。阳明说："承寄《慈湖文集》，客冗未能遍观。来喻欲摘其尤粹者再图翻刻，甚喜。但古人言论，自各有见，语脉牵连，互有发越。今欲就其中以己意删节之，似亦甚有不易。莫若仅存，以俟具眼者自加分别。"[2] 阳明的意思很清楚，就是为了后人能够完整地了解、研究杨简的思想，编撰杨简著作最理想的做法是尽力保持原貌，不能根据编者的喜好进行删改、损益。而当下阳明学研究中，对文献随意删改、增减现象仍然司空见惯。有学者为了研究的方便，随意删除自己认为无价值的文献，使阳明思想不能完整地呈现，从而导致研究的结论陷于片面；也有学者为了使自己的

---

[1] 《答徐成之二》，《王阳明全集》（中），上海古籍出版社2017年版，第892页。
[2] 《与顾惟贤》，《王阳明全集》（中），第1100—1101页。

"创新观点"不被证伪,故意将不利的文献删去,或者视而不见。学术研究一般的叙述逻辑是,在对问题进行全面、深入研究之后,才进行总结并给出结论。然而有的研究与此相反,在进入正式研究之前,就对尚未系统、深入研究的问题予以定性,阳明称之为"先有个意见"。阳明说:"大凡看人言语,若先有个意见,便有过当处。"① 在阳明看来,若是在分析、研究某个问题之前就有了"意见",接下来的研究只是为了这个"意见"寻找依据,只是为了论证这个"意见"的正确性,只是照葫芦画瓢,那么这种研究不仅无法深入下去,甚至无法展开,至于研究的客观性更是一种奢望,当然只能是"过当"。遗憾的是,在当今阳明学研究中,我们也时常遭遇"先有个意见"现象。比如,将王阳明心学贴上"神秘主义""主观唯心论""唯我主义""天下第一学问"等标签后,再煞有介事地论证这些"意见"的合理性。朱陆异同仍然是阳明时代学界争论的焦点之一,那么阳明是怎样的态度呢?有王舆庵者是象山而非朱熹,有徐成之者是朱熹而非象山,具体情形是肯定象山的王舆庵批评朱熹无"尊德性"、肯定朱熹的徐成之批评象山无"道问学"。但阳明认为二人皆不切实际而各有所偏。因为根据阳明的考证,重"尊德性"的象山并不排斥"道问学"、重"道问学"的朱熹并不排斥"尊德性",所以王、徐二人皆局于一隅。那么,王舆庵与徐成之为什么犯这样的错误呢?因为二人都是从私心出发,都是出于个人的喜好,都是意气用事,都未能全面地、事实地认识和理解象山或朱熹的思想,从而有失公正。阳明说:"今二兄之论,乃若出于求胜者,求胜则是动于气也。动于气,则于义理之正何啻千里,而又何是非之论乎!凡论古人得失,决不可以意度而悬断之。"② 因此,阳明特别强调全面了解、真实把握、公正评判对于学术争鸣的意义。阳明说:"仆尝以为君子论事当先去其有我之私,一动于有我,则此心已陷于邪僻,虽所论尽合于理,既已亡其本矣。"③ 但在当今阳明学研究中,人们对于学术争鸣或者不置可否,一团和气;或者偏于私情,于亲近者不顾事实地赞美,于疏远者不顾事实地批判;或者囿于

---

① 《传习录上》,《王阳明全集》(上),第40页。
② 《答徐成之一》,《王阳明全集》(中),第888页。
③ 《答徐成之二》,《王阳明全集》(中),第889页。

好胜之心，意气用事，固执而孤傲，无人能入其法眼。总而言之，阳明关于完整保存杨简文集而不使其遗漏的建议，关于研究问题不应"先有个意见"的主张，关于学术争鸣必须尊重基本事实的要求，集中体现了依照事物本身认识、理解和评价事物的精神，此即阳明的学术客观精神。作为以传承、弘扬阳明学为使命的当代阳明学研究，自然应该传承与弘扬阳明的客观精神。而这种传承与弘扬的最有效体现，就是在阳明学研究实践中贯彻其客观精神，使"意必固我"远离阳明学研究。

怀疑精神。阳明虽然礼敬先贤，虽然尊重经典，但从不为先贤、经典所束缚，而是提倡独立思考、不断追问，认为学术研究有疑问才会有开新、有思考才会有进步。王阳明礼敬先贤但绝不是无原则非理性的崇拜。在王阳明时代，学术思想界有两大权威，一个是至圣孔子，一个是先贤朱子，天下人为学求道，无不以孔子是非为是非，无不以朱子是非为是非。但阳明认为，一个人的学术思想能不能得到他的认同和称许，不是他有多高的地位，也不是他有多大的学问，而是他的学问中有没有"良知"，有没有"本心"。阳明说："夫学贵得之心。求之于心而非也，虽其言之出于孔子，不敢以为是也，而况其未及孔子者乎？求之于心而是也，虽其言之出于庸常，不敢以为非也，而况其出于孔子者乎？"① 就是说，孔子的言论固然可敬，朱子的言论固然可亲，但若是与"良知"相悖，不管是孔子还是朱子，都将失去阳明的信任，都将被列为怀疑的对象。然而当下的阳明学研究中，于王阳明几乎是千篇一律的歌颂、赞美，将王阳明奉为完美无缺之人。王阳明虽然敬畏经典但绝不沉迷经典。在王阳明看来，儒家经典当然不能被轻慢，需要认真学习、切身体悟、虚心消化，但也绝不能膜拜而丧失自我。阳明说："凡看经书，要在致吾之良知，取其有益于学而已。则千经万典，颠倒纵横，皆为我之所用。"② 对阳明而言，经书只是澄明"本心"的工具或方式，经书所诉说、所追求、所传播的是"良知"。若是相反，经书并不以论述"良知"、传播"良知"为目的，反而要求对之顶礼膜拜，经书赞成的不许反对，经书反对的不许赞成，从而蜕变成禁锢思想的牢笼，怎么还值得信赖呢？然而

---

① 《答罗整庵少宰书》，《王阳明全集》（上），第76页。
② 《答季明德》，《王阳明全集》（上），第238页。

当下的阳明学研究中，于阳明学经书文献大多是极力圆融其抵牾、高扬其价值，少有理性分析和怀疑。王阳明对先贤的学说同样是既尊重又怀疑。朱熹主张"格天下之物"，而且是"今日格一物，明日格一物"。阳明对朱熹"格物"说提出质疑："天下之物如何格得？且谓一草一木亦皆有理，今如何去格？纵格得草木来，如何反来诚得自家意。"[①] 尽管朱熹对"格物"的解释是当时学术思想界的标准答案，但王阳明仍然挑战其权威、质疑其合法性，并由此提出新的学问方向："乃知天下之物本无可格者，其格物之功，只在身心上做。"[②] 从而提出"心即理"命题，推动儒学朝心学方向转移。然而在当下的阳明学研究中，于阳明心学、阳明后学多是不遗余力地鼓吹，赞其为最完美的思想体系，颂其为最有价值的学说，而对其缺陷、不足只字不提。概言之，阳明对以学术权威为是非标准的否定，对定经书为金科玉律的质疑，对为天下人已习惯接受的学术观点的挑战，无不体现了对任何人、任何事、任何观点、任何主张都不盲从、不迷信、不人云亦云而予以理性思考、全面检讨的怀疑的精神，此即阳明的学术怀疑精神。而在当今的阳明学研究中，不仅怀疑精神稀缺，不仅看不到具有批评意义的逆向研究，而是千遍一律的鼓掌、清一色的赞美，诸如"20世纪是阳明心学的世纪""阳明心学可以解决人类一切问题""阳明学可以拯救人类"等无知且狂傲的论调。因此，当下的阳明学研究应该自觉地引入阳明的怀疑精神，展开逆向研究，使阳明学研究回归理性。

包容精神。王阳明虽然批评朱子，虽然批判佛老，虽然与甘泉有学问上的缝隙，但阳明从未全盘否定朱子，也从未将佛老说得一无是处，对湛甘泉更是肯定和欣赏。阳明说"心外无物，心外无事，心外无理，心外无义"，因而"心"含宇宙万物，容纳万有，故包容精神是阳明心学本有之义。我们都知道王阳明对朱子学不感兴趣，批评朱子"格物穷理"，批评朱子学沉迷经书、嗜于词章、考索名物，但并没有全面否定朱子学。阳明说："平生于朱子之说如神明蓍龟，一旦与之背驰，心诚有所未忍，故不得已而为此。'知我者，谓我心忧；不知我者，谓我何求。'

---

① 《传习录》下，《王阳明全集》（上），第135页。
② 《传习录》下，《王阳明全集》（上），第136页。

盖不忍抵牾朱子者，其本心也；不得已而与之抵牾者，道固如是，不直则道不见也。执事所谓'决与朱子异'者，仆敢自欺其心哉？"①即谓他批评朱子绝不是出于私意，而是"道"之使然。因此，他异于朱子者、同于朱子者概不隐瞒："君子之学，岂有心于同异？惟其是而已。……吾于晦庵之论有异者，非是求异；其同者，自不害其为同也。"②可见，阳明对朱子的态度并非极端的否定，而是理性的包容。阳明虽然批评佛教为大偏之学，指责佛教有体无用、有内无外，有上达无下学，有明明德无亲民，所谓"彼释氏之外人伦，遗物理，而堕于空寂者，固不得谓之明其心矣"③。但阳明并没有完全否定佛教的作用与价值，反而肯定佛教也是"道"。阳明说："二氏之用，皆我之用。即吾尽至性命中完养此身，谓之仙；即吾尽性至命中不染世累，谓之佛。但后世儒者不见圣学之全，故与二氏成二见耳。譬之厅堂，三间共为一厅，儒者不知皆我所用，见佛氏则割左边一间与之，见老氏则割右边一间与之，而己则自处其间，皆举一而废百也。圣人与天地民物同体；儒、佛、老、庄皆吾之用，是之谓大道。二氏自私其身，是之谓小道。"④对阳明而言，佛教与儒学、老庄一样，都可以为己所用，这是"大道"；佛老虽然是"小道"，但也在"大道"之中，因而也是有益于我的"道"。阳明说："虽小道，必有可观。如虚无、权谋、器数、技能之学，非不能超脱世情，直于本体上得所悟入，俱得通入精妙。但其意有所着，移之以治天下国家，便不能通了。故君子不用。"⑤这样，阳明以"大道"胸怀容纳了佛教这样的"小道"——"释氏之所以为释，老氏之所以为老，百姓日用而不知，皆是道也"⑥。阳明与湛甘泉在学术旨趣上存在分歧，特别是不能认同"随处体认天理"说。阳明说："致知格物，甘泉之说与仆尚微有异，然不害其为大同。"⑦虽有异，但不妨碍大同，足见阳明对学术异见者的大度。

---

① 《答罗整庵少宰书》，《王阳明全集》（上），第88页。
② 《答友人问》，《王阳明全集》（上），第233页。
③ 《与夏敦夫》，《王阳明全集》（上），第200页。
④ 《补录·传习录拾遗》，《王阳明全集》（下），第1301页。
⑤ 《续传习录》，《王阳明全集补编》，上海古籍出版社2018年版，第330页。
⑥ 《寄邹谦之》，《王阳明全集》（上），第229页。
⑦ 《答方叔贤》，《王阳明全集》（上），第206页。

不仅如此，他还热情地肯定、欣赏甘泉。阳明说："晚得友于甘泉湛子，而后吾之志益坚，毅然若不可遏，则予之资于甘泉多矣。甘泉之学，务求自得者也。世未之能知其知者，且疑其为禅。诚禅也，吾犹未得而见，而况其所志卓尔若此。则如甘泉者，非圣人之徒欤？多言又乌足病也！夫多言不足以病甘泉，与甘泉之不为多言病也，吾信之。吾与甘泉友，意之所在，不言而会；论之所及，不约而同；期于斯道，毙而后已者。"① 由这段文字看出，阳明不仅感恩甘泉在学问上对自己的帮助，不仅驳斥视甘泉之学为禅的论调，肯定甘泉学问的圣人之学性质，而且以甘泉为圣学同道而自豪，甚至愿为弘扬圣人之道一同殉身。无疑，阳明对朱子、佛教、湛甘泉都是其所是、美其所美，对合"道"的部分一律予以肯定和欣赏，所表现的是包容缺点、瑕疵、过错以及不同意见的包容精神，此即阳明的学术包容精神。不过令人遗憾的是，包容精神在当今的阳明学研究中也成了稀缺之物。在阳明学研究组织上，各自为政、自立山头者有之；在阳明学研究心态上，嫉妒他人、排斥异己者有之；在阳明学研究成就上，唯我独尊、轻视新人者有之。而在具体的研究实践中，不能容忍对阳明心学缺陷的揭露，不能容忍对阳明后学缺点的批评，同样是学术上的狭隘的行为。如此种种，都是与阳明的学术包容精神背道而驰的，都是无助于阳明学研究开展和进步的。因此，以传承、弘扬阳明心学为使命的当代阳明学研究，怎么能置阳明学术包容精神于不顾呢？宜当以之激励自己、鞭策自己也矣！

关怀精神。虽然阳明学术旨趣是反身向内、求诸于心，但"心外无物"之"心"是宇宙的心，是民众的心，是关怀的心。因而在阳明这里，"道"是天下之公理，"学"是天下之公学，此"道"此"学"必须为天下人作主，为天下人说公道话。阳明说："夫道，天下之公道也；学，天下之公学也。非朱子可得而私也，非孔子可得而私也。天下之公也，公言之而已矣。"② 所谓"公言"，就是为天下人言，就是为天下人主持公道，就是为天下人的生命、生计、生活发声陈情。那么，怎样发声陈情呢？当然不是空喊漂亮口号，而是对天下生命的真切关怀。阳明说："德

---

① 《别湛甘泉序》，《王阳明全集》（上），第257—258页。
② 《答罗整庵少宰书》，《王阳明全集》（上），第88页。

不可以徒明也。人之欲明其孝之德也，则必亲于其父，而后孝之德明矣；欲明其弟之德也，则必亲于其兄，而后弟之德明矣。君臣也，夫妇也，朋友也，皆然也。故明明德必在于亲民，而亲民乃所以明其明德也。故曰一也。"① 就是说，"明明德"不是美德的自我表演，也不是文字上的宣讲、阐发，而是将此"德"体现于实际事务中，体现于对天下人的关怀上。这种关怀就是揭露现实社会的丑陋。阳明说："天下所以不治，只因文胜实衰，人出己见，新奇相高，以眩俗取誉，徒以乱天下之聪明，涂天下之耳目，使天下靡然争务修饰文词，以求知于世，而不复知有敦本尚实、反朴还淳之行。"② 天下何以不能得到满意的治理？因为人们务虚名、轻实事，人人争相己见，个个沽名钓誉。阳明何以要揭露社会的阴暗呢？因为他忧心社会的沉沦，因为他期待社会的昌盛。这种关怀就是关心人民的生计。阳明说："臣惟财者民之心也，财散则民聚；民者邦之本也，本固则邦宁。"③ 既然散财于民才能聚民心，所以必须将财富分发给百姓，这样国家才能巩固，社会才能安宁。因而阳明将百姓的生计放在心中，以百姓的生命为自己的生命。当了解到吉安等县"本年自三月至于秋七月不雨，禾苗未及发生，尽行枯死，夏税秋粮，无从办纳，人民愁叹，将及流离"。阳明毫无半点迟疑，旋即为吉安等县向朝廷申请免税和赈济："今远近军民号呼匍匐，诉告喧腾，求朝廷出帑藏以赈济，久而未获，反有追征之令。……今朝廷亦当有宽恤之令矣，亦当有振济之典矣！"④ 百姓遭受灾害，要求政府免去税收，要求国家开仓济民，这就是阳明的关怀精神。这种关怀就是让天下人逃离苦痛。阳明说："生民之困苦荼毒，疾痛之切于吾身者乎？不知吾身之疾痛，无是非之心者也。是非之心，不虑而知，不学而能，所谓良知也。……古之人所以能见善不啻若己出，见恶不啻若己入，视民之饥溺犹己之饥溺，而一夫不获，若己推而纳诸沟中者，非故为是而以蕲天下之信己也，务致其良知，求自慊而已矣。"⑤ 阳明指出，"致良知"就是以生民困苦荼毒为己之困苦

---

① 《亲民堂记》，《王阳明全集》（上），第251—252页。
② 《传习录》上，《王阳明全集》（上），第9页。
③ 《计处地方疏》，《王阳明全集》（上），第476页。
④ 《乞宽免税粮急救民困以弭灾变疏》，《王阳明全集》（上），第474—475页。
⑤ 《答聂文蔚》，《王阳明全集》（上），第89—90页。

荼毒，就是视人之饥溺如己之饥溺，就是帮助穷困老弱病残者脱离苦海。可见，对现实问题的关注，对百姓生命的体贴，对民众苦痛的关切，所体现的正是承认人是价值生命的存在、文化的生命存在、主体生命的存在、权利生命的存在和社会发展核心的存在之关怀精神，此即阳明的学术关怀精神。然而遗憾的是，在当今阳明学研究中，虽然论文满天飞舞、著作纷至沓来、课题花样百出，但另一面却是阳明学研究者的无病呻吟、逃避现实、袖手旁观，甚至粉饰太平，不能将阳明学与现实社会问题结合起来，不能正视现实问题，更不能揭露社会的阴暗，这与阳明的关怀精神是格格不入的。因此，当今的阳明学研究必须重塑阳明的关怀精神，将阳明学研究与当今社会问题结合起来，揭露社会阴暗、关心民生疾苦、鞭挞社会不公，探讨阳明学对当今社会问题解决的贡献，使阳明学术关怀精神充分体现于当今阳明学研究中。

创新精神。阳明虽然重视圣贤之学的传承，虽然重视对前人思想的保护，但更重视学术的创新。阳明并不满足于先贤留下的思想资产而停滞不前，并不愿意将先贤留下的思想资产当作炫耀的资本，更不认为先贤留下的思想资产可以原封不动地应对社会课题，因而他必须创新。阳明心学之所以成为独特的学说，迥异于朱子，超越于孟子，就在于它的创新精神。诚如阳明所说："议论须谦虚简明为佳，若自处过任，而词意重复，却恐无益而受损。"[①] 在阳明看来，若为学只是重复叙述，毫无创新，则非但无益，反而受损。可以说，阳明心学从头到尾、从内到外都洋溢着创新精神。"良知"说虽然是孟子的发明，但只有王阳明将其推向了新境界。阳明说："某于良知之说，从百死千难中得来，非是容易见得到此。"[②] 由此看来，"良知"的觉悟完全得益于阳明的生命体验。那么，阳明之于"良知"说究竟贡献了什么呢？阳明将"良知"的圆满性、明澈性、直觉性、准则性、能动性等进行了全面、深入的阐释和发明，使"良知"作为人之本有善能明晰起来；阳明还将孟子"求放心"发展为"致良知"，强调将"善体"诉诸生活，依良知纠正恶行，依良知推动善行，而且时时如此、处处如此。可见，阳明的确为孟子的"良知"说注

[①] 《与黄宗贤书》，《王阳明全集补编》，第367页。
[②] 《传习录拾遗》，《王阳明全集》（下），第1290页。

入了新内容，使之成为儒家"良知"说的新标杆。"诚意"是《大学》"八条目"的成员之一，本无特殊地位，但经由阳明别开生面的解释，"诚意"成为"八条目"的核心。何以见得？"格物致知"不过是"诚意"的工夫，阳明说："格物致知者，诚意之功也。"① "修身"也不过是"诚意"的工夫，而"诚意"中使"心"廓然大公，便是"正心"。阳明说："修身工夫只是诚意。就诚意中体当自己心体，常令廓然大公，便是正心。"② 这样，格物、致知、修身、正心被确定为以"诚意"为核心的具有内在逻辑关系的"工夫整体"，而且规定了这个整体的精神方向，即"诚纯意念，反身向内"，所以阳明说："《大学》之要，诚意而已矣。"③ 阳明的学术创新精神不仅表现在学说理论上，也表现在对概念、命题的独特诠释上。比如，有学者请教阳明，孔子所说"远虑"何意？阳明的解答是："'远虑'不是茫茫荡荡去思虑，只是要存这天理。天理在人心，亘古亘今，无有终始；天理即是良知，千思万虑，只是要致良知。良知愈思愈精明，若不精思，漫然随事应去，良知便粗了。若只着在事上茫茫荡荡去思教做'远虑'，便不免有毁誉、得丧、人欲，搀入其中，就是'将迎'了。"④ 通常情况下，"远虑"被解释为长远谋划、周详考虑，但阳明认为，如果"远虑"中没有"天理"，终究还是茫茫荡荡去"远虑"，这种"远虑"将会被毁誉、得丧、人欲俘虏，因而孔子所言"远虑"必须"存天理"，这就是道德对知识的渗透与护航。这种解释不仅表现出义理的厚度，而且体现了"心学"特质。当人们津津乐道于释"格物"之"格"为"至"的时候，阳明却破天荒地释"格"为"正"，阳明说："格者，正也。正其不正以归于正也。"⑤ 这种大胆的解释不能不说令人耳目一新。对于孔子的"上智与下愚不移"命题，人们习惯于"上等人（聪明人）与下等人（愚笨人）关系固定不变"的解释，并顺合了孔子的等级观念。但阳明又贡献了神奇一语："不是不可移，而是不肯

---

① 《答王天宇二》，《王阳明全集》（上），第138页。
② 《〈大学〉古本傍释》，《王阳明全集》（下），第1318页。
③ 《大学古本原序》，《王阳明全集》（下），第1320页。
④ 《传习录》下，《王阳明全集》（上），第124—125页。
⑤ 《传习录》上，《王阳明全集》（上），第28页。

移。"① 这种令人瞠目结舌的颠覆性解释，不仅显示了王阳明朴素的平民意识，而且提升了人们成为圣贤的自信。概言之，阳明对前贤学说的发展与丰富、对经书中义理的新诠与调整、对哲学概念或命题的发微与增新、对先贤语录的大胆阐发和修改等，充分体现了突破常规思维、超越常人思路、想前人之未想、发前人之未发的创新精神，正所谓"君子之学，渊静而精专，用力于人所不知之地，以求乎自慊，故能笃实光辉，久而益宏，愈挹而愈不可尽"②。唯有创新才能笃实而光辉、才能历久弥新、才能取之不竭！与此形成鲜明对比的是，当今的阳明学研究大多沉迷于文献的点校与整理，醉心于重复性叙述，热衷于鸡汤式解读，述而不作，抱残守缺，孤芳自赏，鲜有令人振奋的创新性成果。因此，当今的阳明学研究应该毫无迟疑地引入阳明的学术创新精神，不仅要传承阳明学、传播阳明学，更应该创新阳明学、发展阳明学，从而真正做到"创新性发展"。

《阳明学研究新论》第六辑收集了约26篇阳明学研究论文，涉及王阳明心学思想与实践研究、心学与理学关系研究、佛老与心学关系研究、阳明后学研究、心学的传承与发展研究、心学传播场所研究等领域。这些研究成果都努力地体现了客观精神、怀疑精神、包容精神、关怀精神、创新精神等阳明学术思想的核心品质，分别对各自领域的研究作出了突出贡献，对于推进阳明学研究都将产生积极的影响。

---

① 《传习录》上，《王阳明全集》（上），第36页。
② 《半江赵先生文集叙》，《王阳明全集补编》，第141—142页。

目　录

一　王阳明心学思想与实践研究

王阳明的"格竹"与"竹有君子之道" ………………………… 乐爱国(3)

龙场悟道的人文心境
　　——王阳明"戊辰四记"钩沉 ………………………………… 李振纲(15)

"心即理"何以成为阳明心学的基石？
　　——王阳明对"心即理"的传承与论证 ……………………… 李承贵(28)

知行合一：人文教育的根本原则 ……………… 张祥云　李俏丽(47)

从书院到乡约
　　——王阳明乡治思想研究 …………………………………… 崔树芝(69)

二　心学与理学关系研究

新鹅湖之会高端会讲
　　——朱子学与阳明学的现代交锋
　　……… 主持人：李承贵　会讲人：朱汉民　蔡方鹿　董　平　吴　震(87)

三　阳明后学研究

道德主体性的拆散
　　——阳明后学的分化 ………………………………………… 张海晏(135)

《明儒学案》与阳明学的分派 ………………………………… 汪学群(169)

张居正与阳明后学 ……………………………………… 陈寒鸣(185)

四 阳明心学的传承与发展研究

唐君毅以"气"论拓展阳明心学的理论尝试 ……………… 张　倩(209)
全面理解阳明学的三个维度 ……………………………… 徐春林(222)
论阳明学"良知共通性"的可能性
　　——以海德格尔现象学和伽达默尔解释学为视角 ……… 张小琴(234)

五 阳明心学与佛老关系研究

悟致知焉尽矣
　　——禅学对诠释王阳明思想的一个启发 ……………… 方旭东(249)
转仙释之识，成"儒门"之智
　　——儒释道三教关系视域下的阳明心学思想
　　　建立之检讨 …………………………………… 黄　诚　包滢晖(266)
殊途同归：论焦竑对王阳明"三教一道"思想的
　　发展与转变 ……………………………………… 米文科(286)

六 阳明心学相关问题考辨研究

阳明后学南直隶书院考论 ……………………… 关泽田　崔海东(301)
赵大洲非泰州学派考辨 …………………………………… 唐东辉(315)

一　王阳明心学思想与实践研究

王阳明的"格竹"与"竹有君子之道"*

乐爱国**

王阳明早年亭前"格竹"而"不得其理",但事实上,他又从竹子中获得了感悟,讲"竹有君子之道"。他尤其对天地之道有较多的认知。王阳明"龙场之悟"讲"圣人之道,吾性自足","求理于事物者误也",后来又批评朱熹"即物而穷其理"是"析'心'与'理'而为二",提出"格物之功,只在身心上做",但事实上,他非常重视研究外部事物,强调"知所先后",讲"须能尽人之性,然后能尽物之性"。

朱熹《大学章句》作"格物致知补传",以为"天下之物莫不有理",因而要求学者"即凡天下之物,莫不因其已知之理而益穷之,以求至乎其极",直至"一旦豁然贯通焉,则众物之表里精粗无不到,而吾心之全体大用无不明矣",这就是所谓"即物而穷其理"。① 王阳明早年追随朱熹的"格物致知",曾亭前"格竹"而"不得其理","遂相与叹圣贤是做不得的",后来,他又以龙场悟道"大悟格物致知之旨"而认为"求理于事物者误也",于是放弃了朱熹的"格物致知"之说。问题是,王阳明真的是"格竹"而"不得其理"吗?事实上,王阳明曾从竹子中获得了感悟,明了了"竹有君子之道",而他的"龙场之悟"讲"圣人之道,吾性自足",讲的是圣人之道、君子之道,就是吾性,并不在竹

---

* [基金项目] 2019 年国家社会科学基金后期重点项目"朱熹《论语》学阐释:问题与新意"(项目编号:19FZXA001)。
** [作者简介] 乐爱国,1955 年生,男,浙江宁波人,厦门大学哲学系教授、博士生导师;兼任国际儒学联合会理事、中华孔子学会理事、中国哲学史学会理事。主要研究方向:宋明理学、朱子学、阳明学。
① (宋)朱熹:《四书章句集注》,中华书局 2012 年版,第 6—7 页。

子，不在外部事物。后来，他又批评朱熹"即物而穷其理"是"析'心'与'理'而为二"，并在晚年讲述早年亭前"格竹"而"不得其理"而提出"格物之功，只在身心上做"。问题是，"格物之功，只在身心上做"是否意味着不去研究竹子之理，不去研究外部事物？

一 王阳明的竹子情缘

宋人喜爱竹子，苏轼《于潜僧绿筠轩》曰："可使食无肉，不可使居无竹。无肉令人瘦，无竹令人俗。"① 朱熹讲"理"，也讲竹子之理。《朱子语类》载："理如一把线相似，有条理，如这竹篮子相似。"指其上行篾曰："一条子恁地去。"又别指一条曰："一条恁地去。又如竹木之文理相似，直是一般理，横是一般理。有心，便存得许多理。"② 这里虽然讲竹子之理，但认为此理存于心中。

王阳明之祖父王伦也喜爱竹子，据说，他"性爱竹，所居轩外环植之，日啸咏其间。视纷华势利，泊如也。客有造竹所者，辄指告之曰：'此吾直谅多闻之友，何可一日相舍耶？'学者因称曰竹轩先生"③。所谓"直谅多闻之友"，即《论语·季氏》载孔子曰："益者三友，损者三友。友直，友谅，友多闻，益矣。友便辟，友善柔，友便佞，损也。"显然，王伦称竹子为"吾直谅多闻之友"，意在从竹子中获得了较多的人生感悟。

王阳明早年亭前"格竹"。他曾自述："初年与钱友同论做圣贤要格天下之物，如今安得这等大的力量？因指亭前竹子，令去格看。钱子早夜去穷格竹子的道理，竭其心思，至于三日，便致劳神成疾。当初说他这是精力不足，某因自去穷格。早夜不得其理，到七日，亦以劳思致疾。遂相与叹圣贤是做不得的，无他大力量去格物了。"④ 也就是说，王阳明早年亭前"格竹"，结果是"不得其理"，于是放弃了朱熹所谓"格物"。

---

① （宋）苏轼：《于潜僧绿筠轩》，载《苏轼诗集合注》第 1 册，（清）冯应榴辑注，黄任轲、朱怀春点校，上海古籍出版社 2001 年版，第 425 页。
② （宋）黎靖德编：《朱子语类》第 1 册，王星贤点校，中华书局 1986 年版，第 100 页。
③ 《王阳明全集》下册，吴光、钱明、董平等编校，上海古籍出版社 2011 年版，第 1530 页。
④ 《王阳明全集》上册，吴光、钱明、董平等编校，上海古籍出版社 2011 年版，第 136 页。

然而，王阳明居贵州龙场期间，建君子亭，"环植以竹，而名之曰'君子'"，并撰《君子亭记》，其中说到"竹有君子之道"。他说："竹有君子之道四焉：中虚而静，通而有间，有君子之德；外节而直，贯四时而柯叶无所改，有君子之操；应蛰而出，遇伏而隐，雨雪晦明无所不宜，有君子之时；清风时至，玉声珊然，中采齐而协肆夏，揖逊俯仰，若洙泗群贤之交集，风止籁静，挺然特立，不挠不屈，若虞廷群后，端冕正笏而列于堂陛之侧，有君子之容。竹有是四者，而以'君子'名，不愧于其名；吾亭有竹焉，而因以竹名名，不愧于吾亭。"①认为竹有君子之道包括四个方面，即君子之德、君子之操、君子之时、君子之容，并且认为，"竹有是四者，而以'君子'名，不愧于其名"。从《君子亭记》讲"竹有君子之道"可以看出，与早年亭前"格竹"而"不得其理"不同，此时王阳明从竹子中获得了感悟，明了了君子之道。

王阳明建君子亭，"环植以竹"，表明他对竹子的喜爱，而且从竹子中感悟到的肯定不只是君子之道。据《传习录》载："良知一而已：文王作《彖》，周公系《爻》，孔子赞《易》，何以各自看理不同？"先生曰："圣人何能拘得死格？大要出于良知同，便各为说何害？且如一园竹，只要同此枝节，便是大同。若拘定枝枝节节，都要高下大小一样，便非造化妙手矣。汝辈只要去培养良知。良知同，更不妨有异处。汝辈若不肯用功，连笋也不曾抽得，何处去论枝节？"②显然，王阳明从各竹子之间的异同关系，感悟各圣人之间的异同，并且要求从同入手，再去求异。

二 从"竹有君子之道"到天地之道

王阳明讲"竹有君子之道"，而实际上，这样的说法，在当时并不少见。元代文学家刘敏中（1243—1318）撰《浸竹记》，说："古之人以竹比君子。彼君子者，挺风霜之操，负凌云之气，而或进之不以道，援之不以礼，则必韬光匿彩，虽杀身不辱，非竹之向也遇我乎？……呜呼！竹乎，信君子之所取乎。余既嗟理智之无穷，又感夫竹

---

① 《王阳明全集》中册，吴光、钱明、董平等编校，上海古籍出版社2011年版，第982页。
② 《王阳明全集》上册，吴光、钱明、董平等编校，上海古籍出版社2011年版，第127页。

果有君子之道也。"① 明初状元朱善（1314—1385）晚年撰《竹隐记》，说："君子于竹比德焉，则中之虚者，其体也，理之所从出也；外之直者，其用也，德之所由成也。体立而用行，君子之道满矣。"② 他们都认为，竹子有君子之道。明代文学家朱应登（1477—1526）撰《对竹轩记》，说："夫竹，昔人喻德于君子焉。……夫竹有君子之道四焉，充其至则裕如矣。是故其中虚则足以受人也，其外直则足以干事也，其节固则足以执德也，其材良则足以利用也。故能受人则强愎自用者鲜已，能干事则响湍苟同者鲜已，能执德则涊涩弗竞者鲜已，能利用则巨小不适者鲜已。"③ 这里讲"竹有君子之道四焉"，即"中虚则足以受人""外直则足以干事""节固则足以执德"，"材良则足以利用"。需要指出的是，这里所谓"竹有君子之道"，更多是一种比喻。刘敏中讲"古之人以竹比君子"，朱善讲"君子于竹比德焉"，朱应登讲"夫竹，昔人喻德于君子"，讲的就是以竹子比喻君子之品德。

问题是，王阳明讲"竹有君子之道"是否也是以竹子比喻君子之品德呢？王阳明早年追随朱熹，相信"天下之物莫不有理"，并于亭前"格竹"而"不得其理"；居贵阳期间，建君子亭，"环植以竹，而名之曰'君子'"，并撰《君子亭记》讲"竹有君子之道"。若仅仅认为这是以竹子比喻君子之品德，似乎有所不足，更有可能是王阳明从竹子中获得的对于君子之道的感悟。尤其是，后来王阳明说："人的良知，就是草、木、瓦、石的良知。若草、木、瓦、石无人的良知，不可以为草、木、瓦、石矣。岂惟草、木、瓦、石为然，天地无人的良知，亦不可为天地矣。盖天地万物与人原是一体，其发窍之最精处，是人心一点灵明。"④ 按照这样的说法，王阳明讲"竹有君子之道"与讲"草、木、瓦、石有人的良知"具有同样的含义，不能简单说只是一种比喻，而是讲天地之道。

王阳明居贵州龙场期间，不仅撰《君子亭记》讲"竹有君子之道"，

---

① （元）刘敏中：《刘敏中集》，邓瑞金、谢辉校点，吉林文史出版社2008年版，第39页。
② （明）朱善：《朱一斋先生文集》，载四库全书存目丛书编纂委员会编《四库全书存目丛书·集部》第25册，齐鲁书社1997年版，第249页。
③ （明）朱应登：《凌溪先生集》，载四库全书存目丛书编纂委员会编《四库全书存目丛书·集部》第51册，齐鲁书社1997年版，第470页。
④ 《王阳明全集》上册，吴光、钱明、董平等编校，上海古籍出版社2011年版，第122页。

而且还作《气候图序》讲天地之道，说：

> 天地一元之运为十二万九千六百年，分而为十二会；会分而为三十运，运分而为十二世，世分而为三十年，年分而为十二月，月分而为二气，气分而为三候，候分为五日，日分为十二时，积四千三百二十时三百六十日而为七十二候。会者，元之候也；世者，运之候也；月者，岁之候也；候者，月之候也。天地之运，日月之明，寒暑之代谢，气化人物之生息终始，尽于此矣。月，证于月者也；气，证于气者也；候，证于物者也。若孟春之月，其气为立春，为雨水；其候为东风解冻，为蛰虫始振，为鱼负冰，獭祭鱼之类，《月令》诸书可考也。①

显然，这里讲的是王阳明对于天道的认知。接着，王阳明还说："气候之运行，虽出于天时，而实有关于人事。是以古之君臣，必谨修其政令，以奉若夫天道；致察乎气运，以警惕夫人为。"② 因而认为，应当"因一月之候以观夫世运会元，以探万物之幽赜，而穷天地之始终"③。

王阳明居贵州龙场期间，除了建君子亭，讲"竹有君子之道"，又讲天地之道，更为重要的是龙场悟道。"龙场之悟"究竟"悟"到了什么？据钱德洪所撰王阳明《年谱》记载，王阳明"大悟格物致知之旨"，"始知圣人之道，吾性自足，向之求理于事物者误也"。④ 也就是说，王阳明"龙场之悟"主要是悟到"圣人之道，吾性自足"，并由此可推知"求理于事物者误也"。讲的是圣人之道、君子之道就是吾性，在吾心中，并不在外部事物。正因为圣人之道、君子之道在吾心中，并不在外部事物，不在竹子，所以，王阳明早年亭前"格竹"而"不得其理"，也即圣人之道在吾心中，竹子本身并没有圣人之道，试图在竹子中求得圣人之道，是错误的。王阳明所谓"竹有君子之道"，其中的君子之道亦为吾心所固

---

① 《王阳明全集》中册，吴光、钱明、董平等编校，上海古籍出版社2011年版，第960页。
② 《王阳明全集》中册，吴光、钱明、董平等编校，上海古籍出版社2011年版，第960页。
③ 《王阳明全集》中册，吴光、钱明、董平等编校，上海古籍出版社2011年版，第961页。
④ 《王阳明全集》下册，吴光、钱明、董平等编校，上海古籍出版社2011年版，第1354页。

有，并非为竹子本身所有。从这个意义上说，"龙场之悟"是对早年亭前"格竹"而"不得其理"、"竹有君子之道"的进一步思考，讲的是圣人之道、君子之道为吾心所固有，并非为外部事物所有。他还说："天地感而万物化生，实理流行也。圣人感人心而天下和平，至诚发见也。皆所谓'贞'也。观天地交感之理，圣人感人心之道，不过于一贞，而万物生，天下和平焉，则天地万物之情可见矣。"① 也就是说，天地之道实际上是"圣人感人心之道"，这就是王阳明晚年所说"良知即天道"②。

朱熹《大学章句》"格物致知补传"以为"天下之物莫不有理"，因而要"即物而穷其理"；王阳明"龙场之悟"以为"圣人之道，吾性自足"，因而"求理于事物者误也"。二者看似针锋相对，其实只是说法的不同，实际上是无法对立的。朱熹讲"天下之物莫不有理"，既讲外部事物有外部事物之理，又讲"心具众理"，讲心中具有外部事物之理，正如以上所说，竹子有竹子之理，但此理存于心中，讲外部事物之理与心中之理是同一的理。王阳明讲"圣人之道，吾性自足"，讲圣人之道、君子之道只是在吾心中，但又讲"竹有君子之道"，讲草、木、瓦、石有良知，只是竹子的"君子之道"与草、木、瓦、石有良知，源自吾之本性，也是讲外部事物良知与心中之良知是同一的良知，并非不讲外部事物之理。

王阳明"龙场之悟"后，曾批评朱熹对《大学》"格物"的解读，说："先儒解格物为格天下之物，天下之物如何格得？且谓一草一木亦皆有理，今如何去格？纵格得草木来，如何反来诚得自家意？"③ 并且认为朱熹讲"即物而穷其理"是"析'心'与'理'而为二"④。这是因为王阳明以为朱熹的理为心外之理。事实上，朱熹虽然承认心之外有理的存在，但又认为"心具众理"，万物之理统一于心，尤其是，朱熹还明确讲"心与理一"。因此，在朱熹那里，"心"与"理"并不是对立的，不能认为朱熹是"析'心'与'理'而为二"，而王阳明批评朱熹是"析

---

① 《王阳明全集》中册，吴光、钱明、董平等编校，上海古籍出版社2011年版，第1077页。
② 《王阳明全集》上册，吴光、钱明、董平等编校，上海古籍出版社2011年版，第298页。
③ 《王阳明全集》上册，吴光、钱明、董平等编校，上海古籍出版社2011年版，第135页。
④ 《王阳明全集》上册，吴光、钱明、董平等编校，上海古籍出版社2011年版，第50页。

'心'与'理'而为二",属于误读。①

王阳明与朱熹的差别在于是否承认存在超越外部事物之理与心中之理之上的形上之理。朱熹讲的圣人之道是存于心中的形上之理,王阳明讲的圣人之道是心中之良知。就"竹有君子之道"而言,无论朱熹或是王阳明,都可以接受这样的说法。但朱熹认为竹子之道源于形上之理,而王阳明认为"竹有君子之道"源于吾心所固有。当然,后来王阳明又讲"四句教",即"无善无恶心之体,有善有恶意之动,知善知恶是良知,为善去恶是格物",除了讲"知善知恶是良知",又讲超越的"无善无恶心之体"。因而从根本上说,王阳明与朱熹的差别只在于:朱熹的形上之理为善,而王阳明的形上之理是无善无恶,实际上王阳明又说:"无善无恶者理之静,有善有恶者气之动。不动于气,即无善无恶,是谓至善。"②"无善无恶"即为"至善","至善是心之本体"③。

三 "格物之功,只在身心上做"与"知所先后"

朱熹既讲超越的形上之理,又讲由此派生的心之理和物之理,即"理一分殊",因此他的格物既要向内又要向外,"须是六七分去里面理会,三四分去外面理会方可"④。与朱熹不同,王阳明讲"无善无恶心之体,有善有恶意之动,知善知恶是良知,为善去恶是格物",只讲心之理,并把物之理归于心之理,所以他说"求理于事物者误也"。后来,他在讲述早年亭前"格竹"而"不得其理"时,又特别强调"天下之物本无可格者。其格物之功,只在身心上做"⑤。问题是,"格物之功,只在身心上做"是否意味着不去研究外部事物?

正如王阳明早年亭前"格竹"而"不得其理",但事实上,他又从竹子中获得了感悟,讲"竹有君子之道";王阳明"龙场之悟"讲"圣人

---

① 乐爱国:《王阳明对朱熹格物论的误读——兼论冯友兰〈中国哲学史〉对朱熹理学与陆王心学的分疏》,《社会科学战线》2014年第9期。
② 《王阳明全集》上册,吴光、钱明、董平等编校,上海古籍出版社2011年版,第33页。
③ 《王阳明全集》上册,吴光、钱明、董平等编校,上海古籍出版社2011年版,第2页。
④ (宋)黎靖德编:《朱子语类》第2册,王星贤点校,中华书局1986年版,第406页。
⑤ 《王阳明全集》上册,吴光、钱明、董平等编校,上海古籍出版社2011年版,第136页。

之道，吾性自足"，"求理于事物者误也"，而且批评朱熹"即物而穷其理"是"析'心'与'理'而为二"，在讲述早年亭前"格竹"而"不得其理"时提出"格物之功，只在身心上做"，但事实上，他非常重视研究外部事物。

孔子讲"生而知之"，又讲"学而知之""困而知之"；王阳明认为，圣人不仅"生而知之"，而且还要"学而知之"。他说：

> 夫圣人之所以为圣者，以其生而知之也。……夫礼乐名物之类，果有关于作圣之功也，而圣人亦必待学而后能知焉，则是圣人亦不可以谓之生知矣！谓圣人为生知者，专指义理而言，而不以礼乐名物之类，则是礼乐名物之类无关于作圣之功矣。圣人之所以谓之生知者，专指义理而不以礼乐名物之类，则是学而知之者，亦惟当学知此义理而已，困而知之者亦惟当困知此义理而已。①

在王阳明看来，圣人"生而知之"专指义理而言，礼乐名物之类则是"学而知之"，就圣人"生而知之"而言，"礼乐名物之类无关于作圣之功"；然而，圣人之所以被称为"生而知之"，是因为把"学而知之""困而知之"都当作"知此义理"，所以，"礼乐名物之类，果有关于作圣之功"。他还说："圣人无所不知，只是知个天理；无所不能，只是能个天理。圣人本体明白，故事事知个天理所在，便去尽个天理。不是本体明后，却于天下事物都便知得，便做得来也。天下事物，如名物度数、草木鸟兽之类，不胜其烦。圣人须是本体明了，亦何缘能尽知得？但不必知的，圣人自不消求知；其所当知的，圣人自能问人。"② 也就是说，"圣人无所不知，只是知个天理"，未必尽知名物度数、草木鸟兽之类，未必"于天下事物都便知得，便做得来"，所以要"学而知之"。

据《传习录上》载："名物度数，亦须先讲求否？"先生曰："人只要成就自家心体，则用在其中。如养得心体，果有未发之中。自然有发而中节之和，自然无施不可。苟无是心，虽预先讲得世上许多名物度数，

---

① 《王阳明全集》上册，吴光、钱明、董平等编校，上海古籍出版社2011年版，第60页。
② 《王阳明全集》上册，吴光、钱明、董平等编校，上海古籍出版社2011年版，第110页。

与己原不相干,只是装缀,临时自行不去。亦不是将名物度数全然不理,只要'知所先后,则近道'。"① 也就是说,名物度数不是不重要,"不是将名物度数全然不理",而是先要"成就自家心体",这就是所谓"知所先后"。又据《传习录上》载,日孚曰:"先儒谓'一草一木亦皆有理,不可不察',如何?"先生曰:"夫我则不暇,公且先去理会自己性情,须能尽人之性,然后能尽物之性。"日孚悚然有悟。②《中庸》曰:"唯天下至诚,为能尽其性;能尽其性,则能尽人之性;能尽人之性,则能尽物之性。"对此,朱熹说:"至诚惟能尽性,只尽性时万物之理都无不尽了。故尽其性,便尽人之性;尽人之性,便尽物之性。"③ 王阳明则将此解读为"须能尽人之性,然后能尽物之性",其意在于强调先要"成就自家心体",然后讲名物度数,但"不是将名物度数全然不理"。

由此可见,王阳明"龙场之悟"以为"圣人之道,吾性自足",讲"求理于事物者误也",又讲"格物之功,只在身心上做",只是就"成就自家心体"而言,并非不讲名物度数、反对研究外部事物,而是要先尽人之性,然后尽物之性,"知所先后"。

余 论

王阳明早年亭前"格竹"而"不得其理",后又讲"竹有君子之道",讲天地之道,而"龙场之悟"却讲"圣人之道,吾性自足","求理于事物者误也",又提出"格物之功,只在身心上做",似乎是对早年的一大转变。然而事实上,他并没有否定研究外部事物,否定向外,而是把向内与向外结合起来,先向内而后向外,是要把向外归结到向内,而不是单纯地向外,是为了更好地向外。从这个意义上说,他要求先向内而后向外,并不是对早年亭前"格竹"的否定,而是又进了一步。

当然,王阳明"龙场之悟"讲"圣人之道,吾性自足","求理于事物者误也",后来又提出"格物之功,只在身心上做",很容易被误解为

---

① 《王阳明全集》上册,吴光、钱明、董平等编校,上海古籍出版社2011年版,第24页。
② 《王阳明全集》上册,吴光、钱明、董平等编校,上海古籍出版社2011年版,第39页。
③ (宋)黎靖德编:《朱子语类》第2册,王星贤点校,中华书局1986年版,第381页。

否定研究外部事物。但是，阳明后学则有一些学者不仅研究外部事物，而且很有成就。

据黄宗羲《明儒学案》所述，浙中王门的顾应祥"九流百家皆识其首尾，而尤精于算学。今所传《测圆海镜》《弧矢算术》《授时历撮要》，皆其所著也"[1]。对于《传习录》所载王阳明讲自己早年格竹七日而劳思成疾，顾应祥说："此非阳明公之言也，门人附会之言也。若果有此言，则诬朱子甚矣！朱子《大学》注谓格尽天下之物，固似难行，然其所谓格物者，即事观理穷之而至其极也。又曰：'格物以理言，致知以心言。'亦是身心上说，何尝在物上推究？今竹子有何是非可格至七日之久而成疾乎？乃自愚也，非朱子之本意也。"[2] 顾应祥重视研究外部事物，尤其在算学上颇为用功，清阮元《畴人传》载顾应祥所撰算学类著作有：《测圆海镜分类释术》《测复算术》《勾股算术》《弧矢算术》《授时历法撮要》，并作评论："应祥于廉隅加减之故，反复推之，而无不合，其用功亦勤矣。然不解立天元术，故于正负开方论说，都不明晓。明代算学陵替，习之者鲜。虽好学深思如应祥，其所造终未能深入奥室。"[3]

江右王门的罗洪先"始致力于践履，中归摄于寂静，晚彻悟于仁体"[4]。罗洪先并不完全否定朱熹的"即物而穷其理"，他认为：

> 自阳明公破除"即事穷理"一段，学者多至率意任情以为良知，而于仔细曲尽处略不照管，不知心感事而为物感之中，须委曲尽道，乃是格物。理固在心，亦即在事，事不外心，理不外事，无二致也。近时执"心即理"一句，于事上全不委曲，既非所以致知，却与"在格物"一句正相反。[5]

据《明史》载，罗洪先追随阳明学，并且"甘淡泊，炼寒暑，跃马

---

[1] （明末清初）黄宗羲：《明儒学案》上册，沈芝盈点校，中华书局1985年版，第296页。
[2] （明）顾应祥：《静虚斋惜阴录》，载续修四库全书编纂委员会编《续修四库全书》第1122册，上海古籍出版社1996年版，第389—390页。
[3] （清）阮元等：《畴人传汇编》上册，广陵书社2008年版，第331页。
[4] （明末清初）黄宗羲：《明儒学案》上册，沈芝盈点校，中华书局1985年版，第386页。
[5] 《罗洪先集》上册，徐儒宗编校，凤凰出版社2007年版，第278页。

挽强，考图观史，自天文、地志、礼乐、典章、河渠、边塞、战阵攻守，下逮阴阳、算数，靡不精究"①。他所编纂的《广舆图》，被科学史家认为是"我国历史上第一部综合性地图集，在我国地图学发展史上起着承前启后的作用，在国内外都有很大影响"②。

南中王门的唐顺之，"得之龙溪者为多，故言于龙溪，只少一拜。以天机为宗，以无欲为工夫"③。同时，他推崇程朱，认为程朱之书，"其旨味隽永，字字发明古圣贤之蕴，凡天地间至精至妙之理，更无一闲句闲语"④。而且，他重视技艺，强调道德与技艺不可分割。他说：

> 古人虽以六德、六艺分言，然德非虚器，其切实应用处即谓之艺，艺非粗迹，其精义致用处即谓之德。故古人终日从事于六艺之间，非特以实用之不可缺而姑从事云耳，盖即此而鼓舞凝聚其精神，坚忍操炼其筋骨，沉潜缜密其心思，以类万物而通神明。故曰洒扫应对精义入神，只是一理。⑤

所以，他提倡无所不学，说："诸子百家之异说，农圃、工贾、医卜、堪舆、占气、星历、方技之小道，与夫六艺之节脉碎细，皆儒者之所宜究其说而折衷之，未可以为赜而恶之也。善学者由之以多识蓄德，不善学者由之以溺心而灭质，则系乎所趋而已。"⑥ 据《明史》载，唐顺之于学无所不窥，"自天文、乐律、地利、兵法、弧矢、勾股、壬奇、禽乙，莫不究极原委"⑦。阮元《畴人传》称他"通知回回术法，精于弧矢割圆之术"，又介绍其所著《勾股测望论》《勾股容方圆论》《弧矢论》，并作评

---

① （清）张廷玉等：《明史》第24册，中华书局1974年版，第7279页。
② 杜石然：《中国古代科学家传记》下册，科学出版社1993年版，第802页。
③ （明末清初）黄宗羲：《明儒学案》上册，沈芝盈点校，中华书局1985年版，第598页。
④ （明）唐顺之：《唐顺之集》上册，马美信、黄毅点校，浙江古籍出版社2014年版，第214页。
⑤ （明）唐顺之：《唐顺之集》上册，马美信、黄毅点校，浙江古籍出版社2014年版，第195页。
⑥ （明）唐顺之：《唐顺之集》中册，马美信、黄毅点校，浙江古籍出版社2014年版，第451页。
⑦ （清）张廷玉等：《明史》第18册，中华书局1974年版，第5424页。

论:"顺之习回回法,而不知最高,读《测圆海镜》而不知立天元术,凡所论述,亦只得其浅焉者耳。然明季士大夫,率以空疏相尚。顺之以幻股弧矢表率后贤,一线之传,终于不坠,其功固有足多者矣。"① 此外,据黄宗羲《明儒学案》所述,唐顺之之子唐鹤征,"其道自九流、百氏、天文、地理、稗官野史,无不究极"②。

由此可以看出,研究阳明学,不能仅仅从逻辑上将王阳明讲"圣人之道,吾性自足","求理于事物者误也","格物之功,只在身心上做",与研究外部事物对立起来,而且还应当具体分析王阳明到底有没有否定研究外部事物,有后人由阳明学而否定研究外部事物。冯友兰曾撰《论"唯"》,指出:"我们常听见有许多唯什么论。例如唯心论,唯物论,唯武器论,唯组织论等等。'唯什么'有排除什么以外底一切的意义。……所谓唯心唯物的那个'唯'字,是要不得底,一个大哲学家的思想,或一个大底哲学派别,都不是一个'唯'字可以把它唯住底。"③ 任何哲学家的学术思想,既有其首尾一贯的根本,又都在面对各种不同问题而不断展现出各个面向,因而具有持续的生命力。同样,王阳明的学术思想也具有这样的不同面向。他既讲"格物之功,只在身心上做",又不否定研究外部事物,而且还有些阳明后学研究外部事物,并有所成就,因而也不是"一个'唯'字可以把它唯住底"。

---

① (清)阮元等:《畴人传汇编》上册,广陵书社2008年版,第324—325页。
② (明末清初)黄宗羲:《明儒学案》上册,沈芝盈点校,中华书局1985年版,第603页。
③ 冯友兰:《三松堂全集》第5卷,河南人民出版社2001年版,第330页。

龙场悟道的人文心境

——王阳明"戊辰四记"钩沉

李振纲[*]

明武宗正德三年戊辰（1508），王阳明被贬谪至贵州龙场驿时写下一组记事体散文，具体记载了他在极其艰苦的环境中的社会交往及怡情山水、砥砺道德、敦化风俗、澄怀观道的精神生活。其中的四篇即《何陋轩记》《君子亭记》《象祠记》《玩易窝记》具有重要的文献价值和思想内涵，从一个侧面反映出他"龙场悟道"时的生命感悟与心灵涤荡。艰难的生存境遇使王阳明洗刷去文人士大夫清高自恋的书卷气，他从与底层民众的生活交往中感受到质朴本真的生命体验，继而感悟"良知"本体及"诚"的境界。龙场悟道是阳明心学的一次精神飞跃，此后王阳明将生死置之度外，把全副精神凝注于"知行合一"的生命实践。此种经历不仅推进了儒学在贵州地区的传播，而且对王阳明传奇性的一生具有奠基性影响。

一 引 言

明弘治十八年（1505）孝宗崩，年仅十五岁的明武宗继位，以刘瑾为首的八个太监，即刘瑾、马永成、谷大用、魏彬、张永、丘聚、高凤、罗祥专权，朝政紊乱，世称"八虎"。武宗正德元年（1506）十月，顾命

---

[*] [作者简介] 李振纲，1956年生，男，河北邢台人，教授，博士生导师，博士。主要研究方向：先秦诸子哲学、道家哲学与易学、宋明理学。

大臣、大学士刘健、谢迁等联合上疏，请诛"八虎"，被刘瑾罢职。时任兵部主事的王阳明冒死上《乞宥言官去权奸以章圣德疏》，遭廷杖系狱，十二月被贬谪为贵州龙场驿丞。在远赴龙场途中，王阳明肺病复发，陷入身心交困的逆境，在躲过刘瑾党羽追杀后，历尽艰险，正德三年三月抵达贵州龙场。初到龙场，王阳明备尝种种苦难，历经生死磨砺，终于体证良知自足，不待外求，奠定心学根基，世称"龙场悟道"。《年谱》载：

> 龙场在贵州西北万山丛棘中，蛇虺魍魉，蛊毒瘴疠，与居夷人鴂舌难语，可通语者，皆中土亡命。……时瑾憾未已，自计得失荣辱皆能超脱，惟生死一念尚觉未化，乃为石墎，自誓曰："吾惟俟命而已！"日夜端居澄默，以求静一，久之，胸中洒洒。而从者皆病，自析薪取水作糜饲之，又恐其怀抑郁，则与歌诗；又不悦，复调越曲，杂以诙笑，始能忘其为疾病夷狄患难也。因念"圣人处此，更有何道？"忽中夜大悟格物致知之旨，寤寐中若有人语之者，不觉呼跃，从者皆惊。始知圣人之道，吾性自足，向之求理于事物者误也。……居久，夷人亦日来亲狎。以所居湫湿，乃伐木构龙岗书院及寅宾堂、何陋轩、君子亭、玩易窝以居之。①

"龙场悟道"是阳明心学的一次精神飞跃。此后，王阳明将生死置之度外，把全副精神凝注于"良知"知行合一的生命实践；此种弘道经历，不仅对儒学在贵州地区的传播发挥了重要作用，而且对王阳明传奇性的一生也具有奠基性影响。王阳明初到龙场驿写下《何陋轩记》《君子亭记》《远俗亭记》《象祠记》《卧马塚记》《宾阳堂记》《重修月潭寺建公馆记》《玩易窝记》八篇传记体散文，其中《何陋轩记》《君子亭记》《象祠记》《玩易窝记》笔者称之曰"戊辰四记"，以解读其文化价值、思想内涵及与王阳明"悟道"的关系。

---

① （明）王守仁：《王文成公全书》第4册，王晓昕、赵平略校注，中华书局2015年版，第1395—1396页。

二 "何陋轩"前的雅陋之辨

"戊辰四记"的第一篇《何陋轩记》，核心在辨一个"陋"字。《何陋轩记》云：

> 昔孔子欲居九夷，人以为陋。孔子曰："君子居之，何陋之有？"守仁以罪谪龙场。龙场，古夷蔡之外，于今为要绥，而习类尚因其故。人皆以予自上国往，将陋其地，弗能居也。而予处之旬月，安而乐之，求其所谓甚陋者而莫得。……始予至，无室以止，居于丛棘之间，则郁也。迁于东峰，就石穴而居之，又阴以湿。龙场之民，老稚日来视予，喜不予陋，益予比。予尝圃于丛棘之右，民谓予之乐之也，相与伐木阁之材，就其地为轩以居予。予因而翳之以桧竹，莳之以卉药，列堂阶，辩室奥，琴编图史，讲诵游适之道略具。学士之来游者，亦稍稍而集。于是人之及吾轩者，若观于通都焉，而予亦忘予之居夷也。因名之曰"何陋"，以信孔子之言。①

初来乍到地偏人稀的龙场驿，王阳明一行住在阴暗潮湿的丛棘石洞，困难重重。是当地少数民族百姓帮他解决了衣食住行问题。王阳明由此有三个方面的感受。（1）"陋"与"文"在德性不在言辞，在内心不在外表，在质朴不在虚文。黔地蛮夷，结题鸟言，山栖羝服，既无轩裳宫室之观，亦少文仪揖让之缛，外表虽"粗砺顽梗"，心地却直率、质朴、善良，可以说他们的生活方式法制未备、文化落后，却不可以轻蔑地谓之"陋"。（2）相比之下，在经济发达，称得上礼乐隆盛的诸夏，表里不一，文过饰非，颠倒黑白，外表善良内心歹毒（外良而中蠚）者，也不在少数。虽然表面上彬郁其容、冠冕堂皇、折旋揖让、中规中矩，这种外在的虚文缛节，难道不是陋吗？（3）王阳明认为，当务之急是在这些地区发展教育，文之以礼乐，使黔地少数民族百姓纯朴的天性趋于完美。王

---

① （明）王守仁：《王文成公全书》第3册，王晓昕、赵平略校注，中华书局2015年版，第1020—1021页。

阳明说："嗟夫！诸夏之盛，其典章礼乐，历圣修而传之，夷不能有也，则谓之陋固宜。……夷之民方若未琢之璞，未绳之木，虽粗砺顽梗，而锥斧尚有施也，安可以陋之？斯孔子所谓欲居也欤？"①

王阳明引用孔子的话，意在强调君子的社会担当及其道德感召力。孔子"欲居九夷"，典出《论语·子罕》篇："子欲居九夷。或曰：'陋，如之何？'子曰：'君子居之，何陋之有？'"朱熹注："东方之夷有九种。欲居之者，亦乘桴浮于海之意。君子所居则化，何陋之有？"② 朱注过于简约，王夫之的训义则更为切要精慎，他说："东方有九夷之国。介葛、牟、莱之属，其先本小国也，以贡币不给，而行夷礼，遂目为之夷。其俗苟简无文，而夫子欲往居焉。盖中国虽曰礼乐具存，而诈利相尚，自以为君子之道在焉，则君子之道无能相治，意彼之不自命为君子者，不待损其所已滥，而但益其所不知，为尚可教也。……而或曰：彼夷者，名教不及，政刑不具，虽夫子其将如之何哉！是徒知陋者之为陋，而不知自谓不陋者之陋更甚也。"③ 王夫之感慨说，末世道德式微，民风浇薄，礼乱而自谓礼，乐淫而自谓乐，政刑无章而自谓治，尚且自命清高说"君子为莫殚莫究之学"，这简直连"苟简无文"的夷狄都不如！众所周知，在学术立场上，船山气学与阳明心学迥然不同；但对后世制度礼俗文而无质之"陋"的看法和态度却颇为一致。

读《何陋轩记》，很容易联想起唐代刘禹锡的《陋室铭》："山不在高，有仙则名。水不在深，有龙则灵。斯是陋室，惟吾德馨。苔痕上阶绿，草色入帘青。谈笑有鸿儒，往来无白丁。可以调素琴，阅金经。无丝竹之乱耳，无案牍之劳形。南阳诸葛庐，西蜀子云亭。孔子云：何陋之有？"刘禹锡，唐贞元九年（793）进士。曾任职于淮南节度使杜佑幕府，后随杜佑入朝为监察御史。贞元末，与柳宗元、陈谏、韩晔等参与王叔文集团的"永贞革新"，反对宦官干政和藩镇割据势力。革新失败，被贬为安徽和州县通判。官职卑微，前途暗淡，且时或受到当地官僚的

---

① （明）王守仁：《王文成公全书》第3册，王晓昕、赵平略校注，中华书局2015年版，第1021页。

② （宋）朱熹：《四书章句集注》，中华书局1983年版，第113页。

③ （明）王夫之：《四书训义》上册，载《船山全书》第7册，岳麓书社2011年版，第580页。

刁难，生活十分窘迫。作者奋笔写下这篇文字，并请人刻石为铭。"铭"是古代一种刻于金石上的文体，多用于歌功颂德或自我警戒。此铭写在逆境，寄情山水，托物言志，具有很强烈的发泄性："斯是陋室，惟吾德馨"，极力排遣"陋室"之"陋"。退一步说，居处虽然简陋，却因主人"德馨"而"不陋"。

以往文论家对《陋室铭》的修辞手法与思想境界多有赏析。但笔者总感到此铭缺少盛唐人的文化自信和心态淡定，倒是多了些宋代文人的孤芳自赏、意绪缠绵甚或自相矛盾。譬如，"苔痕""草色""素琴""金经""无丝竹之乱耳，无案牍之劳形"，无不是在写"陋室"生活之清净、自然、超逸，继之"谈笑""鸿儒""白丁""往来"又牵扯出名分、地位、车水马龙的难以释怀。"南阳诸葛庐，西蜀子云亭"句，借诸葛孔明的"草庐"，憧憬明主三顾茅庐、隆中对策、三分天下的不世勋业；又借西蜀名士扬子云的"玄亭"，宣泄或抚慰自己道德高洁、怀才不遇的心境。故而，刘禹锡的《陋室铭》与王阳明的《何陋轩记》在生命意义的觉解上不属于同一个思想境界。前者更多些意绪缠绵的文人心态，后者则洋溢出刚毅木讷的仁贤气象。

王阳明《何陋轩记》秉持着以淳朴质素、表里如一、真践力行为"雅"，以虚文无质、表里不一、自命不凡为"陋"的审美意识，而后积淀注入其"良知论"，焕发出"真诚恻怛""知行合一"的精神气象："盖良知只是一个天理，自然明觉发见处，只是一个真诚恻怛，便是他本体。故致此良知之真诚恻怛以事亲，便是孝；致此良知之真诚恻怛以从兄，便是弟；致此良知之真诚恻怛以事君，便是忠。……此良知之妙用，所以无方体，无穷尽，语大天下莫不载，语小天下莫能破者也。"[①] "良知"作为真诚恻怛之"情"与自然明觉之"理"的统一，使生命意志提升为理性自觉与情感自愿的统一，即"自由"。至此，服从"天理"不再具有外在强制性（他律），道德自由问题及"成圣"的内在根据得到圆通的解决。

[①] （明）王守仁：《王文成公全书》第1册，王晓昕、赵平略校注，中华书局2015年版，第104—105页。

三　君子处困而有节

"何陋轩"落成后，黔民又帮助王阳明于轩前置亭。王阳明借以铭志曰"君子亭"，他写于戊辰年的第二篇记文——《君子亭记》记载了这一场景。

> 阳明子既为何陋轩，复因轩之前营，架楹为亭，环植以竹，而名之曰"君子"。曰："竹有君子之道四焉：中虚而静，通而有间，有君子之德；外节而直，贯四时而柯叶无所改，有君子之操；应蛰而出，遇伏而隐，雨雪晦明无所不宜，有君子之时；清风时至，玉声珊然，中《采齐》而协《肆夏》，揖逊俯仰，若洙、泗群贤之交集，风止籁静，挺然特立，不挠不屈，若虞廷群后，端冕正笏而列于堂陛之侧，有君子之容。竹有是四者，而以'君子'名，不愧于其名；吾亭有竹焉，而因以竹名，名无愧于吾亭。"①

中国文化自古有借物言志的比德传统。老子以溪谷喻道德，孔子以山水喻仁智，屈原以兰蕙喻美德。自汉唐以迄宋元明清，注重心性修养和境界提升的理学大兴，士君子文化性格开始走向内敛含蓄，山水花草成为文学艺术（诗词、绘画）描绘抒发的重要主题。以花木为例，松之常青，梅之傲雪，兰之幽香，竹之直节，菊之隐逸，成为诗人墨客比德、言志、抒情的绝佳载体。值得注意的是，无论被誉为"岁寒三友"的松、竹、梅，还是被雅称为"四君子"的梅、兰、竹、菊，其中都有竹，这固然与竹这种植物生长的物理形态及自然属性有关，更与中国文化和古代文人的审美意识、价值取向赋予竹的人文特性有关。艺术史上的文与可、苏东坡、郑板桥，爱竹成痴，一再被传为佳话。苏轼《于潜僧绿筠轩》云："可使食无肉，不可使居无竹。无肉令人瘦，无竹令人俗。人瘦尚可肥，士俗不可医。旁人笑此言，似高还似痴。若对此君仍大嚼，世间那有扬州鹤。"道尽了文人的竹痴！

---

①（明）王守仁：《王文成公全书》第 3 册，王晓昕、赵平略校注，中华书局 2015 年版，第 1022 页。

何以"竹"能这么诱发古代士君子的情怀？王阳明《君子亭记》道出了其中的全部意义。《君子亭记》以竹为隐喻，拟人以竹，复以竹比德于君子之道的四个方面，即人之为人立身处世之"德性""操守""明时""容仪"，集中呈现了王阳明"龙场悟道"（良知）所蕴藉的君子品性和坚贞操守。难怪伴随王阳明贬谪龙场的侍从说"竹君子"是乃师精神气质的"自道"。《君子亭记》载，门人曰："夫子盖自道也。吾见夫子之居是亭也，持敬以直内，静虚而若愚，非君子之德乎？遇屯而不慑，处困而能亨，非君子之操乎？昔也行于朝，今也行于夷，顺应物而能当，虽守方而弗拘，非君子之时乎？其交翼翼，其处雍雍，意适而非懈，气和而能恭，非君子之容乎？夫子盖谦于自名也，而假之竹。虽然，亦有所不容隐也。夫子之名其轩曰'何陋'，则固以自居矣。"阳明子曰："嘻！小子之言过矣，而又弗及。夫是四者何有于我哉？抑学而未能，则可云尔耳。昔者夫子不云乎：'汝为君子儒，无为小人儒。'吾之名亭也，则以竹也。人而嫌以君子自名也，将为小人之归矣，而可乎？"①

"君子儒"与"小人儒"的说法，原是孔子对子夏所说，见于《论语·雍也》篇："子谓子夏曰：'女为君子儒，无为小人儒。'"朱熹注："儒，学者之称。程子曰：'君子儒为己，小人儒为人。'谢氏曰：'君子小人之分，义与利之间而已。子夏文学虽有余，然意其远者大者或昧焉，故夫子语之以此。然所谓利者，岂必殖货财之谓？以私灭公，适己自便，凡可以害天理者皆利也。'"② 王夫之的训义更为严正明晰："古之为教也，使人为君子而已矣。先王欲君子之道明，以备用也，于是有《诗》《书》、礼、乐以习之，法言法行以闲之，而天下以习其术者为儒。乃常以道之不明不行为吾性中之缺陷，而必求所修之，以尽其性分之所固有、职分之所当为者，则君子之儒也。……若夫以明道为求名之计，以行道为见功之地，无所求愧于幽独，而但以立门庭而动天下，则虽儒而实小人也。"③

---

① （明）王守仁：《王文成公全书》第3册，王晓昕、赵平略校注，中华书局2015年版，第1022页。
② （宋）朱熹：《四书章句集注》，中华书局1983年版，第88页。
③ （明）王夫之：《四书训义》，载《船山全书》第7册，岳麓书社2011年版，第454页。

君子与小人之辨是儒家思想的一个十分重要的问题，它关涉教化与做人的原则。《论语》中"君子"与"小人"的讨论甚多。王阳明在"何陋轩"前设"君子亭"并环植以竹，对于深处逆境的他来说，推其用心，既是在用"竹风雅韵"消遣身心，更是在用"君子儒"砥砺学行意志。他纠正门人的话"言过矣，而又弗及"，"过"在出言不逊，"弗及"在歉于直面"君子之道"的勇气。王阳明诚勉门人说，要做"君子儒"，不为"小人儒"。读书为"儒"，不可沽名钓誉，自诩为"君子"；却又要理直气壮，以弘道成仁为己任。

四 《象祠记》的良知感悟

《象祠记》是王阳明贬谪龙场时阐扬"良知"说的一个缩影。《象祠记》云：

> 灵博之山有象祠焉，其下诸苗夷之居者，咸神而事之。宣尉安君因诸苗夷之请，新其祠屋，而请记于予。予曰："毁之乎，其新之也？"曰："新之。""新之也，何居乎？"曰："斯祠之肇也，盖莫知其原。然吾诸蛮夷之居是者，自吾父吾祖溯曾高而上，皆尊奉而禋祀焉，举之而不敢废也。"予曰："胡然乎？有鼻之祠，唐之人盖尝毁之。象之道，以为子则不孝，以为弟则傲。斥于唐而犹存于今，毁于有鼻而犹盛于兹土也，胡然乎？"我知之矣，君子之爱若人也，推及于其屋之乌，而况于圣人之弟乎哉？然则祀者为舜，非为象也。……吾于是益有以见舜德之至，入人之深，而流泽之远且久也。象之不仁，盖其始焉耳，又乌知其终不见化于舜也？……吾于是益有以信人性之善，天下无不可化之人也。然则唐人之毁之也，据象之始也；今之诸苗夷之奉之也，承象之终也。斯义也，吾将以表于世，使知人之不善，虽若象焉，犹可以改；而君子之修德，及其至也，虽若象之不仁，而犹可以化之也。①

---

① （明）王守仁：《王文成公全书》第3册，王晓昕、赵平略校注，中华书局2015年版，第1023—1024页。

《象祠记》蕴含着丰富的历史和思想史价值。文中交代，灵博山有祭祀象的祠庙，当地苗民祖祖辈辈都把象当作神灵一样祭祀。由于年久失修，宣慰使安贵荣君答应苗民请求，要重新修整祠庙，请王阳明作记。王阳明有些犹豫，因为"象"在历史上是一个有争议的人物，或者说是一个典型的恶人。《孟子·万章上》载：象是舜的弟弟，他曾出主意与瞽瞍（舜、象的父亲）一起加害于舜。让舜去修谷仓，舜上到仓顶，父亲瞽瞍就抽去梯子，并放火烧仓；让舜去淘井，却用土石填塞井口。事后象得意地说，这些都是他的功劳。这样，牛羊、仓廪归父母，而干戈、琴弓便可归自己所有，两个嫂子还可以为自己铺床叠被呢。① 舜何以没有被害死，他是怎么逃脱的，经学史上有种种推测，或说是天佑德性，或说是对此不必太较真，应该较真的是圣人的"德性"和"用心"。象利欲熏心，可以说丧尽天良，为这样一个丧失良心的人立祠，这不就是亵渎神道的"淫祠"吗？王阳明沉思：象为人很差，作为儿子则不孝，作为弟弟则辱没兄长。据说历史上"有庳"（一说今属湖南）那个地方也曾有个象祠，唐朝时就被人们毁掉了。可是象祠在这里却祖祖辈辈受到尊崇，这究竟是为什么？

这就牵涉舜与象祠文化的关系。《论语》载：子曰："巍巍乎，舜、禹之有天下也而不与焉！"（《论语·泰伯》）子夏曰："富哉，言乎！舜有天下，选于众，举皋陶，不仁者远矣。"（《论语·颜渊》）尧曰："咨！尔舜！天之历数在尔躬，允执其中。四海困穷，天禄永终。"舜亦以命禹。（《论语·尧曰》）舜奉天应运，接受尧帝的禅让，成为一代圣帝明王。与孔子一样，孟子也很推崇舜。孟子说："舜，人也；我，亦人也。舜为法于天下，可传于后世，我由未免为乡人也，是则可忧也。忧之如何？如舜而已矣。"（《孟子·离娄下》）最让孟子敬仰的是舜的"孝"与"让"。舜对瞽瞍的"孝"，《孟子》中多有记述，此不赘述，这里着重谈舜对象的"让"。《孟子·万章上》载：

---

① 万章曰："父母使舜完廪，捐阶，瞽瞍焚廪。使浚井，出，从而揜之。象曰：'谟盖都君咸我绩。牛羊，父母；仓廪，父母。干戈，朕；琴，朕；弤，朕；二嫂，使治朕栖。'象往入舜宫，舜在床琴。象曰：'郁陶思君尔。'忸怩。"（《孟子·万章上》）

万章问曰："象日以杀舜为事。立为天子则放之，何也？"孟子曰："封之也，或曰放焉。"万章曰："舜流共工于幽州，放驩兜于崇山，杀三苗于三危，殛鲧于羽山，四罪而天下咸服，诛不仁也。象至不仁，封之有庳。有庳之人奚罪焉？仁人固如是乎？在他人则诛之，在弟则封之。"曰："仁人之于弟也，不藏怒焉，不宿怨焉，亲爱之而已矣。亲之，欲其贵也；爱之，欲其富也。封之有庳，富贵之也。身为天子，弟为匹夫，可谓亲爱之乎？""敢问或曰放者，何谓也？"曰："象不得有为于其国，天子使吏治其国而纳其贡税焉，故谓之放。岂得暴彼民哉？虽然，欲常常而见之，故源源而来。'不及贡，以政接于有庳'，此之谓也。"

上述材料表明，万章很不理解舜对象的一味忍让，甚至质疑舜作为王者做事不够公正，算不上"仁"德。譬如，舜对共工、驩兜、三苗（之君）、鲧（"四凶"）或流放，或发配，或诛杀，或极刑，都给予了严惩，唯独对象这样一个恶人，不仅不加惩罚，还把有庳之国封给他，这不是让象去糟践那里的百姓吗？这能说舜是仁爱百姓的明王吗？孟子于是从"情"和"理"的角度解释出其中的微言大义。孟子说，舜那样安排，体现了舜之为舜的良苦用心：一则作为兄长，算是尽了亲情，仁人对亲人不可以"藏怒""宿怨"；二则作为帝王，又维护了法理秩序和百姓利益，不让象参与有庳的事务，那里的百姓自然也就不会受到祸害。朱熹注引吴氏曰："言圣人不以公义废私恩，亦不以私恩害公义。舜之与象，仁之至，义之尽也。"[①] 舜的大仁大义终于使象改过迁善，为后世所缅怀。据此，王阳明《象祠记》不仅宣讲了舜的德性及象祠文化的意义，也启发印证了"人性之善，天下无不可化之人"的教育哲学。王阳明后来全力宣讲"良知本来自明""良知即是道"[②]，人人皆有良知，恶人之心"失其本体"的良知本体论，盖滥觞于此。

---

① （宋）朱熹：《四书章句集注》，中华书局1983年版，第305页。
② （明）王守仁：《王文成公全书》第1册，王晓昕、赵平略校注，中华书局2015年版，第84—85页。

五 "玩易窝"中的心灵涤荡

下面从《玩易窝记》看王阳明龙场悟道"玩易洗心"的心灵涤荡。笔者尝言:"王阳明虽然没有专门的易学著作,却有丰富的易学思想。他精通易道,不仅知易乐易,而且玩易占易,对《易》有着特殊的敏感、彻悟和信仰。王阳明写于不同时期的诗文、游记、奏疏、书信,处处蕴含并洋溢出易道哲理和人文精神。心即易,易即心,阳明心易贯通的'道'在其亦儒亦宦、亦文亦武、亦顺亦困、亦真亦幻、知行合一的生命实践中得以亲证。"[①] 王阳明龙场豁然"悟道",与此间如醉如痴地"玩易"颇有关系。《玩易窝记》云:

> 阳明子之居夷也,穴山麓之窝而读《易》其间。始其未得也,仰而思焉,俯而疑焉,函六合,入无微,茫乎其无所指,忽乎其若株。其或得之也,沛兮其若决,瞭兮其若彻,菹淤出焉,精华入焉,若有相者而莫知其所以然。其得而玩之也,优然其休焉,充然其喜焉,油然其春生焉,精粗一,外内翕,视险若夷,而不知其夷之为陇也。于是阳明子抚几而叹曰:"嗟乎!此古之君子所以甘囚奴,忘拘幽,而不知其老之将至也夫!吾知所以终吾身矣。"[②]

《周易》素来被称为圣人"惧以始终"以德应变的忧患之书。《系辞下》云:"易之兴也,其当殷之末世,周之盛德邪?当文王与纣之事邪?是故其辞危。危者使平,易者使倾,其道甚大,百物不废。惧以终始,其要无咎,此之谓易之道也。"从《周易》古经卦爻辞中可以看出,六十四卦所承载的战争、商旅、诉讼、婚嫁等生活场景处处充满了险象、犹豫、恐惧和灾难,诸如"亢龙有悔"(《乾·上九》),"履霜坚冰"(《坤·初六》),"龙战于野,其血玄黄"(《坤·上六》),"其亡其亡,系于苞桑"

[①] 李振纲:《阳明心学的泛易学特质》,《哲学研究》2018年第2期。
[②] (明)王守仁:《王文成公全书》第3册,王晓昕、赵平略校注,中华书局2015年版,第1028—1029页。

(《否·九五》)，"屦校灭趾"（《噬嗑·初九》），"剥床以肤"（《剥·六四》），"过涉灭顶"（《大过·上六》），等等，十分凶险。孟子说，生于忧患，死于安乐。逆境、坎坷、凶咎、危难是掩埋弱者的坟墓，却又可以成为砥砺强者战胜困难、激发生命意志力量的熔炉。贬谪异地，苦旅他乡，王阳明将全副精神用于如何安身立命之思考，对他来说，玩易无疑是最好的方式。还是在当地苗族民众帮助下，王阳明开始了半是贬谪、半是修行式的生活。穴山蜗居，潜心读《易》几乎成为他生活中最重要的精神依托，他从中感受到莫大的鼓舞和快乐。

王阳明把玩易之乐归结为"始其未得""其或得之""得而玩之"三种不同的境界。《周易》犹如一座巍峨而神秘的道山，"玩易"就像沿着小路登山观景。攀登之初，对大山的神韵充满好奇、憧憬、期待，但由于眼界有限，仰望山巅，云里雾里什么也看不清，更难以想象登顶时那种远眺无极、唯我独尊的气象。乍读《周易》也是如此，面对这部古老的经典，仰而思，俯而疑，形如槁木，心如死灰，无所不用其极，但对"范围天地""曲成万物"的大易之道依旧是"茫乎其无所指"，这是玩易的第一境界。面对经典，切不可轻言放弃。读得久了，看得多了，就像登山时的峰回路转，这就进入"其或得之"的第二境界，被易道感染。沿着小路向上攀登，一卦一卦地理会，一爻一爻地玩味，如此探赜索隐，太极之幽隐，阴阳之生机，卦之错综，爻之时位，一步步澄明，一层层打开，美不胜收，生命受到震撼，心灵得到启迪，生命得到洗礼，心理上的纠结、压抑、焦虑一一被解开，"菹淤出焉，精华入焉，若有相者而莫知其所以然"，此为玩易的第二境界。玩易的最高境界是乐在其中的忘我之境，也就是《玩易窝记》所说的"优然其休焉，充然其喜焉，油然其春生焉，精粗一，外内翕"的境界。此时生命世界不再隔膜对立，"我"与"易"、"心"与"道"冥合为一。王阳明在"玩易"中找到了"终吾身"的安身立命之地：箕子处"明夷"而甘囚奴，文王忘拘幽以演《易》，孔子乐天知命而不知老之将至。王阳明所体会的"玩易之乐"在此！

《玩易窝记》中还谈及"玩易"的要旨在"洗心"。王阳明说："名其窝曰'玩易'，而为之说。曰：夫《易》，三才之道备焉。古之君子，居则观其象而玩其辞，动则观其变而玩其占。观象玩辞，三才之体立矣；

观变玩占，三才之用行矣。体立，故存而神；用行，故动而化。神，故知周万物而无方；化，故范围天地而无迹。无方，则象辞基焉；无迹，则变占生焉。是故君子洗心而退藏于密，斋戒以神明其德也。盖昔者夫子尝韦编三绝焉，呜呼！假我数十年以学《易》，其亦可以无大过已夫！"①观象玩辞属于学易之事，观变玩占属于占易之事。学易以明体，占易以致用，体用不二，学占一事，知行合一，表达了王阳明易学观的基本特点。这里必须点破的一个细节是，学易、占易之宗旨在于"明心"，王阳明所说的"易之体用"，实质上即"心之体用"。心之体"知周万物"即"神无方"，心之用"范围天地"故"化无迹"。心即易，易即心，易道有多么广，心灵就有多么大。心学与易学的贯通，为王阳明立身天地间找到了精神支撑和终极本原，这样《乾·文言》中的"大人与天地合其德"在阳明心学中也就有了着落。

综上"戊辰四记"，可知阳明龙场悟道时的生命境遇及内心跌宕。艰难困苦，玉汝于成；逆境识君子，患难见真情。艰难的生存境遇使王阳明洗刷去文人士大夫文弱、清高、自恋的书卷气，从与底层民众生活交往中感受到质朴本真的生命体验，继而感悟"良知"本体、"知行合一"及"诚"的境界，这成为王阳明一生受用无穷的精神财富。《年谱》载：明武宗正德"四年己巳，先生三十八岁，在贵阳。……是年先生始论知行合一"②。正德五年庚午（1510），王阳明三十九岁，时来运转，离开贬地贵州，升任庐陵县知县。从戊辰至庚午，时间不足三年，但对王阳明的一生产生了重要影响。此后王阳明亦文亦武、亦儒亦宦的传奇人生及其盛年宣道、晚年证道，直至以身殉道的心灵苦旅，其沛然弘毅的生命意志，毫无疑问，源于戊辰"龙场悟道"！

---

① （明）王守仁：《王文成公全书》第3册，王晓昕、赵平略校注，中华书局2015年版，第1029页。

② （明）王守仁：《王文成公全书》第4册，王晓昕、赵平略校注，中华书局2015年版，第1396页。

"心即理"何以成为阳明心学的基石?

——王阳明对"心即理"的传承与论证[*]

李承贵[**]

王阳明为何传承陆象山"心即理"命题?又如何论证此命题?以往的讨论虽然有所关注,但大多语焉不详。据吾考察与分析,王阳明之所以传承并信奉"心即理",约有三大起因。质疑朱子"格物"之学,源于动机与结果何者为判定是非根据之困惑,默认孟子、象山一系学问之旨趣。而王阳明对"心即理"的论证,大致不外乎唯心论、价值论、宇宙论、德性论四个向度。王阳明认为,具体物事稍纵即逝,因而若使"理"免于消失之风险,必须寄托于恒久不失的"心"。事象价值的显现与否完全取决于"心"在不在场,"心"若不在场,事象即无意义,因而事象不离于"心",故"理"在"心";宇宙万物进化的顶点是人心,"心"是宇宙的精华,宇宙万物皆摄于"心";人之于先天的善务必自信自觉,自信善体才能发用流行,才能确立是非善恶标准,而自信善体,便是"心纯乎理"。可见,王阳明关于"心即理"的论证,既具逻辑上的严密性,亦有体系上的自洽性,从而为其心学体系奠定了牢固的基石。

虽然"心"与"理"都是中国哲学的基本概念,而且在王阳明之前,

---

[*] [基金项目] 贵州省2018年度哲学社会科学规划孔学堂国学单列课题(项目编号:18GZGX04);教育部人文社会科学重点研究基地(山东大学易学与中国古代哲学研究中心)重大项目"儒家生生思想研究——以易学为中心"(项目编号:16JJD720012);国家社会科学基金重点项目"中国人性论义理结构与形态研究"(项目编号:15AZD031)。

[**] [作者简介] 李承贵,1963年生,男,江西万年人,教授,博士生导师,博士。主要研究方向:中国哲学。

也有"心"与"理"关系的讨论和表述。比如，程颢说："心是理，理是心。"① 朱熹说："心包万理，万理具于一心。"② 都倾向于"心与理是一"，但似乎又承认"理"在"心"外。只是到了陆象山这里，才明确提出在内涵与目标上异于程朱的"心即理"命题。那么，王阳明为什么要疏程朱而亲象山继承并弘扬这一命题呢？又是怎样论证这一命题的呢？

一 "心即理"缘何而生？

关于"心""理"的关系，王阳明之前就有许多讨论与安排，甚至出现了如陆象山"心即理"的明确主张。但于阳明而言，其对"心即理"的觉悟、充实与高举，既是因缘际会，亦经历了岁月磨炼。

（一）"格竹释疑"

考之阳明学思经历，其接受"心即理"命题是历经了奇异而艰难的过程的。我们知道，笼罩明朝学术思想天空的是朱熹理学，其可以说是无孔不入，所谓"今晦庵之学，天下之人童而习之，既已入人之深，有不容于论辩者"③。因而王阳明所承受的学术熏陶无疑是朱熹理学。朱熹理学的核心观点之一，就是"心外有理，心外有物"，所以需要格物致知。朱熹说："盖人心之灵莫不有知，而天下之物莫不有理，惟于理有未穷，故其知有不尽也。"④ 认为只有通过对宇宙万物的探索，才能认识事物，才能把握事物之理。朱熹说："格物须是到处求。'博学之，审问之，谨思之，明辨之'，皆格物之谓也。"⑤ 由于朱子学的渗透，师长的传授，社会的流传，书本的教导，无处不是朱熹的理学，王阳明起初对朱子理

---

① （宋）程颢、程颐：《河南程氏遗书》卷十三，载《二程集》第1册，王孝鱼点校，中华书局1981年版，第139页。
② （宋）朱熹：《朱子语类》卷九，载《朱子全书》第14册，上海古籍出版社2002年版，第306页。
③ 《王阳明全集》中册，吴光、钱明、董平等编校，上海古籍出版社2018年版，第891页。
④ （宋）朱熹：《大学章句》，载《朱子全书》第6册，上海古籍出版社2002年版，第20页。
⑤ （宋）朱熹：《朱子语类》卷十八，载《朱子全书》第14册，上海古籍出版社2002年版，第634页。

学不仅没有表示任何怀疑,而且非常崇信。所谓"是年先生始慕圣学。先生以诸夫人归,舟至广信,谒娄一斋谅,语宋儒格物之学,谓'圣人必可学而至',遂深契之"①。阳明拜见朱熹的传人娄谅,娄氏向王阳明大讲朱子格物之学,而王阳明当时的表现是"深契之"。但阳明的好思之秉性与践行之品质使其对朱子"外心求理"的学问逐渐生疑。他想,既然朱子说通过格身外之物可以获得事物之"理",进而可以成为圣人,那就按照朱子的教导去实行,看看朱子的说法能不能应验。于是,他先让一位钱姓朋友去格竹子,不过,这位朋友不仅没有格出竹子之理,反而病倒了。阳明仍不死心,亲自去格,但结果与朋友经历的一样。《年谱》云:"是年为宋儒格物之学。先生始侍龙山公于京师,遍求考亭遗书读之。一日思先儒谓'众物必有表里精粗,一草一木,皆涵至理',官署中多竹,即取竹格之;沉思其理不得,遂遇疾。先生自委圣贤有分,乃随世就辞章之学。"② 阳明由格竹子的失败,发现做圣贤并非人人所能,转而用心于辞章之学。但无疑的是,经过亲身的"试验",阳明对朱子的"格物"之学已经开始动摇。朱子是那个时代的圣人,是权威中的权威,难道朱子说的也有错?阳明的这个疑问,随着阅历的丰富,逐渐形成了否定这种学问方法的心理定势。1508 年,王阳明被贬贵州期间,虽然生活艰苦,所谓"蛇虺魍魉,蛊毒瘴疠,与居夷人鴃舌难语,可通语者,皆中土亡命"③,但对圣人之学的求索之心并无改变,便有了后来的"龙场悟道"。《年谱》云:"忽中夜大悟格物致知之旨,寤寐中若有人语之者,不觉呼跃,从者皆惊。始知圣人之道,吾性自足,向之求理于事物者误也。"④ 这段话的意思非常清晰,阳明所悟之"道"就是"圣人之道在心中"这个道理。这一悟完全是对朱子学的解放,是阳明心学的逻辑起点。自此以后,"心即理"便成了王阳明为学的根本原则,所谓"立言宗旨"。在《传习录》中,阳明与学生们所讨论的学术问题,大多不离"心即理"这个核心话题。1513 年,阳明说:"是故君子之学,惟以求得

---

① 《王阳明全集》下册,吴光、钱明、董平等编校,上海古籍出版社 2018 年版,第 1348 页。
② 《王阳明全集》下册,吴光、钱明、董平等编校,上海古籍出版社 2018 年版,第 1348—1349 页。
③ 《王阳明全集》下册,吴光、钱明、董平等编校,上海古籍出版社 2018 年版,第 1354 页。
④ 《王阳明全集》下册,吴光、钱明、董平等编校,上海古籍出版社 2018 年版,第 1354 页。

其心，虽至于位天地，育万物，未有出于是心之外也。孟氏所谓'学问之道无他，求其放心而已'者，一言以蔽之。故博学者，学此也；审问者，问此也；慎思者，思此也；明辨者，辨此也；笃行者，行此也。心外无事，心外无理，故心外无学也。"① 为学要求本，不在本处用功则支离；"心"就是本，故君子之学求之于"心"，无出于"心"外者，因而所谓博学、审问、慎思、明辨、笃行无不求此"心"；因此，心外无事，心外无理，心外无学。阳明后来在答问学生时还津津有味地回忆起当年格竹子的事："众人只说格物要依晦翁，何曾把他的说去用？我着实曾用来。初年与钱友同论做圣贤要格天下之物，如今安得这等大的力量？因指亭前竹子，令去格看。钱子早夜去穷格竹子的道理，竭其心思，至于三日，便致劳神成疾。当初说他这是精力不足，某因自去穷格，早夜不得其理，到七日，亦以劳思致疾。遂相与叹圣贤是做不得的，无他大力量去格物了。及在夷中三年，颇见得此意思，方知天下之物本无可格者。其格物之功，只在身心上做；决然以圣人为人人可到，便自有担当了。这里意思，却要说与诸公知道。"② 在这段回顾"心即理"观念成长之心路历程的话里，王阳明强调了"实践"之于验证学说是非的重要性，认为自己将"格物"工夫改为"在心上做"，完全是因为朱子学不灵。因为如果按照朱熹"格物"之学求做圣人，那将遥遥无期，而反求内心，做圣人完全由自己作主，希望就大大地增加了。由此而论，阳明心中萌生并接纳"心即理"，是缘于置疑朱子"格物"之学。

（二）"事不当理"

生活中，人们对人物、事件的评价，大多根据其事业的成功、风光的表现而给予肯定，但王阳明认为这种评价方式存在问题。一个人取得了功名，虽然光宗耀祖，却可能出于私心；一个人孝顺父母，体贴入微，却可能另有所图；一个人在建设、治理国家方面立下赫赫功勋，却可能是为了满足私欲；阳明认为这些行为都不能算是"当理"。比如，一个儿子在温清、奉养方面对父母体贴入微，但如果这个儿子所为只是做给周

---

① 《王阳明全集补编》，束景南、查明昊辑编，上海古籍出版社2018年版，第346页。
② 《王阳明全集》上册，吴光、钱明、董平等编校，上海古籍出版社2018年版，第136页。

围人看，且另有所图，不是出于真心，其"心非纯乎天理"，那么，这个儿子的温清、奉养并不"当理"。王阳明说："若只是温清之节、奉养之宜，可一日二日讲之而尽，用得甚学问思辨？惟于温清时，也只要此心纯乎天理之极；奉养时，也只要此心纯乎天理之极。此则非有学问思辨之功，将不免于毫厘千里之谬，所以虽在圣人，犹加'精一'之训。若只是那些仪节求得是当，便谓至善，即如今扮戏子，扮得许多温清奉养的仪节是当，亦可谓之至善矣。"① 这个儿子如此全心全意地温清、奉养，为什么还说他的行为"不当理"？因为这个儿子的行为将"心"与"理"一分为二了，即非"心即理"。人们之所以会认为这个儿子的行为"当理"而对其大加夸赞，就是因为将"理"仅仅归于行为方面，只考虑做得如何漂亮，不考虑此行为的初衷是什么，从而分"心""理"为二。但每个行为的源头是"心"，有其"心"才有其事，因而必须将其行为与"初衷"结合起来判断，也就是说一种行为当不当理，必须与其"心"比照。而"心即理"就是要求"理""心"一体，因而只有坚守"心即理"，才不会出现错误的判断，才能给出准确的判断。

王阳明认为，佛教的行为也属于这种"不当理"。

> 问："延平云：'当理而无私心。''当理'与'无私心'如何分别？"先生曰："心即理也。'无私心'即是'当理'，未'当理'便是私心。若析心与理言之，恐亦未善。"又问："释氏于世间一切情欲之私都不染着，似无私心。但外弃人伦，却是未'当理'。"曰："亦只是一统事，都只是成就他一个私己的心。"②

佛教主张出家，不求功名利禄，而衣衫褴褛，遁迹深山，与世隔绝，又慈悲为怀，普度众生，表现得毫无私利之心。但阳明认为佛教的行为不值得肯定，更不值得赞扬，因为"不当理"。为什么？因为佛教出家不婚，不孝不悌，不忠不敬，是对人伦的否弃，既不考虑父母、亲人的情感，更不关心、服务社会，因而只是图一己之乐、顾一己之私，怎么可

---

① 《王阳明全集》上册，吴光、钱明、董平等编校，上海古籍出版社2018年版，第3—4页。
② 《王阳明全集》上册，吴光、钱明、董平等编校，上海古籍出版社2018年版，第30页。

以认为是"当理"呢？因此，人们之所以被佛教衣衫褴褛、不恋荣华、慈悲为怀、普度众生等华丽的行为外表迷惑，并将这种华丽行为视为"当理"，就是把"心"与"理"分开了。他们只看到了佛教朴素、苦难、遁世、普度的一面，因此许之"当理"，但忽视了佛教自私的一方面，没有把佛教的"私心"作为检讨的对象。但若秉持"心即理"，将佛教华丽之"行"与"心"对照，便可立即发现其"心""理"不一，所以"不当理"。

无论在史书上，还是在生活中，"五伯攘夷狄尊周室"得到了几乎一致的肯定性评价，但王阳明不以为然。王阳明说："我如今说个心即理是如何，只为世人分心与理为二，故便有许多病痛。如五伯攘夷狄，尊周室，都是一个私心，便不当理。人却说他做得当理，只心有未纯，往往悦慕其所为，要来外面做得好看，却与心全不相干。分心与理为二，其流至于伯道之伪而不自知。故我说个心即理，要使知心理是一个，便来心上做工夫，不去袭义于外，便是王道之真。此我立言宗旨。"① 五伯即五霸，指中国春秋时期的齐桓公、晋文公、宋襄公、楚庄王、秦穆公五个霸主。春秋时期，居于中原地区的华夏族国家，称其他少数民族为"夷狄"。当时，周天子的地位已日趋衰微，但名义上仍然是诸侯的共主。五伯等大国为了争取诸侯的领导权，在其主持会盟期间，都以"尊王室""攘夷狄"相号召，但实际上各怀其心。因而阳明认为人们对"五伯攘夷狄尊周室"的肯定与夸赞，正是将五伯的事功当成"理"，而没有将五伯的事功与五伯的动机联系起来，从而分"心""理"为二。所以，若是将五伯辉煌的事功与五伯自私的动机联系起来，就不会简单地判定五伯"攘夷狄尊周室"为"当理"，因为"心""理"只是一个，所谓"心即理"。可见，阳明提出"心即理"也是源于现实生活中的困惑。阳明发现人们之于人或事的评价，只看光鲜的成绩，而不察其初心，将"理"与"心"分为两物，从而产生错误判断，因而必须让人们觉悟"心即理"这一立言宗旨。

---

① 《王阳明全集》上册，吴光、钱明、董平等编校，上海古籍出版社2018年版，第137—138页。

（三）"圣学所传"

从学脉来看，王阳明自谓孟子、象山一系。问题在于，他为什么认同象山而疏远朱熹？如上所言，"心"与"理"是中国哲学中两个基本概念，是哲学家用于表达思想观念的基本符号。在先秦，"心"与"理"并无明显的组合，但孟子的基本思想，实质上就是"心即理"。孟子所谓"四端"说，仁、义、礼、智皆是"理"，孟子认为这些"理"，人生而有之，所谓"不学而能，不虑而知"。既然都先验于心，自然可以被认为是先验的道德。所以，阳明的"心即理"，实际上是孟子思想的传承与发展。对于阳明而言，象山明晰而强化了孟子的善德在"心"的观念。象山说："此理本天所以与我，非由外铄。明得此理，即是主宰。真能为主，则外物不能移，邪说不能惑。所病于吾友者，正谓此理不明，内无所主。"① 这就是说，"理"是与生俱来的，自认得这个"理"在，便是自己的主宰，因而人若有病，正是因为此"理"暗淡无光。而"心"也是与生俱来的，象山说："四端者，即此心也；天之所以与我者，即此心也。"② 依象山，"四端"是"理"，而且与生俱来，所以"理""心"是一。象山说："盖心，一心也；理，一理也。至当归一，精义无二。此心此理，实不容有二。"③ 那么，"心"与"理"究竟是怎样的"一"呢？象山说："人皆有是心，心皆具是理，心即理也，故曰'理义之悦我心，犹刍豢之悦我口'。所贵乎学者，为其欲穷此理，尽此心也。"④ "心"具此"理"，"心"即"理"，"理"对"心"而言，好比牛羊猪狗等美味之于口，为"心"所欲，因而学者所贵，就在于尽"心"穷"理"。王阳明完全继承了象山"心即理"观念。阳明说："夫圣人之学，心学也。学以求尽其心而已。尧、舜、禹之相授受曰：'人心惟危，道心惟微，惟精惟一，允执厥中。'"⑤ 而象山之学就是"学求诸心"的圣人之学，阳明说："自是而后，有象山陆氏，虽其纯粹和平若不逮于二子，而简易直

---

① 《陆九渊集》，钟哲校，中华书局1980年版，第4页。
② 《陆九渊集》，钟哲校，中华书局1980年版，第149页。
③ 《陆九渊集》，钟哲校，中华书局1980年版，第4—5页。
④ 《陆九渊集》，钟哲校，中华书局1980年版，第149页。
⑤ 《王阳明全集》上册，吴光、钱明、董平等编校，上海古籍出版社2018年版，第286页。

截,真有以接孟子之传。其议论开阖,时有异者,乃其气质意见之殊,而要其学之必求诸心,则一而已。故吾尝断以陆氏之学,孟氏之学也。"①可见,阳明"心即理"是孟子学的延伸和发展,一脉相承,绝无歧出,完全合法。因此,由血脉传承看,阳明自觉地继承了孟子、象山一系的核心理念与展开方向,是孟子、象山学术血脉之发用流行。

综上,王阳明接纳并标举"心即理",既是其怀疑精神使然,亦是其现实关怀使然,更是其学脉传承使然。正是这些因素的因缘际会,阳明"心即理"观念才破茧而出成为其心学体系的核心,才走入中国儒学的思想舞台,并对儒学、中国哲学产生重大而深远的影响。

二 "心"与"理"意涵

要准确理解和把握"心即理"的内涵,首先要对"心""理"的内涵有所认识和把握。事实上,"心""理"在中国哲学中是非常基础性的概念,含义繁复,在王阳明思想中也不例外。因而,我们必须就着阳明本人的论述考察和分析,以厘清、确定"心""理"的意涵。

(一) 心

王阳明关于"心"的论述非常丰富,而且并非教科书似的、单纯地界定"心"是什么,而是出没于气象万千、错综复杂的语境中,因而我们不得不涉猎较多的文献。阳明说:"心一也,未杂于人谓之道心,杂以人伪谓之人心。人心之得其正者即道心,道心之失其正者即人心,初非有二心也。"②这就是说,"心"只有一个,但这个"心"因为杂于人而表现为"道心"和"人心"两种面相。由于"道心"的性质属于善,而"人心"的性质属于恶,而且,"人心"是因为"道心"失其正而有,"道心"是因为"人心"得其正而然,这就意味着"心"的底子是无善无恶。简言之,只有一"心",此"心"无善无恶。既然"道心"是因

---

① 《王阳明全集》上册,吴光、钱明、董平等编校,上海古籍出版社2018年版,第273—274页。
② 《王阳明全集》上册,吴光、钱明、董平等编校,上海古籍出版社2018年版,第8页。

为"人心"得其正，那么，如何才使"人心"得其正呢？阳明认为必须"此心纯乎天理"，他说："至善只是此心纯乎天理之极便是。"① 而"天理"即为心之本体，所谓"定者心之本体，天理也"②。因而心之本体就是善体。既然"心"已是善体，按道理不应该出现"心"不正的现象，即不会有"人心"，阳明给出的理由是"杂于人伪"。那么，"杂于人伪"是怎样发生的？阳明说："盖心之本体本无不正，自其意念发动而后有不正。"③ 如上所言，"心"之本体即"天理"，所以是善体，故无不正，但意念发动后便出现不正的情状。因此，恢复心之本体，就必须在意念上用功。阳明说："然至善者，心之本体也。心之本体，哪有不善？如今要正心，本体上何处用得功？必就心之发动处才可著力也。心之发动不能无不善，故须就此处著力，便是在诚意。"④ 而在意念上用功，就是使意"诚"。可是，如何使意"诚"呢？阳明给出的答案是"心"。阳明说："心不是一块血肉，凡知觉处便是心，如耳目之知视听，手足之知痛痒，此知觉便是心。"⑤ "心"对人之感觉了如指掌，这是强调"心"具有知觉能力。不过，"心"不单有知觉能力，而且是感官发挥功能的根据，从而表现为对感官的主宰能力。阳明说："所谓汝心，亦不专是那一团血肉。若是那一团血肉，如今已死的人，那一团血肉还在。缘何不能视听言动？所谓汝心，却是那能视听言动的，这个便是性，便是天理。有这个性，才能生这性之生理，便谓之仁。这性之生理，发在目便会视，发在耳便会听，发在口便会言，发在四肢便会动，都只是那天理发生，以其主宰一身，故谓之心。"⑥ 而这种主宰能力是因为"心"本质上是视听言动所以然之"性"，是"理"，是"仁"，从而"心"也作为感觉根据而存在。而良知就是天理，阳明说："良知是天理之昭明灵觉处，故良知即是天理。"⑦ 因此，"心"也是良知，阳明说："所谓心者，非今一团血

---

① 《王阳明全集》上册，吴光、钱明、董平等编校，上海古籍出版社2018年版，第3页。
② 《王阳明全集》上册，吴光、钱明、董平等编校，上海古籍出版社2018年版，第19页。
③ 《王阳明全集》中册，吴光、钱明、董平等编校，上海古籍出版社2018年版，第1070页。
④ 《王阳明全集》上册，吴光、钱明、董平等编校，上海古籍出版社2018年版，第135页。
⑤ 《王阳明全集》上册，吴光、钱明、董平等编校，上海古籍出版社2018年版，第138页。
⑥ 《王阳明全集》上册，吴光、钱明、董平等编校，上海古籍出版社2018年版，第41页。
⑦ 《王阳明全集》上册，吴光、钱明、董平等编校，上海古籍出版社2018年版，第81页。

肉之具也，乃指其至灵至明、能作能知者也，此所谓'良知'也。"① 因此，良知是"心"的本体："知是心之本体。"② 并可以随时监督和规范意念，阳明说："思是良知之发用。若是良知发用之思，则所思莫非天理矣。良知发用之思，自然明白简易，良知亦自能知得。若是私意安排之思，自是纷纭劳扰，良知亦自会分别得。盖思之是非邪正，良知无有不自知者。"③ 既然良知是心之本体，"心"便具有了监督、引导意念之功能，从而回到心之本体。由于心之本体被遮蔽，是因为意念出了问题，意念出了问题是因为为私欲所诱，为私欲所诱是因为对心之本体有了动摇，因而"心"对"意"的监督、引导便转化为对"天理"的贞定与谨守。虽然"心"与"天理"为一，但由于私欲的影响，"天理"不彰，此时怎么办？仍然要仰仗于"心"，要求"心"专注于"理"，所谓"主一"。阳明说："心也者，吾所得于天地之理也，无间于天人，无分于古今。苟尽吾心以求焉，则不中不远矣。"④ 如此，王阳明"心"之意涵便向我们全面敞开：以天理为框架，对感官具有主宰性，对意之善恶具有觉察与规范能力，对"天理"表现为精一工夫，具有超越时空特性的道德理性。

（二）理

我们看到，王阳明对"心"的界定没有离开"理"，而且基本根据"理"而定，可以说"无理不成心"，这让我们深深感受到"心即理"的气势。不过，既然"心"不离"理"，那么，这个"理"又有怎样的能耐呢？这就得分析"理"的内涵。阳明说："天命之性具于吾心，其浑然全体之中，而条理节目，森然毕具，是故谓之天理。"⑤ 就是说，"天理"是天赋予人"心"的"性"，浑然全体而条理节目无不具有。由此来看，"天理"是天赋的，是在"心"的，也是条理节目的。阳明关于"天理"或"理"的论述不出此范围。阳明说："夫心之本体，即天理也。天理之

---

① 《王阳明全集补编》，束景南、查明昊辑编，上海古籍出版社2018年版，第283页。
② 《王阳明全集》上册，吴光、钱明、董平等编校，上海古籍出版社2018年版，第7页。
③ 《王阳明全集》上册，吴光、钱明、董平等编校，上海古籍出版社2018年版，第81页。
④ 《王阳明全集》中册，吴光、钱明、董平等编校，上海古籍出版社2018年版，第891页。
⑤ 《王阳明全集》上册，吴光、钱明、董平等编校，上海古籍出版社2018年版，第297页。

昭明灵觉，所谓良知也。"① 就是说，"天理"是"心"的框架，或是"心"实有之体，是"心"的规定者。而作为"心"的框架，必须外化为具体的善，此时的"天理"便是诸般道德之源，阳明说："理也者，心之条理也。是理也，发之于亲则为孝，发之于君则为忠，发之于朋友则为信。千变万化，至不可穷竭，而莫非发于吾之一心。"② 可是，"天理"作为万善之源，如何发之于亲、发之于君、发之于朋友呢？阳明认为，是借助"气"来完成的。阳明说："理者气之条理，气者理之运用；无条理则不能运用，无运用则亦无以见其所谓条理者矣。"③"天理"是心之本体，但天理必须发用，发用便表现为条理，"天理"是"气"运行或身上的条理，而"气"是"天理"之发用流行，无"气"之运用自然不能见条理，也就意味着"天理"未能落实。但是，如果没有"天理"的主宰，也就不会有"气"之运用，或者出现"气"之滥用。因此，"天理"与"气"是相互合作的关系，而"理"为主。由此而言，"天理"是促使并规范"气"应用的规则。既然在"天理"浑然全体之中条理节目森然，"礼"自然是"天理"之节目了。阳明说："天理之条理谓之礼。是礼也，其发见于外，则有五常百行。"④ "礼"也是"天理"的发用流行，而将"天理"作为具体实际的落实和精彩的表现。"天理"乃天命之性具于吾心，所以是天然、淳朴、真诚之性，于道德情感而言，则真切无伪。阳明说："孝亲之心真切处才是天理。如真心去定省问安，虽不到床前，却也是孝。若无真切之心，虽日日定省问安，也只与扮戏相似，却不是孝。此便见心之真切，才为天理。"⑤ 儿子孝亲而哀号哭泣，这个孝心是不是天理？阳明认为，孝亲不一定是"天理"，而要出于真心，是真情实意。由此，"天理"又是"诚"，是实实在在的、真切可感的，天理具有自然而然性，又具有真诚性。既然"天理"是天命之性于吾心而为心之本体、条理节目，并且是真切的道德情感，那么由"天理"作为本体的

---

① 《王阳明全集》上册，吴光、钱明、董平等编校，上海古籍出版社2018年版，第212页。
② 《王阳明全集》上册，吴光、钱明、董平等编校，上海古籍出版社2018年版，第308—309页。
③ 《王阳明全集》上册，吴光、钱明、董平等编校，上海古籍出版社2018年版，第70页。
④ 《王阳明全集》上册，吴光、钱明、董平等编校，上海古籍出版社2018年版，第297页。
⑤ 《王阳明全集》下册，吴光、钱明、董平等编校，上海古籍出版社2018年版，第1295页。

"心"自然是无私而圆满自足的。阳明说:"此心无私欲之蔽,即是天理,不须外面添一分。以此纯乎天理之心,发之事父便是孝,发之事君便是忠,发之交友治民便是信与仁。只在此心去人欲、存天理上用功便是。"①这样,"心"与"理"便合为一体,构成一种圆融无碍、百毒不侵而播散四方的至善本体。概言之,作为"心"之条理的"理",是道德的总源,可以源源不断地提供道德的氧气,输送给宇宙中所有物事,作为"气"之条理的"理",是主宰、规范气之运用的轨道。从"心"之条理而言,是善体的播散,从"气"之条理而言,是事象的规范,实际上是异曲同工,而由此,"理"是具有善性的道德规范或规则,而且是实有的。综合上述,王阳明所谓"理",是由天之所命于人、熏染人心、规范气行、播善万物、真诚自然的善体。

三 对"心即理"的论证

通过对"心""理"内涵的考察与分析,可以发现阳明思想中的"心"与"理"在多个向度都指向"一",名异而实同。但既谓"心即理",即意味着"心""理"之间仍然有区隔,各有其自而非"一",因而阳明对自己所作的判断必须有所交代。"心即理"命题在逻辑上对朱子理学形成了巨大的震荡,那些坚守朱子理学的学者不停地批驳阳明的观点,阳明不能置身其外而必须有所回应。那些嗷嗷待哺的弟子们由于受朱子理学影响太深,于"心即理"意涵慧根不济,阳明也有义务"解惑"。这样,不管自觉不自觉,王阳明都必须对"心即理"主张给予解释,以消除人们的疑虑。综合起来,王阳明之于"心即理"命题成立的证明大致有四个方面。

(一)"理"之依附者是"心"

诚如上述,"理"是善体,是道德,是条理,也就是说,"理"不是实际的事物本身,如此便有"理"在何处之问。即便是无方体,无声无臭,满宇宙游荡,仍然要有个寄宿处。那么,"理"可能寄宿在哪里呢?

---

① 《王阳明全集》上册,吴光、钱明、董平等编校,上海古籍出版社2018年版,第3页。

学生徐爱就发出如此疑问："如事父之孝，事君之忠，交友之信，治民之仁，其间有许多理在。恐亦不可不察。"① 徐爱的疑惑是，孝、忠、仁等"理"都在事父、事君、交友、治民上，都在"心"外，怎么能说"心外无理"呢？阳明认为这正是积郁在人们心中多年的障蔽。他说："此说之蔽久矣。岂一语所能悟？今姑就所问者言之。且如事父，不成去父上求个孝的理？事君，不成去君上求个忠的理？交友治民，不成去友上、民上求个信与仁的理？都只在此心。心即理也。"② 阳明反问徐爱，孝敬父亲的时候，难道在父亲身上可以找到孝的理？忠于君主的时候，难道在君主身上可以找到忠的理？交朋结友的时候，难道在朋友身上可以找到信的理？治理民众的时候，难道在民众身上可以找到仁的理？如果找不到，那么，孝、忠、信、仁之理在哪里？由于孝、忠、信、仁之理都发自"心"，"理"因"心"而出，所以说"心即理"。更为重要的是，个体的肉身迟早会消亡，如果认为孝、忠、信、仁之"理"依附于人身，那么人之肉身消亡之后，这些"理"就存在随着肉身消亡而消亡的风险。阳明说：

> 朱子所谓"格物"云者，在即物而穷其理也。即物穷理，是就事事物物上求其所谓定理者也，是以吾心而求理于事事物物之中，析"心"与"理"为二矣。夫求理于事事物物者，如求孝之理于其亲之谓也。求孝之理于其亲，则孝之理其果在于吾之心邪？抑果在于亲之身邪？假而果在于亲之身，则亲没之后，吾心遂无孝之理欤？见孺子之入井，必有恻隐之理，是恻隐之理果在于孺子之身欤？抑在于吾心之良知欤？其或不可以从之于井欤？其或可以手而援之欤？是皆所谓理也，是果在于孺子之身欤？抑果出于吾心之良知欤？以是例之，万事万物之理，莫不皆然。是可以知析"心"与"理"为二之非矣。③

---

① 《王阳明全集》上册，吴光、钱明、董平等编校，上海古籍出版社2018年版，第2页。
② 《王阳明全集》上册，吴光、钱明、董平等编校，上海古籍出版社2018年版，第2—3页。
③ 《王阳明全集》上册，吴光、钱明、董平等编校，上海古籍出版社2018年版，第50—51页。

但事实是，人的肉身消亡之后，孝父之理、忠君之理依然故我，可以移向别的父、别的君，并没有消亡，因此，"理"不在人身已非常明确。进而言之，"理"自然也不在具体事物上。"理"唯一安全的去处，便是"心"，因而"心即理"。而且，"理"之于"心"不仅仅寄宿于"心"，同时是纯化"心"的善体，因为纯化而使"理"与"心"归于一成为"道心"，所以"心即理"。再者，"理"无定性，无动静，无声无臭，不可名状，而"心"是天渊，以其洁净而广袤的胸怀与"理"同一。因此，如果要给"理"找一个既安全又能形成善体的寄宿之处，唯有"心"能胜任。"理"是善体，但不可名状，无声无臭，此善体必须发用流行而化物，所以必须寻找志同道合的宿主，必须寻找一个可以把事业做大的合作伙伴，而"心"似乎最适合这一角色。显然，"理"究竟归宿何处？在"心"与"物"之间，王阳明更倾向于"心"，因为"心"不仅因此而成为善体，而且能推动"理"之发用流行，从而表现出精神至上的特质，因而可以视为唯心论证明。

（二）万物万事因"心"而有

对于主客关系，王阳明曾有一段非常精彩的表述："你未看此花时，此花与汝心同归于寂。你来看此花时，则此花颜色一时明白起来。便知此花不在你的心外。"[①] 花树在深山中自开自落，与我心有无关联？阳明的回答是"生死攸关"。原因在于人未来看此花时，花与人心同归于寂，只有人来看此花时，花才灿然呈现，所以说"花不在心外"。阳明断定"花不在心外"，是因为花的呈现与否与人心在不在场直接关联，所以"心"是决定花存在与否的根源。可见，在阳明看来，宇宙中无论什么事象，其生灭、美丑等都是由"心"决定的。根据这种"存在就是被意识"的逻辑，"天理"自然也只在"心"中。阳明说："身之主宰便是心，心之所发便是意，意之本体便是知，意之所在便是物。如意在于事亲，即事亲便是一物；意在于事君，即事君便是一物；意在于仁民爱物，即仁民爱物便是一物；意在于视听言动，即视听言动便是一物。所以某说无

[①]《王阳明全集》上册，吴光、钱明、董平等编校，上海古籍出版社2018年版，第122页。

心外之理，无心外之物。"① 就是说，物之有无、在不在场，由"意"是否意识到决定，如果被"意"意识到，便是一物，便是存在。无论是事亲，还是事君，无论是仁民，还是视听言动，其之所以是"物"，是由于"意"之所着。而"意"乃由"心"所发，源于"心"，因而"意"之所在之物只能在"心"中，因而心外无物、心外无理。可见，于阳明而言，宇宙万象、万事、万理并不能孤立存在，必须与人心发生联系，才显示其意义与价值，如果没有"心"在场，万象、万事、万理概是虚无，而"心"之所以能够成为万象、万事、万理存在的"证人"，是因为"心"的灵性能够对万象、万事、万理之性状进行准确的判断。因此，万象、万事、万理不能离开"心"而存在，所以"理"在"心"中。这个论证表明，在阳明观念中，万物与"心"是直接贯通而为一体的，万物、万事、万理之存在与否，取决于"心"的觉知与否，完全取决于对"心"有无意义。因此，这里主要是通过客体对主体的依赖关系说明主体之于客体的根据意义，可以认为是价值论证明。

（三）宇宙万物乃"心"之浓缩

宇宙万物的归宿在哪里？王阳明基于一种直观、朴素的进化观点，认为宇宙万物进化的最高成果就是"心"，"心"是宇宙的精华，是宇宙万物的归宿。阳明说："今夫茫茫堪舆，苍然隤然，其气之最粗者欤？稍精则为日月、星宿、风雨、山川；又稍精则为雷电、鬼怪、草木、花卉；又精而为鸟兽、鱼鳖、昆虫之属；至精而为人，至灵至明而为心。故无万象，则无天地；无吾心，则无万象矣。故万象者，吾心之所为也；天地者，万象之所为也；天地万象，吾心之糟粕也。要其极致，乃见天地无心，而人为之心。心失其正，则吾亦万象而已；心得其正，乃谓之人。此所以为天地立心，为生民立命，惟在于吾心。此可见心外无理，心外无物。"② 广袤宇宙，万物杂陈，芸芸众生，新陈代谢。王阳明认为，万物皆气，但在长期进化过程中，气之表现形式不同，气之稍精者为日月、星宿、风雨、山川等，又精者为雷电、鬼怪、草木、花卉等，又精者为

---

① 《王阳明全集》上册，吴光、钱明、董平等编校，上海古籍出版社2018年版，第6—7页。
② 《王阳明全集补编》，束景南、查明昊辑编，上海古籍出版社2018年版，第282—283页。

鸟兽、鱼鳖、昆虫等，至精者为人，最精者为心，此是顶点。因而"心"是宇宙的精华，而宇宙万物万象不过是"心"之糟粕。人之所以为人而非万象，在于"心"；为天地立心，为生民立命，也在于"心"。这样，王阳明将宇宙进化表述为一种逐渐"精化"的序列，而"精化"之顶点是"心"。既然宇宙万象的最后归宿是"心"，既然人之所以为人乃由于"心"，既然为天地立心也只能靠"心"，那么，当然不能说心外有物、心外有事、心外有理，而应是心外无物、心外无事、心外无理，质言之，理在心中。阳明将人心视为宇宙进化的最高成果，然后将宇宙万物收归于这个最高成果中，将"心"视为宇宙万物的浓缩，所以"心即理"。而作为浓缩宇宙万物的"心"最具灵性，因而也是宇宙万物的绝对主宰。阳明说："可知充天塞地中间，只有这个灵明。人只为形体自间隔了。我的灵明，便是天地鬼神的主宰。天没有我的灵明，谁去仰他高？地没有我的灵明，谁去俯他深？鬼神没有我的灵明，谁去辩他吉凶灾祥？天地鬼神万物离却我的灵明，便没有天地鬼神万物了。我的灵明离却天地鬼神万物，亦没有我的灵明。如此，便是一气流通的，如何与他间隔得？"① 既然天地鬼神都离不开"心"，都因为"心"而呈现其特性，都因为"心"而明其吉凶，那么，天地鬼神自然不在"心"外，而充塞宇宙的"理"自然也不能在"心"外。王阳明将宇宙视为不断进化的过程，而进化的最高成果是人的"心"，宇宙万物是"心"之浓缩，所以"心即理"。与此同时，作为宇宙万物浓缩的"心"，并非高高在上而冷血无情，而是要热情地为宇宙建立美好的秩序，为万物服务，因而表现出深沉而炽烈的人文关怀。也就是说，王阳明由朴素进化的观点说明"心"是宇宙万物的浓缩，从而说明"心即理"，并将其内在的人文关怀精神加以阐明，使"心即理"的人文内涵得以彰显。由此说明基于宇宙起源演化之思考，所以可视为宇宙论论证。

（四）善体的坚守与发用皆在"心"

王阳明继承了孔子、孟子"善在我"的观念，认为人不仅具有天赋的善，且应该自信其善，不视善为外界的强迫，从而否定善是来自外界

---

① 《王阳明全集》上册，吴光、钱明、董平等编校，上海古籍出版社2018年版，第141页。

的观念。在王阳明这里，天理就是善体，是心之本体，亦即良知，所以心体至纯至净、完满圆融。阳明说："心之本体原自不动。心之本体即是性，性即是理，性元不动，理元不动。集义是复其心之本体。"① 虽然心体至善，但仍需保任，所谓"必有事焉"。"必有事"便是"集义"；而"集义"就是"致良知"；"致良知"便是"正心"；所以"集义"即复其心之本体。阳明说："夫'必有事焉'，只是'集义'。'集义'只是'致良知'。说'集义'则一时未见头脑，说'致良知'即当下便有实地步可用功。故区区专说致良知，随时就事上致其良知，便是'格物'；著实去致良知，便是'诚意'；著实致其良知而无一毫意必固我，便是'正心'。"② 但"致良知"并非向心外求索，而是使"善体"发用流行于事事物物，所以"致良知"意味着人对善体的自信，同时要全力穷理尽性，使"善体"永远旺盛且不可胜用。阳明说："心之体性也，性即理也。穷仁之理，真要仁极仁，穷义之理，真要义极义：仁义只是吾性，故穷理即是尽性。如孟子说'充其恻隐之心，至仁不可胜用'，这便是穷理工夫。"③ 所谓"充其恻隐之心"，就是"使心纯乎天理"，因为只有"此心纯乎天理"，才有"穷理尽性"的可能和必要。"心即理"之为善体，既不明哲保身，亦非冷漠无情，而是充满关怀的万善之源。但此"善体"关怀的落实必须通过发用流行，也就是使所有人、物得其理，使所有人、物得其仁。阳明说："夫万事万物之理不外于吾心，而必曰穷天下之理，是殆以吾心之良知为未足，而必外求于天下之广以裨补增益之，是犹析心与理而为二也。夫学、问、思、辨、笃行之功，虽其困勉至于人一己百，而扩充之极，至于尽性知天，亦不过致吾心之良知而已。良知之外，岂复有加于毫末乎？今必曰穷天下之理，而不知反求诸其心，则凡所谓善恶之机，真妄之辨者，舍吾心之良知，亦将何所致其体察乎？"④ 若要使心之本体发用流行，必须确信心外无理，如果到心外求索"理"，那就是对至善本体存有疑虑，就是分心、理为二。心之本体若非至善，则无

---

① 《王阳明全集》上册，吴光、钱明、董平等编校，上海古籍出版社2018年版，第28页。
② 《王阳明全集》上册，吴光、钱明、董平等编校，上海古籍出版社2018年版，第94页。
③ 《王阳明全集》上册，吴光、钱明、董平等编校，上海古籍出版社2018年版，第38—39页。
④ 《王阳明全集》上册，吴光、钱明、董平等编校，上海古籍出版社2018年版，第52页。

资格发用流行，所以必须自信善体。而自信善体，必须"心纯乎天理"，亦即"心即理"。学、问、思、辨、笃行虽然各有其功，但无不以尽性知天为任务，而"尽性知天"即致良知于事事物物，也就是心之本体发用流行。就是说，心之本体发用流行，实际上就是"明天理"，而"明天理"必须做到"心纯乎天理"，亦即"心即理"。因此，如果有人固执地到心外求理，就是对自己本有善体缺乏自信，也就摧毁了至善本体，这样不仅不能发用流行，而且不能确立善恶、是非标准。概言之，人必须确信其心体至善，才有所谓善体的发用流行，才有可能辨别善恶、真妄。而确信心体至善，最后的归结是"心即理"。道德的最大特质就是自律，是人对行善的自信自觉，不为外在力量所驱使，而且拒绝外在压迫。因此，通过人对善体在我、善行在我说明"心即理"，可以视为德性论论证。

可见，王阳明虽然没有刻意论证"心即理"，但他在跟学生讲学的过程中，在与朋友论学的过程中，亦非常"雄辩地"对"心即理"进行了说明，我们将其说明进行归类、概括，从中发现阳明主张"心即理"自有他的思考和逻辑。在阳明看来，天理或理不在具体的物事上，因为具体的物事都是稍纵即逝的，所以如果"理"附在具体事物上，就有丧失的危险，从而丧失整个秩序的根据，因而不能视"理"在物事上，不能认为"心外有理"。王阳明指出，宇宙万物，芸芸众生，花草树木，究竟存不存在？之所以是存在的，是因为对人有意义，人可以感知它、欣赏它，可以估计对人的价值，换言之，宇宙万物的存在与寂灭皆取决于人心的开合，进而宇宙万物因为"心"而有无，那么"理"自然也只能在"心"中了。王阳明认为宇宙万物的进化有个逐渐提升的过程，不同物种进化速度与品质不同，而最精者是人，人之所以是万物之灵，是进化出了人心，人心是万物进化的最高产品，是万物的浓缩，所以心外无物、心外无理。王阳明认为，人心完满至善，是因为"理"为"心"之本体，"理"在"心"中，心体透亮光明，因而只有那种对自己的善毫无自信的人，或不承认自己心善的人，才向心外求理，从而分"心""理"为二，人如果自信心善，"理"是善体，就必然承认"心即理"。应该说，王阳明的这些所谓"论证"，大体上能够自圆其说，说明了为什么"心即理"，而且完全满足其心学之义理系统、价值系统、语言系统的需要。这些论证用现代哲学术语表述，就是唯心论、价值论、宇宙论和德性论的证明，亦即王阳明由唯心论、价值论、宇宙论和德性论四个方面展示了"心即理"的合法性，从而奠定了其独特的心学体系的基石。

知行合一：人文教育的根本原则*

张祥云　李俏丽**

重申知行合一不仅是中华传统智慧复兴的要求，更是对现代人外在强大精致、内在虚空贫乏的精神性困境问题的回应。知行合一具有双重内涵，在人文认知层面，知行合一意味着口念心行，它是一种心上工夫；在人文实践层面，知行合一体现在理念与行动的统一，它是一种事上磨炼。领悟于内，作用于外，彼此交养互发，内外本末，一以贯之。在文化自觉视域下，我们不仅要自觉中华传统智慧的内容，更要从方法论上自觉。知行合一是教育达至成己成人本源性目的的前提，这意味着生命性教学需要教师"教行合一"和学生"学行合一"的统一，只有师生双主体共同地"行"才能真正实现师生内在生命的和谐与丰盈，文化生命与文化价值才能得以不断更新和提升。

知行合一作为人文教育的根本原则，就是要复原人文学问的本真状态，不忘人文学问之价值初心，走出"口耳之学"的迷雾，开启"身心之学"的境界。那种主体贱于人文行道，而重于坐而论道、拾人牙慧的辩"理"状态，尚未得人文之底蕴，尚未入人文教育之活动。追寻"人文道理"本真的人文学问本身就含蕴了教育——自我养育和启迪他人。脱离人文践履的人文学术，是为"空谈"，其人文意义是枯萎的。思而不

---

* ［基金项目］广东省教育科学"十三五"规划2019年度高校哲学社会科学专项研究项目"粤港澳大湾区背景下传统文化创造性转化的教育机理研究"；深圳市2019年度哲学社会科学规划课题"粤港澳大湾区背景下传统文化创造性转化教育机理研究"（项目编号：SZ2019D052）。

** ［作者简介］张祥云，1964年生，男，江西大余人，教授，博士。主要研究方向：高等教育理论、人文教育理论与方法研究。李俏丽，1992年生，女，广东茂名人，科员，硕士。主要研究方向：人文教育理论研究。

行，误己害人。就知行合一本身，亦不可当作纯粹学术来对待，而要更加强调以知行合一的态度，对待知行合一之学说。对此，梁启超先生有着极为清醒的认识："知行合一，本来是一种实践工作，不应该拿来在理上播弄，用哲学家谭玄的头脑来讨论这个问题，其实不免有违反阳明本意的危险。"[1] 我们要阐释知行合一作为人文教育的根本原则，亦当遵循知行合一之大法，按照所谓"内在性研究"[2] 的方式去体悟知行合一之思想，然后用逻辑的知性方式演绎，以实现知行合一思想的创造性转化，启示当下人文教育变革。

一 "知行合一"的蕴意

知行合一的思想，源于王阳明先生的清晰阐释。必须指出的是，阳明先生并非让自己完全沉浸于思域而逻辑地推理出一个所谓知行合一学说来。他恰恰是在世事之颠簸苦旅中，基于个人主体经验所生发的问题，在与经典的对话中有所领悟，又在与弟子们围绕诸多困惑问题而交流对话的过程中，才逐步阐释清楚这一思想。也就是说，知行合一思想是从王阳明先生的社会实践中来，从他自身的教育实践中来。这一点，恰恰又是与古代人文圣贤的思想呈现方式不谋而合的。无论是《论语》《孟子》，还是古希腊苏格拉底的经典，都是圣贤们在生命历程中，在与他人的交流对话中，在问题的激发下形成和表达的思想，这些思想的表达，往往都是身边的弟子们记录整理而成的对话录。这种思想的产生、形成和存在方式，我们试图用"学问"式的，而非"学术"式的概念来表达。所谓"学问"式的，就是主体在道中之学、道中之问，求道中之理，这就是"人文道理"的求取方式。唯有主体在人文行道中，以切己的人文问题为中心，以既有的人文经典为参照，以消除人文困惑、解决人文问题为目的，才能获得和形成"人文道理"。换句话说，"立言"只是在服

---

[1] 梁启超：《梁启超论儒家哲学》，商务印书馆2012年版，第208页。
[2] 日本学者冈田武彦介绍其在写作《王阳明与明末儒学》一书时用了"内在性研究"的方法，就是在研究一个人的哲学思想时，把他的体验移入自身，然后设身处地加以体验的方法论，而不仅仅是在科学的实证中弄清楚他的哲学思想。

务于主体"立功""立德"的过程中之"顺理"所"成章"。而"学术"式的,就是主体不以自身切己行道为目的,而进入对象化的纯粹理性之求索,其典型的表现形态就是"为学术而学术",其理想方向是追求科学真理。

基于以上的思想准备,我们试图与王阳明先生展开对话,以获得对知行合一思想内涵的领悟。阳明曰:

> 古人所以既说一个知,又说一个行者,只为世间有一种人,懵懵懂懂的,任意去做,全不解思惟省察,也只是个冥行妄作,所以必说个知,方才行得是;又有一种人,茫茫荡荡悬空去思索,全不肯着实躬行,也只是个揣摩影响,所以必说一个行,方才知得真。①

王阳明认为古人既说"知",又讲"行",是因为世间存在"悬空思索"与"冥行妄作"这两种人。"悬空思索"和"冥行妄作"分别对应的是人文"认知"和人文"实践"两个层面上都有缺憾的状态。我们试图首先从这两个层面领悟知行合一说的内涵。

贺麟按照心理学的标准,用"显"与"隐"来划分知与行的等级。(其中,"显"与"隐"只有量的程度或等级的差别,而无根本的不同)②因此,在人文认知层面知行合一的突出表现应是"显知"与"隐行"的合一,也就是"口念心行"——"脑之思"与"心之情"在"身"上浑然一体的贯通状态,是随感而应、感而遂通的过程。例如,"采菊东篱下,悠然见南山。山气日夕佳,飞鸟相与还",在接触陶渊明《饮酒·其五》这首古诗时,我们的身心应超脱现实的高楼大厦,而伴随陶渊明在南山下共享菊花、晚霞、飞鸟的田园之乐。也就是说,在认知层面,知行合一的人文工夫表现为主体之"脑"与"心"、"思"与"情"能相呼应的状态,这种状态会外显为"行",所谓"读万卷书,行万里路"就是

---

① (明)王守仁原著,(明)施邦耀辑译:《阳明先生集要》上册,王晓昕、赵平略点校,中华书局2008年版,第33页。
② 参见贺麟《五十年来的中国哲学》,上海人民出版社2012年版,第135页。

这样一种心灵体验践履的过程，是"消化"人文之知"内化"于心、"外化"于行的"澄明"方式。

问："看书不能明，如何？"先生曰："此只是在文义上穿求，故不明。如此，又不如为旧时学问。他倒看得多，解得去。只是他为学虽极解得明晓，亦终身无得。须于心体上用功。凡明不得，行不去，便须反在自心上体当，即可通。"①

人文认知的知行合一意味着"人文之知"必须与脑思、心悟、体行"合一"起来，自觉"设身处地"与"文"之背后的"人"同在，实现"感同身受"，发生"我"与"你"相遇时的心灵感应、精神相契。倘若在人文认知层面未达到此境地，便是未能真正把握文本的义理精神，纯粹只是记诵概念的"木乃伊"。所以，"未有知而不行者，知而不行，只是未知"——真正的"知"总是包含着运用于"行"的向度。② 此"行"，突出表现为"行"到"文"背后的"人"那里去，"同呼吸，共命运"。可见，实现人文认知的知行合一实际上是一个人文熏陶的过程，是一个实有诸己的过程，在"修己"中"涵养"自身而指向"内圣"。③

"知是行之始，行是知之成。"人文认知层面的知行合一必须自觉转化为实践层面的知行合一，主体才更具生命力和开拓性。停留于人文认知层面的知行合一，主体最多只能在人与自身关系上一定程度地呈现所谓独善其身的状态，而实际上却往往容易落为"枯禅"④ 和"孤寂"境地，难逃自身"洞穴"而坐井观天。因此，走向人文实践层面的知行合一就极为重要，而且还能反促认知层面知行合一境界的提升。人文实践层面的知行合一是指向现实的主客体关系及主体间的关系，是向自身之外的时空拓展，是去"做事""造势"乃至"创世"，是化内在理想为外在现实的行动，是另一境界的"隐知"与"显行"的合一。梁漱溟先生

---

① （明）王守仁原著，（明）施邦曜辑译：《阳明先生集要》上册，王晓昕、赵平略点校，中华书局2008年版，第51页。

② 参见杨国荣《杨国荣讲王阳明》，北京大学出版社2005年版，第105页。

③ 杨国荣在《杨国荣讲王阳明》一书中分析：成己总是指向内圣，而达到内圣之境是一种内在的自我成就，不是迎合于外的忘己逐物，而是内在人格的自我挺立。

④ 牟宗三在人文友会讲坛上曾说过日本人认为中国王学发展的结果是成为"枯禅"，而日本接受王学，发展成事功，以王学开国维新。

讲述道:"因为我对生活如此认真,所以我的生活与思想见解是成一整个的,思想见解到哪里就做到哪里。如我在当初见得佛家生活是对的,我即刻不食肉不娶妻要作他那样生活,八九年来如一日。而今所见不同,生活亦改。"①主体以"诚"的态度自觉主动走进"生活世界",知行合一才能转换为实践层面的境界,主体在"生活世界"的"行为处事"才不会随意率性,而由内里的"隐知"作主导,实现"显行隐知"的合一。

人文认知层面的知行合一,以"知"为重点,是"理知"的内化,是"知道"到"体道"而"悟道"的过程,是"显知隐行"的合一,那些所谓"悬空思索"者,就是陶醉于"显知"而无视于"隐行"的人;人文实践层面的知行合一,以"行"为重点,是"理知"的外化,是"悟道"而"行道"的过程,是"显行隐知"的合一,那些所谓"冥行妄作"者,就是迷失于"显行"而茫然于"隐知"的人。显然,仅仅止步于人文认知层面的知行合一或人文实践层面的"知行合一",都还有所局限,达不到"大圆满"境界,甚至可能出现偏离,成不了"立功、立德、立言"的"三不朽"者。王阳明先生一生则是在"致良知"引领下践履知行合一,学问与事功,成己、成人、成物合一,是人生典范。可见,最理想的境界是主体实现两个层面知行合一的全面贯通。既"诚于中",又"行于外",知中有行,行中有知,内外"通"而为"一",实现"修己"而"安人","内圣"而"外王"。这样的人当然是最和谐、最强大、最美好的。张岱年先生说:"中国哲人研究宇宙人生的大问题,常从生活实践出发,以反省自己的身心实践为入手处;最后又归于实践,将理论在实践中加以验证。即是,先在身心经验上切己体察,而得到一种了悟;了悟所至,又验之以实践。"②打通两个层面的知行合一,学以成人、成己、成物,应该成为中国人文教育永无止境的追求。

二 知行合一的存在论特征

王阳明的知行合一说并不是以纯粹理性的思辨或脱离生活的"静观"

---

① 梁漱溟:《东西文化及其哲学》,上海人民出版社2006年版,第22页。
② 张岱年:《中国哲学大纲》,商务印书馆2015年版,第25页。

或"旁观"为依据，而是以艰苦的生活处境中主体"投身其中"顽强奋斗的生活实践为思想依托，因此知行合一说是生命的方式，是人文的存在，是充满思想、智慧、灵气的学说，不是抽象的、脱离主体的概念教条。知行合一说具有浓郁的生命特性。

（一）共时共在

1. 同时发动

知行合一的"知"与"行"是同时发动的，无先后之分。如王阳明所言："'如好好色，如恶恶臭'。见好色属知，好好色属行。只见那好色时已自好了，不是见了后又立个心去好。闻恶臭属知，恶恶臭属行。只闻那恶臭时已自恶了，不是闻了后别立个心去恶。"[1] 见好色与好好色、恶恶臭与知恶臭同时感应，"知"与"行"同步发动，不能说今日"知"，明日"行"。

2. 总是共存

知行合一的"知"与"行"总是共存，永不分离。如贺麟说的"无无知之行，亦无无行之知"[2]。"知之真切笃实处即是行，行之明觉精察即是知"，知得明察，便行得真笃，真切笃实的"行"由明觉精察的"知"主导，脱离了"知"的"行"是"冥行"，脱离了"行"的"知"是"妄想"，"知"的过程与"行"的过程相终始，"知"与"行"相伴而生且相偕并进。"心"的灵觉天理与"身"的行为圆融无间，永远相伴而行，没有"心"的灵觉天理便无"身"的行为圆融无间，知行合一中"知"与"行"总是在一起，永远相陪伴，就像手掌与手背是手的两面：一方面，手掌是手掌，手背是手背，各有其性质，各有其功用，可以分开讲；但另一方面，手掌与手背总是在一起，永远相陪伴。

（二）互动生发

1. 知行互促

知行互促，即"知"能够促进"行"，"行"同时能够促进"知"，

---

[1] （明）王守仁原著，（明）施邦曜辑译：《阳明先生集要》上册，王晓昕、赵平略点校，中华书局2008年版，第32页。

[2] 贺麟：《五十年来的中国哲学》，上海人民出版社2012年版，第136页。

知行互相促进，一起进步，相互成就。"知是行的主意，行是知的功夫。"陈来解释道："主意与功夫是阳明学中常用的一对方法论范畴，一般地，'主意'表示目的、统帅，'功夫'则表示途径和手段。……'行是知的功夫'，就是说，知以行为自己的实现手段。这样一来，并没有什么独立的，先于行或与行割裂的知，要达到知，就必须通过行。同时行也不是一匹瞎马狂奔，它有知作为指导。……行不能无主意，故行不离知；知不能无手段，故知不离行。"① 以"知"促"行"，以"行"促"知"，知行互动共进，相互发生作用。

2. 知行互释

知行互释，即以"知"可以解释"行"，以"行"可以解释"知"，知行互相阐发。换言之，知行之间是可以相互为对方"代言"的。"知之真切笃实处即是行，行之明觉精察即是知"，当其"知"是明觉精察，便知其"行"会真切笃实；当其"行"是真切笃实，便知其"知"会明觉精察。从这个角度看，在认知层面，"隐行"借"显知"表现自身；在实践层面，"隐知"借"显行"表现其自身，此时是以"知"释"行"，以"行"释"知"，但并不是如王船山所言的销"行"归"知"或者销"知"归"行"。②

（三）持续流转

1. 真知必能行

人活着就会变动不居，人不是静态的结构，人在"知"与"行"的互动中呈现为现实，在知行合一的视域中知行之间无时无刻不发生着互动。"未有知而不行者，知而不行只是未知"，按照王阳明的理解，真正的"知"总是蕴含着运用于"行"的向度，无论是认知层面的知行合一，还是实践层面的知行合一，"知"与"行"的合一并不表现为静态的同一，而是展现为一个动态的转化过程，"显知"和"隐行"与"显行"

---

① 陈来：《有无之境：王阳明哲学的精神》，北京大学出版社2006年版，第93页。
② 陈来在《有无之境：王阳明哲学的精神》一书中分析：在阳明的理解中，行不仅指物质实践活动或人的身体的物理性行为，也包含纯粹心理行为、心理事件，但是按王船山的理解，凡主体的意识活动都是知，只有外在的、客观化的行为才是行，因此其批评阳明"销行以归知，终始于知"。

和"隐知"无时无刻不发生着碰撞,就如我们肉眼看不到的分子、原子,其实它们时刻都在发生着运动,发生着化学或物理反应。因此,把握"知行合一"说不能只"从言语文义上窥测",不能从静态的概念关系上辨析"知"与"行"如何"合一",而是要"就身心上体履"这一动态过程来体认。①

2. 知行互动永不停歇

"知是行之始,行是知之成",杨国荣分析知行的次序是:本然形态的知—行—明觉理性的知②,认知层面,"知"与"行"的统一不仅在于通过切己"心""行"而达到对"知"的内在明觉,而且在生活实践中,表现为通过"身""行"而使"理知"推行于外,从而更进一步促使"理知"的完满。无论在哪一层面,知行总是互动着,永不停歇,知行的互动升级以"行"为其基础,在践行过程中体认"理知",是领悟于内,在践行过程中推行"理知",则是作用于外,知行总是在互动着、活跃着,因此知行合一说是具有持续动态性的。

三 知行合一的人文教育意蕴

知行合一是人文教育的根本原则。真正的教育是人文教育,复兴知行合一的人文教育意蕴,是教育的题中应有之义,更是教育"不忘初心"的时代使命。任何一种人文思想和理论如果不能变成生活和实践并得到检验,就不能算是成熟可靠的思想和理论。思想和理论要广泛走进大众生活,必须通过教育的转化。思想和理论的社会实践需要思想和理论的教育实践,思想和理论的深刻性要体现出教育的可行性。知行合一是人文思想和理论进入教育过程的根本大法。

(一) 体现"成己""成人"的教育之魂

"成己"一词出自《中庸》:"诚者,非自成己而已也,所以成物也。"

---

① 参见丁为祥《王阳明"知行合一"三指》,《人文杂志》1993年第3期。
② 参见杨国荣《心学之思:王阳明哲学的阐释》,生活·读书·新知三联书店1997年版,第196页。

按照杨国荣的理解"成己"以人自身的认识和成就为指向,"己"表现为人自身的存在,"成己"并非旨在合乎人之外的需要,而是以人自身的完成为目标,对人而言,它更多地体现了内在的意义。① 杜威的"教育即生长"以及"教育之外无目的"正是深刻揭示了教育的"成己"的育人本体。"夫学贵得之心",教育的本心是以人的心灵精神生长为旨归,通过"人文化成",学生走向"内圣"之境,学会挺立自我生命,从而成就自我、实现自我。

意大利博洛尼亚大学的雏形是学生团体组织,该团体组织也被称为"学生大学"。从逻辑而言,学生对学校具有优先性,向着学生而生是教师的生存姿态,向着学生的健康成长特别是学生精神生命的成长是教育的生命本质。② 换言之,成就学生(成人),促进学生"成己",既是教师的使命——最大限度地促成学生生命的自我成全,教师在成就学生"成己"的过程中,自己的生命意义得到扩展和提升——更是对教师自身生命的成全。

学校教育"成己""成人"的真正实现是以教师的知行合一作为基础的,因为"真正的教育不是例行公事,而是与人的交往,是以'活跃的心灵'唤醒'心灵的活跃',是以'卓越的生命'激励'生命的卓越'"③。知行合一是教育实现"成己""成人"的现实之源。

知识与生命融为一体是教师知行合一的表现,他们用自己知行合一的教学样态表征着自己学科的知识之魂,无论是人文学科知识还是科技学科知识,在这样的意义上,都具有深刻的人文性。范梅南就深刻地指出,"教师不仅仅是向学生传授知识,他实际上以一种个人的方式体现了他所教授的知识。从某种意义上说,教师就是他所教授的知识。一个数学教师不仅仅是碰巧教授数学的某个人。一个真正的数学教师是一位体

---

① 参见杨国荣《成己与成物:意义世界的生成》,人民出版社2010年版,第8页。
② 参见刘铁芳《什么是好的教育:学校教育的哲学阐释》,高等教育出版社2014年版,第109页。
③ 刘铁芳:《什么是好的教育:学校教育的哲学阐释》,高等教育出版社2014年版,第287页。

现了数学,生活在数学中,从一个很强的意义上说他就是数学的某个人"①。在齐邦媛的《巨流河》中我们可以清晰地感受到美学家朱光潜先生作为一名教师是如何全身心投入自己所教学科的知识之中,从而表现出知行合一的教师品格:

> 有一天,(朱光潜)教到华兹华斯较长的一首《玛格丽特的悲苦》(The Affiction of Morgaret),写一妇女,其独子外出谋生,七年无音讯。诗人隔着沼泽,每夜听见她呼唤儿子的名字……朱老师读到"the fowls of heaven have wings…chains tie us down by land and sea"(天上的鸟儿有翅膀……链紧我们的是大地和海洋),说中国古诗有相似的"风云有鸟路,江汉限无梁"之句,此时竟然语带哽咽,稍微停顿又继续念下去,念到最后两行:"If any chance to have a sigh, they pity me, and not my grief.(若有人为我叹息,他们怜悯的是我,不是我的悲苦。)"老师取下了眼镜,眼泪流下双颊,突然把书合上,快步走出教室,留下满室愕然……②

陈向明研究团队通过对北京市若干中小学教师进行追踪调查发现,优秀教师往往对其所教呈现出一种知行合一的行动样态。例如在访谈中,高中语文特级教师欧阳老师自豪地说:"我就是语文!"另一语文特级教师刘老师充满激情地说道:"当老师啊,实际上呢,得特别擅长和孩子们相处,把自己的生命用一种学科化的方法表达出来……我的教学就是把生命投射到语文课堂上去。我就是语文,我就是语文课。"③这些优秀教师希望通过自己"具身化的行动识知",一举一投足都践行他们自己所教授的知识。

生命内在的成长需要生命的感化,因此需要教师用生命行动诠释知识义理,通过一颗心灵去唤醒感化另一颗心灵,通过一个灵魂去撼动另

---

① [加拿大]马克斯·范梅南:《教学机智:教育智慧的意蕴》,李树英译,教育科学出版社 2001 年版,第 104 页。
② 齐邦媛:《巨流河》,生活·读书·新知三联书店 2010 年版,第 113 页。
③ 陈向明:《优秀教师在教学中的思维和行动特征探究》,《教育研究》2014 年第 5 期。

一个灵魂。"心灵被震撼了""心像被洗过了""学会了用心体会遥远的意境""让语文融入了内心"……这些受访的优秀教师班上部分同学如是感叹。唯有教师自身生命的整体投入,真切地感受、回应课堂的冷暖,才能激励、唤醒学生的生命,撼动人的灵魂。①

试想一下,假若教师没有把学科知识与自身行动合二为一,只是毫无感情地把知识当作考试的工具而传授的话,学生是不是也会把知识当作与自身生命无关的文字器具而已?缺少了教师卓越的自我生命,就不可能有卓越的学生生命状态的显现,学生的"学"便沦为迎合于外的学习而非内里的"成己"。因此,教师知行合一,学生才会更关注自我的心灵体验,关怀内在成长,从而摆脱"唯知识"的羁绊。苏格拉底申言"知识即美德",他并不是仅仅把知识作为外在于己的客体知识来激励学生的,实际上,富有知识智慧的苏格拉底自己的日常生活中就蕴含着丰盈的德性修为,"知识即美德"意味着苏格拉底本人便是知识和德性形象生动的"表征"。换言之,教师在"具身化"知识的同时,才能使受教育者的灵魂引向美好与高贵。色诺芬回忆道:"对于一个听到他(苏格拉底)说了这些话的我来说,我认为苏格拉底不仅他本人是幸福的,而且他也把那些听到了他的话的人导向了美好和光荣的大道上来。"② 知行合一的教育者不仅成就了教育者本人的幸福,而且把受教育者引向美好与高贵。

教师的知行合一对文本知识的"再情境化"起到中介作用,为学生入"道"提供了门径。知识的书、理论的书,只是语言、概念或逻辑,都只能"成理",不能"成长"。③ 假如教师把知识对象化、概念化,也不过是搞清了概念的排列、层级的结构,与如何做人全不相关。因为学问(尤其是人文学问)最初源于生活实践的感悟与体验,它是关于生命的关照和体履,充满了活泼泼的生气,但当它变成书本的语言文字时,这些学问由生命之动就进入了生命之静,真理就沉睡甚至冻结在了书本

---

① 参见刘铁芳《什么是好的教育:学校教育的哲学阐释》,高等教育出版社2014年版,第184页。
② [古希腊]色诺芬:《回忆苏格拉底》,吴永泉译,商务印书馆1984年版,第37—38页。
③ 参见霍韬晦《为成长自己而读书》,《中学历史教学参考》2016第2期。

的语言文字里。特别是人文经典，如《论语》《老子》《孟子》等，它们古老、文约而义丰，如何激活其文化生命力使其与现代生活产生链接呢？先知觉后知，先觉觉后觉，教师的知行合一对文本知识的"再情境化"起到中介作用。知行合一型的教师便是课程，其本身蕴含着一种意象，这个意象能够指引教师的心、脑和身体朝向他们所希望的方向去，从而形成一个场域。在这个场域中，教师为学生进入文本搭建了桥梁，由此牵引着学生走进文本思想殿堂。此时，学生的"心灯"才能被点亮，从一个个干巴巴毫无感情的概念"木乃伊"转变为具有精神灵气的鲜活存在。知识不再是外在于"我"的生硬冷漠的教条，知识成了涵养"我"身心、涵养"我"德性的"身心之学"，亦即"成己之学"。无疑，教师的"我即是课程"的知行合一教学样态是学生"成己"的现实之源，同时，教师在知行的互动过程中，教师心目中的"意象具身化"（embody）了自己的教育理想，教师也从中真正得以"成己""成人"。

（二）彰显生命的体验教学之魅

牟宗三先生曾批评学校的上课状态，说道："学校的上课，是忙煞先生，闲死学生。"[1] 武汉大学文学院李建中教授如此描述中国高校传统人文学科的课堂教学，其日常景观是："教师在讲台上'一站到底'，学生在座位上'一听到底'。教师的任务只是'讲'，讲完了拎包走人，至于下面的学生是否听懂了甚至是否听了，那是学生自己的事。"[2] 显然，可以看出，这样的课堂教学是单边的、静态的，没有活力的，缺乏生命感的，无论是文本思想的生命、学生的生命抑或是教师的生命都处于被动的状态，没有被激活，因为教师所教的知识与其行动是相分离的，也就是没有"教行合一"，因此便没有学生的"学行合一"。这样的课堂教学消解了"教育即生长"的教育本体意涵，根本不可能真正促成"成己""成人"。

雅斯贝尔斯认为大学是"教育新人成长的世界，是个体之间富有生

---

[1] 牟宗三主讲，蔡仁厚辑录：《人文讲习录》，广西师范大学出版社2005年版，第78页。
[2] 李建中：《师生同创"青春版"：传统人文学科教改理念及实践》，《中国大学教学》2015年第1期。

命的交往"①。实际上,教育是人活动的场域,任何教育都应基于个体之间富有生命的交往以促成个体精神"成人"。教学是最直接、最基本、最大量、最重要的育人活动②,真正的教学是对生命的促进③,生命体验性是教学的本体,知行合一是充分调动个体完整生命充满活力地参与课堂教学的工夫,"知识并非不重要,但作为教育活动而言,更重要的是如何建立知识与人之间的内在联系,个体充满活力地进入教学之中才是教育实践得以可能之本"④。知行合一是激活知识与人之间的内在关系,将师生生命连接在一起的"电流"。

阳明曰:

> 就如称某人知孝、某人知弟,必是其人已曾行孝行弟,方可称他知孝知弟;不成只是晓得说些孝弟的话,便可称为知孝弟。又如知痛,必已自痛了,方知痛;知寒,必已自寒了;知饥,必已自饥了:知行如何分得开?⑤

某人"知孝"、某人"知悌"必是已曾"行孝""行悌","知"总是蕴含着"行"的向度。同样,学生的"成己"必是包含着"行",亦即赵汀阳所说的"to be is to do"⑥,人是人自己创造出来的,因此必须"do"。就教育而言,这个"do"是教师与学生在教育教学上共同的"行",是"教行合一"和"学行合一"共同组成的。

"教行合一"和"学行合一"意味着教师和学生的生命都进入了一种"心田"之"思"的状态,但这"思"不是静态的冥想,而是师和生

---

① [德]雅斯贝尔斯:《什么是教育》,邹进译,生活·读书·新知三联书店1991年版,第150页。
② 参见张楚廷《高等教育学导论》,人民教育出版社2010年版,第249页。
③ 参见刘铁芳《什么是好的教育:学校教育的哲学阐释》,高等教育出版社2014年版,第169页。
④ 钱艺林:《以〈紫藤萝瀑布〉为例谈散文教学的"神不散"》,《中学语文》2019年第13期。
⑤ (明)王守仁原著,(明)施邦耀辑译:《阳明先生集要》,王晓昕、赵平略点校,中华书局2008年版,第32—33页。
⑥ 赵汀阳:《一个或所有问题》,江西教育出版社1998年版,第19页。

"行其所知"的"思",是充满灵动性和智慧性的"思"。教师的心与身、灵与肉、脑与四肢和学生的心与身、灵与肉、脑与四肢都在"体知"中,他们的生命已潜入文本,体知着"暮春者,春服既成,冠者五六人,童子六七人,浴乎沂,风乎舞雩,咏而归"(《论语·先进》)的意境。此时的师与生、人与书的关系已变成人与人的关系,师与生、人与书都变成了马丁·布伯所言的"我"与"你"的相遇,我的灵明与你的灵明此时此刻达到了某种程度上的相契。在这个程度上,"教行合一"和"学行合一"共同构建了真正意义上的生命体验性的课堂,此时的师与生之生命、人与书之生命不再是彼此独立的个体,而是教师与学生共同的"行"。因为他们的"内在践履",由四面墙壁围成的教室不再是坚硬冰冷的钢筋水泥,里面还有活泼泼的生命,还有看似毫无生气的书籍,实质是跃动的精灵。这些跃动的精灵使师生的生命产生了感应,凝聚着师生的命运共同体。

由"教行合一"和"学行合一"构建的生命体验性的教学意味着师生都在"身心上做",实质强调的是"口念心行",但"行有不得者,皆反求诸己"(《孟子·离娄上》)。生命性的体验教学最重要的是师与生都具备诚敬的品格,如果仅仅依照外在的理性规范,而未能将一般的理性原则融合于内在真切的"心体",则行为便往往如同王阳明所指的做戏:"若只是那些仪节求得是当,便谓至善,即如扮戏子,扮得许多温清奉养的仪节是当,亦可谓之至善矣?"[①] 倘若依然不得其"心",那么便需要师与生反躬自省自己是否专注、是否足够参与、是否秉持了"同理心"去理解对方,如此方得生命性体验教学"成己""成人"的诀窍。

(三) 突出师生"双主体"之义

优良的教育总是意味着师生生命的共同实现,师生共赴生命的卓越。[②] 师生"双主体"的"行"是师生生命走向卓越的前提。换言之,

---

① (明)王守仁原著,(明)施邦耀辑译:《阳明先生集要》,王晓昕、赵平略点校,中华书局2008年版,第22页。

② 参见刘铁芳《什么是好的教育:学校教育的哲学阐释》,高等教育出版社2014年版,第287页。

教育教学中不仅要教师"教行合一",也要学生"学行合一"。只有凸显了师生"双主体"的地位,师生"双主体"之"行",才能实现文化生命的育人使命。但是有些"学校的上课,是忙煞先生,闲死学生","教师在讲台上'一站到底',学生在座位上'一听到底'",这样的课堂教学表面上看是教师占了主导地位,其实这是一种程序化的机械教学,教学中学生只是被动的知识"接收器",而教师只是知识的"传播器",人被抽象化为一个容纳知识的"器具",此时"人不见"了,教师与学生作为人的主体性都是缺位的。"主体性"的人没有"在场",这类的课堂教学没有充分激活师生内在的生命活力,自然也就没有激越知识的魅力,因此也就孕育不了"人文化成"的文化生命,"规定其他东西的东西变成了被规定的东西,产生其他东西的东西变成它的产品的成品"①。这样的教育教学实质遮蔽了"人"这一目的性,背离了"成己""成人"的教育本心。

诚然,在教育教学中,学生内在生命的生成是以教师"活跃的心灵"唤醒学生"心灵的活跃",教师之为教师,就是向着学生的生命显现,教师向着学生而"行"的生存姿态对学生"成己"的作用再怎么强调都不为过。"教师可能在教授一个有 35 个人的班级;但很重要的是要记住所有的学习最终都是个人的过程。"② 生命性的体验教学是师生双方共同的"行",只有师生"双主体"的"行"才能真正实现文化生命和文化价值。"只有教不好的老师,没有教不会的学生。"这句话显然是只关注了教师的"行",只注意了教师的主体性地位,而忽略了学生丰富多样性的存在。即便"教师即课程",教师在教学中知行合一,教师对学生的作用也只能是"点燃"和"点亮"——或点燃其心,或点亮其路;其心还得自己燃烧,其路还得自己"践履"。文本的义理精神如何还需学生自己去"行思"。

  刘观时问:"未发之中是如何?"先生曰:"汝但戒慎不睹,恐惧

---

① 鲁洁:《一个值得反思的教育信条:塑造知识人》,《教育研究》2004 年第 6 期。
② [加拿大] 马克斯·范梅南:《教学机智:教育智慧的意蕴》,李树英译,教育科学出版社 2001 年版,第 104 页。

不闻，养得此心纯是天理，便自然见。"观时请略示气象。先生曰："哑子吃苦瓜，与你说不得；你要知此苦，还须你自吃。"①

为什么王阳明先生不应学生要求直接向学生"略示气象"，而以"哑子吃苦瓜"的比喻告诉学生要自己去体知"未发之中"的气象呢？质言之，在于人的精神丰富性的获得"就其实质而言，是他人不可替代而须自己作为主体去独自完成的，外在的人和事仅仅可以起影响、引导的作用"②。心灵的果实只有自己去"行"才能真正体味到个中滋味，任何人都无法代替。换言之，学生要想真正把握文本义理精神，实现"成己"，不能仅依赖老师的"教行合一"，而必须自己去体知践履。学生的精神成长，必须是其亲自"介入其中"才能真正完成的。杜威就特别强调："做事的方法、目的与理解，必须存在于做事的人自己的意识当中，使他的活动对他自己应当是有意义的。"③ 成长的不可替代性，也使我们更加理解作为圣人的孔子，为什么弟子三千，贤人却仅有七十二。

杜维明指出："在追求自我实现的过程中，不积极进行精神的修养，就不能真正有知。不能有意识地努力深化和扩充自己的自我意识，就不能有行。"④ 教育以学生"成己"为指向，学生之"成己"不仅依赖于教师的"教行合一"，更加取决于学生自身的"学行合一"。

四　知行合一：将教与育合一生成

在当代教育中，知识与生命相分离的现象极为普遍。那些"知识上的巨人"，却往往成了"精神上的侏儒"。文凭与修养无关，学历与人格无关，名校与境界无关，"教"和"育"的分离成了当代教育的征候。赫尔巴特曾说，无无教学的教育，无无教育的教学。真正的"知"总是蕴

---

① （明）王守仁原著，（明）施邦耀辑译：《阳明先生集要》上册，王晓昕、赵平略点校，中华书局2008年版，第93页。
② 张祥云：《人文教育特点新探》，《高等教育研究》1999年第6期。
③ 赵祥麟、王承绪编：《杜威教育名篇》，教育科学出版社2006年版，第21页。
④ ［美］杜维明：《青年王阳明（1472—1509）：行动中的儒家思想》，朱志方译，生活·读书·新知三联书店2013年版，第185页。

含着运用于"行"的向度,真正的"教"总是蕴含着"育"的向度,"知行合一"是"教"和"育"合一的方法论前提。"道问学"与"尊德性"要同时生成于个体内在生命结构中。钱穆认为:"在中国文化体系中,教育即负起了其他民族所有宗教的责任。儒家教义,主要在教人如何为人。"[①] 教育的本质是人文教育,教与育合而为一是"本",唯"本立而道生"。

(一) 以诚然之心开启教与学

《中庸》有言:"诚者,非自成己而已也,所以成物也。""唯天下至诚,为能经纶天下之大经,立天下之大本,知天地之化育。"诚是一种内外如一、纯粹善真、尊重开放的态度,是达至"成己""成人""成物"的心理机制,唯"至诚"者能化育天地,"不诚无物"。学校是育人的场域,个体走进学校旨在通过教与学而提高自我生命的境界,教与学都是在知行互动的视域下展开的,师生应以诚然之心开启教与学。

师生以诚然之心开启教与学,这意味人与人的关系、人与书的关系是一种如马丁·布伯所言的"我—你"而非"我—它"的关系。秉持"诚"的心灵精神准备,"我—你"各自敞开自我,在教与学中师与生之间、人与书之间形成主体与主体的平等对话。"我"是"你"的生命相遇,"你"便是"我"的目的性存在,"我—你"之间才能进行心与心的生命交往而达至知情意一体化的体验认同。

假如失去"诚",取而代之的是一开始便抱着批判怀疑的态度,教师的"教"和学生的"学"就势必走入"我—它"的困境,从而导致知识与生命的分离。不仅把知识视为供人摆弄利用的客体,也将人客体化或物化,成为与"我"相分离的对象,与"我"相对立的客体。人文教育中,那种先入为主、一接触就采取批判和怀疑的态度,将导致人文精华被糟粕遮蔽,无法汲取精神营养,最终会导致信念无法建立,生命的价值观无法确立。"发展下去会为批判而批判,结果最后会离开生命,变成知识问题、概念问题的争论。"[②] 这其实是唯科学主义在人文教育中的精

---

① 钱穆:《国史新论》,生活·读书·新知三联书店2005年版,第193页。
② 霍韬晦:《新教育·新文化》,中国人民大学出版社2010年版,第49页。

神泛滥。

钱穆先生有言:"学问都从活人做出,学问之背后则必然有其人之存在。"他尤为强调"读古人书,须能如面对亲觌,心知其人"①。这启示我们人文阅读的关键是"读人",通过"读人"以把握著作者的精气神。只有秉持诚然之心方能"进得去"而与书背后的人展开"我—你"而非"我—它"的对话,也只有如此才能了解到书背后人的血脉精神,复活知识本身的活泼生气,知识才内化为生命的动力源。

(二) 注重个体性情的开发与陶冶

苏霍姆林斯基说:"情感如同肥沃的土壤,知识的种子就播在这个土壤上。"② 这意味着性情的丰富与否在很大程度上决定着知识的种子能否在个体内在生命扎根发芽。个体性情的开发与陶冶,对知识尤其是人文知识能否转化于心,至关重要。"在我们学生精神世界的最复杂的那些过程之中,居于首要地位的是个人信念和个人观点的形成过程,是把真理转化为有血有肉的具体行为和行动的过程。毫无疑问,这个过程在很大程度上取决于情感教育和善良情感的形成。"③

性情的敏锐性犹如一种动力,推动着"知"内化于心进而外化为行,巴甫洛夫证明道:"大脑皮层活动的主要冲动来自皮层下中枢。如果排除这些情绪,那么大脑皮层就失去了力量来源。"④ 性情使人直接通向对象,与对象合一,中间没有间隔,孔子指斥:"人而不仁,如礼何?""为礼不敬,临丧不哀。"(《论语·八佾》)这意味真情实感的生发只有在具体行为中,知行互动才能产生实质意义,否则"知"是空洞的概念,"行"是形式化的程序行为。梁漱溟指出,情理的认识本乎人心感应之自然,假如没有孝悌心情动于衷,说什么知孝知悌?反之,若一片孝悌心情,当

---

① 钱穆:《中国学术通义》,九州出版社2012年版,第295页。
② [苏联] B. A. 苏霍姆林斯基:《帕夫雷什中学》,赵玮、王义高、蔡兴文等译,教育科学出版社1983年版,第265页。
③ [苏联] B. A. 苏霍姆林斯基:《帕夫雷什中学》,赵玮、王义高、蔡兴文等译,教育科学出版社1983年版,第242页。
④ [苏联] B. A. 苏霍姆林斯基:《帕夫雷什中学》,赵玮、王义高、蔡兴文等译,教育科学出版社1983年版,第242页。

下行事纵或未见,已自是孝悌了,因为感情冲动属身体之事,不论其见诸行为与否皆属于行。①

因此,学校少年期教育要特别注重性情的开发与陶冶,丰富而善良的性情能直接刺激到感受器从而发生条件反射行为,如梁漱溟所说:"人生活在身心内外往复之间,一般地说,便是巴甫洛夫所谓刺激反射。"②在这里,一方面,我们要防止早期过度的理智化训练导致个体生命的贫乏与精神的穷困;另一方面,我们在充分开发和陶冶孩童性情时要从多维度入手,既要从学校丰富的诗歌、绘画、音乐、体育等教学内容润泽孩童的生命,又要走出学校,回归大自然,在大自然中让孩童领略到自然的野趣与多姿,同时,回归到我们的生活世界,让孩童充分沉浸在民间丰富的文化之中。

实际上,显性知识与隐性知识的连贯性对个体性情的培育是非常重要的,《颜氏家训·慕贤》的"潜移暗化,自然似之"便强调了隐性课程对个体性情的熏陶作用。只有显性知识与隐性知识连贯一致时,个体在教育活动中才能提升和谐平衡的心灵境界。石中英指出,假若显性知识与隐性知识发生冲突时,孩童会认为在课堂上所接受的显性知识便只是纯粹的理论知识,与实践生活无关,学生会产生"理论"知识(显性)和"实践"知识(隐性)相脱节的现象。③ 学生头脑中这种知识"分裂"意味着这两种知识并不会在那儿"和平共处",它们会在学生的思想和行为的各种层面上发生冲突。换言之,教师在日常生活中的言行举止作为一种隐性知识应被关注而保持谨慎。同时,诚如波兰尼所言,隐性知识是大量存在的,人们生活于它们之中就像生活于自己的身体之中。校园其实处处隐藏着隐性知识,我们需要充分开发校园的隐性知识以陶冶学生性情。我们要让校园的内部陈设也"说话"。"孩子在他周围——在学校走廊的墙壁上、在教室里、在活动室——经常看到的一切,对于他精神面貌的形成有重大的意义。这里的任何东西都不应当是随便安排的。……我们竭力要使孩子所看到的每幅画、读到的每句话,都能启发

---

① 参见梁漱溟《人心与人生》,上海人民出版 2011 年版,第 114 页。
② 梁漱溟:《人心与人生》,上海人民出版 2011 年版,第 228 页。
③ 参见石中英《知识转型与教育改革》,教育科学出版社 2001 年版,第 237 页。

他去联系他自己和同学。"① 苏霍姆林斯基甚至连校园的每棵树木、每朵花都赋予了教育的意义，他说："花木都不是任意种植的，而是考虑了每棵花木、每朵花所能赋予人的精神活动的某种审美和情绪色彩。"②

（三）唤醒个体的理智兴趣

苏霍姆林斯基说："教育性教学最重要的任务之一，就是防止学生对所获得的知识采取冷漠态度，认为知识内容与他毫无关系。"③ 个体内在的理智兴趣处于沉寂状态时，其对所获得的知识便采取冷漠的态度，被动地"受"，从而导致知识成为"概念的木乃伊"，知识外在于个体生命。"知之者不如好之者，好之者不如乐之者"（《语论·雍也》），理智兴趣的培养是知识走向美德的关键。④ 个体带着对学习事物的喜好进入学习活动之中，意味着个体对知识活动有了知情意的体验和认同，这样的学习活动才足以提升个体的生命状态。

个体理智兴趣的唤醒以教师多样的知识和丰富的智力生活为重要条件。正如苏霍姆林斯基所说："教师，这是学生智力生活中第一盏、继而也是主要的一盏指路灯；是他在激发学生的求知欲，教会他们尊重科学、文化和教育。……有效开展学生全面发展的一个重要的条件，就是教师集体要有丰富多彩的智力生活，要有多样化的兴趣、广阔的眼界、顽强的钻研精神和对科学新事物的敏感性。"⑤ "至圣先师"孔子之所以能终身保持"诲人不倦"的教学热情，影响学生和他人，就在于其自身学而不厌，永远保持着向学的心态，终身坚持努力好学，不断保持自我向他人和世界的开放性和敏感性。我国当代著名高等教育家潘懋元先生桃李

---

① ［苏联］B. A. 苏霍姆林斯基：《帕夫雷什中学》，赵玮、王义高、蔡兴文等译，教育科学出版社1983年版，第149页。

② ［苏联］B. A. 苏霍姆林斯基：《帕夫雷什中学》，赵玮、王义高、蔡兴文等译，教育科学出版社1983年版，第146页。

③ ［苏联］B. A. 苏霍姆林斯基：《帕夫雷什中学》，赵玮、王义高、蔡兴文等译，教育科学出版社1983年版，第263页。

④ 参见刘铁芳《知识学习与生命成长：知识如何走向美德》，《高等教育研究》2016年第10期。

⑤ ［苏联］B. A. 苏霍姆林斯基：《帕夫雷什中学》，赵玮、王义高、蔡兴文等译，教育科学出版社1983年版，第47—48页。

满天下，他的弟子优秀人才辈出，已是百岁之身却仍耳聪目明，思维清晰，可以授课、指导研究生、作报告、写文章。他在《百岁感言》里道出了奥秘："我的理解：身体的运动很重要，大脑的运动更重要。大脑是全身的'司令部'。"他每天都要去思考具有重要意义的教育难题，坚持每周一次的家庭学术沙龙数十年，与弟子们互动，激荡思维，奉献社会，堪称时代典范。显然，教师如果缺乏渴求知识的强烈愿望，不仅会使教学失去光彩和热情，教学还将变为他的苦差和重负，机械地传授知识，就会使学生的求知乐趣丧失殆尽。这意味着教师要不断激活自身生命，永远保持对新知识的期待和热情，不断学习、研究以充实完善自身。师生彼此点燃理智之火，彼此喷发理智之光，以问题引领知识营养个体的内在生命。

个体的理智兴趣的唤起仅仅通过课堂教学的高速率的脑力劳动是不足取的，这样会导致孩童生命过早被抽空而贫乏。与之相对应的是，学校教育要有足够的闲暇让孩童发挥自己的特长与兴趣，参加各种兴趣小组活动，在做中学，在智力情趣丰富的教师指引下"儿童边动手边思考，边思考边动手。只有在这种条件下知识才会转化为信念，这也是儿童的天性所要求的：他们的智力活动在劳动中表现得最为明显；经他亲手劳动肯定过的概念能激发出深切的情感，而这种情感则是人的行为的最强大的推动力"[①]。在做中学，把知识还原于过程之中，在开放的、自主的探究过程中学生获得知识的发生学意义，学生内在的求知欲不但被激活，而且知识于个体而言有了丰富的个人态度。

（四）"家"是德性养成的知行合一道场

"凡属削弱家庭经常教育孩子的一切，同时也会削弱学校"[②]，因此家庭和学校形成有机联动合力，发挥各自独特的教育功能，对于培养学生健全人格起着关键的作用。任何一方缺位或者家庭与学校的教育影响不

---

① [苏联] B. A. 苏霍姆林斯基：《帕夫雷什中学》，赵玮、王义高、蔡兴文等译，教育科学出版社 1983 年版，第 266 页。

② [苏联] B. A. 苏霍姆林斯基：《帕夫雷什中学》，赵玮、王义高、蔡兴文等译，教育科学出版社 1983 年版，第 8 页。

一致，都会导致学生身心在两者之间不断拉扯，而出现生命困顿迷茫的现象。

但是，在现代化进程中，中国家庭教育或缺失或偏颇的现象极为显著。在现代城乡结构发生改变的背景下，父母双双背井离乡外出打工，乡村留守儿童教育问题异常突出。纵使都市家庭儿童能与父母处在同一屋檐下，由于"忙"成为现代都市上班族生活、工作的基本节奏，儿童跟父母的心灵交流容易被忽视，身近而心疏。"因为现代家庭的结构变了，过去母亲在家中负责子女的教育、成长，教他怎样做人、怎样生活、怎样跟人相处。今天大部分家庭都是夫妇都工作的，因为一个人满足不了生活的要求，所以男主外女主内的格局已改变。结果男女的负担都加重，大家都被消费社会的引力拉向前方，无暇回顾，孩子的成长只好交给学校，交给第三者。"① 孩子与父母的疏离由此而生，孩子生命成长的缺憾也由此而生，学校可以很用心、很负责，却天然无法取代父母。

家庭是孩子的第一所学校，父母是孩子的第一任老师，家是孩童生命成长的根，根深则叶茂，本固则枝荣。尤其"家"文化是中国传统文化的核心，优良品性的培养根基在家，家庭关系、家人相处、家务劳动、家庭生活，是习惯养成、德性陶冶最重要的知行合一道场。霍韬晦说："中国人讲亲亲教育，'亲亲而仁民，仁民而爱物'（孟子语）。生命成长由亲开始。但父母根本没有时间，他们自己也不懂，思想也有缺陷，如何能够潜移默化地影响孩子呢？"② "家"作为中国人道德知行合一的首要道场正在瓦解，仅靠学校的单一力量，是难以完成"育人"事业的。"教"和"育"的"合一"需要家校合力共同完成。因此，如何建立"家校合育"的长期有效联动机制，是严峻的时代课题。

---

① 霍韬晦：《新教育·新文化》，中国人民大学出版社2010年版，第80页。
② 霍韬晦：《新教育·新文化》，中国人民大学出版社2010年版，第80页。

从书院到乡约

——王阳明乡治思想研究

崔树芝*

  王阳明的乡治思想主要体现在乡约实践中。在乡约由民间走向官方、由地方走向全国的发展过程中,阳明是过渡性的人物,他既焕发了乡约的新生命,某种程度上也牺牲了乡约的民间自治精神。阳明的乡约实践借助于他的行政权力,但不能简单理解为官方性质。与宋儒"得君行道"不同,阳明选择"觉民行道",并以书院讲学为主要载体。书院与乡约呈现体用或本末的关系,乡约是书院讲学的延伸,是良知发用的治民事业,目的在于移风易俗。阳明的乡治思想对当前的乡村振兴有启发意义。或可考虑复兴乡约精神,完善乡村治理,扩大民治基础,加快乡村振兴的步伐。

  王阳明(1472—1529),原名王守仁,字伯安,号阳明,世称阳明先生,他不仅是心学的集大成者,也是拥有卓著事功的政治家。他倡导知行合一,致良知教,既可以坐而言道,亦可以起而行道,在诸多方面影响了中国历史的进程。除了在儒学上的显著成就外,他的乡约实践对中国后来的乡治格局也产生了深远影响。有学者指出,阳明于正德十五年(1520)在江西推行的《南赣乡约》是明代第一个乡约,开官办乡约之先河者。[①]经由阳明及其后学的提倡,乡约治理模式借由官方的力量被推广

---

* [作者简介]崔树芝,1989年生,男,江苏沭阳人,贵州省委党校哲学教研部副教授,哲学博士。主要研究方向:科学哲学、中国哲学、传统文化与现代化等。

① 参见杨开道《中国乡约制度》,商务印书馆2015年版,第110页。此书最初出版于1937年,后来经学者考证,在阳明之前即有人推行过乡约,但影响不及阳明大,参见董建辉《明清乡约:理论演进与实践发展》,厦门大学出版社2008年版,第186页。

到全国，一直延续到近代，就连梁漱溟从事的乡村建设，也是受到乡约的启发，大体上是采用乡约，对其补充改造。① 而就当前的乡村振兴而言，也随处可见乡约的影响，如乡规民约的制定、新时代农民讲习所的举办等，因而研究王阳明的乡治思想不仅具有学术价值，对完善基层治理亦有相当的借鉴意义。

王阳明的乡治思想集中体现在他的乡约实践中。要系统考察王阳明的乡治思想，不仅要从乡约发展史中找到阳明乡约实践的地位，还要从阳明整个心学体系来透视他的乡治思想，因为阳明的心学是在书院讲学中完成的，故而书院与乡约的关系需要引起特别的注意。

一 王阳明的乡约实践及其历史地位

正德十一年（1516），阳明升都察院左佥都御史，受命巡抚南、赣、汀、漳等处，十二年（1517）、十三年（1518）平定寇乱，他曾写信给弟子杨仕德，曰："破山中贼易，破心中贼难。"十四年（1519）平定震惊朝野的宁王之乱。十五年正月，阳明在江西推行《南赣乡约》。很显然，《南赣乡约》的推行最直接的诱因是社会的动乱。故而，阳明希望通过乡约，来实现社会教化、移风易俗的效果。这一因时制宜的措施，不期然而影响了中国在此之后的乡治格局。

中国的乡村，秦汉以后一直没有被组织起来，王权只是延伸到州县一级。秦汉以前的乡村，尚有乡里井田制度组织，在《周礼》中更是详细记录了"五家为比，五里为闾，四闾为族，五族为党，五党为州，五州为乡"的乡官制度。秦汉时尚有乡治的余波，在此之后，乡村组织则每况愈下，而自东晋南渡、户口版籍丧失之后，乡治更是付之阙如。据杨开道考证，中国的乡村组织分三个时期：第一是周以前的传说时期，第二是秦汉以后的破坏时期，第三是北宋熙宁以后的补救时期。王安石的保甲青苗、吕和叔的乡约乡仪先后实施，才展开中国乡治格局。②

---

① 参见梁漱溟《乡村建设理论》，载《梁漱溟全集》第2卷，山东人民出版社2005年版，第320页。

② 参见杨开道《中国乡约制度》，商务印书馆2015年版，第3页。

保甲制首创于理学家大程子程颢，经王安石变法而推行各路，实际上并不是基本的农村组织。而吕和叔（吕大钧）于北宋神宗熙宁九年（1076）开创的《吕氏乡约》，却是真正的乡村组织，这是一个破天荒的举动，士人除了"学而优则仕"的选择外，开辟了一条全新的实现抱负的道路，他们不是同政府，而是同人民打成一片，探索乡村自治之路。杨开道对《吕氏乡约》评价甚高，认为这一制度"打倒中国治人传统""树立中国民治基础"。[1]

《吕氏乡约》以乡为单位，易于实行，虽有乡村领袖倡议，但基本上还是乡民公约，并且自由加入，并无强迫。《吕氏乡约》的基本精神为"德业相劝""过失相规""礼俗相交""患难相恤"，这算是乡约的总纲，同时还有一套组织架构以及集会、赏罚机制。因为是初创，《吕氏乡约》也有一些局限：《吕氏乡约》并没有把农村事业连成一片，教育、经济甚至已有的保甲也未能包含在内。故而，《吕氏乡约》是乡民自治的道德教化、互助合作的共同体。

因为没有官方的支持，也遭到世人的非议，《吕氏乡约》并没有推行多久，实际的效果也就很难估计。而康王南渡以后，《吕氏乡约》也就不复存在，经过朱熹的增损，《吕氏乡约》才重新为人所知。但是，朱熹的增损乡约，只是一种整理工作，并没有付诸推行，在此之后，也难见乡约的实行。

乡约的重光要从阳明的乡约实践说起。实际上，在阳明之前，明代已有乡约实践。正德四五年间（1509—1510），吉水因"土贼之乱"就曾践行过乡约。[2] 而正德五年，阳明也结束了在贵州的贬谪岁月，调任吉水相邻的庐陵知县，必已经听闻了吉水的乡约实践。而阳明迟至正德十五年才推行乡约，说明阳明对乡约也有个认识反省的过程。实际上，在正德十二年，阳明在推行十家牌法时，就曾发布多次告谕，这些告谕甚至在王阳明年谱中被认为是立乡约。[3] 阳明认为社会动乱之源在于风俗不

---

[1] 参见杨开道《中国乡约制度》，商务印书馆2015年版，第27—28页。
[2] 参见董建辉《明清乡约：理论演进与实践发展》，厦门大学出版社2008年版，第186页。
[3] 参见（明）钱德洪：《年谱一》，载《王阳明全集》下册，吴光、钱明、董平等编校，上海古籍出版社2012年版，第1030—1031页。

美,他在一篇告谕中提到,"风俗不美,乱所由生"①。故而,告谕的目的即在移风易俗,"务兴礼让之风,以成敦厚之俗"②。因为是在推行十家牌法的同时告谕父老子弟,所以阳明最初融乡约精神于保甲之中,到正德十四年宁王之乱平定后,阳明才于十五年春正式推行乡约。

《南赣乡约》首先通过文告的形式澄清了实行乡约的目的及精神,而后就乡约的组织建设、要解决的现实问题乃至举行乡约的仪式都作了明确的说明。鉴于当时动乱刚刚平定,阳明又认为,风俗不美是祸乱之源,进而指出:"民俗之善恶,岂不由于积习使然哉!"③ 因而,要稳定社会秩序,必须从风俗入手,而要改善风俗,就要改变积习,逐步实现移风易俗的效果。所以,阳明规定了乡约精神:"今特为乡约,以协和尔民,自今凡同约之民,皆宜孝尔父母,敬尔兄长,教训尔子孙,和顺尔乡里,死丧相助,患难相恤,善相劝勉,恶相告戒,息讼罢争,讲信修睦,务为良善之民,共成仁厚之俗。"④ 这里不仅继承了《吕氏乡约》的精神,也糅合了朱元璋的圣训六谕(孝顺父母,尊敬长上,和睦乡里,教训子孙,各安生理,毋作非为)的内容,在乡约仪式中,阳明还专门设计了设告谕牌,宣读告谕的环节。自此,圣谕便加入了乡约的组织。⑤

与《吕氏乡约》比起来,《南赣乡约》具有三个显著的特点。首先,《吕氏乡约》是乡民自治、较为自由的组织,具有鲜明的民间性;而《南赣乡约》则是政府督促、相对强迫的组织,具有鲜明的官方色彩。其次,《吕氏乡约》组织较为简易,只有约正一二人、直月一人,约文是纲举目张的条款;而《南赣乡约》组织较为严密,职员有十七人之多,约文也是一条条的文告,便于仿照执行。最后,从影响上来看,《吕氏乡约》推

---

① (明)王守仁:《告谕》,载《王阳明全集》上册,吴光、钱明、董平等编校,上海古籍出版社2012年版,第479页。
② (明)王守仁:《十家牌法告谕各府父老子弟》,载《王阳明全集》上册,吴光、钱明、董平等编校,上海古籍出版社2012年版,第449页。
③ (明)王守仁:《南赣乡约》,载《王阳明全集》中册,吴光、钱明、董平等编校,上海古籍出版社2012年版,第507页。
④ (明)王守仁:《南赣乡约》,载《王阳明全集》中册,吴光、钱明、董平等编校,上海古籍出版社2012年版,第507页。
⑤ 参见杨开道《中国乡约制度》,商务印书馆2015年版,第105页。

行不久即夭折；而《南赣乡约》借由官方的力量影响久远。

这些区别，一方面使得阳明的《南赣乡约》激活了乡约的新生命，另一方面也在某种程度上丧失了乡约的民治精神。杨开道不无批评地指出："阳明提倡以后乡约完全成为地方施政的工具，清朝开国以后乡约又辗转成为政府宣传的工具，状况愈下，工作日卑，未始非阳明始作之俑！"[1] 由此可见，阳明的《南赣乡约》在乡约发展史中起到承上启下的作用，阳明也成了乡约由民间走向官方的过渡性人物。

阳明的《南赣乡约》取得了一定的成功，但是我们还必须看到一个现象，即阳明在离开江西后，并没有急于推广乡约。阳明父亲龙山公于嘉靖元年（1522）二月病逝，阳明致仕守孝，直到嘉靖六年（1527）再次受命平定思田之乱。阳明在越六年，只是讲学，并没有在家乡推广乡约，可见阳明对乡约还是持很审慎的态度的。

毫无疑问，乡约实践是阳明起而行道的一部分事业，但是要理解乡约实践对于阳明到底意味着什么，我们必须走进阳明整个心学体系，才能对他的乡治思想有个恰当的理解。

二　觉民行道与书院讲学

阳明是一代儒宗，在幼年即有"何为第一等事"之问，而他的答案并非如他的塾师一般要读书登第，而是要读书学圣贤。纵观阳明一生，他最关心的依然是体道、传道。嘉靖六年，阳明受命赴任路上，曾在寄给弟子的一首诗中说："仗钺非吾事，传经愧尔师。天真石泉秀，新有鹿门期。"[2] 即便他在平定内乱上取得卓著的事功，这首诗却流露出他的本怀还是传道讲学。平定思田之乱后，嘉靖七年（1528），他在南宁兴办学校，阳明曰："理学不明，人心陷溺，是以士习日偷，风教不振。"[3] 这一年是阳明生前的最后一年，也就是说，阳明至死都把昌明理学、移风易

---

[1] 杨开道：《中国乡约制度》，商务印书馆2015年版，第111页。

[2] （明）王阳明：《西安雨中诸生出候因寄德洪汝中并示书院诸生》，载《王阳明全集》中册，吴光、钱明、董平等编校，上海古籍出版社2012年版，第656页。

[3] （明）王阳明：《牌行灵山县延师设教》，载《王阳明全集》中册，吴光、钱明、董平等编校，上海古籍出版社2012年版，第538页。

俗作为救世良方。而风俗的振兴，仰赖理学的昌明。因而有理由相信，阳明起而行道的根据即在他坐而言道中，故而要把握阳明的乡治思想，必须首先考察阳明坐而言的道，也就是要回到书院讲学来看。

阳明于正德三年（1508）在贵州龙场悟道，旋即创办龙冈书院，开始书院讲学，第二年受贵州提学副使席书之聘主贵阳书院，倡导知行合一。据年谱记载，王阳明结束贬谪生活之后，正德五年升庐陵知县，"为政不事威刑，惟以开导人心为本"，"稽国初旧制，慎选里正三老，坐申明亭，使之委曲劝谕"，"立保甲以弭盗，清驿递以延宾旅"。① 王阳明在知县任上共七月，当年十一月调离地方，入京觐见，即与湛若水（甘泉先生）和黄绾订与终日共学，直至正德十二年巡抚南赣，期间皆是与诸生讲学之事，唯有正德十一年八月拟《谏迎佛疏》论政，却拟而不上。由此可见，阳明所关切的，并不在朝堂之上，而是在书院讲学。巡抚南赣后，行十家牌法、立社学、举乡约，只不过是庐陵为政的翻版，而《南赣乡约》中设置告谕牌、读告谕之制，吸纳朱元璋圣谕六条，也是"稽国初旧制"。在赣五年，平定漳寇和宁王之乱后，正德十六年（1521）六月归省，直至嘉靖六年再次受到启用征讨思田，阳明皆是闲居在家讲学。在广西平乱期间，阳明又延续在赣的为政经验，嘉靖七年靖乱不久，阳明于返回途中逝世。

纵观阳明的一生，他热衷以书院讲学的方式实现社会教化，而在政治上却没有表现出多少热情。这是非常值得关注的现象。正德十五年的《南赣乡约》，并没有在其闲居时推广是一例，除此之外还有多方面例证。其一，正德十一年《谏迎佛疏》拟而不上。其二，正德十五年王艮初谒阳明，纵言天下事，而阳明答曰："君子思不出其位。"王艮曰："某草莽匹夫，而尧舜君民之心，未尝一日忘。"阳明复答："舜居深山，与鹿豕木石游居，终身忻然，乐而忘天下。"② 王艮纵言天下事，自然涉及政治批评，而阳明不答，以舜为比，乐而忘天下。其三，就连正德十六年至

---

① （明）钱德洪：《年谱一》，载《王阳明全集》下册，吴光、钱明、董平等编校，上海古籍出版社2012年版，第1008页。

② 参见（明）王艮《王心斋全集》，陈祝生等校点，江苏教育出版社2001年版，第70页。

嘉靖三年（1524）震惊朝野的大礼议事件①，阳明也不置一词。年谱记载，嘉靖三年四月，"霍兀涯、席元山、黄宗贤、黄宗明先后皆以大礼问，竟不答"②。针对这一现象，余英时认为，儒学在宋明之际发生了转向，宋儒倾向于"得君行道"的上行路线，而明朝因为政治环境的苛刻，君主专制主义的加强，明儒更倾向于"觉民行道"的下行路线，而王阳明的"良知"学说实开其端绪。③

自正德元年（1506）阳明上疏救言官而遭宦官刘瑾之祸后，阳明确实鲜有论政之举，《谏迎佛疏》拟而不上即为明证。但是若仅仅从政治环境来看阳明的"觉民行道"，则会忽视阳明心学的真见地。实际上，早在贬谪龙场前一年，即孝宗弘治十八年（1505），有鉴于当时学者溺于词章记诵而不复知有身心之学，阳明即批评这一风气，使人先立必为圣人之志，至此阳明即专志授徒讲学。④ 阳明认为，祸乱之源乃人心的陷溺，《寄邹谦之（三）》曰："后世人心陷溺，祸乱相寻，皆由此学不明。"⑤故而天下大治之道即讲明良知之学。在与聂豹的书信中，阳明坦言："仆诚赖天之灵，偶有见于良知之学，以为必由此而后天下可得而治，是以每念斯民之陷溺，则为之戚然痛心，忘其身之不肖，而思以此救之，亦不知其量者。"⑥ 书院讲学乃阳明觉民行道、治世救民最主要的途径。在同一封书信中，阳明进而曰："今诚得豪杰同志之士，共明良知之学于天下，使天下之人皆知自致其良知，一洗谗妒胜忿之习，以跻于大同……

---

① 正德十六年（1521）武宗暴亡，因武宗无子又无亲兄弟，堂弟朱厚熜以藩王继任皇位，是为明世宗。世宗欲尊生父为皇帝，遭到大学士杨廷和、礼部尚书毛澄为首武宗旧臣的极力反对，引发了震惊朝野的"大礼议"，最后世宗大获全胜，尊生父为"皇考恭穆献皇帝"，改明孝宗为"皇伯考"，涉事上百个官员下狱。

② （明）钱德洪：《年谱三》，载《王阳明全集》下册，吴光、钱明、董平等编校，上海古籍出版社2012年版，第1062页。

③ 参见余英时《宋明理学与政治文化》，吉林出版集团2010年版，第175—211页。

④ 参见（明）钱德洪《年谱一》，载《王阳明全集》下册，吴光、钱明、董平等编校，上海古籍出版社2012年版，第1005页。

⑤ （明）王阳明：《寄邹谦之（三）》，载《王阳明全集》上册，吴光、钱明、董平等编校，上海古籍出版社2012年版，第172页。

⑥ （明）钱德洪：《年谱三》，载《王阳明全集》下册，吴光、钱明、董平等编校，上海古籍出版社2012年版，第1070页。

岂不快哉！"①

自龙场悟道直至阳明去世的二十年间，阳明外任加起来只有六年左右时间，其余大部分时间都是在深耕讲学事业。从阳明年谱中随处可见书院讲学的盛况。在贵州期间（1508—1510）主讲龙冈、贵阳书院。正德六年（1511）"职事之暇，始遂讲聚"。正德七年（1512）与徐爱论学，"闻之踊跃痛快，如狂如醒者数日，胸中混沌复开"。正德八年（1513）在滁州，"诸生随地请正，踊跃歌舞"。正德十三年在赣，七月"先生出入贼垒，未暇宁居……至是回军休士，始得专意于朋友，日与发明《大学》之旨，指示入道之方"；九月，修濂溪书院；正德十五年正月，"游白鹿洞，徘徊久之，多所题识"。正德十六年五月，集门人于白鹿洞。嘉靖三年八月，宴门人于天泉桥。嘉靖四年（1525）正月，作《亲民堂记》《稽山书院尊经阁记》《万松书院记》；九月，"定会于龙泉寺之中天阁，每月以朔望初八廿三为期"；十月，立阳明书院于越城。嘉靖五年（1526）三月，门人邹守益筑复古书院，先生复书赞之。嘉靖六年九月，在越天泉证道；十月，在南昌"谒文庙，讲《大学》于明伦堂，诸生屏拥，多不得闻"；至吉安，"诸生彭簪、王钊、刘阳、欧阳瑜等偕旧游三百余，迎入螺川驿中"；十一月，至肇庆，"方入冗场，绍兴书院及余姚各会同志诸贤，不能一一列名字"。嘉靖七年六月，兴南宁学校，"日与各学顺生朝夕开讲"，"穷乡僻邑，不能身至其地"，委任陈逅主教灵山诸县，季本主教敷文书院。②

阳明汲汲于书院讲学事业，这与阳明的"理学不明，人心陷溺，是以士习日偷，风教不振"的认知是分不开的，因而阳明一生最重要的工作即昌明理学、救助人心，以图改善风俗，外任六年的为政经历只是坐而言道的实践。严格说，阳明觉民行道之路主要在讲学实践，为政中的平乱以及乡约实践，只不过是书院讲学实践的延伸。

---

① （明）钱德洪：《年谱三》，载《王阳明全集》下册，吴光、钱明、董平等编校，上海古籍出版社2012年版，第1071页。

② 参见（明）钱德洪《年谱一》《年谱二》《年谱三》，载《王阳明全集》下册，顺光、钱明、董平等编校，上海古籍出版社2012年版，第10069—1084页。

三　从书院到乡约

乡约实践是书院讲学的延伸。换句话说，王阳明的书院讲学与乡约实践是体用或本末关系，乡约实践中灌注了讲学精神。

阳明觉民行道，首先是书院讲学。书院讲学尚不能被理解为仅仅是坐而言道，在阳明知行合一的心学体系中，良知具有实践的品格。在《传习录》中，阳明与弟子经常讨论知行关系。因徐爱未会"知行合一"之训，阳明曰："未有知而不行者，知而不行，只是未知。"又曰："某尝说知是行的主意，行是知的功夫；知是行之始，行是知之成。若会得时，只说一个知，已自有行在；只说一个行，已自有知在。古人所以既说一个知，又说一个行者，只为世间有一种人，懵懵懂懂的任意去做，全不解思惟省察，也只是个冥行妄作，所以必说个知，方才行得是。又有一种人，茫茫荡荡悬空去思索，全不肯着实躬行，也只是个揣摸影响，所以必说一个行，方才知得真。此是古人不得已补偏救弊的说话，若见得这个意时，即一言而足……某今说个知行合一，正是对病的药。又不是某凿空杜撰，知行本体原是如此。"[①]

正德十六年，阳明始揭致良知之教，更是发挥良知的实践品格。如他在嘉靖六年与门人黄绾的书信中说："诸君知谋才略，自是超然出于众人之上，所未能自信者，只是未能致得自己良知，未全得断断休休体段耳。……须是克去己私，真能以天地万物为一体，实康济得天下，挽回三代之治，方是不负如此圣明之君，方能投得如此奇遇，不枉了因此一大事出世一遭也。"[②] 挽回三代之治，是古代读书人的理想。三代即夏商周，三代以及三代以前，在过去读书人看来是最理想的社会，孔子在《礼记·大同书》中即表达了对大道之行与三代之英的向往。回向三代的理念，甚至被余英时看成宋代政治文化的开端，是宋代儒学复兴运动的

---

① 参见（明）王阳明《传习录上》，载《王阳明全集》上册，吴光、钱明、董平等编校，上海古籍出版社2012年版，第3—4页。

② （明）王阳明：《与黄宗贤》，载《王阳明全集》上册，吴光、钱明、董平等编校，上海古籍出版社2012年版，第186页。

主导观念。① 三代之治是否真的存在过暂且不论，就其作为一种理想而言，三代代表了"道"的全面流行，在阳明心中亦是天下大治的典范。而要实现三代之治，首先必须明三代之教，这正是阳明书院讲学的重点，而阳明也自信他的致良知教正是"圣门正眼法藏"，是"千古圣圣相传一点滴骨血"。② 由昌明致良知教实现社会教化的效果，正是阳明书院讲学的用意。因致良知教，并非仅仅是坐而言道，亦通向起而行道，故而阳明曰："良知之外，更无知；致知之外，更无学。"③

那么，昌明致良知教的书院讲学，是如何通向社会教化的呢？实际上，讲学事业本身就是社会教化的一环。这方面实在不容小觑，明代自阳明而书院大兴，无疑起到了巨大的社会教化功能。④ 阳明不仅自己亲自组织讲学团体，扭转士风时习，授业的弟子亦有讲学之责。如嘉靖五年，阳明比较器重的弟子欧阳德给他写信，讲到自己刚出守六安州，"初政倥偬，后稍次第，始得与诸生讲学"。阳明不无批评地指出："吾所讲学，正在政务倥偬中。岂必聚徒而后为讲学耶？"又曰："良知不因见闻而有，而见闻莫非良知之用。"⑤ 也就是说，处理政务正是致良知教的用武之地。这也是阳明"在事上磨"的精义。阳明曾经感叹道："世之学者，没溺于富贵声利之场，如拘如囚，而莫之省脱。及闻孔子之教，始知一切俗缘皆非性体，乃豁然脱落。但见得此意，不加实践以入于精微，则渐有轻灭世故，阔略伦物之病。"⑥ "及闻孔子之教"在此即听闻阳明的致良知教，若仅仅满足于摆脱世俗的羁绊，满足于"豁然脱落"的欣喜，而不能"实践以入于精微"，终不免"轻灭世故，阔略伦物之病"，不能把良

---

① 参见余英时《朱熹的历史世界：宋代士大夫政治文化的研究》，生活·读书·新知三联书店2011年版，第194页。

② 参见（明）钱德洪《年谱二》，载《王阳明全集》下册，吴光、钱明、董平等编校，上海古籍出版社2012年版，第1050页。

③ （明）王守仁：《与马子莘》，载《王阳明全集》上册，吴光、钱明、董平等编校，上海古籍出版社2012年版，第184页。

④ 参见崔树芝、林坚《中国传统书院的社会教化功能》，《文化学刊》2014年第6期。

⑤ （明）钱德洪：《年谱三》，载《王阳明全集》下册，吴光、钱明、董平等编校，上海古籍出版社2012年版，第1069页。

⑥ （明）钱德洪：《年谱三》，载《王阳明全集》下册，吴光、钱明、董平等编校，上海古籍出版社2012年版，第1061页。

知发用为经世济民的人间事业。

书院讲学自然可以收到移风易俗的效果,但还必须通过具体的治民实践。阳明曰:

> 心者身之主也,而心之虚灵明觉,即所谓本然良知也。其虚灵明觉之良知应感而动者,谓之意;有知而后有意,无知则无意矣。知非意之体乎? 意之所用,必有其物,物即事也,如意用于事亲,即事亲为一物;意用于治民,则治民为一物;意用于读书,即读书为一物;意用于听讼,则听讼为一物;凡意之所在,无有无物者,有是意,即有是物,无是意,即无是物。物非意之用乎?①

从这段引文中,阳明揭示了良知发用的方式。良知应感而动为意,意之所在为物,此"物"即"事",治民是良知发用的一环,而乡约实践即治民中事也。由此亦可以得出,阳明的乡约实践若离开阳明的致良知教,即不能得到理解。

良知发用为治民实践,但是治民实践又不只乡约一事,凡保甲、社学、社仓皆在其内。那么,乡约在阳明这里到底居于何种地位呢? 阳明又是如何看待乡约的呢? 阳明在江西推行《南赣乡约》,离任后并未在其他地方推行,乃至正德十六年至嘉靖五年他闲居在家,六年时间专注于讲学,亦可以证明乡约是为政治民之事,闲居时则"思不出其位"。但是,阳明在外任官的弟子中却有从事乡约者。年谱记载,嘉靖五年邹守益谪判广德州,"筑复古书院以集生徒,刻《谕俗礼要》以风民俗"。阳明复书赞之曰:"冠婚丧祭之外,附以乡约,其于民俗亦甚有补。"② 这个"亦"字,说明在阳明心中,书院讲学是体、是本,而乡约是治民之用、之末。毕竟"理学不明,人心陷溺,是以士习日偷,风教不振"。无书院讲学,则理学不明,在此无突破,乡约实践即失去了根本。如果说乡约可以有所成绩的话,那么功虽在乡约,本却在讲学。

---

① (明)钱德洪:《年谱三》,载《王阳明全集》下册,吴光、钱明、董平等编校,上海古籍出版社2012年版,第1064页。

② (明)钱德洪:《年谱三》,载《王阳明全集》下册,吴光、钱明、董平等编校,上海古籍出版社2012年版,第1067页。

书院与乡约呈体用、本末的关系，还可以从思田兴学校一事得到佐证。嘉靖七年二月思田之乱平定，阳明认为，"田州新服，用夏变夷，宜有学校"，但因内乱，生源不足，难以建学，可移风易俗，又不可缓，故四月案行广西提学道，尽可能地吸纳生员，委任教官一名暂领学事，"相与讲肄游息"，先奠定一个基础，休养生息一两年后再建学校。这个基础性的工作包括"或兴起孝弟，或倡行乡约，随事开引"。①

随后，揭阳县主簿季本呈为乡约事，阳明盛赞季本"爱人之诚心，亲民之实学"，并勉励其他官员"使为有司者，皆能以是实心修举，下民焉能不被其泽，风俗焉有不归于厚者乎！"② 说明乡约已经在思田推行，且可收移风易俗之效。只是季本在军门听用，阳明遂委任县丞曹森管理乡约一事，而季本本人则在两个月后即被委任为教官，赴南宁府主教敷文书院。由此可见，乡约之推行是在书院讲学精神领导之下实现的。

乡约是良知发用为治民中的一事，目的在于移风易俗，虽然具有官方的色彩，但因在讲学精神领导下，还不能简单地理解成官办性质的。正如余英时所指出的，与宋儒"得君行道"的上行路线不同，在专制压力严峻的明朝，儒生转而采取"觉民行道"的下行路线。"儒学从政治取向转为社会取向，王阳明可以说是创造者。"③ 因为严峻的政治环境，以及曾经因论政而下狱贬谪的经验，阳明只是在现有的政治条件下尽可能地"觉民行道"。乡约实践中引入了圣谕的内容，更应该被看作寻找护身符的行为。阳明在地方的乡约实践，后来受到朝廷的关注并被推广至全国，乡约逐渐成为专制王权统治乡村、钳制人民的工具，这岂能是先贤的初心？梁漱溟亦有见于此，认为阳明的乡约实践虽是得力于他手中的行政权力，但是并不能算是政府的成功，而是靠"他本身是能代表乡约的精神"，"能发挥乡约的精神的人，以其讲学家的人格，与其所培养出

---

① （明）王守仁：《案行广西提学道兴举思田学校》，载《王阳明全集》中册，吴光、钱明、董平等编校，上海古籍出版社2012年版，533页。

② （明）王守仁：《揭阳县主簿季本乡约呈》，载《王阳明全集》中册，吴光、钱明、董平等编校，上海古籍出版社2012年版，第533页。

③ 余英时：《现代儒学的回顾与展望》，生活·读书·新知三联书店2012年版，第236页。

来的学风，领导着他的学生去提倡实行，才能有点成功"。①阳明的《南赣乡约》，自然是阳明本着讲学家的人格来实践的，其弟子的乡约实践亦是如此。邹守益的乡约附在书院之后，即明证。阳明后学，泰州学派的罗汝芳，出守宁国府，"以讲会乡约为治"②，亦即阳明讲学领导乡约精神的延续。

四 结论与启示

阳明的乡治思想主要体现在乡约实践中。他既继承了《吕氏乡约》的精神，也糅合了圣谕的内容，因为以行政权力为依托，所以阳明的乡约实践具有明显的官方色彩。阳明的乡约实践原本是地方性的，因为得到朝廷的关注而被推向全国，不期然对之后的乡治格局产生了深远的影响。在乡约发展史上，阳明从客观上成为过渡性的人物。乡约由民间走向官方，由地方走向全国。它既焕发了乡约的新生命，某种程度上也牺牲了乡约的民间自治精神。在后来的发展中，乡约竟逐渐成为皇权宰制乡村的工具，正如杨开道所言，"老实讲起来，乡民组织的乡约，已经变成了民众教育的宣讲，人民自动的规劝，变成政府钦定的规劝了"③。阳明竟被批评为这一转变的始作俑者。

但是，阳明的乡约实践不能被简单地看成官办性质的。与宋儒的政治取向不同，阳明更倾向于社会取向，虽然同样热衷于三代之治的儒者理想，但他主要不是通过"得君行道"，而是"觉民行道"，书院讲学成为最主要的行道载体。阳明希望通过书院讲学的方式，昌明致良知教，启发人人具有的良知，进而影响家国天下，起到移风易俗这一"觉民行道"的效果。从阳明整个心学体系来看，乡约是良知发用为治民中的一事，其目的在于移风易俗，并受到书院讲学精神的领导。实际上，阳明更看重书院讲学事业，而乡约只是阳明在有机会外任时，才推行的治民

---

① 梁漱溟：《乡村建设理论》，载《梁漱溟全集》第2卷，山东人民出版社2005年版，第335页。
② （明末清初）黄宗羲：《明儒学案》下册，沈芝盈点校，中华书局2008年版，第760页。
③ 杨开道：《中国乡约制度》，商务印书馆2015年版，第202页。

方略。阳明为何在闲居期间并没有像吕和叔那样推行乡约，在此也可以得到解释，乃"思不出其位"故。故而，书院讲学是体、是本，而乡约实践是用、是末。若无书院讲学，则理学不明；理学不明，则乡约亦不能成功。故而，阳明是以讲学家的人格来从事乡约实践的。

阳明的乡约只是地方性的实践，是良知发用的治民方略。在阳明看来，"理学不明，人心陷溺，是以士习日偷，风教不振"。乡约是书院讲学的延伸，书院讲学重在昌明理学，在阳明这里则是致良知教，启发人人共有的良知而移风易俗。在与刘元道的信中，阳明指出，养心之学，如良医治病，初无一定之方，而以去病为主。① 阳明年谱嘉靖三年正月条亦有记载："辟稽山书院……盖环坐而听者三百余人。先生临之，只发《大学》万物同体之旨，使人各求本性，致极良知以至于至善，功夫有得，则因方设教。"② 书院讲学，无一定之方；乡约实践，亦因方设教。乡约后来转变为全国性的、强制执行的官方组织，则始料未及，恐怕亦非阳明本意。但是，阳明虽然可以以其讲学家的人格从事乡约，但是不能保证其他人亦能如此，而通过官方形式推行，终究是"治民"，而未能扩充"民治"的基础。从这个角度而言，《王氏乡约》与《吕氏乡约》相比，不得不说是一种倒退。无怪乎梁漱溟的乡村建设虽是采用乡约而改造之，却一定要绕过明清乡约，而回溯到吕和叔那里了。

乡约是治民中事，而治民又不只乡约一事，凡保甲、社学、社仓等皆在治民之列。正如杨开道所指出的，"阳明有保甲，有乡约，有社学，然而他也没有看到乡治的整个性"③。这要到陆世仪的《治乡三约》才有更完整的统一，他把乡约与保甲、社学、社仓三者看成有虚有实有纲有目的系统，但可惜陆氏空有理论，并未见推行。

阳明的乡治思想和乡约实践既有长处，也有不足，但总体而言对当前的乡村振兴具有借鉴价值。第一，乡村振兴需要进行愿力建设。阳明的乡约是书院讲学的延伸，是良知的自然发用，乡村振兴的各主体亦必

---

① 参见（明）王守仁《与刘元道》，载《王阳明全集》上册，吴光、钱明、董平等编校，上海古籍出版社2012年版，第162页。

② （明）钱德洪：《年谱三》，载《王阳明全集》下册，吴光、钱明、董平等编校，上海古籍出版社2012年版，第1060页。

③ 杨开道：《中国乡约制度》，商务印书馆2015年版，第118页。

须志愿真诚，尤其是乡民自身必须以主人翁的姿态在建设乡村中发挥主动性，不能落入被动、机械或强制。第二，乡村振兴需要重视移风易俗。"理学不明，人心陷溺，是以士习日偷，风教不振。"若风俗败坏，即便经济振兴也将失去意义。第三，乡村振兴是系统工程，需要各部门、各组织的配合协调，做好顶层设计。总之，当前或可以复兴乡约精神，以助完善乡村治理，扩大民治基础，加快乡村振兴的步伐。

二 心学与理学关系研究

新鹅湖之会高端会讲
——朱子学与阳明学的现代交锋

主持人：李承贵[*]

会讲人：朱汉民　蔡方鹿　董　平　吴　震[**]

淳熙二年（1175）六月，在吕祖谦的周旋下，理学代表朱熹与心学代表陆九渊齐聚江西铅山鹅湖寺，希望消除朱子理学与象山心学之间的隔阂与差异，求得一致，以共振圣人之学。然而，由于陆氏兄弟的自负，此次"会讲"非但没有调和朱陆的矛盾，反而增强了双方的紧张。自此以往，理学与心学的异同便成了中国儒学史上经久不衰的话题。直至当代，程朱理学的研究成就仍然引人瞩目，陆王心学的研究则如火如荼，乍看似乎并驾齐驱、平分秋色，不过就广度与热度而言，心学研究已完全将理学研究笼罩，而成为儒学研究中最为亮眼的显学。正因为此，理学与心学之间的异同似乎显得更加醒目，二者的关系似乎更加需要被妥帖地安放，理学与心学的内蕴似乎更需要我们去探寻。有感于此，2019年10月，李承贵教授邀请蔡方鹿、朱汉民、董平、吴震四位著名教授，

---

[*] ［作者简介］李承贵，1963年生，男，江西万年人，南京大学教授、博士生导师，博士。主要研究方向：中国哲学。

[**] 以出场先后为序：朱汉民，1954年生，男，湖南邵阳人，湖南大学教授、博士生导师。主要研究方向：中国思想文化史。

蔡方鹿，1951年生，男，四川眉山人，四川师范大学教授、博士生导师。主要研究方向：中国哲学。

董平，1959年生，男，浙江衢州人，浙江大学教授。主要研究方向：中国哲学与佛教哲学。

吴震，1957年生，男，江苏丹阳人，复旦大学教授、博士生导师。主要研究方向：中国哲学、宋明理学、东亚儒学、阳明后学。

其中理学由蔡方鹿教授、朱汉民教授主讲，心学由董平教授、吴震教授主讲，就朱子理学与阳明心学的意蕴（主要观点和主张）、朱子理学与阳明心学的异同、如何评价外国学者对理学与心学的研究、朱子理学与阳明心学所蕴含的价值、研究理学与心学应注意的问题、朱子理学与阳明心学的未来前景等展开论辩。四个小时的论辩，形式新颖、内容丰富、思想深邃，兹将会讲内容原样陈述，希望能分享其中的乐趣与智慧，并对当下的理学、心学研究产生某种积极效用。

李承贵教授

老师们、同学们，大家晚上好！今天非常荣幸，因为我这个海报已经贴出去很久了，之前一些朋友和同学跟我说："这不是中国历史上第二次鹅湖之会吗？"我相信咱们南京大学的同学，尤其是哲学系的同学都很期待这样一个会讲。我先把会讲的程序简单说一下，今晚的会讲计划三个小时，也可能是四个半小时，我们最后还要开放一些互动时间，因为在座的同学肯定对四位著名专家有很多问题要提问。我先来介绍一下会讲的缘起。首先，在座的同学都知道，中国儒学史一般分为三个高峰，第一个高峰是先秦儒学，第二个高峰是宋明理学，第三个高峰是现代新儒学。那么，其中的第二个高峰宋明理学实际上就包括心学和理学，应该说，程朱理学、陆王心学产生以后，在中国的儒学史、学术史上一直在场。什么意思呢？就是指作为研究对象而言，理学与心学的研究由来已久，但仍然有许多问题需要解决，仍然有许多问题需要探讨。其次，我们在座的同学，如果是做文学史、伦理思想史、哲学史研究的都知道，其实你们写的博士学位论文、硕士学位论文，也都会涉及理学和心学，每年有大量的博士学位论文、硕士学位论文出炉，那也就说明这两种学说有值得研究的地方。最后，我们讲国学复兴，国学复兴中强调儒学复兴，儒学复兴中我们讲宋明理学，宋明理学讲得更具体一点，我们讲阳明心学。我们注意到，许多不同领域的人都在用各种方式讨论阳明心学，这也从一个侧面说明心学和理学是很值得探讨的。在座的同学包括我本人对心学和理学都有很多的疑问。今天我们有这样一个机会请到了国内研究心学和理学的四位著名专家。下面呢，请允许我对他们一一介绍，他们都是我的兄长，先从年轻的开始。第一位是浙江大学董平教授，第二位是复旦大学吴震教授,第三位是湖南大学朱汉民教授,第四位是四川师范大学蔡方鹿教授。谢谢四位!

我们一共为这个会讲准备了六个题目,一个题目大概三十分钟,希望我们四位也控制好时间。那现在就开始。首先是第一个题目:"朱子学与阳明学基本内容介绍"。虽然这是一个常识问题,虽然我们的教科书上、我们的哲学史教材上、我们的儒学史著作上都有介绍,但由于朱子理学、阳明心学博大、深邃,对绝大多数人而言,它们的基本内容仍然很难确定,人们并不太了解其主要观点、基本内容。所以首先,我们请四位对朱子理学和阳明心学的基本内容作一个介绍,有请。

朱汉民教授

我先讲一下我的看法,一个个问题来,先从朱子开始,但是下一个问题我希望从阳明开始。而且,我跟方鹿兄也商量过,有些话题是我先开始,有些话题是他先开始,这样我们有一些变化。我要特别说明一下,刚才李老师介绍我是湖南大学的,而且我们这一次活动是会讲,一说到会讲,加之这个话题是理学和心学,就自然想到了朱陆之会,而且朱陆之会是吵得不欢而散。今天来听会讲的人好多,估计是期望我们四个最终不欢而散。你们是不是很期待这种效果?因为这是朱陆之会的最终结果。我不知道会不会有这种结果,但是我还是要告诉大家,在朱陆之会之前还有一次重要会讲:朱张之会(朱熹、张栻),朱陆之会在鹅湖,朱张之会在岳麓。长沙岳麓书院,也就在我工作的这个书院。朱张之会不是吵得不欢而散,虽然说他们也争论,三天三夜意见不合,但是学术争辩并没有影响他们之间的感情。我说这个故事,就是要说明会讲其实可以有两种不一样的结果。大家不要期待我们四个一定会吵得不欢而散,还有一种可能就像朱张之会,吵完之后感情更深,后一个结果是我更喜欢的。应该说中国书院史上的第一次会讲,恰恰是岳麓书院会讲,现在有明确的史料记载。那么,我觉得会讲是我们一个学习的地方,有不同,然后争论,我们这个会讲是三个小时,朱张是争论了三天三夜。后来的结果是,朱子跟张子的学问都各有长进。然后,李老师这次请我们来,我是希望通过这次会讲,我们的学问也能有长进。

好,前面说了一些关于会讲的话题。那么现在我讲一下朱子的话题,我就简单地介绍一下，朱子的理学是非常庞大的哲学体系，所以这个题目是非常难的。那么来概述他的理学体系，《朱子语类》（就是朱子跟他的学生讲学，学生记录下来的）里面朱子学术的体系分类，第一部分是理气，第二部分是性理，第三部分是学，我认为这三个部分是朱子学体系的一个组成。

第一个，理气讨论理和气的关系、万物的发生、宇宙是怎么产生的这样一些宇宙论的话题。基本上朱子的理气关系，就有点像周濂溪的太极图说的前半部分关于无极而太极、动而生阳静而生阴，然后化生五行、化生万物，这些涉及道和宇宙生化问题。

第二个是性理，我一直认为性理才是理学的核心部分，这个核心是由两个重要的部分、两个重要的词、两个重要的核心概念组成的，一个是理，后面一个是性，这就涉及我们讲的心性论、人性论。因为朱子讲理气论最后要落实到人，这是中国哲学的特点。这样讲天命，宇宙万物化生最后是要落实到人，落实到人就是，人的本质是什么？人之所以为人的依据是什么？就是性。性来自哪里？来自天，来自理，就是通过我们的性可以追溯到天，把心性和天命连起来。所以，李泽厚在《中国古代思想史论》中说，前面讲理气论是开台锣鼓，真正唱戏的主角是心性论，后来的心学是从心性论里面分出去的。

第三个是学，学就是我们说的工夫论，"学"包括认识论，但是不等于认识论，它和西方的认识论是不太一样的。"学"里面有认识的部分，讲格物致知，但是它最终还是希望通过这种体认天理，最后这个理还是存在于我们自己的本性，所以他又将其归结为复性。体认天理最后要复性，复性有各种各样的涵养途径。

整个理学的体系我讲这样一个大框架，但这个体系是通过对经典的注释，比如对《周易》的注释，对"四书"的诠释等建立的。那么，这种诠释和理学是一种相互的关系，他用理学的思想去诠释经典，然后经典又为理学体系提供学术依据，包括理气论也好，性理学也好，工夫论也好，提供诠释，它们是一个相互诠释的关系。我就讲这些，请蔡老师给我们作更好的发言。

蔡方鹿教授

朱老师对朱熹思想的基本内容介绍得很好，我有一点心得体会，朱熹思想的这个性理思想开始是理气，理气关系重点在理，我觉得这对我是一个重要的认识。那么我们简单分析一下朱熹的理学思想以及组成部分，刚才朱老师已经讲了，理气论、性理论最高是达于天理，因为理学以理名学，理应该是宋明理学最重要的范畴。那么天理论哲学是由二程创立，朱熹继承发展，朱熹发展天理论主要是通过注解《太极图说》的"无极而太极"讲太极论的。二程是不讲太极的，在二程的所有著作里没有"太极"这两个字，所以朱熹是专门发展了"无极而太极"，就是"无形而有理"，通过太极论而发展了天理论。另外一个就是朱熹的格物致知论，认识论就讲到，论先后是知为先，知先行后；论轻重是行为重，要更加重视实践，重视行。朱熹通过注解《大学》，自己发明了134个字，就是《大学》"格物致知补传"，按照文献学的标准来衡量，他这个"补传"是《大学》原文没有的，这个是有问题的。但他提出的这134个字，讲心物关系，讲怎么去穷理，讲认识的两个阶段，代表了当时中国哲学认识论的格物致知论，水平很高。

另外还有道统论，陈荣捷先生（美国教授、汉学家）认为是朱熹首创"道统"二字，但现在新的研究成果表明不是他首创的，在朱熹之前就有了。还有朱老师刚刚提到了张栻，张栻在与门人陈平甫的论学中也比朱熹首先连用"道统"二字，比朱熹的1179年还要早六七年。还有唐代就有人将道和统连在一起了。道统论讲的是尧、舜、禹、汤、文、武、周公、孔子一脉相传的圣人之道，到了孟子以后就失传了，虽然二程说是自己继承了孟子，但是朱熹说是周敦颐先继承，二程是周敦颐的学生，周敦颐在前面，二程在后面，朱熹在形式上和内容上进行细化，这是道统论、天理论、格物致知论，还有心性论。还有朱老师刚刚讲的性理学、心统性情，这也是朱熹在心性论上的一个创造。"心统性情"也是通过在岳麓书院朱熹和张栻的辩论最后得出的，张栻提出了"心主性情"，这启发了朱熹，朱熹接受了张栻的思想后提出了"心统性情"这样一个理论，简单来说，"心统性情"就是用人的理智之心去控制和把握人的本性和人的情感，人的本性除了先天为善外，由于习气也是有恶存在的，这就要控制人的本性，使人心向善去恶。另外还要统这个情，喜怒哀乐爱恶欲这个七情也要用人的理智之心去控制，人的理智之心就是道心。我大概就说这么多，谢谢！

董平教授

阳明心学，他的主要核心内容是什么呢？我有一个简单认识：阳明先生作为一个哲学家或者思想家，他和别的学者不大一样。王阳明的一生非常奔波，但是这个奔波的过程，既是他生命所经历的坎坷，又是他思想演进的深入，这两者在王阳明这里是完全同步的。我之所以写王阳明的生活传记作品，就是试图说明阳明先生生活世界的开拓和他思想世界的推进是同步的。我们看他"龙场悟道"之后提出"心即理"，这是他的第一个命题。这个命题，如果按照我们今天的观点来说，就是他的本体论，也是整个阳明心学逻辑架构的开端；"龙场悟道"之后，他在贵州讲学就提出"知行合一"，这是第二个命题。那么"知行合一"和"心即理"之间是什么关系？"心即理"和"性即理"的差别究竟何在？这可以探讨，但是就阳明心学本身而言，"心即理"作为一个关于人的本原存在的形而上学问题提出之后，如何把人的这一本原存在体现出来？除了人的自身实践外没有别的什么法子，所以"知行合一"原本就是为"心即理"这一原初预设的实践而设的，也就是说，"知行合一"是实现"心即理"的根本途径、现实途径。再接着，他在江西剿匪、平叛，提出"致良知"。"致良知"本质上和"知行合一"的内涵是一致的，是"知行合一"的进一步深入，亦是理论上的进一步推进与完善，这是第三个命题。正德十六年（1521）之后，他离开江西回到老家绍兴，在绍兴讲学六年，讲什么呢？除了继续讲"致良知"外，就是讲"万物一体"。那么显而易见，这个"万物一体""心外无物"和"知行合一""致良知"一定是有内在逻辑联系的。"心即理""知行合一""致良知""万物一体"，这四大命题就构成了阳明心学的整体架构。这里头实在是有一个非常完整的内在逻辑结构的。

如果"心即理"作为一种形而上学，是关于人的存在与世界存在之本原同一性的确认的话，那么"知行合一""致良知"就是把这种本原同一性经由主体自身的实践而实现出来的途径与方法，而"万物一体"就是"心即理"所可能实现的终极境界。这样，阳明先生就完成了一个逻辑闭环，有一个非常完整的逻辑行程。而我要强调的是，这一完整的逻辑行程的完成，恰好和阳明先生全部的人生道路相一致。如果我们按照现如今的说法，"心即理"是本体论或者形而上学，"知行合一"与"致良知"是实践论或工夫论，是关乎人自身存在性的现实表达的；人的经验存在不是理论预设，而是必须通过个体自我的经验实践来加以呈现的，这一实践所达到的终极状态，便是"心外无物"或者"万物一体"。在这一意义上，"万物一体"或"心外无物"则是境界论，是"心即理"经由人的实践工夫而得以实现的终极境界。

吴震教授

刚才董平教授已经就阳明心学的思想内容框架作了一个非常简要的介绍。我想提出另一个话题：陆象山跟朱熹在鹅湖之会上，主要辩论的是为学方法论的问题，没有触及本体论问题，那么，作为理学或心学的为学方法应该从什么地方开始着手呢？这是一个必须首先思考的问题。事实上，朱陆之辩正是在这个问题上发生了根本的分歧，这个思想分歧表现为：应先从尊德性还是道问学开始做起呢？

我们如果放宽视野来看，这个问题实际上贯穿整个宋明理学的历史，从宋代经明代一直到清代中期，长期存在争论，甚至在清代仍然在争论这个问题，也就是究竟是以尊德性为主还是以道问学为主的问题，而明代心学的语境中，又演变为道德与知识的论辩。一直到18世纪中期的戴震，他仍然对此问题有所思考，他讲了一句话，认为德性有资于问学。余英时就认为戴震的这句话为朱陆之辩画上了一个句号。为什么呢？他说德性有资于问学的命题意味着所谓德性必须是在问学之后逐渐培养起来的一种存在，这就说明到了戴震的时代，他依然在思考朱熹与陆九渊发生争执的尊德性为先还是道问学为先的问题。因此，余英时认为，在宋明清的思想史上存在一个内在理路，从南宋实际上从北宋就开始了，一直到明清时代，存在着智识主义与反智识主义的思想论战，直到戴震为止，总算为此画上了句号，其标志就是上面戴震所说的那句话。但是在我看来，这个说法并不完全正确，因为戴震的这个命题从哲学上看，是存在严重问题的，它不是一个正确的说法。表面看，戴震的这个命题是想要回到朱熹理学的立场，以批评阳明心学的反智识主义，然而从广义理学的立场看，戴震的命题却是难以成立的。

什么叫德性有资于问学呢？这里面存在一个德性为先为本还是问学为先为本的根本问题。从知识论的角度看，我们可以说，在一般经验知识例如物理学之前是否存在人的德性呢？这种问题的预设其实是没有意义的。请问，通过物理学等经验知识的学习能不能获得人的基本德性呢？答案基本上是否定的。讲得通俗一点，这个问题也就是知识与道德的关系究竟应当如何理解和定位的问题。如果说人的基本德性必须以书本学习为依据，跟我们先天俱来的善良本心或基本德性没有关系的话，也就是说我们的人生在诞生之初是一片空白的，什么德性都没有，人就只有一种属性——动物性，什么道德能力或道德情感都没有；至于什么是好的和什么是坏的这种道德基本判断能力，必须经过后天的学习慢慢养成，通过小学、中学到大学慢慢学习各种知识例如物理学、心理学、数学、化学等之后才有可能获得，那么请问：知道了 $1+1=2$ 之类的客观知识之后，难道就能滋生辨别是非善恶的道德能力吗？如果用这个问题去追问戴震，他会如何回答？事实上，这个问题也就是朱陆之辩所透露出来的贯穿宋明理学史的基本问题，也是理学与心学之间的一个基本分歧，彼此都不能说服对方。

但是关于这个问题，其实朱子晚年对此是有理论自觉的，他晚年曾说这么一句话，平生跟陆九渊争论了这么长时间，经过反省，我平生的确在道问学方面用了许多功夫，而在尊德性方面用功不够，而陆子静（也就是陆九渊）在尊德性方面着力用功，如果能够将尊德性和道问学这两种工夫互相取长补短就好了，意思是说，可以用子静的长处来弥补我的短处。看得出朱熹晚年对此问题是有反省的，而朱熹的那段话从表面看是没有问题的，讲得非常到位，就是说彼此不要走向片面极端，尊德性和道问学同样重要，两者之间不是对立矛盾的，而应该互相补充。朱熹的这段话是在一封书信里提及的，凑巧的是，这封书信中的说法后来被陆九渊知道了，陆九渊看到朱子的讲法后，却认为大谬不然，他提出一句非常尖锐的批评："既不知尊德性，焉有所谓道问学？"可见，陆九渊是一步也不退让，他的立场非常坚定，他认为尊德性和道问学是一个哲学立场问题，是不能够退让的，的确，我们搞哲学的人有时很顽固，涉及观点或立场的时候，往往固执己见、毫不退让。这就如同我们每个人都有自己的道德底线，而这个道德底线是不能退让的，其他的事情或许可以退让，但只有道德底线不能退让。我们做哲学的人也往往如此，碰到一个哲学立场的问题时，有时是不能退让的，陆九渊就是这么一个性格的人。

朱熹的性格可能与陆九渊有一点不同。比如再举一例：朱熹平常给他的学生说过，形而上即形而下。形而上之谓道，形而下之谓器，形而上就是天道性命，讲的就是性与天道的问题，跟形而下所谓的名物度数的客观知识问题这两者之间是可以打通的。朱熹讲出这句话是不容易的，反映出朱熹对形而上以及形而下的分界有一个基本的判定。特别是他到了晚年对此问题是有自觉意识的，他认为形而上与形而下是可以贯通的，而不是绝对的二元对立的关系，这反映了朱熹理学的一个思想智慧，在这里要为朱子喝彩，因为朱子的这个观点非常好。

但是陆九渊在这个问题上又是如何评价朱熹的呢？陆九渊跟他的弟子之间有一场对话，很有意思，他的学生问陆九渊："先生之学是道德性命，形而上者。"翻译成现代话就是："老师，您做的学问是以道德性命为主的，讲的是一套形而上的理论。"接下来，这位学生又说："晦翁之学是名物度数，形而下者。"意思是说："朱熹的学问，整天以研究物理、算术、制度等问题为主，这些都是形而下的知识问题。"然后这个学生就跟陆九渊说："能不能把老师您的学问与朱熹的学问作一个结合，做到兼而有之呢？"这个"兼"字就是指互相包容、彼此兼备的意思，这样就可以对儒家学说和思想文化有全面的把握。这句话本身讲得很漂亮，并没有错。但是陆九渊却回答道："你这么评价晦翁，晦翁会有所不服。"也就是说，你这么评价晦翁的学问，晦翁是绝对不会接受你给他扣的这顶帽子的，晦翁自认为他所讲的学问乃"一贯"之学，也就是"一以贯之"之学，就是从形而上讲到形而下，又从形而下讲到形而上，但是，在陆九渊看来，他给晦翁之学的盖棺论定是："晦翁想要一贯，但是他贯不起来。"为什么呢？因为晦翁之学"终未见道！"我就作以上这些补充说明。

李承贵教授

从四位的介绍中我们感受到理学与心学的差别，但这个题目是一个非常复杂的问题，而且我们的硕士学位、博士学位考试试卷上，也经常出现这类题目，但对多数人而言，同样是迷迷糊糊。那么，朱子理学与阳明心学究竟有怎样的差异？又有怎样的相同之处呢？下面我们有请四位谈谈他们的理解和认识。

朱汉民教授

首先讲相同之处。相同之处比较好讲，因为黄宗羲总结朱陆的共同点已经非常清楚了，朱陆二人其实是"同植纲常，同扶名教，同宗孔孟"，这是一个最大的共同点。其实，朱陆之学的背后还均有一套完整的哲学理论。但是他们的哲学理论首先在工夫上有差别，这就是下面要讲的话题。刚才吴震老师已经把这个话题讲得非常清楚了，并且他站在象山的立场上讲了两个例子，一个就是鹅湖之会，鹅湖之会确实两个人是不欢而散的，不欢而散的原因是陆象山坚持尊德性是根本的，而朱子坚持道问学是最重要的。朱子后来对这个问题有所改变，他认为自己过去讲道问学讲多了，所以他补充说道问学、尊德性是鸟之两翼：一个要尊德性，是涵养德行的工夫；一个要格物致知，要求知的工夫。不要把这两个东西截然对立起来。所以在历史描述上，我认为吴震老师讲得非常准确，但是在立场上，说实话不太赞成吴老师的看法。因为我认为陆九渊是很偏执的，不要以为他很坚持立场就是对的，其实是一种偏执。而朱子是很包容的，他的包容体现在他的思想很开阔，他能够容得下陆九渊讲的尊德性，而陆九渊容不下他的道问学。我认为，这就是为什么朱子学问更大的原因。朱子的兼容性使得他保持了自己的长处，另外又能够吸收陆九渊的德性工夫，而且这一种看法更加合乎《中庸》元典的"尊德性而道问学"。我认为，所以朱子成为朱子，他的学问才能影响后来几百年，这是非常重要的一点，也是我要讲的第一点。第二点讲形而上形而下这个话题。确实朱子当时比较重视形而下事物的研究与学问，不同门类的学问就要涉及各个方面的理，而尊德性往往是直接体认形而上之德性，认为不读书就能够成为圣贤。但是朱子的学问本身是兼形而上、形而下的，而这个特点恰好是儒学的一大特点。儒学的一个最大特点就是不离开形而下看形而上，坚持把形而上与形而下结合起来，朱子的学问坚持了儒学的学术传统。所以他的学问除了强调精神超越的圣贤之道外，还可以包括外王之学的各个方面的知识，宋代的科技非常发达，朱子的学问就包括了这一方面的内容。宋代朱子的格致之学，到明清发展为自然之学。所以我赞成吴震老师的说法，但是我也认为这两点恰好是朱子学的优点所在，我是非常欣赏朱子的，无论是从他的胸怀容量来说，还是从他学术的深度和广度来说，这也正是朱陆的差别，我补充这一点。

蔡方鹿教授

第二部分讲相同相异之处。相同之处，理学是一代学术思潮，程朱理学与阳明心学既然都属理学流派，那就有相同的价值观。刚才朱老师引用黄宗羲所说，朱陆"二先生同植纲常，同扶名教"，已经讲得很清楚了。当年朱子请陆九渊去白鹿洞书院讲座，听到陆九渊讲"君子喻于义，小人喻于利"，朱熹及其门人深受感动。在宋代，这种重义轻利观提升为存理去欲的理欲观，成了当时讨论的核心话题，重要理学家都有相同的存理去欲（心学讲存心去欲）、重义轻利的价值观，这和汉学、佛学都不太相同。那么相异之处，刚才吴老师一开始就讲了异，从第一个话题讲到了第二个话题，讲得挺好的。相异之处，我们说理学是中国经学史发展到宋代这个阶段产生的学问。我们从注释儒家经典诠释的角度来看，这个区别是比较明显的。基本上，《陆九渊集》（中华书局1980年版）五百多页，没有对经典作过注解，这是他的一个特点，他就是先立乎其大，主张堂堂正正做一个人，不需要对范畴比如心、性、情、才等进行解说。你看朱熹对儒家的经典遍注群经，一个范畴一个范畴地进行解释阐发，而陆九渊认为，学者读书如果只是解字，是一个不好的倾向，是举世之弊。比如阳明，阳明对经典的解释要比陆九渊多一些，大体上也就是考察研究朱子的《大学》改本，主张用《大学》的古本。但是从差异上看还是很明显的，对经典的注释，与为学工夫道问学、尊德性也息息相关。朱学遍注群经，势必要重道问学，一个字一个字进行考证，朱熹在经学上吸取了汉学的长处，重训诂考据。说汉学重训诂不重义理，但这不是绝对的，汉学有时也讲三纲五常、微言大义，等等。陆九渊的确不注重经典，王阳明也有这个问题。这是在对待经典方面，朱学与陆王心学的一个区别。此外，虽然都是理学思潮，但不同的流派在本体论、认识论、心性论上是有区别的，比如说本体论，小程和朱熹主张"性即理"，陆九渊主张"心即理"，阳明也主张"心即理"，但是他用"致良知"说进一步发展了"心即理"。

认识论上，大家都很时髦地讲"知行合一"，对现实有很重要的影响。认识论，刚才说了朱熹是知先行后，但是重行为，也就是既重视躬行践履，也重行，有相同之处，也有不同之处。其他一些方面，我也觉得他们之间的区别不是绝对的，虽然二者之间有差异。吴震老师刚才也说到《朱子晚年定论》，我们抛开这里面有些年代的错误以外，朱熹并不是说到了晚年才集中对自己有些反省，有的谈话是在中年或者中年以前。刚才吴老师也举了一个例子，我们看《朱子晚年定论》有好些篇，朱熹不一定是在晚年写的，而是在晚年以前写的，他检讨自己侧重于道问学，对尊德性重视不够。他主张向外，向内的工夫比较欠缺，朱熹也是多次反省自己。我们从学术发展的趋势来看问题，越是简单的越有生命力，越是烦琐越要被简单的替代。

朱熹的时代是学术繁荣发展的时代，这与孝宗朝"乾淳之治"，宋朝进入一个相对兴盛的时期有关，但也出现了学术比较烦琐的弊端，特别是朱子学。开始朱熹包括程颐也是被打压的，程颢去世比较早，程颐去世时，和朱熹的情况差不多，门人不敢来送葬。后来魏了翁反复上疏朝廷，上疏宋宁宗，要将理学从庆元党禁的打压中解脱出来，宁宗皇帝开始也是不同意的，魏了翁就反复地上疏，一而再，再而三。还有个真德秀，另外有任希夷上疏朝廷，最后这个被打压的民间流传的程朱理学被定为官学。定为官学以后出现了弊端，这个从宋朝末年就开始了。众多学子，为了考上科举，把程朱理学作为猎取功名利禄的手段。实际上他们考上科举以后很多不按照理学的教导做，到了明初也是这样。元朝有三十多年不考科举嘛，程朱理学不是官学，到了延祐二年（1315），宋朝已经灭亡三十六年以后，元朝开始实行科举制，以程朱理学为标准取士，就出现了弊端。朱学更侧重于道问学，学子考上科举以后，不按照尊德性办事，不按天理办事，道问学成为猎取功名利禄、鱼肉百姓的手段。心学从元朝中期以后，吴澄等批评朱学流弊，包括刘因，反对"四书"学，因为"四书"学阐述经典中的义理，是议论之学，是抒发议论的，以己意说经，而"五经"学则是讲考据的。刘因是元朝中期的一位理学家，他就说要用"五经"传注疏释之学，取代"四书"议论之学。最后，元代理学家吴澄主张折中朱陆，扩大心学的范围。经过明代初期到中期，心学进一步发展到王阳明心学这个阶段。从发展的趋势看，烦琐的道问学必然要让位于简约的尊德性，但是二者的区分也不是绝对的，朱子道问学也是尊德性的，王阳明则并不是不讲道，他一样讲道，他从主观、治心之学的角度来讲道。就说陆九渊，他就干巴巴的几个字：先立乎其大，尊德性，他留下来的著作里没有对经典的诠释。朱熹和张栻，反复辩论儒家经典《礼记·中庸》中的中和问题，辩论多少年，得出"心统性情"的结论。日本道教学会会长三浦国雄教授说这是南宋哲学史上最精彩的场面。朱熹、张栻二人在"中和之辩"中反复辩论察识与涵养、已发与未发、动与静、性与情的关系问题，最终落实到"心统性情"，讨论了多少年，这个才好操作嘛。你要尊德性，你要让他做得起尊德性，那些没有文化的人一个大字不识，怎么尊德性？朱熹就通过和张栻的辩论给出了很好的方法，就是无时不涵养，无时不省察。如果一事当前，你是按照道德原则办事，还是事前你去道德修养？后来朱熹和张栻就把这两者结合起来，强调任何时候都要修养，任何时候都要察识。他们给出了一条尊德性的道路。你看陆九渊，他怎么尊德性呢？他是有困难的，但是那个趋向代表了学术发展的趋势，阳明学发展到了一个高峰，我觉得这是一个发展的趋势。

董平教授

这个话题是讲不完的，当年都没辩明白，我们今天怎么辩得明白？但是讲到陆王、程朱这个问题上，我觉得讲"同"比较好讲。首先，他们都认为自己的学问是圣人之学，遵循的都是圣人之道，因此建构这一学问的目的，都是成为圣人。也就是说，他们的学术目的是一致的。那么什么地方发生了问题？我觉得主要是达成目的的手段各不相同，就是所谓的"工夫论"各有不同。打个比方来说，我们都从南京到北京去，北京是我们共同的目的地，但到北京去的方法很多，可以采取不同的交通工具，可以坐飞机去，可以坐高铁去，只要你愿意，甚至还可以走路去，都没有问题，都可以到达北京。真到了北京，北京不会因为你采用了不同的交通方式就呈现出不同的样态。北京就那么一个北京，它对坐飞机来的人是如此,对走路来的人也是如此。所以夫子当年说:"或生而知之,或学而知之,或困而知之。及其知之,一也。"《周易》也讲"天下殊途而同归,一致而百虑"。我觉得这个意思是可以适用于程朱、陆王的,他们的学术目的是一致的,但达成目的的手段或方法是各不相同的。这是我想说的第一点。另一方面,再从日常生活当中来讲,如果我们要达成某一目的,特别是个体精神境界的某种目的,一种可能性是向它走去,实现向目的地的无限接近,最终实现与目的为一,我相信这是大多数人都觉得"合理"的方式。但事实上还可以有另一种方式:确认"我已经达成了目的""我已经与目的为一体",然后在现实生活中就把"与目的为一体"的状态呈现出来。这两种方式其实都是"合理"的,都可以实现我和"那个"的同一,很难说哪个对哪个不对。前者是程朱所采取的方式,后者就是陆王所采取的方式。程朱、陆王之间,就其理论面向来说,我觉得"同"的是都要成为圣人,实现圣人境界;其"异"的,则是实现圣人境界的逻辑行程不同。程朱说:我们不是圣人,所以要学,以成为圣人,向圣人境界不断接近;陆王说,我们原本就是圣人,这一点要先加以确认,所以就在日常生活中把圣人的样子做出来。后来清代的章学诚曾经说过一句话,说朱陆之间的同异,是"千古不可合之同异,亦千古不可无之同异"。所谓"千古不可合",就是谁都无法在朱陆之间和稀泥,他们道路不同,差别是显著的;所谓"千古不可无",则是因为从逻辑上来说,特别是从所谓的哲学理论架构的意义上来说,他们两者都符合逻辑,都能各成其理、逻辑自洽。

我刚才的说法,仅仅是从理论建构的路向上来说的,程朱、陆王之异主要体现为逻辑行程之异。较为具体地谈朱陆或者朱王之异,我觉得有两点特别要紧。第一点,他们关于世界的观念原本就各不相同。从理学发生来讲,刚才各位学者都谈到了周敦颐这个人物。周敦颐的确很重要,说他是理学的开山祖,也不是随便说的。但你看周敦颐在讲什么?讲"太极",讲"无极而太极",讲"太极动而生阳,动极而静,静而生阴",讲道的自我运动。他讲这些的目的,是要告诉大家:道由它自身的自我运动展开了整个世界。所以不管天、地、人、万物,都是由道这个世界本原所展开的,道就是这个世界全体。世界是存在的,但世界存在的根源是什么呢?什么是根本呢?毫无疑问,道就是根本。第二点,如果道的存在跟人没有关系的话，那么我们人和这个世界怎么实现联系呢？所以他一定要告诉你：人的存在，就其本质而言，和道的存在是一致的。周敦颐特别强调"主静立人极"，就是要确立人的存在与道的存在的本质同一性。经过程朱，这就成了"性即理"。由周敦颐到二程到朱熹，这个路线是非常清晰的，"性即理"是程朱所共同坚持的根本点之一。

再看陆王，他们基本上不讲这个世界是怎么来的，或者说"宇宙论"的内容在他们那里是相对缺乏的。为什么呢？因为不管这个世界来源如何，我们就生活在这样的一个世界。这个才是全部问题的问题，也是全部问题的根源。如果说程朱给了我们一个非常完整而又精致、宏大而又完备、体大思精的哲学理论架构，并希望我们通过接受这一知识体系而接近于圣人的话，那么陆王告诉我们什么呢？特别是王阳明，他告诉我们，我们所面对的这一个现实的生活世界，就是我们存在的唯一领域，如何把自己的存在性真实地实现出来，这才是最重要的。按照程朱的意思，他们给你一个知识世界的图景，要求我们每一个人都投身这样一个知识世界之中，通过被圣人验证了的知识世界来实现自我的存在，所以强调"道问学"。而王阳明的用意，恰好在于这样一点：凡是未经自我实践确证的知识，都是值得怀疑的。不论是"存在"也好，还是"知识"也好，只有经过自我实践的验证，它才转变为"真实"，它的"存在性"才向自我展开，"知识"才转换为"真知"，或者说是"真理性知识"。人的全部问题，在这个意思上，实际上就变成了一个如何实现良好生存的问题，而不是一个知识架构问题。"尊德性"试图展开的正是这样的一个意义。

"道问学"与"尊德性"试图展开的世界不同，所以你说哪一个对哪一个错，不好说，都对，都没有错。我们人作为一个理性的个体，在这样的一个世界当中生存，我们确乎是不能脱离一种公共的知识架构，程朱把我们引进一种圣人知识的完备体系，有什么不好呢？而按陆王之意，圣人的知识是圣人的，与其进入圣人的知识体系，不如我自己在心态上直接转成为圣人，这在陆九渊那里叫作"先立其大"，在王阳明那里就是"立必为圣人之志"。心态上对于圣人境界的直接切入，就是"尊德性"。德性既"尊"，则现实生活的全部行为便皆从"德性"流出，自无偏邪。从《中庸》本身来讲，"尊德性"与"道问学"，中间还有一个"而"

字,"尊德性而道问学,致广大而尽精微,极高明而道中庸",这个"而"字其实很重要。一个真正的君子,他首先要懂得"尊德性",但是"尊德性"通过什么来展开呢?通过"道问学"来展开、来体现。我们需要"致广大",广大到什么程度?像道一般无所不包,但"致广大"是通过"尽精微"来展开、来体现的。要"极高明",但是不能"行高明",日常生活中你也行不了高明,所以"极高明"的精神境界是必须通过"道中庸"来实现的。《中庸》同样在这个意思上,说"君子之道费而隐"。如果仅仅就"尊德性"和"道问学"的关系而言,我觉得《中庸》已经讲得透彻得很了,不需要我们今日再来论辩,两者原本就是不相脱离的,原本如此。我们真正需要考虑的,我觉得是朱王这样两种不同的世界观之下所产生的方法论差异。

但是我们不能说,你那个世界观就一定不对,我这个世界观就一定对。"鹅湖之会"朱陆不欢而散,朱熹说陆九渊空疏,类于禅学;陆九渊说朱熹"支离",不达根本。刚刚汉民兄说陆偏执,偏执有没有呢?多少有一点。但是我话说回去了,在坚持自己的观点这一点上,实际上朱熹也很偏执的。我给大家举一个好玩的例子。当年他跟陈亮是好朋友。陈亮这个人的学问跟他们都不一样。他在永康乡下的龙窟山下埋头读书,根本就不晓得外面的人在做什么学问。他读些什么书呢?无非就是历史书读得多,十八岁就写了《酌古论》。他跑到首都,当年的首都是杭州,和学术界一接触,他有些傻眼,完全听不懂他们在讨论什么问题,他很怀疑,然后就回去继续读书。正是在这个过程中,他认识了朱熹,相互佩服,结为好友。但是后来两人的观点发生差别,就有了所谓的"三代汉唐之辩",这一辩论前后绵延七八年。当时吕祖谦也去世了,中间没有个周旋的人,所以陈亮很憋屈,他曾经说:"言之轻重,亦系于人。"意思是朱侍讲您地位高,说句话大家都听,我陈亮哪怕说了一个真理,也没人听。非常感慨。陈亮一开始家里穷,后来教学生收学费也有了些钱,就造了个房子。陈亮原名叫陈汝能,因为崇拜诸葛亮,所以把自己改名为陈亮,字同甫。诸葛亮大家都知道,有才,见了刘备,就是"怀才而遇"了,陈亮也认为自己有才,但是"不遇",他也希望自己能"遇",所以就把房子里的一个房间取名为"抱膝斋",希望朱熹能给他写"抱膝斋"三个字。朱熹一开始答应得好好的,你房子造好了,我给你写,没有问题。结果造房子的过程当中两人吵架了，陈亮再去问他要这个字，一而再、再而三地问，朱熹就是不写，最后冒出一句话，大意是除非你放弃你的观点，我就给你写。你看，这就是朱熹的偏执。陈亮到死都没有得到朱熹的题字。

但是我要话说回去了，刚刚讲"道问学""尊德性"，是不是讲"尊德性"就不读书？王阳明是不是不读书？陆九渊是不是不读书？肯定不是，古人就辩过这个问题。王阳明对陆九渊在学术上更能同情，但他对陆九渊也有一个批评。有学生问陆氏之学如何，王阳明说："濂溪、明道之后，还是象山，只是粗些。"弟子说：看他的文集，看他说话，也引经据典，也不见他粗。王阳明说："细看有粗处。"我也一直在揣摩这个事。陆九渊之学，究竟哪里"粗了"？刚刚蔡老师、朱老师他们都讲到，《象山全集》三十几卷，他颠来倒去地就讲"先立其大"。所以什么地方粗了呢？我觉得阳明先生之所以说他"粗"，是说他没有一个完整的、具体的工夫论体系的展开。"先立其大"是对的，但没有把"立其大"展开为一个现实的实践工夫，便是"粗了"。在阳明先生那里，他讲"立志"，讲"心即理"，接着就讲"知行合一""致良知"，这些都是作为工夫论来呈现其"心即理""必为圣人之志"的实践方式而获得其特别意义的。

讲到王阳明，还有一个细节可能很容易被忽略掉。所谓"龙场悟道"之后，王阳明有一个动作，花了十八个月，也就是一年半，凭自己的记忆把五经重新过了一遍，写出一部书，叫作《五经臆说》。但是很可惜，《五经臆说》这个稿子已经不完整，只有残篇，现在留下来的是十三条。我们现在都说王阳明"龙场悟道"，但是王阳明自己说"悟"了他就"悟"了吗？在禅宗那里，"悟"了与否，自己说了不算，师父说了才算，师父要给你印证，凭什么来印？以心印心，心心相印，这叫作"证悟"，所以"悟"必得要有"证"。那么，阳明先生有没有人给他"证悟"？大家都说没有，我说有啊，谁给他证悟？"五经"给他证悟。"五经"之言，就是圣人之言，所以阳明先生完成了《五经臆说》之后，他觉得自己所说的、所发明的这个观点，是完全合乎圣人之道的，这样他才开始真正走上自己独立的心学体系建构的道路。就这件事来说，我们至少可以相信王阳明本人对于"五经"是很熟的，你不能说他不读书。他书读得可熟了，是不是？

陆九渊讲过"我注六经",这话听起来很狂妄,但是如果我们换一个面向去理解,就是"六经"是圣人之道,圣人之道载于"六经",这个我想朱子一定会同意的。但是载于"六经"的圣人之道,是把它仅仅作为一种知识体系、一种学问去学呢,还是把它作为一个人的生命指导,通过个体自身的生命实践活动去把它实现出来呢?这才是程朱、陆王之别。在朱熹那里,这些都是学问,是"道问学"的工夫。在阳明那里,这些不只是学问,还是实践,是在"心即理"主导下的现实的实践工夫。通过实践,你把载在"六经"的圣人之道转变成了现实生活中的生命活动,把圣人之道呈现出来了,你才可能真正走上圣人之道,终究才可能到达圣人地位。我想这个是程朱、陆王之间基于世界观的不同而体现出来的重大理论差别。

基于这个差别,在理论方法上就有了重大分歧。程朱一路重视分析,而陆王一派关注综合。比如朱熹就严分心性,但王阳明讲"心即性,性即理","心即理也"。阳明也没有否定"性即理",只是不像朱熹那样去严分心性,而是以心性为一的。这么"浑讲",朱熹那里肯定通不过,他恰好是要严分心性的。性被他领会为形而上的,是先天;而这个情一定是后天,情一定是"已发"。为什么说"心统性情"呢?心恰好是居于形而上的先天和形而下的后天的一个中间环节,心体现了"性",就是"道心";才有人欲,就是"人心",所以"人心惟危,道心惟微"。人心就成了个很"危险"的存在,一不小心就坏事。"心统性情",心担两头,兼摄形而上、形而下,所以又必须严加区分何为"道心"、何为"人心"。在阳明那里,他对心性不加以严格区分。在"心即理"的意义上,人的本原存在就是既先天又后天的,就是既形而下又形而上的,我原本就是可以通过当下的实践来展开我的先天原在的价值的。以上简单提到的程朱、陆王之间的差别,一个是本体论,一个是工夫论。当然这只是我的个人理解,供各位批评!

吴震教授

我发现轮到我最后讲,是最吃亏的,因为他们都把话给讲完了,特别是董平兄都把话给讲完了,那我还有什么好讲的呢?关于朱陆的相同跟相异的问题,应该怎么理解呢?应该说,两者的思想既有相同又有相异的地方，这是一般的说法，肯定没有问题，但是，这样说意义不大。如果从比较学的角度来讲，我们通过对朱王的比较，是寻找他们的差异性重要呢？还是寻找他们的相同性更重要？大家如果用几秒钟思考这个问题的话，会得出一个什么答案呢？比方说，如果对中西文化进行比较，我们也会找出两者之间有很多相同性。然后，我们会觉得很高兴、很自豪。但是，在我看来，更重要的是找到不同文化之间的差异性。正是发现了文化差异性，然后才能想方设法从差异性当中寻找互相沟通、互相弥补、取长补短的方法或途径。我想请问大家，寻找差异性重要还是相同性重要？从比较学的意义上说，在我看来，寻找差异性远远比寻找相同性更重要。因为，找来找去，相同性大致就这么几条，大家都是公认的。让我给大家举例讲一讲相同性：例如不论程朱还是陆王，他们都致力于重建儒家的理论学说、复兴儒家的文化、重建儒家的价值以及重建儒家的经典。这些都是他们共同追求的思想目标，也就是他们的相同性。这些表述都非常清楚明确，错了吗？一点都没有错。宋明理学的时代，哪一个儒家学者不是在这个意义上自称自己是理学家或心学家？不管哪家哪派，即便是气学家，也会以此为追求目标。因此，他们在复兴儒学、重建价值这一点上，具有相同性，都是一致的，对此不必置疑。比方说，朱子学的学问很大，王阳明的人格很伟大，关于这一点，我们都不会有什么疑问。

但是我们要探讨的，是朱子理学跟阳明心学之间的差异性问题，这却是不容易讲清楚而又十分重要的问题，其中将涉及许多理论上的细节性问题。刚才董平教授已经讲得很好了。那么，我就从另外一个角度来简单地讲一讲，不再花很多时间，因为关于朱陆之辩，我们好像已经讲了太长的时间。我想讲一个什么问题呢？我就想讲一个人伦世界的重构问题。对阳明心学来讲，这个问题的重要性是不言而喻的，可以跟朱子理学构成一个鲜明的对照，正是这个方面可以凸显出理学与心学这两套理论系统存在比较大的差异，这个差异是非常值得我们今天进一步思考和认真探索的一个重要问题。

那么，在人伦世界这个问题上，为什么会发生比较重要的差异呢？我们知道，朱子学的学问非常博大精深，从理气论讲到心性论，从本体论讲到工夫论，它对于经典学问好像都能够贯通，所以，如果说朱子只讲道问学而不讲尊德性，只讲形而上而不讲形而下，他可能不会服气。但是，阳明学跟朱子学一个最大的不同之处就在于，王阳明所关心的不是理气问题或宇宙构造的问题，什么理气不离、理气不杂，什么理在气先，等等，有关理气的这种宇宙构造问题，对于王阳明而言，不是他所关心的核心问题。《传习录》中很少能够看到阳明有关这类问题的论述。当然，这并不意味着王阳明反对朱子的理气论，而是在阳明看来，这个问题朱子已经谈过了，我就不谈了。他关注的核心问题是什么呢？你们可以看一看《传习录》，其中，王阳明自始至终关注的核心问题其实就是心性论问题。这个问题立即展示出朱熹跟王阳明之间的差异性。那么，何谓心性论？简言之，心本来属于知觉活动或意识活动的概念，而阳明要将这个古老的概念提升到形而上本体的高度，把心看作本体的存在。围绕这一问题，阳明说了许多，例如心之本体就是良知，就是判断是非善恶的道德本心。那么，良知又是什么？良知就是心体，甚至就是天理，故心体即良知，良知即天理。

那么，人心意识作为一种道德本心，为什么是本体存在呢？阳明直截了当地断定：心就是天啊！天是什么？天就是心啊！因此，在阳明的思想系统中，可以倒来倒去讲，心体即良知，良知即天理，天理即良知，天即心，心即天，等等。他为什么翻来覆去地强调这些不同的概念之间的同一性？似乎竖着讲可以，倒着讲也可以，这究竟是怎么回事呢？这其中有一个理论的企图或理论的根基，就是认为心体、性体、天理等都是形而上的存在，因此必然是同一的。这一点构成了阳明心学一个非常重要的理论基础。由此出发，他才会提出"心即理也"这一心学第一命题，他才会提出"心外无物""心外无理"。而心就是理、心外无理或心外无物等心学观点，早在阳明三十七岁龙场悟道的时候就已初步形成了。

可是，现在我们读古人的书，已经不能设身处地为他们着想了。大家如果能够做到设身处地，甚至假设时光可以倒流，让我们大家倒回到五百年之前，身处16世纪的1510年前后这个时间段，然后去设想一下王阳明在讲心即理的时候，讲心外无物或心外无理的时候，这在当时需要多么大的理论勇气啊！而且在当时所产生的思想冲击又是何等巨大！你们知道吗？现在我们在研读阳明心学的时候，通常会把心即理、心外无理等命题当作一种心学知识来看待、来讨论，我们可以就这些命题谈论得头头是道。

但是，我们如果回到五百年之前，设身处地为王阳明着想的话，可以想象这些心学命题的提出是一件非常不简单的事情。顺便插一句，中国古代的历史传统跟西方中世纪有一个很大的不同，西方中世纪在神学统领一切的背景下，不能容忍任何胆敢挑战《圣经》的离经叛道之说，否则将会面临被封杀之危险，说不定会被送上断头台；相比之下，中国传统文化就比较开放，王阳明在当时所讲的那些违背程朱理学的学说主张，胆敢提出心即理，甚至还说什么心外无物、心外无事、心外无理、心外无义、心外无善，一口气讲了五句话（这是阳明在给他的一个学生的书信中所说的五句话），你们可以想象在当时的思想界将会引发怎样的思想冲击。事实上，在1515年前后，在南京以及在北京的士大夫学术圈内，形成了对阳明心学的一个包围，阳明学在那个时代可谓势单力孤，王阳明简直是单枪匹马、孤军奋战、舌战群儒，他的好朋友湛甘泉在1511年左右跑到越南当安南使去了，而在南京的官僚士大夫几乎没有一人能与阳明为友，他的早年弟子王道甚至受人影响，在思想上开始与阳明逐渐分离，最终背离王门，可以想见王阳明在南京的思想圈内何等孤独，可能在历史上，任何有原创性的哲学家都注定是孤独的。

那么，王阳明在1515年如何回应来自朱子学阵营的批判呢？他干了一件事，就是动手编写了一部《朱子晚年定论》，这是王阳明一生编撰的为数不多的著作之一。他编写这本书的目的是什么呢？实际上，他是要调和朱陆之辩，目的在于告诉大家不要吵了，你们看看朱子晚年他自己有许多话，跟陆九渊的心学思想何其相似，他们两人的思想倾向已经逐渐趋近，最终趋于一致了。但是，《朱子晚年定论》在之后的1518年出版之后，却引发了一场新的思想争辩，这一点容后再说。先提一下1518年所发生的三件大事——对阳明心学而言的三件大事——一是《朱子晚年定论》的出版，二是古本《大学》的出版，第三也是最重要的一件事情就是《传习录》上卷的出版，而《传习录》上卷的出版在我看来意味着阳明心学的问世。1518年距2019年五百零一年，如果2018年讲的话，正好是五百年。我2018年在外面讲学，就经常提这一点，我说这一年是阳明学诞生五百年，是值得纪念的一年。

再说1518年《朱子晚年定论》出版之后，阳明的本来目的是偃旗息鼓，从此终结朱陆之辩的战火，但是其后果却适得其反。这本书出版以后，反而招致了朱子学阵营一批学者的猛烈批判，最为著名的就是朱子学者顾东桥，他说你怎么能把朱子四十岁前后的东西说成朱子晚年的定论呢？这在文献考据上就说不通。后来王阳明还在给顾东桥的书信当中为这一点进行了自我辩护，这封书信很长，很有名，大家可以去看一看，我就不多说了。两人之间争执的焦点其实就在于心即理这个关键问题，而在这个关键问题上，心学与理学的立场实在没有办法调和。在这里我举个简单的例子，来进一步说明这一点。

这个例子讲的是一个故事，也许大家都知道，就是"南镇观花"。我讲课的时候就喜欢讲这个故事，因为一讲这个故事，大家就觉得很有意思，从中可以了解阳明心学的特色，我想等会儿是不是请朱子学方面的代表来回答一下"南镇观花"故事当中所蕴含的思想观点是否成立，这样就可以形成沟通，对吧？我们不是吵架，是在进行思想的沟通。

所谓"南镇观花"，讲的是王阳明跟一群朋友和弟子有一天到南镇也就是会稽山去游玩的故事。当时，一个朋友向阳明提出了一个问题：先生平时教导我们说心外无物，但是，你看这个山上的岩中花树在深山中随着季节和气候的变化而自开自落，与我心又有何相关？这个问题的意思是说，岩中花树是在我心之外的客观存在，它不会因游客的到来与否而改变其存在的事实，根本不会有这种事情。的确，这是一个客观事实，花树的存在和你的心没有丝毫的关系，对不对？那么，王阳明是怎么回答这个问题的呢？他先说了两句话，很简单：你未来到南镇时，汝心与此花同归于寂；你来到南镇时，看到了这个花，那么，你的心就跟这个花的颜色一起明亮起来。好，结束了。第三句就是结论了：便知此花不在你的心外。这就是阳明心学跟朱子理学最大的不同之所在。他为什么敢于断定这个花不在你的心外？客观事实是这个花是在你的心外存在的，跟游客张三或李四没有任何的关系，但阳明偏要强调心外无花、心外无物乃至于心外没有一切东西。为什么这样说呢？

实际上，阳明在谈一个深刻的重要的哲学道理，他不是在说这个客观世界的构造或有关客观世界的知识，客观世界当中存在不存在天理或定理，像物理等，他不是在跟你讨论这样的问题，也不是在讨论宇宙论的理气问题。他跟你讨论的是世界的价值问题，你作为一个人在这个世界当中存在，你的意义乃至世界的意义如何得以展现的问题，你要把自己的意义世界重新建构起来，这就离不开个体的存在。这用我们现在的说法来讲，也就是道德主体性的问题。假设没有人的存在，大家可以设想一下：这个世界的存在包括宇宙万物的存在有何意义可讲？请大家回答。如果哪一天地球上突然爆发了非常严重的超强大地震，人类和地球全部毁灭，尽管宇宙仍然存在，星球也仍然存在，但是所有一切所谓的存在对我们人类而言，又有何意义可言呢？实际上，已经没有任何意义可言了。

因此，宇宙的存在、万物的存在、世界的存在，如果脱离了我们人的存在，它们的意义是无法寻找的，人与物之间、人与自然之间就会处在一个"同归于寂"的状态，彼此不发生任何的关联。由此可以推断，人的存在对于建构这个世界的意义具有决定性的关键作用，只有我们的人心才能将世界的意义重建起来，花树在人心中"一时明白起来"就是这个意思。如果离开了我们人心的存在，这个意义的世界就没有办法建构起来。在这个意义上讲，心外无物、心外无花。大家能明白我的意思吗？这是阳明心学非常重要的一个观点，他的所有心学理论就是从这一点出发的，阳明在"龙场悟道"之际，其实就已经悟出了这一点，时间关系，我只能先谈这一点。我讲得可能太多了，接下来请他们回应一下。

李承贵教授

谢谢四位对心学、理学的异同的解读，下面我们转入第三个话题。在座的同学应该有所了解，对心学、理学的研究，在国外，特别是在日本和韩国也是非常多的。那么，今天我们要关注的是东亚之外的两位学者，一位是美国学者田浩，他著有《朱熹的思维世界》，另一位是瑞士学者耿宁，他著有《心的现象——耿宁心性现象学研究文集》，我们就借这个机会，请四位专家分别就田浩的朱子理学研究和耿宁的阳明心学研究发表看法，并谈谈他们的研究能给我们哪些启发。好，有请！

董平教授

耿宁教授的《心的现象》我没有读过，但是他原来写过一本书，叫作《人生第一等事——王阳明及其后学论"致良知"》，写王阳明的，这个我倒是读过，而且我记得在贵州大学，倪梁康还组织过一次小范围的讨论会。倪梁康是耿宁的弟子。耿宁是伯尔尼大学的教授，是当代瑞士著名的现象学家。他写的《人生第一等事——王阳明及其后学论"致良知"》，商务印书馆出过汉文版，就是倪梁康翻译的。对耿宁教授的这部作品，大家都给予充分肯定，他是完全从现象学的角度去解读阳明先生的致良知说的，并且把它和唯识学的自证分等联系到一起去考察。耿宁先生是现象学家，他的解读路数和我们通常从中国学术思想路径出发对于阳明心学的解读路数是不同的。当时我们首先对他的一些译名展开过讨论。比如说，"良知"这个概念，如果翻译成英文，如果你去查词典，大概很可能会告诉你用 innate knowledge，但是我个人觉得这个译法宗教的意思或许太浓厚，耿宁先生的翻译，用英文说就是 original knowledge，我觉得这个译法更可靠——本原之知。既然说它是本原知识，那么显而易见，它就是和作为现象而存在的、在后天的生活经验当中可获得可习得的那一类知识，我们可以称之为 empirical knowledge 或者 practical knowledge 等进行了区分。还有一点，耿宁先生特别有意思的是，关于"良知"在阳明先生作品当中的不同意思，他作了很详细的研究，当然也阐释了他关于"致良知"的观点。毫无疑问，像耿宁教授这样的研究，从我个人的角度来说，我觉得是扩展了我们的研究视野的，至少我们可以清楚明白地晓得一点，原来王阳明的心学还可以从现象学的角度去展开，作如此这般的研究。我觉得这个效果肯定存在，所以我当时曾经和中山大学，包括陈立胜他们在内的几位朋友讲，我说你们干脆就搞一个"现象学的阳明学"，我是十分赞同的。我的确觉得阳明先生的观点是可以在现象学的意义上，在作为哲学方法论的现象学的意义上，来加以重新研究的，这完全可能给我们带来一种全新的哲学视域。

刚刚吴震教授提到"南镇观花"，过去是把这一事例作为王阳明"主观唯心主义"的典型表现的。我过去就讲过，"南镇观花"与主观唯心主义没有关系。它实际上是什么意思呢？简单说，就是任何存在物在成为主体自身的心灵对象之前，在和主体的意相互关联之前，在成为主体的实践对象之前，它的存在性是未显现的，因此也是可以质疑的。未显现的存在性，或者存在物的存在性未显现的状态，就是王阳明所说的

"寂"。这种"寂"是不能言说的,说出来的都不是,所以我也把"寂"称为"纯粹客观性"。假如你从来没有到过那座山,然后你就说,那个山里有花,一定有一种什么样的花,这个叫作什么"主义"?这个才叫作"主观唯心主义",是不是?王阳明的意思恰好是说,你进山之前,山里有什么花,你是不能发表任何意见的,这叫作"此花与汝心同归于寂"。你一进到山里,花成为你的交往对象,同时就成为与你的意向性相关的存在,所以它才在你的心里一时明白起来,也就是花的存在性获得了显现,存在性向你开显。对象的存在性被主体心灵确证,存在性本身才是真实的。阳明先生用"寂"这个字,多年前我就曾经讲过,"寂"绝不是"没有"或"不存在",而恰恰是对于纯粹的、绝对的客观性的描摹,只不过很遗憾的是,这种纯粹客观性是不能被言说的。主体的实践活动,对于主体本身而言,正是将原先"寂"的存在转变为"明白"的根本方式。"明白"是当"寂"的存在成为主体的交往对象的时候,基于主体之心灵的观照而使其存在性开显出来,存在性同样只向主体本身开放,这就使主客双方有了"关心"的联系,所以王阳明说"此花不在你的心外"。任何事物,只有当它和你的心灵相关联的时候,他的存在性才得以显现出来,而在存在性向你开显的同时,存在的价值维度也向你开显。存在和价值,在这一点上是相互统一的。在日常生活中,我举个例子,比如我要拜托李老师帮忙办个事,我说这个事情很重要,你一定要帮帮我,你要把它放到心里啊!没有哪个人会说这个事很重要,你要帮帮我,它是个客观存在!只有放心里了,和心灵有了本原的联系,对象物的意义才得以显现出来。

我刚刚讲的,是从耿宁教授这里讲起来的。但上面所说的,是我一贯的看法,2012年我讲"阳明心学"公开课时就是这个讲法,与耿宁教授在《人生第一等事——王阳明及其后学论"致良知"》中的讨论没有什么关系。耿宁教授大概也有他自己的独到分析。总体上说,我觉得外国学者的这一类研究都是有意义的、有价值的,至少扩展了我们的学术视野,视域广大才可能实现新的视域融合,尽管也可能因此而产生一些新的问题。我总体上就是这么个想法,谢谢。

吴震教授

现在发言的顺序倒了过来，有点不太习惯。刚才出去了一下，进来就看到这两本书。这是要谈国外的研究了！那么我们就谈谈耿宁的研究吧。我就从耿宁与我的个人交往谈起，谈一些琐碎的小事。

我已经记不清楚是哪一年了，大概十多年以前吧，突然，张庆熊给我打电话，他说有一个外国人要跟我见面，想要跟我谈谈阳明学以及阳明后学的一些问题。那个外国人说我的阳明后学研究很厉害，所以特意到上海来，找我谈谈。一共就三个人，张庆熊请客，我们就吃了一顿饭。第一次见面，给我留下的印象就很深。一上来他就反对我抽烟，当时在餐厅是可以抽烟的，不能抽烟又如何谈学问？所以给我留下了很深的印象。

后来他多次到上海来，大概跟我见了三四次。都跟我谈什么呢？他不是谈意识现象学的问题，也不是西方哲学的一般问题，他跟我谈的全部都是关于阳明心学以及阳明后学的问题，而且谈的都是一些非常细节性的问题。这使我非常惊讶。我本来对西方人研究中国哲学有一种偏见，认为西方哲学家大多喜欢夸夸其谈，利用一些西方哲学的概念来套我们中国哲学的研究，对于我们中国哲学的内在义理和历史脉络，不一定有全面的掌握，至少关注是很不够的。但是，我在耿宁的身上竟然发现事实并非如此，这对我形成了一个冲击。通过与他的深入交谈，事实上，我也学到了很多东西。他对于阳明心学中的一些重要的细节问题、历史问题都不放过，这对我产生了很大的触动。

然后有一次在谈话将近结束的时候，我就反过来问他一个问题。因为我觉得他毕竟是一位外国学者，我内心就有一个疑问。顺便一提，他的中文很好，不需要翻译，可以直接交流。我就问他一个问题，我说你是研究胡塞尔现象学的世界级的专家，是研究西方哲学的，也编完了胡塞尔的一些重要著作，在欧洲应该是一位现象学专家，但是我不知为什么你对阳明心学那么感兴趣，特别是对阳明后学那些名不见经传的王龙溪、罗念庵、邹东廓等二三流的思想人物，为什么你一个都不放过，都想了解和研究？他是如何回答的呢？大家可以设想一下。当时，我记得他有点激动，他一脸严肃而且非常认真地回答：你们中国的这个心学，实在是一种伟大的哲学，是一种真正的哲学，非常值得研究，而且可以跟西方哲学对话。这是大意，不是他的原话，大致是这个意思。他说他为什么交谈这些问题，就是因为他觉得中国的心学太有意思了。这是我亲耳听到的话。当然这些话不便诉诸文字，文章里是不能写进去的。

我曾经为耿宁的这本书写过一篇书评，我记得董平教授好像也写过。书评的具体内容已经忘了，其中有些问题，是跟耿宁先生商榷的。我有点感觉，由于耿宁受西方哲学的严格训练，他毕竟是搞现象学出身的哲学家，因此，当他用自己的眼光来审视阳明学良知概念的问题时，他把良知当作一个可以仔细分析的哲学概念，而且可以作为一个纯哲学的概念加以阐述。他要极力从一种哲学义理的角度出发，把"什么叫作良知"这一问题解答得清清楚楚，而且他自信这是完全可以做到的。但是，他自己也意识到，他对良知问题再怎么分析得清清楚楚，最后他仍然没有办法体悟良知到底是什么。我举个例子，比方说他对王阳明的一句话就表示非常难解，按照王阳明的良知理论，良知是我们每一个人心中固有的一般存在，当一个人犯了错，做了件不好的事情，按阳明心学的理论，你不用担心，因为一旦人的行为发生偏差或者是人的意识活动一念闪过而发生一种错误的意念，王阳明说"觉即蔽去"。这四个字就涉及良知觉悟的问题，耿宁说他无法解释这句话。其实，按照阳明的说法，良知在你的心灵当中是永远存在而不会停息的，就在一念发动的时刻，良知也就同时启动，而良知一旦启动，那么，不论是好的还是坏的意念，都在良知的审视之下，因为所具有的自觉、自查、自省、自悟、自知的能力也就同时发动，因此，即便是坏的意念，也会立即被良知察觉，然后通过致良知工夫将它铲除得干干净净、彻彻底底。这就是阳明所说的"觉即蔽去"的意思。

然而对于这四个字，耿宁先生不能理解：这怎么可能做到？用王阳明的弟子王龙溪的话来说，就叫作"一念自反，即得本心"。这八个字是王龙溪的先天正心之学的象征。关于这八个字，耿宁也跟我探讨过，他说这个说法根本无法用哲学概念加以论证。一念自反，怎么可能证明即得本心？他说"觉即蔽去"以及"一念自反"这套语言，只不过是一种修行语式的语言表达。他说，我作为一个哲学家，只能分析良知是什么，但是我没有办法体会王阳明跟王畿所说的"觉即蔽去"或"一念自反，即得本心",更无法论证这套修行语式的可行性。因此,他非常坦率地承认,这是他跟中国心学家的距离之所在。而在我看来,阳明心学中的良知概念具有实践性特征,这是因为阳明学本身不仅是一种知识,更是一种生活实践。如果我们脱离了实践、脱离了生活方式,从理论到理论,来研究良知是什么,那么,即便你可以将良知分析得头头是道、清清楚楚,也最终与阳明学的真谛尚隔一层。事实上,就概念论证而言,耿宁先生已经作得非常充分,把良知是什么的问题讲得很透彻了。但是耿宁对自己的局限性也有一个清楚的自觉意识,他坦诚自己是一个哲学家,而不是一个按照心学方式进行修行的实践家。这也正是中西哲学在进行对话和比较研究之际,我发现的一个有趣现象。

我觉得耿宁先生的这本书值得一读,通过阅读就可以体会到刚才我所讲的这一点,可以使我们进一步了解到阳明心学不仅是一种理论更是一种实践。事实上,我们谈王阳明也好,谈朱熹也好,都应该采取这样的态度。我觉得现在谈朱熹也是,如果把朱熹作为一种知识的体系来研究,实际上张三也好,李四也好,都可以研究得非常到位。我觉得更为重要的是,我们研究朱熹的同时,是不是也可以采用一种体悟的方法,按照朱子学教导我们的理论,把它放到我们的生活方式当中去、行为方式当中去,来体验、验证朱子学告诉我们的一些道理。在这样的意义上,我想这个朱陆呢,就不要辩了,我们朱陆就是一家人了。我就谈这么一个粗浅的意见,还不成系统。谢谢大家!

蔡方鹿教授

这两本书,耿宁的书我没看过,我得实事求是。田浩的《朱熹的思维世界》我读过。就他的研究,宋代历史包括理学,我谈点自己的看法。田浩先生 2018 年在岳麓书院开会,我再一次与田浩教授交流,好像 2019 今年就要退休了。他对宋学,包括陈亮、朱熹的研究以及他们的比较研究使我深受启发。作为汉学家,他对宋代的宋学、理学、朱熹、陈亮的研究很有深度,我很佩服,看他的书也很有启发。我的印象,我基本上没发现他有什么毛病,实话实说,他是比较到位的。

那么我接着第三个话题,以这个为例讲,如何评价外国学者对理学、心学的研究。比如说田浩先生的导师之一,余英时的有些看法我不是很认同，我们从"一分材料说一分话"的角度来讲。他对研究的贡献我们不多说了，时间有限。我们就说《朱熹的历史世界——宋代士大夫政治文化的研究》，总的来讲是不错的，很有启发，很深入。但有些观点我不认同，我从材料出发来说明。余英时说宋代程朱所继的是孔孟道学之宗，而不是羲轩的道统。他把我们理解的道统思想划分为道统和道学，他认为伏羲、神农、黄帝是道统，而宋代程朱所继的只是宗，不是道统，是道学。我认为道统和道学是不应该分开的，类似于形式与内容的关系。道学是关于圣人之道，传授、演变、发展的学问的理论体系，一方面与理学有些交叉，侧重于程朱，还有张载，称为道学家。好几个观念与理学画等号。那么道统呢，是圣人之道的传授演变的形式，形式与内容不应该决然分开。另外一方面，余英时说程朱继的是道学，道学之宗，颜曾思孟，而像朱熹本人也说颜曾思孟所传是承先圣之统，明确写的是统。除了宗以外，并不仅仅说是继道学之宗，而非伏羲、轩辕、黄帝之统。余英时也有他的根据，我查了一下，他把道统划分为周公以前和周公以后两个阶段，周公以前是道统，周公以后是道学，立论依据是"颜、曾所传，不曰统而曰宗，尤见斟酌，盖用韩愈'自孔子没……独孟轲之传得其宗'"。是讲宗，不是讲统。他的《朱熹的历史世界》第十四页是这样引用的。其实朱熹在他的《中庸章句序》里，明白无误地讲颜、曾之再传子思，子思又再传以得孟子，孟子推明《中庸》之书，"以承先圣之统，及其没而遂失其传焉，则吾道之所寄不越乎言语文字之间"。朱熹在这里明言颜、曾、思、孟所传，是"承先圣之统"，这个先圣之"统"，即道统。孟子之后，道统中绝，圣人之道无所寄托，"异端"邪说起，二程兄弟继千年不传之统绪，把道统之传接续下来。余英时先生说朱熹有意将道统与道学划分为两个历史阶段，恐与朱熹原意有别。除此之外，我也扩大一下，牟宗三先生对程朱"四书"学的改造，是以《易传》取代《大学》的地位，我也提出一些疑问，但不是否定牟宗三和朱熹本身的思想差异。他们之间的思想差异是客观存在的，不是表现为新心学与传统程朱之学的区别，而是说牟氏所理解的程朱思想在某些方面与程朱本人的思想不符。

朱汉民教授

我也就这个话题讲一点，谈谈田浩的《朱熹的思维世界》。在20世纪90年代，我意外地收到了从中国台湾允晨出版社寄的一本书，说是作者要寄的，我看了一下作者是田浩，说实话我当时并不认识田浩。90年代我去美国东部访学，田浩在美国中南部，所以没和他打过交道。很奇怪他寄书给我，后来我仔细看了一下，或许是他引用了我的两篇文章，故而托出版社寄书过来，使得我比较早读了这本书。后来大陆出版社也出版了他这本书，还有另一本书是讲功利主义儒家陈亮的书，在江苏人民出版社的"海外中国研究丛书"中出版。

董平教授

那个更早，汉语版后出。讲陈亮的是田浩的博士学位论文。

朱汉民教授

对，《朱熹的思维世界》是他后来写的，先在中国台湾出版，后在大陆出版。田浩确实是汉学界研究朱子的一个非常重要的人物，他的那本书很有特点。我们研究朱子理学很关注朱熹哲学的逻辑体系，因为近百年研究中国哲学、朱子学、阳明学，均有一个明显的追求，即在中国思想家的理论体系中寻找被称为"哲学"的东西，急于证明中国古代思想家与西方哲学家一样，有一套哲学理论，所以在他们的思想体系内寻找哲学，建构与西方哲学类似的范畴体系，所以我们做的朱子学和这个追求有关系。而田浩先生的《朱熹的思维世界》主要是一种历史的做法，是学术史、思想史的研究。田浩先生不把朱熹的思想看作一个静止的、孤立的个人哲学体系，而是关注朱子学的形成过程，特别是朱子在与同时代学者的交往、辩论、书信往来中，即在各种各样的学术讨论中如何形成他的思想体系。田浩关注理学家群体的学术思想以及理学思想特色及其不同的思想贡献。可见，他重点探讨朱熹以及南宋理学思想的发展和形成过程。当然他也受他老师余英时的影响，主张用道学，不主张用新儒学，也不主张用理学来称谓宋代儒家学者群体。他心目中和笔下的道学，并不是按照朱熹所确立的道统论来描述的，而是整个宋代在重建儒家之道过程中的广大儒家学者。所以，他认为的道学是广义的道学，并不是朱子在《中庸章句序》中的道统脉络，只有非常少数的人是道学家，进入《宋史·道学传》的很少，只有朱子肯定的人才能进入《道学传》。道学的范围非常窄。田浩实际上认为的是广义的道学，即整个时代，包括张南轩、吕祖谦相互讨论，然后往前追溯整个宋代学术，相关人员是一个道学群体。而且他认为朱子的思想完全不是他个人的思想，而是他在与这一群体中其他道学家的学术互动中形成的思想，田浩详细考述他们之间的学术辩论过程，道学家群体的交往大部分是书信交往，讨论的是心性义理的理论建构问题。所以这本书的特点，首先是一个立体的、变动的理学思想世界。他的思想不是一开始提出的，而是一个历史的过程。而且他的考据、研究很细致，他做学问是非常认真、非常严谨的。我认为这对我们研究心学、理学均有重要参考价值，确实丰富了我们的学术思考。使我们看到，理学有一个建构与发展的历史过程。对于朱子来说，他如果不和陆九渊辩论，不和张南轩辩论，不和陈亮辩论，他便不能不断修改自己的想法（包括理气关系等）。陈来先生的博士学位论文就研究朱熹思想的变动，朱熹的思想在不断地发生变动，这个变动说明，朱熹作为一个思想家、哲学家，他的思想、哲学是一个不断建构的过程。朱熹个人如此，整个理学体系也如此。因此田浩的这本《朱熹的思维世界》给了我很大的启发。

讲到汉学，我顺便提一下，当时研究汉学有一个很重要的基地，在美国哥伦比亚大学，成就最高的是陈荣捷和狄百瑞。陈荣捷是华人，他在20世纪80年代初到岳麓书院访问，我们在座谈会上讨论了一些学术问题。狄百瑞在美国哥伦比亚大学东亚系创办了一个宋明理学的研讨班，定期组织美国东部的一些学者讨论理学。1993年10月，我有幸受邀作了一场报告。狄百瑞确实是一个研究理学的大家，他2017年去世，他得过最高的汉学奖项，也来过岳麓书院两次。1996年我们邀请了他，当时他已经八十多岁了，曾经是美国哥伦比亚大学副校长，我本以为他很忙不会来，结果他来了。他说，研究儒家教育特别重要，儒家有最重要的两件事情要做，一个是经世，一个是教育，所以他认为教育是儒学非常重要的一个部分，因为我们那次会议讨论儒家教育理念，所以他专门来了。我很喜欢他的一本书——《中国的自由传统》，翻译者也是我的一个朋友。如果说田浩着重历史研究，狄百瑞则特别着重政治思想的研究。关于儒学与现代化的关系，西方主流学界、汉学家认为儒家阻碍了中国的现代化，狄百瑞却罕见地提出，中国儒家思想中有自由主义的传统。这当然会让我们感觉洋人好像硬要把西方自由主义传统塞到儒学传统中来。但读了他的书我们会得到启发，从孔孟早期儒家"为仁由己""自得之学"到宋明理学——包括后来明清之际的一些学者（比如黄宗羲）——对专制政治的批判与反抗，说明儒家确实有自由精神的传统。我认为这种看法对我们是有启发意义的。我也发现一个很奇怪的现象，中国晚清很多思想家在接收外来思想的时候，对近代化的民主、自由等思想非常赞同，不仅许多儒家士人、学者如此，包括一些官员，比如郭嵩焘也是如此。我在想，这种接收背后是否有一种文化基因使然，这种文化基因使他们对近代化的民主、自由有一种亲近感。我读晚清一些士大夫的作品诸如《郭嵩焘日记》，还包括魏源《海国图志》等，他们都对西方近代政治思想有一种欣赏的眼光。我认为，中国传统思想中一直有的民本主义，加上孟子思想中"自得之学"这样的自由传统，使得他们对西方近代思想有一种亲和力。狄百瑞认为，这样的思想并不是一种外来文化强加给中国的，而是中国自身有这样的自由主义的思想传统，那么，推动中国的现代化其实有中国文化的内在动力。所以汉学家有不同的思路、不同的方法，我认为这两种方法都值得我们学习。

李承贵教授

感谢四位的精彩解读！刚才两位理学专家对田浩的《朱熹的思维世界》作了一个介绍，很具体。就我的感觉来讲，田浩这本书着重在南宋脉络中探讨朱熹思想形成的过程。他写这本书并不是为了抬高朱熹的地位，反而是有点降低朱熹的地位，他通过考察朱熹与张栻、陈亮、象山等人的关系，认为朱熹不够厚道，有时在交流的过程中，将别人的东西据为己有。这种研究比较实事求是。因此，我们对外国学者的研究要慎重，但也要学习他。而耿宁的《心的现象》并不是专门研究阳明心学，但其中有几篇重要的文章，我个人认为是很值得看的。它跟田浩的《朱熹的思维世界》不同，纯粹是形而上的研究，将良知、本体等当作纯粹的概念，而且耿宁认为阳明心学中的本体概念比较混乱，什么知行本体、心本体、意本体等。我虽然感觉耿宁关于阳明心学概念或范畴的研究可能与阳明的生命历程有些距离，但也认为耿宁的研究对我们还是有启发、有参考价值的。好，我说多了点。在座的朋友知道，研究古代思想文化，我们都免不了有些功利性诉求，说得好听一点就是古为今用。对朱子理学、阳明心学的研究也一样。特别在当今这个时代，我们渴望从传统资源中寻找有用的元素。今天我们希望寻找朱子理学、阳明心学中有持久性（普适性）价值的元素，那么，哪些观念、学说、命题具有持久性价值？有请四位。

吴震教授

这一问题很有意思，我们从宽广的视域整体审视朱子学与阳明学时，能发现哪些持久性价值？我在 2019 年写了一篇文章，题目是《广义宋明理学视域中的朱子学与阳明学》，正好切合此题目。文章的大意是，在十多年前研究宋明理学时，人们会认为其门派众多，宋时即有关洛濂闽的流派之分，到明朝以后，分派情况尤甚。这属事实，当然不错，但归根结底，无非分两派——理学与心学。无论如何，跳不出理学与心学的范围。

这里产生了一个问题——气学该放到何处？我对气学这一概念本身是认同的，但是对于气学派的说法则持怀疑态度。最早将气学提出来，与心学、理学并列，以为宋明理学主要存在这三大思想流派的似乎是张岱年先生，而日本学者最早坚持这一观点，在 20 世纪 50 年代初，东京大学山井涌先生以及名古屋大学山下龙二先生都坚定认为，黄宗羲《宋元学案》《明儒学案》以及清代学者将宋明理学分为理学、心学两派的做法，是对气学一派的忽视，从而要重新建构气学这一学派。这一学术史意义上的分派始于 20 世纪 50 年代，大陆学者也对此作了很多回应，也有很多探讨和争论。我认为，从宋到明六百多年的历史长河中，气学不是一个独立概念，作为一种思想观点，气的问题对于任何一个哲学家而言，都是有所思考的，但却没有任何一个人自称是气学家。因此，气学派的设定完全是一种后设（20 世纪以后）的观念。而理学、道学、心学这些概念才是当时非常普遍的说法，此为其一。

其二，无论朱子还是阳明，他们关于气学的思想都非常丰富，绝不亚于张载。在他们看来，张载所讲的气学是一套不正宗的气学。气要与理结合为一整体（理气论）才可以讲得通。阳明也讲到气的问题，一般说来，他不大讲理气的问题，只讲心性论的问题，但若仔细阅读与挖掘《传习录》，可以发现，关于理气问题，他与朱熹立场基本是一致的。阳明关于气的思想其实也很丰富，也值得挖掘。刚才董平教授提及阳明关于"万物一体"的建构，其中涉及"一气流通"的问题。"万物一体"得以成立的理论依据中，实际上有"气"的概念，他用"一气流通"来说明宇宙万物之间是休戚相关、不可分割的一个连续体，由此，我们就能建立一个"万物一体之仁"的理想社会。关于"气"的理论，不只是王廷相、罗钦顺等几个所谓的气学家建构起来的，而与朱子和阳明毫无关系。如果我们将宋明理学的视域拓宽，不局限在某家某派，从理论的整体视域来审视的话，就会发现朱子学与阳明学事实上有许多共同点，气的问题可能就是其中之一。

至于宋明理学的持久性价值问题，我认为在关于"本体—工夫"的理论构建这个问题上，理学与心学既有冲突又有共识。据我的初步探讨，朱子在晚年有一个非常重要的说法，他说"正心诚意"这种"尊德性"的内向工夫和"格物穷理"这种"道问学"的外向工夫"元非两事"。晚年，朱子在担任宫廷侍讲的时候，曾跟皇帝提起他一生讲学，就讲四个字——"正心诚意"（请注意，不是"格物致知"）。在跟朋友的书信中，他也强调了这一点。由此，我们对朱子学的一般认知印象被完全颠覆了。如果从朱子《四书章句集注》《四书或问》等经典著作来看，可见他所建构的工夫论基础以及出发点在于"格物致知""即物穷理"，然而，朱子到晚年却清楚地意识到"正心诚意"作为根本工夫的重要性，在他看来，"正心诚意"与"格物致知"这两种工夫需要打通，这是朱熹晚年思想所达成的目标。

从这个意义上，朱子学、阳明学在重建本体论和工夫论的时候，对于本体—工夫的重大理论建构，在今天仍然值得我们不断回味和反思。

董平教授

肯定有永恒价值。第一，作为古代社会的思想遗产，毫无疑问，程朱、陆王都有永恒的价值，因为传统作为一种历史绵延，是不可能被切断的。只要这一历史仍在绵延，它就有自身的价值存在。第二，作为一种哲学，朱、王之哲学体系虽然不同，但都能使我们精神高尚，永远启发着我们。显而易见，人存在着，便永远会面对"理欲"问题、"形神"问题、"心物"问题，它们为我们提供了不同的见解和实践方案，是值得借鉴的；它们作为特定时代背景下对经典的一种阐释，在后来的历史中不断产生回响，它们的思想本身又构成一种历史性绵延，而给我们生存的现实世界提供了思想资源。在这一点上，它们具有持久性价值是不言而喻的。当我们将它们作为一种具有历史绵延性的思想遗产来观照当下生存的时候，我们仍然希望有创新。所以第三，它们能成为我们未来思想创新的资源和基础，所以不论程朱、陆王，他们的思想都是具有持久性价值的。

朱汉民教授

我也简单讲几句，不作展开。理学具有的恒常性、永恒性价值，体现在四个方面。

其一就是伦理价值。朱子将理与天统一起来，强调了伦理道德的重要性、优先性。普遍性的道德准则和个体性的情感欲望总是可能有冲突，我们如果放纵情欲，那就没办法建立一个良好的社会秩序。所以理欲之辩有其普遍性。不管什么时代，永远需要用普遍道德的理去节制个体的情感欲望。在一般的条件下，都需要克制自我的欲望情感，服从道德规范的理。

其二，从思想形态上的价值来说，理学作为一种思想成熟的人文信仰形态，具有重要的价值。我一直认为，儒学不是宗教，而是一种人文信仰。我正好上周在北京参加祝贺杜维明教授八十岁生日的一次学术研讨会，讨论的主题叫"精神人文主义"。我想杜先生的精神人文主义与我提的人文信仰比较接近。中国儒家传统确实有非常浓厚的人文主义传统，理学是先秦儒学的复兴，它实际上也是儒家人文主义的复兴，复兴了人的哲学，重新确立了人的哲学问题。当然，儒家人文主义和西方关注个体的人文主义不同，它更注重个体人格的完善和社会群体的和谐。儒家人文思想建立在精神信仰的基础上。在理学家看来，理本来是一种人文准则，就是我们做人的准则、社会的准则。但是理学将做人的准则与一种信仰的东西连接在一起,所以叫精神人文主义。我认为儒学是一种人文信仰,不是宗教信仰。在古代中国的话语体系中,"天"本来是一种宗教化信仰,到了宋代的时候,这种"天"必须落实在理上,理是一种人文价值,所以"天"就具有人文理性的意义。

其三,我认为理学在学术上还有一个非常重要的思想传统,就是把学术传统继承和时代思想变革结合起来。这一点,对我们今天研究传统学问有很大的启示,值得我们好好学习。理学有一个很大的特点:一方面要回归先秦儒学传统,强调对传统儒学的继承与复兴;但是另一方面,宋儒又是一个敢于根据时代变革的要求而不断推动学术创新的思想形态,理学是一个将复兴传统与变革传统两者结合起来的学术思潮。

其四,理学还有一个重要的思想文化价值,就是既坚持中华文化的主体性,强调中国儒学的道统,又对外来文化采取一种开放式的学术态度,大胆吸收佛学思想。清儒曾经批判理学大量吸收佛道的东西,从思想文化建构的意义上,我认为这是一个优点,因为理学通过融合佛道思想,实际上是丰富和发展了儒学。我认为,这一点对今天的学人继承、发展儒学很有启发。我们也要有这样一个态度,既要坚持儒学的思想传统,同时要敢于吸收当代世界有价值的思想学说。

蔡方鹿教授

2018 年是朱熹诞辰 888 周年、张栻诞辰 885 周年,我们四川师范大学召开了一个国际论坛,后来《光明日报》作了一个报道,刚好这个报道也是说朱熹思想的当代价值,我就着这个报道简要说两句。

朱熹的思想有什么当代价值?重视民生,经世致用。不光是朱熹,阳明也重视,他讲了四处公私两便,公和私的两便,有经世致用的倾向。另外,理一分殊的思想可以引申为全体人类是由各个不同肤色、不同民族国家、不同语言文化教育背景、不同经济形态的个人组成的,这就是分殊。每个人都有自己的才性和才智,但是每个人都有受到同等对待的权利。得到同等的对待,这就是理一。理一存在于分殊之中,世界的进步与发展不能离开不同文明和各个国家民族每个人的发展进步。由此可见,朱熹理一分殊的思想具有现代价值。

还有一点,刚才汉民兄也提到了朱熹思想兼容了佛教、道教、汉学训诂、易学的象数义理等各家各派的思想，这对于当代社会包容中华文明与世界文明、构建和谐世界具有重要意义。另外，朱熹主张用人的理智之心，控制和把握人的本性和人的情感，使道德理性最终能够主导感性欲望，避免因感性欲望的过度泛滥而造成社会生活失序，这对当前社会加强道德建设、弘扬传统美德也是具有重要意义的。朱熹重"行"的思想强调力行的重要性，认识必须贯彻到躬行实践中去，这对当代实现中华民族伟大复兴的中国梦的社会实践也具有重要意义。中国台湾的曾春海先生也说朱熹的理欲之辩有助于我们警觉当前生态破坏、资源短缺、环境污染的问题，这些问题归根到底是人的七情六欲无节制的消费行为，所以朱熹的用道心统一人心、人欲之心的盲动，以超越的天理来克服贪婪的人欲，把心灵环保和地球环保两者内外结合起来，对当前的环保问题有治标又治本的双重意义。

李承贵教授

　　大家是不是有点失望啊？因为我们马上就要结束了，理学和心学还没打起来。刚才四位对于朱子理学与阳明心学的永久性价值从不同的侧面、不同的角度作了周到而深刻的解释。我想对在座的同学应该是很有启发的。在座的同学、老师和朋友，不一定都研究朱子理学、阳明心学，但我相信学习理学、心学的人特别多。可是，我们学习理学、心学的时候经常遭遇困惑，对很多问题理解不透，比如，关于王阳明心学的"心"，有人就说，大家都有"心"，有什么好讨论的？诸如此类的疑问。那么，今天借这个难得的机会，请四位专家将他们学习、研究的宝贵经验传授给大家。大家鼓掌！有请。

蔡方鹿教授

　　我就很简单地讲一点体会，也不太全面。研究理学应该注意哪些问题才能获得积极性的效果。一个就是说我们既要客观地看待不论是程朱理学还是陆王心学产生的客观历史背景，这种思想产生的必然性，但也应该看到它超出了一定的时代，出现了一些局限性。两个方面都应该看到。另外要注意刚才的第四个讲题，就是它的永恒价值。除了它的局限性甚至是糟粕外，它也有超越时代的价值。中华优秀传统文化是怎么体现的？不是说在宋明理学里就不体现了，好像一讲到宋明理学都是糟粕，它要灭掉人的欲望，好像除了理学以外才是优秀传统文化。实际上它衔接了儒家思想，对于孔孟荀，理学家都是一脉相承的。它完全遵循了儒家的道路，讲仁义礼智信，并且有发展，还吸收了道家的自然思想。它也并不是对先秦儒学的异化，好像一讲到儒家只有先秦的孔孟才是好的，好像中国传统文化两千年来就没有发展了，孔孟荀就到了顶点。理学家的世界影响那么大，对日本、对东亚是影响了五百年。其他的思想有没有这么大的影响？如果说没有理学家弘扬，孔孟的思想能不能传到现在就是个问题，早就被佛教给同化了，中国就成了南亚的国家，是佛教文化盛行了。我按照任继愈先生的教诲查相关资料，发现唐末五代宋初的思想家讲佛陀讲得头头是道，十分之九不讲孔子，讲孔子好像很难为情。唐后期到宋初这些人基本不讲孔子，完全讲佛陀、释迦牟尼。没有理学家出来，孔孟思想能不能流传到现在，得画个问号。所以宋明理学有超越时代的永恒价值。另外，从我们的具体研究来讲，也不能过于看重它的分歧，要看重朱熹、阳明的共同点，他们也不是完全水火不相容。这点我觉得还是要注意。再有就是在研究过程中，我还是主张"一分材料说一分话"，要有根据，就像法官判案一样，打官司要用事实来说话。哪怕我不同意你的观点，但是我有材料，对材料的理解可以有不同意见，但至少要有根据。就谈这些，谢谢。

朱汉民教授

中国传统学术本来就可以从文史哲的不同角度研究，宋明理学内容十分丰富，每个人的研究方法可以是各异的。所以我认为每一种方法都有其价值，比如说注重文献的考证，或者注重义理的发挥，或者注重历史的描述，每一种研究方法都有它的可取之处。只要你做得好都有收获，不能说哪一种方法才是正确的。另外像冯友兰提出研究中国哲学，既可以照着讲，也可以接着讲。但是我们要有一种自觉的意识，到底要自觉地追求一种什么研究目标？有的人容易混同。比如说，我们照着讲的话，就要客观地、多维地、真实地反映历史，就像刚才我举的例子一样。比如说田浩研究宋明理学，他从历史的角度来分析，完全是一种照着讲。我们研究宋明理学，研究朱子学或者阳明学，应该有一种自觉的意识，如何能够将宋明理学的客观历史讲清楚。如果我们是接着讲的，那么应该更关注如何在继承宋明理学思想的基础上，进一步发展理学。当然，接着讲其实是更难的，必须建立在照着讲的基础上。所以，我们如果不能够接着讲的话，首先就要老老实实照着讲，不要曲解先贤的思想。这样的话，我们才能够真正做出一点有价值的东西。好，我就讲到这里，谢谢大家。

吴震教授

这个问题我就简单讲讲。实际上好像就是我对学生讲过的话，翻来覆去、啰里啰唆就是讲这些话。做学问没有什么太深奥的地方，老老实实、踏踏实实地做学问。首先就是不断地阅读资料，把自己的哲学观点等理论创新放在第二位。第一步的工作就是学习和阅读原材料，包括对前人研究的虚心学习以及做到尽可能地广泛搜罗和基本掌握材料。这是第一点。那么，有的人可能就有疑问了，我读《朱子语类》一百四十卷，读得我晕头转向，读了以后我都不懂，怎么办？读书不能用死的读法，有许多活的读法。有一种读法是带着问题去读的。就是说，在读书的过程当中要善于发现问题，一个问题不够，又发现了另外一些问题，通过这样不断地累积问题，于是，问题就越来越多，随着问题的增多，像滚雪球一样，越滚越大，那样的话，你的收获就会越来越大。你就会觉得你的书是看不完的，你看了十本不够，还要看一百本，进一步还要看一千本。年复一年地不断堆积，并通过对问题的深入思考，就能打下扎实的学问基础，这个最重要。我经常跟我的学生说我自己的一个切身体验，其实很简单，就是从大学生的时候就做笔记，每天强迫自己抄资料，不少于十条卡片，如果一天十张卡片，你们想想十天就是一百张，然后乘一下三百六十五天，一年、两年下来以后，那就接近五千甚至上万了。所以我告诉大家，读书要动手，不动手，不读书，这是最基本的。

那么，怎么发现问题呢？我们来谈第二点。问题的形成实际上既是思考的结果，又是不断学习的过程本身，就是说你不读书不可能发现问题，你如果发现不了问题，那么就是在死读书，不可能有什么收获。这就是我刚才讲的学习过程中必然存在的两难问题，如何克服这一问题？其实需要我们辩证地看待。

因此，我建议大家，谈怎么读书跟怎么发现问题，你至少要对于原典资料有一个比较深入而又全面的基本掌握，然后对学术界历来的问题探讨要保持高度的敏感，你要不断地掌握最前沿的研究动态，要了解当今那些大学者在研究什么问题，什么问题才是重要的根本问题，学界探讨问题存在哪些观点差异，有哪些问题学界已经作出了很大贡献，等等。所以，这就要求我们勤动手、多阅读、多收集。

第三点，一读书，二写作，三思考，这是一个循环过程，是读书过程中的三个步骤的不断循环。读书、写作也很重要，你要写文章或笔记。有的人就眼高手低，到了第三年快临毕业了，才想起要怎么写博士学位论文，这时候已经来不及了。我要求博士研究生从第一年就开始养成写作的习惯，一个学期要交一篇论文或读书笔记，我看了以后就从中"挑刺"。我们自发组织了一个读书班，一两个星期一次，大家互相批评，从第一个学期就开始。那么，什么叫思考？就是反复推敲和思考你写文章时的问题意识，你的文章想要解决什么问题，又有哪些创新之处，这些都需要通过不断的思考和问题的叠加，不断推倒重来，一遍不够来三遍，三遍不够来十遍，十遍不够来二十遍。我批改学生的文章，有的时候需要十来遍。总之，读书、写作和思考，将是伴随大家读书生涯的循环往复的过程。好，我就讲这几点，不能再多了。

董平教授

我突然发现，最后还是"朱熹"胜利，因为现在各位讲的全是"道问学"，哪里来什么"尊德性"啊？所以我来讲点虚的吧。

第一，从态度上说，要"眼高手低"。什么意思？眼界必须高，境界必须高，可是起手处必须低。这是我这里讲的所谓"眼高手低"。境界高，才可能对学术界的一些问题保持高度的敏感性；眼界高，才晓得你所研究的东西边界在哪里，这样才不会随意越界。我觉得我们现在最麻烦的问题，是学生们当中有一种相当普遍的现象，讨论问题时经常跨界。你跟他在朱熹的意义上探讨这个问题，他突然冒出个王阳明来批评你，你跟他讲王阳明的问题，他突然冒出个佛教，你再跟他讲佛教的问题，他又突然冒出个道教，看似很博学，实则是对问题本身不曾深入，立脚不住，只好不断游移，不断地跨越不同的论域。我认为这个现象要不得，不值得鼓励。我们做学问，这当然是一个知识问题，我觉得首先需要了解一种学问的基本学术边界在什么地方；就具体问题来说，同样需要晓得这个问题是在什么意义上说的，在什么意义上得以成立，在什么意义上不能成立。这个讲讲容易，做到其实是不容易的，要"眼高"才行。这是我想说的第一个意思。

第二，除了要"眼高"外，还得要"入乎其里而出乎其外"。这就好比一片森林，你不入乎其里，并不晓得这片森林究竟是由哪些植物构成的，你得进入这个森林里面，才可以清楚明白地看到。对于任何一个学者的观点，不论是朱也好王也好，还是别的什么人也罢，你要了解这个思想，你就一定要进入这个思想本身，先不要考虑批评或批判。比方说阳明心学，你首先要进入王阳明的文本，了解他究竟想说什么、说了什么、怎么说的、为何这么说，这些都搞明白了，基本就可以叫作"入乎其里"了。但光有这个还不够，还必须"出乎其外"。"出乎其外"才可能了解森林的边界，以及这片森林和周边事物的关系。"出乎其外"才能使自己获得一个新的视角，从一个更高的站位实现一种别样的超越性视角，这样才有可能进行批评或者批判。

"入乎其里"是第一步，"出乎其外"是更重要的一步。这有什么好处？比如就王阳明研究而言，正因为能"入乎其里而又出乎其外"，我们大抵就不会把凡是王阳明说的话，都当作王阳明首创的观点；我们大抵也不会在讨论问题的时候脱离问题本身而随意跨越不同的理论边界。

怎么可能"出乎其外"呢？实际上这要求必须有宽泛阅读。刚刚吴震教授告诉我们要多多抄笔记、做摘录，我自己曾经也那么干过，现在还保存着很多卡片。但是从另外一个方面来讲，宽泛阅读的好处，其实是当我们试图"出乎其外"的时候，能够为我们提供多元的批判视角，而这又为将来进一步的批判性阅读提供了资源。我看重批判性阅读，因为批判性阅读就是所谓"研究"，脱离了这个，也无所谓"研究"了。

具体就宋明理学的研究来说，我觉得真正重要的不是去发现不同理学家之间的共同性，而是要发现不同思想家之间的差别性。这一点刚刚吴震也提到过。要不然的话，你可能会看到这样的情况：不论是哪位思想家，他们所使用的概念基本是差不多的，道、理、气、心、性、情，等等，似乎都在重复着一些原来就被人说过的话，那么他们各自的特点在哪里？特征在什么地方？如果想做研究，那这些恰好是需要我们真正花功夫的地方，要鉴别出差别性。只有基于这种鉴别与抉择，汉民教授所说的"接着讲"才有可能。我想大家读书都会有一些自己的体会，我也不多说了吧。

李承贵教授

谢谢四位的精彩讲解。好，我相信大家听了四位专家的研究心得以后，肯定会在宋明理学研究的方法上有所收获。那下面我们进行最后一个讲题。诚如上述讨论的，朱子理学和阳明心学在中国哲学史、思想史、学术史上都具有重要的地位，蕴藏了丰富、宝贵的思想资源，因而未来无疑是值得期待的。那么，请几位就朱子理学、阳明心学的未来前景进行展望。有请。

吴震教授

那我们就简单讲，每个人讲一句话，从学术研究视域来展望朱子理学和阳明心学的未来前景。好吧？一共四句话啊，每个人讲一句话就圆满结束。我觉得就是一句话，朱子学和阳明学的研究必然将对儒学未来的第三期发展有积极的正面推动的学术价值和现实意义。这是我的一个展望。

董平教授

好的，如果只能允许讲一句话，那我就说：我确信，不论是朱子学还是阳明学，必将为我们现实中人的更为良好的生存带来独特的精神启迪。

朱汉民教授

我一直认为朱子学和阳明学是整个华夏文化的思想高峰，就是陈寅恪所说的，华夏民族之文化，历数千载之演进，造极于赵宋之世。应该说，宋明理学是整个儒学发展到登峰造极的学术成果。一方面，我们要进行更系统、更深入的研究，然后在这种研究的基础上继往开来，就像朱子回到"六经",回到原始儒学,最终开拓了儒学的新局面;另一方面,我们今天的理学研究,也可以推动当代思想文化的建构,无论是理学也好心学也好,对当代思想文化的建设都有巨大的价值。

蔡方鹿教授

展望理学研究的前景,我认为通过思潮、流派、哲学家的统一,文史哲的统一,与儒佛道、中外哲学研究相结合,历史与现实相结合,一定有理学研究的新的前景,谢谢!

李承贵教授

我们还有一个开放的时间,哪位同学想问问题?请举手。

学生提问一:

我想问王阳明龙场悟道,记载是讲"圣人之道,吾性自足,向之求理于事物者误也",怎么理解?有人认为王阳明龙场悟道穿越了千年思想史,为什么这么说?

董平教授

我不知道这个"穿越千年思想史"是谁说的,我没说过这个。阳明认为"向之求理于事物者误",这就涉及阳明学与朱子学的关系。严格说来,阳明学是从朱子学转出来的。阳明早年熟读朱子著作,朱子学是那时科举必备的。王阳明在实践朱子格物说的过程中发现一个问题,就是由"格物"怎么转向"诚意"?"纵格得草木来,如何反来诚得自家意?"他在龙场的特定情境下,实现了"悟道",终于彻底洞达"心即理",所以说"圣人之道,吾性具足"。既说"心即理""吾性具足",那么显而易见,所谓事物之理也并不在事物那里,而在"吾心",所以说"向之求理于事物者误也"。就阳明本人而言,这一点的体悟既是他与朱子分道扬镳的标志,也是他自己的心学体系建构的真正起点。但事物之理不在事物而在吾心这一观点,或许会为今天人们的理解带来困惑。其实王阳明不过是讲这么个意思:如果事物的存在性是需要主体心灵的观照才得以显现的,那么同时,存在性获得澄明的事物本身的理,也只能是同时向主体开放的。事物在成为"我"的对象之前，理怎么能向"我"呈现呢？要使事物之理得以如实呈现，就必须使吾心无一毫私意之间隔，居于大中至正地位，这就是"诚意"，也就是阳明为什么要说"向里寻求"。

我不晓得说阳明"穿越千年思想史"是什么意思，如果说千年来只有一个王阳明光辉灿烂，那是不对的，不符合事实。现在讲阳明，社会上大抵存在两种不良倾向，一是拔高王阳明，神化王阳明，还有就是将王阳明庸俗化。我们要注意这两种不良倾向。作为高等学校的学者，我们还得站在理性的角度来对待王阳明。

学生提问二：

我有一个问题想同时问两方，先是心学方面，王阳明曾讲"六经"，说"六经"是知识性的圣人之学的记载，还是实践，我读过《礼记》，它全是关于细节的，我觉得这类似于朱子学在道问学中形成的一种公共知识，这和阳明的为学理路是冲突的，想问下阳明有没有处理过这个问题？就是阳明要实践"六经"，但"六经"中的内容又是和他的为学理论相冲突的。然后，对于朱子学方面，想问下，朱熹如何看待《礼记》的为学理论？是否对先秦、汉代儒家有继承性？

吴震教授

阳明和弟子经常碰到这个问题，就是书本知识重不重要？怎么行孝？其中细节要不要讲求？这就涉及道问学问题。关于怎么行孝的知识，在阳明那里是否可以放放再说呢？这是对阳明知行合一学说的莫大误解。王阳明的知行合一也好，致良知也好，从来没说过可以不要道问学，相反王阳明再三再四地强调怎么才叫致良知，就是在事事物物上落实致良知，所以他讲的致良知，不是空头讲讲而已，致良知必须是"随时就地"——随时是无间断，就地是指任何地方，在事事物物上致吾心之良知。关于知识要不要？阳明主张闻见之识是有助于尊德性的，他从没说过行孝知识不重要，只不过阳明反对朱子的知先行后说，其原因在于，社会上有许多不肖子孙，为了寻找借口，他们可以说自己的行孝知识还没有充分完备，要等到下个月学习完了以后再去孝顺父母，这样的结果就会导致他们终身不知而又终身不行，所以，阳明提出知行合一来加以纠正。但是，这一思想命题并不意味着知识不重要，而是主张行为的落实需要道德知识的良知来加以主导，知行就必然是合一的关系，这是知行合一的完整意思。接下来请另外两位老兄回答吧。

蔡方鹿教授

这个问题，一句话就可以给你回答，朱熹的三礼学，《周礼》是纲领，《仪礼》是经，《礼记》是传。《仪礼》主要讲具体的事，《礼记》讲的是理，你刚才提到的《礼记》篇章，要具体参看《礼记》是怎样解释《仪礼》的，看《仪礼》所载之事是怎么被朱熹发挥出道理的。你就掌握这个窍门了。

朱汉民教授

我发现朱子学学者在回答问题时慢慢掌握了尊德性的真髓，回答问题都是一两句话，"六经"之学吾心自足。但阳明学学者在回答问题时就陷入支离，回答一个问题讲十分钟还没讲完。

李承贵教授

讲到最后，理学、心学还是没有斗起来，我们有点失望啊！今天本来想让你们四位辩一辩、斗一斗，其实最后还是像汉民兄开始讲的，斗还是斗了，就是斗得太智慧了，斗得太和谐了，跟当年的朱子、象山完全不一样，原因在哪里？我想就是缺象山这个人。不过，今天非常开心，我首先要说，今天白天开了一天的会，在南京师范大学，吴震兄是从江西飞过来的，很辛苦，我本人因为主持那个会，所以也非常辛苦，这是我主持讲座以来，耗时最长的一次，所以我们对四位专家不仅要表示感谢！还要表示歉意！还需要说的就是，八百多年前，在浙江吕祖谦的邀合下，理学大家与心学大家齐聚江西铅山鹅湖寺，成就了著名的"鹅湖之会"，正是这样一个盛会，让我们对朱子理学和象山心学的理解有了一个坐标。所以说，今天的讲会，我们有四位专家，非常广阔地、深刻地从各个方面对朱子理学和阳明心学的异同、内涵、意义与前景等作了启人深思的阐述和解释，无疑也将载入史册。因此，我们再次以热烈的掌声表示感谢！

老师们，同学们，朋友们，在国学复兴的新时代，作为一个中国人来说，传统文化既是我们成长的根，也是我们前进的基石，所谓"源头活水"。我们不仅要继承它、弘扬它，更应该去发展它、更新它，去开创它的未来，所谓"周虽旧邦，其命惟新"。我想今天的会讲一定会在这方面给我们诸多启发。让我们再次感谢四位的奉献！最后也要感谢陪伴了四个多小时的老师、同学，谢谢你们！

祝各位晚安！

三 阳明后学研究

道德主体性的拆散
——阳明后学的分化

张海晏*

对于王阳明的道德主体性学说，弟子后学依据各自的志趣作了不同的意义阐释与理论延伸。王畿的"现成良知"强调的是道德主体的自足圆满；钱德洪的"事上磨炼"强调的是道德主体的后天习得；聂豹、罗洪先的"主静守寂"强调的是道德主体的超验存养；欧阳德、邹守益的"主敬克己"强调的是道德主体的宰制作用。

王阳明殁后，弟子们各立门户，各持一说，在阳明心学学派内形成了不同的学说倾向。王畿在《滁阳会语》中将阳明后学的异说划分为四种：其一，"有谓良知落空，必须闻见以助发之，良知必用天理则非空知"；其二，"有谓良知不学而知，不须更用致知，良知当下圆成无病，不须更用消欲工夫"；其三，"有谓良知主于虚寂，而以明觉为缘境"；其四，"有谓良知主于明觉，而以虚寂为沈空"。[①]

在《抚州拟岘台会语》中，王畿则将同门异见归为六类。其一，"有谓良知非觉照，须本于归寂而始得。如镜之照物，明体寂然，而妍媸自辨。滞于照，则明反眩矣"。其二，"有谓良知无见成，由于修证而始全，如金之在矿，非火符锻炼，则金不可得而成也"。其三，"有谓良知是从已发立教，非未发无知之本旨"。其四，"有谓良知本来无欲，直心以动，

---

* [作者简介] 张海晏，1957年生，男，北京人，中国社会科学院历史研究所研究员。主要研究方向：中国思想史。

① （明）王畿：《滁阳会语》，载《王畿集》，吴震编校整理，凤凰出版社2007年版，第35页。

无不是道，不待复加销欲之功"。其五，"有谓学有主宰，有流行，主宰所以立性，流行所以立命，而以良知分体用"。其六，"有谓学贵循序，求之有本末，得之无内外，而以致知别始终"。①

关于阳明后学的分派，现代学者有不同的划分，各有合理之处，不无借鉴作用。本文拟从道德主体性的维度，对阳明后学的学派归属进行分类与梳理。

所谓主体性（Subjectivity），一般指人的自我意识及人的主动、能动、自主、自由和创造等特性，它既是人作为主体的根据又是其所具有的性质。生当明朝中叶的王阳明，适逢社会新旧转型的大时代，他创立的心学体系以建构人的道德主体性为旨归，其主要范畴和命题均围绕这一主题展开：阳明的"良知即天理"的命题把道德的本原与依据还原或内置于人的本心，这样人不再是外在准则与规范的服膺者而是宇宙的立法者、价值的创立者，这突出了道德意识的内在性、能动性与自觉性，开阔了人在道德生活中的自由空间；"知行合一"说旨在强调善的动机与善的行为的统一，兼顾了人的认知主体和实践主体，在观念与行为、思想者与行为者之间实现了自由转换与无缝连接；阳明有关"价值主体""认知主体""实践主体"的思想主要是就道德层面言，简而言之即劳思光先生所概括的"道德主体性"②，阳明后期明确提出"致良知"的立言宗旨，强调的是集"价值""认知""实践"主体于一身的道德主体性；阳明晚年明晰化的"四句教"是他全部道德学说的总结，系以善恶之别为经，以自在、自发、自觉和自为为纬，完整呈示了伦理实践中个人主体性的发生、发展、提升和实现的动态过程和逻辑关系。

如学界所说，阳明后学的分化，一定程度上确因对"四句教"的歧解而生。故而，阳明后学的分派亦可依其对"四句教"的不同侧重与解读而厘定。这与"致良知"的道德主体性的划分标准，若合符节，可以相互印证。

---

① 参见（明）王畿《抚州拟岘台会语》，载《王畿集》，吴震编校整理，凤凰出版社2007年版，第26页。

② 劳思光：《新编中国哲学史》第3卷上，广西师范大学出版社2005年版，第344页。

一 王畿:道德主体的先天自足

浙中王学一般指与王阳明同郡（宁波和绍兴）的王学传人，代表人物为阳明两大弟子王畿与钱德洪。王、钱二人都曾放弃科举考试，专心就学阳明，并成为阳明学说的主要诠释者，被称为"教授师"。

王畿（1498—1583），字汝中，别号龙溪，绍兴山阴人。弱冠举于乡，后受业阳明。龙溪在王门，人比之于颜渊。嘉靖五年（1526）举进士，与同门、同郡好友钱德洪均不就廷对而归。阳明征思田，留王畿和钱德洪主书院。阳明病丧，他持心丧三年，后与钱德洪同第进士。曾授南京兵部主事，进郎中。大臣咸贤等荐王畿，夏言斥畿为"伪学"，夺贤职，畿乃谢病归。此后益务讲学，足迹遍东南，年八十余而不已。善谈说，能动人，所至听者云集；每讲杂以禅机，亦不自讳。

（一）"四无"说

王阳明晚年出征思田前晚，在府邸天泉桥与两大弟子钱德洪、王畿对话中谈及"无善无恶心之体，有善有恶意之动，知善知恶是良知，为善去恶是格物"这四句，被称作"四句教"。与钱德洪对阳明"四句教"的解读相对，王畿秉持"四无"之说。《天泉证道纪》载：

> 先生（王畿）谓："夫子（王阳明）立教随时，谓之权法，未可执定。体用显微只是一机，心意知物只是一事，若悟得心是无善无恶之心，意即是无善无恶之意，知即是无善无恶之知，物即是无善无恶之物。"[1]

对阳明的"四句教"，王畿着重强调"无善无恶心之体"一句，认为良知心体超越一般经验层面的善与恶，即至善。他以"无善无恶"统领"四句教"的每一句，表达出超越具体的善恶对待的价值理想。用蔡仁厚先

---

[1] （明）王畿：《天泉证道纪》，载《王畿集》，吴震编校整理，凤凰出版社2007年版，第1页。

生的话说即"化境"①。他所说"盖无心之心则藏密,无意之意则应圆,无知之知则体寂,无物之物则用神"②的化境,是其"现成良知"理念的概述。

(二)"现成良知"

"良知"与"致良知"是阳明心学的思想旗帜,王畿作为阳明的得意弟子,把彰显良知主体的自足圆满与普遍意义,作为自己的立学宗旨。他说,"良知者,千圣之绝学,道德性命之灵枢也"③,"良知即是入圣之路……致良知之外,无学矣"④,"良知两字,是千圣从入之门,自初学至于成德,只此一路"⑤,"夫良知者,性之灵窍,千古圣学之宗"⑥,"良知者,是非之则,千圣相传真滴血也"⑦,"良知之外更无知,致知之外更无学"⑧。

王畿的"现成良知"说,初现于对"四句教"的解读中,并在日后与聂豹、罗洪先、刘邦采等王门中人辩论致知问题时展开。

他认为,"致良知"的修证工夫是为"未悟者"而设,"上根之人"无须此般程序,可直接悟入,良知"当下现成,不假工夫修证而后得"⑨。《致知议略》云:

> 夫良知之与知识,差若毫厘,究实千里。同一知也,如是则为

---

① 参见蔡仁厚《王阳明哲学》,九州出版社2013年版,第111页。
② (明)王畿:《天泉证道纪》,载《王畿集》,吴震编校整理,凤凰出版社2007年版,第1页。
③ (明)王畿:《三山丽泽录》,载《王畿集》,吴震编校整理,凤凰出版社2007年版,第14页。
④ (明)王畿:《抚州拟岘台会语》,载《王畿集》,吴震编校整理,凤凰出版社2007年版,第23页。
⑤ (明)王畿:《桐川会约》,载《王畿集》,吴震编校整理,凤凰出版社2007年版,第52页。
⑥ (明)王畿:《〈大学〉首章解义》,载《王畿集》,吴震编校整理,凤凰出版社2007年版,第177页。
⑦ (明)王畿:《与陶念斋》,载《王畿集》,吴震编校整理,凤凰出版社2007年版,第226页。
⑧ (明)王畿:《答吴悟斋》,载《王畿集》,吴震编校整理,凤凰出版社2007年版,第251页。
⑨ (明末清初)黄宗羲:《明儒学案》上册,沈芝盈点校,中华书局2008年版,第238页。

良，如是则为识；如是则为德性之知，如是则为见闻之知，不可以不早辨也。良知者，本心之明，不由学虑而得，先天之学也。知识则不能自信其心，未免假于多学亿中之助而已，入于后天矣。①

这里区分了良知与知识、德性之知与见闻之知，认为前者属于"先天之学"，不学自明；后者则为后天习得。

在他看来，无论圣凡，人的天赋良知皆同，别无二致；区别只在于"能致"与"不能致"。在回应刘邦采"见在良知似与圣人良知不可得而同"的说法时，王畿强调：

先师（王阳明）提出良知二字，正指见在而言。见在良知与圣人未尝不同，所不同者，能致与不能致耳。且如昭昭之天与广大之天，原无差别，但限于所见，故有小大之殊。若谓见在良知与圣人不同，便有污染，便须修证，方能入圣。良知即是主宰，即是流行，良知原是性命合一之宗。②

圣凡的天赋德性，只有量的区别而无质的差异，如昭昭之天与广大之天一般，虽有范围广狭之别，但都是同一个天。王畿认为，如若过度强调工夫一端，势必消解良知的圆满性。而良知的现成圆满正是王学得以号召天下的原因所在。他的"现成良知"说旨在强调良知本体或道德主体的优越性和普适性，"良知即是主宰，即是流行"。

（三）"从心悟入"

有关"致良知"的工夫，王畿提出"从心悟入，从身发明"③的直入工夫的工夫论。"现成良知"说强调"良知"的现成圆满，不待后天修

---

① （明）王畿：《致知议略》，载《王畿集》，吴震编校整理，凤凰出版社2007年版，第130页。

② （明）王畿：《与狮泉刘子问答》，载《王畿集》，吴震编校整理，凤凰出版社2007年版，第81页。

③ （明）王畿：《闻讲书院会语》，载《王畿集》，吴震编校整理，凤凰出版社2007年版，第6页。

证，这必然简化与弱化"致良知"的"致"的工夫程序。他并非一般地否认工夫，但反对烦琐的工夫论，认为工夫越多离良知越远，"后世学术，正是添的勾当"①，纠此之蔽，他主张用减的工夫。他说：

> 吾人一切世情嗜欲，皆从意生。心本至善，动于意，始有不善。若能在先天心体上立根，则意所动自无不善，一切世情嗜欲自无所容，致知功夫自然易简省力，所谓后天而奉天时也。若在后天动意上立根，未免有世情嗜欲之杂，才落牵缠，便费斩截，致知工夫转觉繁难，欲复先天心体，便有许多费力处。②

劳思光先生阐释此段文字说，此"意"指经验生活中意志能力之个别运行，故是后天；"心体"先于个别运行，故是先天。③世情嗜欲起于欲念，若致知工夫落在欲念上，必致愈演愈烦，积重难返；如在意念前先天心体上用功，便可收以简御繁之效。而在意念产生前的心体上用工夫，自然是直觉体认的工夫，它超脱于人的经验世界的意念、意识、欲望、是非、好恶甚至语言文字。劳思光先生指出："如此说'工夫'，非道德实践义，而是自我觉悟之义。"④换言之，此处讲的是悟道层面的问题，而不是关于行道的事情。王畿说，"不假外求，性外无学，性外无治"⑤，"学而非默，则涉于声臭；诲人非默，则坠于言诠"⑥，"忘好恶，方能同好恶；忘是非，方能公是非。盖好恶是非，原本心自然之用，惟作好恶、任是非，始失其本心"⑦。

---

① （明）王畿：《与存斋徐子问答》，载《王畿集》，吴震编校整理，凤凰出版社2007年版，第146页。
② （明）王畿：《三山丽泽录》，载《王畿集》，吴震编校整理，凤凰出版社2007年版，第10页。
③ 参见劳思光《新编中国哲学史》第3卷上，广西师范大学出版社2005年版，第347页。
④ 劳思光：《新编中国哲学史》第3卷上，广西师范大学出版社2005年版，第348页。
⑤ （明）王畿：《闻讲书院会语》，载《王畿集》，吴震编校整理，凤凰出版社2007年版，第6页。
⑥ （明）王畿：《三山丽泽录》，载《王畿集》，吴震编校整理，凤凰出版社2007年版，第9页。
⑦ （明）王畿：《三山丽泽录》，载《王畿集》，吴震编校整理，凤凰出版社2007年版，第11页。

王畿认为，人们对"良知"的了解把握，有表里精粗的层次高下之别：

> 从言语入者，感动人处至言语而止；从意想入者，感动人处至意想而止；从解悟入者，感动人处至解悟而止。若能离此数者，默默从生机而入，感动人处方是日新。以机处机，默相授受，方无止法。①

"从生机而入"的方法，就是一种"悟"，即"彻悟"。关于"良知"的悟入工夫，王畿说：

> 师门尝有入悟三种教法：从知解而得者，谓之解悟，未离言筌；从静中而得者，谓之证悟，犹有待于境；从人事练习而得者，忘言忘境，触处逢源，愈摇荡愈凝寂，始为彻悟。②
>
> 君子之学，贵于得悟，悟门不开，无以征学。入悟有三：有从言而入者，有从静坐而入者，有从人情事变练习而入者。得于言者，谓之解悟，触发印正，未离言筌，譬之门外之宝，非己家珍；得于静坐者，谓之证悟，收摄保聚，犹有待于境，譬之浊水初澄，浊根尚在，才遇风波，易于淆动；得于练习者，谓之彻悟，摩砻锻炼，左右逢源，譬之湛体冷然，本来晶莹，愈震荡愈凝寂，不可得而澄淆也。根有大小，故蔽有浅深，而学有难易，及其成功一也。③

凭借语言文字而得的"解悟"，非由己出而由外铄，王畿喻之为"门外之宝，非己家珍"；静坐守寂之证悟，囿于特定的修持环境，虽则"浊水初澄"，但是"浊根尚在"；从人情世故练习而入的彻悟，才是"致良知"的正道，这是在经验世界中对超验存在的参悟、彻悟、顿悟。

冈田武彦先生指出，朱子学持工夫论的立场，陆王心学持本体论的

---

① （明）王畿：《冲元会纪》，载《王畿集》，吴震编校整理，凤凰出版社2007年版，第4页。
② （明末清初）黄宗羲：《明儒学案》上册，沈芝盈点校，中华书局2008年版，第253页。
③ （明）王畿：《悟说》，载《王畿集》，吴震编校整理，凤凰出版社2007年版，第494页。

立场。因反对朱熹工夫的烦琐支离，陆九渊心学已含现成论的思想因素，王阳明的良知说，在性质上必然导向现成论的倾向。① 王畿实是把这种现成论的倾向发扬光大了。

（四）"浑然即一"

无论阐发自己的"现成良知"说，还是批评同门异见，王畿所采用的方法，皆是"浑然即一"说。论及"浑然即一"说，冈田武彦先生讲：

> 龙溪所说的本体上的工夫，抑或顿悟，是本体与工夫、悟与修的完全即一，所以可以说，本体是彻头彻尾的工夫之本体，工夫是彻头彻尾的本体之工夫，悟是彻头彻尾的修之悟，修是彻头彻尾的悟之修。如果其间有一毫间隔，在他看来就是失却浑然即一之旨。这是他之所以批判归寂、修证两说的缘由。②

在运思方法上，阳明不同于朱熹侧重分殊（区别、分析），他偏于统合（统一、综合），即在所有对立项中寻求某种一致性、结合点和平衡度，讲究"心理合一""知行并进""身心一体""内外双修""天人合一""圣愚无间""动静合一"，以及本体与工夫不二、"小我"与"大我"统一。在强调合一、浑一的思维路数上，王畿与其师阳明如出一辙。

王畿的良知学说，既强调先天德性禀赋的平等性，又指出后天觉悟方式的差异性；既强调道德准则的公共性，又肯认实现途径的个体性。他的"现成良知"说强调德性的天赋平等与自足圆满，旨在彰显道德的主体性。因天赋平等，故人皆有作为道德主体的先天资质；因良知自足圆满，故不假外求，无须后天修证，道德主体才成其为真正的主体。

---

① 参见［日］冈田武彦《王阳明与明末儒学》，吴光、钱明、屠承先译，重庆出版社2016年版，第56页。
② ［日］冈田武彦：《王阳明与明末儒学》，吴光、钱明、屠承先译，重庆出版社2016年版，第108页。

然而，王畿以本体为工夫、以顿悟为修炼的理论偏向，因而在工夫修炼层面鲜有阐发。虽则他也讲"须时时做寡欲工夫"①，但他的先天完美、不待后学的道德良知，又多少弱化了传统儒家秉持的道德规定性和指向性，正如冈田武彦先生所说："所谓良知的良，不仅意味着先天性、自然性（不学不虑），同时也意味着道德性（理、善）。如果把前者看得过高，那就会像现成派那样轻视道德性而产生以随任知觉为致良知的弊端。"②

聂豹讥诋王畿说："尊兄高明过人，自来论学只是混沌初生、无所污坏者而言，而以见在为具足，不犯做手为妙悟，以此自娱可也，恐非中人以下之所能及也。"③ 又说王畿之学，"终日谈本体，不说工夫，才拈工夫，便指为外道，此等处，恐使阳明先生复生，亦当攒眉也"④。虽偶讲工夫，却是无工夫可用，故谓之"以良知致良知"⑤。"今人误将良知作现成看，不知下致良知工夫，奔放驰逐无有止息，茫荡一生有何成就？"聂豹还以时谚"现钱易使"为譬，形容其"现成良知"说，如今人治家，不得其法，只有出项而没入项，最终难免穷蹙。⑥

对于王畿的"现成良知"说，劳思光先生一方面注意到它与主体性的关联，提出王畿"现成良知"的核心论点在于"良知非受经验决定而成"，"盖不悟'良知'之超越性，则根本无由悟见主体性"。⑦另一方面，劳思光先生又认为，王畿所求主体性实乃佛家的主体自由，劳思光指出：佛教否定外界任何独立实有，只将主体性视为最后之根源，客观性生于

---

① （明）王畿：《与赵尚莘》，载《王畿集》，吴震编校整理，凤凰出版社2007年版，第227页。
② ［日］冈田武彦：《王阳明与明末儒学》，吴光、钱明、屠承先译，重庆出版社2016年版，第135页。
③ （明）王畿：《致知议辩》，载《王畿集》，吴震编校整理，凤凰出版社2007年版，第133页。
④ （明）罗洪先：《寄王龙溪》，载《罗洪先集》上册，徐儒宗编校整理，凤凰出版社2007年版，第213页。
⑤ （明）罗洪先：《与双江公》，载《罗洪先集》上册，徐儒宗编校整理，凤凰出版社2007年版，第185页。
⑥ （明）罗洪先：《松原志晤》，载《罗洪先集》上册，徐儒宗编校整理，凤凰出版社2007年版，第696页。
⑦ 劳思光：《新编中国哲学史》第3卷上，广西师范大学出版社2005年版，第362页。

主体性。"经验自我"或"现象自我"的主体是"假我",所谓"灭"谛,就是要通过自觉努力,突破于此,成就"最高自由"之"真我"。佛教之"无我"就是否定这种"假我"。①王畿"实则只悟到禅门之主体性,对孔孟精神方向全不能体认也"②,"龙溪所悟之主体境界,实与禅宗最为接近……其所悟见之境界,近于禅宗之主体自由,而非儒学之主体自由也"③。

的确,王畿思想中确实汲取了佛学元素,他强调"儒即禅,禅即儒",认为,"先师提出良知两字,范围三教之宗,即性即命,即寂即感,至虚而实,至无而有"④,"大抵我师良知两字,万劫不坏之元神,范围三教大总持"⑤。所以当时就有"三教合之说,自龙溪大决蕃篱"的批评。史载:一日,众举颜子喟然一叹为问,王畿答曰:"此处何异谈禅?诱是引诱之诱。"因举黄叶止儿啼公案为证。好友戚贤勃然怒曰:"龙溪超悟,为吾党宗盟,亦为是言耶,何以示训!"⑥ 王阳明生前曾告诫弟子说,如若把龙溪之说当作众人的教法,那会养成悬空虚寂而生躐等之弊。王畿的"现成良知"逾越经验限度的趋向,有弱化道德边际约束之嫌,却显现出佛家主体自由的虚幻气息。

不过,王畿的思想主旨又与师阳明的道德主体性学说一脉相承,阳明力倡"良知"的内在性、主导性、能动性,王畿凸显其先验性、现成性、自足性,均在于挺立和高扬道德主体性,皆体现出浓烈的现世关怀、人文关怀。王畿讲:"千古圣学,本于经世,与枯槁山木不同。吾人此生,不论出处闲忙,亦只是经世一件事。"⑦

---

① 参见劳思光《新编中国哲学史》第3卷上,广西师范大学出版社2005年版,第150—282页。
② 劳思光:《新编中国哲学史》第3卷上,广西师范大学出版社2005年版,第351页。
③ 劳思光:《新编中国哲学史》第3卷上,广西师范大学出版社2005年版,第350页。
④ (明)王畿:《东游会语》,载《王畿集》,吴震编校整理,凤凰出版社2007年版,第85页。
⑤ (明)王畿:《与魏水州》,载《王畿集》,吴震编校整理,凤凰出版社2007年版,第202页。
⑥ 参见(明)王畿《刑科都给事中南玄戚君墓志铭》,载《王畿集》,吴震编校整理,凤凰出版社2007年版,第613页。
⑦ (明)王畿:《与唐荆川》,载《王畿集》,吴震编校整理,凤凰出版社2007年版,第267页。

王畿注意到士林中假托"现成良知"而逞其无忌惮之私的颓风。他说：

> 世间熏天塞地，无非欲海，学者举心动念，无非欲根。而往往假托现成良知，腾播无动无静之说，以成其放佚无忌惮之私，所谓行尽如驰，莫之能止。①

但他同时又认为，不能由于学者不用工夫之弊，而矫枉过正地否定现成良知。

> 盖不信得当下具足，到底不免有未莹处。欲惩学者不用工夫之病，并其本体而疑之，亦矫枉之过也。②

二　钱德洪：道德主体的后天习得

钱德洪（1496—1574），本名宽，字洪甫，生于余姚龙泉山北麓之瑞云楼，与其师阳明同出一宅。因龙泉山古名而以绪山为号。少业举子，习朱子著作。少读《传习录》，觉其与所学未契而疑之。阳明平朱宸濠叛乱归越后，德洪得与之相识，"初决意师事焉"。嘉靖元年（1522）中举人，翌年下第归，始"师事于越"。王阳明晚年奉旨出征广西，钱德洪与王畿主持中天阁讲席。嘉靖七年（1528），与王畿赴廷试，闻阳明讣，弃而奔丧。十一年（1532）中进士后在京任职。后因抗旨入狱，狱中学《易》不辍。出狱后，于江南各地讲学，传播阳明学说，培养了大批王学中坚。年七十始家居著述，七十九岁病逝。钱德洪与王畿的学术分歧，并非自始而然，有个变化过程。③ 大体而言，强调良知主体的后天习得，

---

① （明）王畿：《松原晤语》，载《王畿集》，吴震编校整理，凤凰出版社2007年版，第43页。
② （明末清初）黄宗羲：《明儒学案》上册，沈芝盈点校，中华书局2008年版，第258页。
③ 参见［瑞士］耿宁《人生第一等事——王阳明及其后学论"致良知"》下册，倪梁康译，商务印书馆2014年版，第614—632页。

是钱德洪的思想基调。这具体体现在三个方面。

（一）"四有"说

邹守益《青原赠处》载：

> 钱、王二子各言所学，绪山曰："至善无恶者心，有善有恶者意，知善知恶是良知，为善去恶是格物。"龙溪曰："心无善而无恶，意无善而无恶，知无善而无恶，物无善而无恶。"阳明笑曰："洪甫须识汝中本体，汝中须识洪甫功夫。"①

钱德洪强调心体是天命之性，无善无恶，亦即至善。因后天习染，意念上有了善恶，故需格、致、诚、正、修的工夫，以回复本性。

王阳明评价弟子王畿与钱德洪有关"四句教"的看法时说：

> 四无之说，为上根人立教；四有之说，为中根以下人立教。上根之人，悟得无善无恶心体，便从无处立根基，意与知物，皆从无生，一了百当，即本体便是工夫，易简直截，更无剩欠，顿悟之学也。中根以下之人，未尝悟得本体，未免在有善有恶上立根基，心与知物，皆从有生，须用为善去恶工夫，随处对治，使之渐渐入悟，从有以归于无，复还本体，及其成功一也。世间上根人不易得，只得就中根以下人立教，通此一路。汝中所见，是接上根人教法；德洪所见，是接中根以下人教法。②

有别于王畿的直接参悟本体，钱德洪强调通过格物致知来知善知恶、为善去恶。

（二）"实心磨炼"

就王畿与钱德洪对阳明"良知"的不同态度，黄宗羲《明儒学案》

---

① （明末清初）黄宗羲：《明儒学案》上册，沈芝盈点校，中华书局2008年版，第332页。
② （明）王畿：《天泉证道纪》，载《王畿集》，吴震编校整理，凤凰出版社2007年版，第2页。

概括说：

> 两先生之"良知"，俱以见在知觉而言，于圣贤凝聚处，尽与扫除，在师门之旨，不能无毫厘之差。龙溪从见在悟其变动不居之体，先生（钱德洪）只于事物上实心磨炼，故先生之彻悟不如龙溪，龙溪之修持不如先生。乃龙溪竟入于禅，而先生不失儒者之矩矱，何也？龙溪悬崖撒手，非师门宗旨所可系缚，先生则把缆放船，虽无大得亦无大失耳。①

钱德洪主张在事上"实心磨炼""行著习察"，以达到在"人情事变"上杜绝"气拘物蔽"。其说如把缆放船，虽无大得亦无大失。

钱德洪反对孜孜于"良知"本体的所谓顿悟，认为迷此一途，必然漠视为善去恶的道德实践。他说：

> 先生（王阳明）立教皆经实践，故所言恳笃若此。自揭良知宗旨后，吾党又觉悟太易，认虚见为真得，无复向里着己之功矣。故吾党颖悟承速者，往往多无成，甚可忧也。②

> 师既没，音容日远，吾党各以已见立说。学者稍见本体，即好为径超顿悟之说，无复有省身克己之功。谓"一见本体，超圣可以跂足"，视师门诚意格物、为善去恶之旨，皆相鄙以为第二义。简略事为，言行无顾，甚者荡灭礼教，犹自以为得圣门之最上乘。噫！亦已过矣。自便径约，而不知已沦入佛氏寂灭之教，莫之觉也。③

（三）"以知为体"

钱德洪主张，心体即良知，系明是非、知善恶的判断力，道德识见能力。因此，它超于一般善恶，既可称之"无善无恶"，又可名为"至

---

① （明末清初）黄宗羲《明儒学案》上册，沈芝盈点校，中华书局2008年版，第225页。
② （明）钱德洪：《年谱一》，载《王阳明全集》下册，吴光、钱明、董平等编校，上海古籍出版社2017年版，第1009—1010页。
③ 转引自（明）王守仁《大学问》，载《王阳明全集》中册，吴光、钱明、董平等编校，上海古籍出版社2017年版，第803页。

善"。虚灵不昧的"至善之体",不是声色等具体的感官知觉,而是使耳聪目明的知觉能力。他说:

> 人之心体一也,指名曰"善"可,曰"至善"可也,曰"至善无恶"亦可也,曰"无善无恶"亦可也。曰"善",曰"至善",人皆信而无疑矣,又为"无善无恶"之说者何也?至善之体,恶固非其所有,善亦不得而有也。至善之体,虚灵也,犹目之明、耳之聪也。虚灵之体不可有乎善,犹明之不可先有乎色,聪之不可先有乎声也。①

钱德洪认为,心以良知为本体、主体,主宰是非的判断,主导判断的原则。它不因主客感应双方的动静去来而时明时暗、时有时无。他说:

> 心之本体,纯粹无杂,至善也。良知者,至善之著察也。良知即至善也。心无体,以知为体,无知即无心也。知无体,以感应之是非为体,无是非即无知也。意也者,以言乎其感应也;物也者,以言乎其感应之事也;而知则主宰乎事物是非之则也。意有动静,此知之体不因意之动静有明暗也;物有去来,此知之体不因物之去来为有无也。②

阳明曾用物质性的日与镜来喻精神性的良知心体,聂豹等对此津津乐道。钱德洪则不认同于此,说:

> 夫镜,物也,故斑垢驳杂得积于上,而可以先加磨去之功。吾心良知,虚灵也,虚灵非物也,非物则斑垢驳杂于吾心何所?则磨之之功又于何所乎!今所指吾心之斑垢驳杂者,非以气拘物蔽而言

---

① (明)钱德洪:《复杨斛山书》,载《徐爱钱德洪董沄集》,钱明编校整理,凤凰出版社2007年版,第155—156页。
② (明)钱德洪:《语录》,载《徐爱钱德洪董沄集》,钱明编校整理,凤凰出版社2007年版,第124页。

乎？既曰气拘，曰物蔽，则吾心之斑垢驳杂，由人情事物之感而后有也。既由人情事物之感而后有，而今之致知也，则将于未涉人情事物之感之前，而先加致之之功，则夫所谓致之之功者，又将何所施耶？①

这是讲，既然心之良知系非物质，不占有空间，那么斑垢驳杂之处何在？而磨炼之功又施于何所？所谓心之斑垢驳杂，难道不是指气拘物蔽吗？既然气拘物蔽发生于人情事物之感后，主张在此前用致知工夫又用在何处？此言显然是针对阳明后学中的主寂派。

比较而言，王畿标榜"现成良知"，以本体为工夫；钱德洪强调"见在工夫"，用工夫求本体。如果说王畿之学有些近禅，那么钱德洪的学说则有向程朱理学靠拢的倾向。阳明心学主体性转向的本旨是向人的内心寻求道德动力与资源，弱化外在的社会传习、圣经贤传、礼仪教化、科举考试及其所蕴含的官方意识形态对人的思想的缠绕和羁绊，使道德真正建立在人内心的善良天性与自觉自愿、自主自为的主体性之上。钱德洪过分强调良知的见在工夫、后天习得，难免呈现这样一种征兆：掉头重回程朱偏重"道问学"的老路，而与阳明"尊德性"的精神方向渐行渐远。

黄宗羲的有关论断，可谓一针见血：

后来学者只知在事上磨炼，势不得不以知识为良知，阴流密陷于义袭、助长之病，其害更甚于喜静厌动。盖不从良知用功，只在动静上用功，而又只在动上用功，于阳明所言分明倒却一边矣。②

三　聂豹、罗洪先：道德主体的超验存养

聂豹（1487—1563），江西永丰人，字文蔚，号双江，晚年又号白水老农、东皋居士。谥号贞襄。早岁家贫而力学，正德十二年（1517）中进士，

---

① （明）钱德洪：《答聂双汇》，载《徐爱钱德洪董沄集》，钱明编校整理，凤凰出版社2007年版，第153页。
② （明末清初）黄宗羲：《明儒学案》上册，沈芝盈点校，中华书局2008年版，第359页。

曾在多地任地方官员，迁至兵部尚书，追赠太子太保。他为政宽仁安民，刚正不阿，整肃贪滑，敦风化俗，所到之处，多有贪吏闻风自解印绶而去。并曾抗御塞北强虏，平息江南倭犯。嘉靖二十六年（1547），遭诬陷被逮入锦衣狱。后冤案大白，落职回家，终其一生，不改其直。

聂豹平生与王阳明仅见一面，后彼此有过书信往还。阳明殁后，聂豹于苏州府知府的任上，以王畿和钱德洪为证人，始称阳明门生。聂豹倡导的"守寂"说，史载与其蒙冤系狱、日无所事、面壁观心的经历直接相关。罗洪先讲：

> 双江先生系诏狱，经年而后释。方其系也，身不离桎梏，视不逾垣户，块然守其素以独居。久之，诸子群圣之言涉于目者，不虑而得，参之于身，动则有信。慨曰："嗟乎！不履斯境，疑安得尽忘乎？"于是著录曰"困辨"，以明寂感之故。[①]

《明儒学案》亦云：

> 先生（聂豹）之学，狱中闲久静极，忽见此心真体，光明莹彻，万物皆备。乃喜曰："此未发之中也，守是不失，天下之理皆从此出矣。"及出，与来学立静坐法，使之归寂以通感，执体以应用。是时同门为良知之学者，以为"未发即在已发之中"，盖发而未尝发，故未发之功却在发上用，先天之功却在后天上用。其疑先生之说者有三：其一谓"道不可须臾离也"，今曰"动处无功"，是离之也。其一谓"道无分于动静也"，今曰"功夫只是主静"，是二之也。其一谓"心事合一，心体事而无不在"，今曰"感应流行，著不得力"，是脱略事为，类于禅悟也。王龙溪、黄洛村、陈明水、邹东廓、刘两峰各致难端，先生一一申之。[②]

[①] （明）罗洪先：《〈困辨录〉序》，载《罗洪先集》上册，徐儒宗编校整理，凤凰出版社2007年版，第471页。

[②] （明末清初）黄宗羲：《明儒学案》上册，沈芝盈点校，中华书局2008年版，第371—372页。

照此看来，聂豹是在入狱期间得出他的"守寂"说。不过，今有学者指出，早在1537年至1538年聂豹约五十岁时，即已得出此说。那时他因病暂居翠微山修养，此乃道教的"神仙住地"，他在此静坐冥思，遂发明这种修行方法。只是在1548年入狱期间，在《困辨录》中对此说详加阐论。①

与聂豹持相近看法的阳明弟子，有罗洪先。罗洪先（1504—1564），字达夫，号念庵，江西吉安府人，父循，山东按察副使。曾师事王门学者黄宏纲、何廷仁，明世宗嘉靖八年（1529）中状元，授翰林院修撰等。后因上疏忤旨，被黜为民，终以著书讲学修炼为务。

就罗洪先的思想与践行，《明儒学案·江右王门学案三》载："罗洪先先生之学，始致力于践履，中归摄于寂静，晚彻悟于仁体。幼闻阳明讲学虔台，心即向慕，比《传习录》出，读之至忘寝食……而聂双江以归寂之说，号于同志，惟先生独心契之。"②罗洪先赞曰："双江所言，真是霹雳手段，许多英雄瞒昧，被他一口道著，如康庄大道，更无可疑。"③他身体力行，辟石莲洞而居，默坐一榻，三年不出其户。

（一）良知本寂

在给欧阳德的复信中，聂豹讲：

> 良知本寂，感于物而后有知，知其发也，不可遂以知发为良知，而忘其发之所自也。心主乎内，应于外而后有外，外其影也，不可以其外应者为心，而遂求心于外也。故学问之道，自其主乎内之寂然者求之，使之寂而常定也，则感无不通，外无不该，动无不制，而天下之能事毕矣。④

---

① 参见［瑞士］耿宁《人生第一等事——王阳明及其后学论"致良知"》下册，倪梁康译，商务印书馆2014年版，第722—738页。
② （明末清初）黄宗羲：《明儒学案》上册，沈芝盈点校，中华书局2008年版，第386—387页。
③ （明末清初）黄宗羲：《明儒学案》上册，沈芝盈点校，中华书局2008年版，第387页。
④ （明）聂豹：《答欧阳南野太史三首》，载《聂豹集》，吴可为编校整理，凤凰出版社2007年版，第240—241页。

良知内在于心，是寂而常定的，一切感应变化皆从此出。他以浚源与培根为比喻，说浚源是浚江淮河汉所从出之源，培根乃培枝叶花实所从出之根，致良知的工夫就应该溯本求源，在良知寂体上下功夫。他说，"致虚守寂，方是不睹不闻之学，归根复命之要"①，"夫本原之地，要不外乎不睹不闻之寂体也"②，"今不致感应变化所从出之知，而即感应变化之知而致之，是求日月于容光必照之处，而遗其悬象著明之大也"③，"寂而感者，是从规矩之方圆也……今不求天则于规矩，而即方圆以求之，宜其传愈讹而失愈远也"④。

他把静寂的良知本体又称为"良心""真心""本心""初心"，说，"不虑而知，不学而能，良心也"⑤，"无所为而为，真心也。学者须是识其真心"⑥，"本心、真心、良心、初心，均是为道之心。学要识得心体，则用工便有着落，不然，则狂狗逐块，狻猊咬人，毫厘千里矣"⑦，"故致良知者，只致养这个纯一未发的本体。本体复，则万物备，所谓立天下之大本"⑧。

他还将"致知格物"解读为"致知譬之磨镜，格物镜之照也"⑨，"故致知者，致其寂体之知，养其虚灵，一物不著；感而遂通天下之故，

---

① （明）聂豹：《答王龙溪》，载《聂豹集》，吴可为编校整理，凤凰出版社2007年版，第377—378页。

② （明）聂豹：《答欧阳南野太史三首》，载《聂豹集》，吴可为编校整理，凤凰出版社2007年版，第242页。

③ （明）聂豹：《答欧阳南野太史三首》，载《聂豹集》，吴可为编校整理，凤凰出版社2007年版，第242页。

④ （明）聂豹：《答欧阳南野太史三首》，载《聂豹集》，吴可为编校整理，凤凰出版社2007年版，第243页。

⑤ （明）聂豹：《困辨录》，载《聂豹集》，吴可为编校整理，凤凰出版社2007年版，第563页。

⑥ （明）聂豹：《困辨录》，载《聂豹集》，吴可为编校整理，凤凰出版社2007年版，第563页。

⑦ （明）聂豹：《困辨录》，载《聂豹集》，吴可为编校整理，凤凰出版社2007年版，第563—564页。

⑧ （明）聂豹：《困辨录》，载《聂豹集》，吴可为编校整理，凤凰出版社2007年版，第609页。

⑨ （明）聂豹：《答欧阳南野太史三首》，载《聂豹集》，吴可为编校整理，凤凰出版社2007年版，第248页。

即格物也"①。

(二) 知为心障

聂豹指出，世间存在着遮蔽良知的三大障碍，三者归一，即"知识障"。他说：

> 今世之学，其上焉者有三障：一曰道理障，一曰格式障，一曰知识障。讲求义理；模仿古人行事之迹；多闻见博学，动有所引证。是障虽有三，然道理、格式，又俱从知识入，均之为知识障也。②

罗洪先注此段曰："此三障总一障，只是世情丢不下。若破得世情，便自安本分。阳明先生拔本塞源之论，尽之。"③

在人的"已发"的意识知觉层面，因个人私心杂念的介入，难以辨明是非。只有在"未发之中"摒除个人私意、偏好和得失的精神状态下，才可能真正体认领悟是非善恶：

> 善不善之间，不易形容，惟于未发之中，心体而力行者，可以意会。④

那种在人的意识萌发处下手的工夫，则忽略了平日静中涵养的道德修炼：

> 向来讲究思索，直以心为已发，而所论致知格物，亦止以察识

---

① （明）聂豹：《答欧阳南野太史三首》，载《聂豹集》，吴可为编校整理，凤凰出版社2007年版，第244页。
② （明）聂豹：《困辨录》，载《聂豹集》，吴可为编校整理，凤凰出版社2007年版，第610页。
③ （明）聂豹：《困辨录》，载《聂豹集》，吴可为编校整理，凤凰出版社2007年版，第611页。
④ （明）聂豹：《困辨录》，载《聂豹集》，吴可为编校整理，凤凰出版社2007年版，第568页。

端倪为初下手处，以故阙却平日涵养一段工夫。①

他用拔苗助长的比喻来形容这种只知在"已发"的知觉上用功的方法，说："夫以知觉为良知，是以已发作未发，以推行为致知，是以助长为养苗。"②

（三）"执中之学"

阳明好言"未发之中"，如说："良知即是未发之中。"③ 又说："圣人到，位天地育万物，也只从喜怒哀乐未发之中上养来。"④ 聂豹解读阳明这段话语说："养之一字，是多少体验，多少涵蓄，多少积累，多少宁耐。"⑤ 聂豹的学问就在对"未发之中"的"养"上，他名曰"执中之学"，喻之为门户的枢轴："执中之学，执其枢而已矣。"还引周敦颐诗曰："有风还自掩，无事昼常关。开阖从方便，乾坤在此间。"⑥ 以此描述其"执中之学"的神应妙用。

聂豹强调的"未发之中"或"中"，指内心无思无虑、不偏不倚、不睹不闻的寂静冲和的理想状态。他说，"大公顺应，浑是未发气象"⑦，"未发之中，本体自然"⑧，"未发之中，太极也"⑨，"平旦之气，便是未

---

① （明）聂豹：《困辨录》，载《聂豹集》，吴可为编校整理，凤凰出版社2007年版，第546页。

② （明）聂豹：《答欧阳南野太史三首》，载《聂豹集》，吴可为编校整理，凤凰出版社2007年版，第239页。

③ （明）王守仁：《传习录中》，载《王阳明全集》上册，钱明、吴光、董平等编校，上海古籍出版社2017年版，第55页。

④ （明）王守仁：《传习录上》，载《王阳明全集》上册，钱明、吴光、董平等编校，上海古籍出版社2017年版，第13页。

⑤ （明）聂豹：《答欧阳南野太史三首》，载《聂豹集》，吴可为编校整理，凤凰出版社2007年版，第240页。

⑥ （明）聂豹：《困辨录》，载《聂豹集》，吴可为编校整理，凤凰出版社2007年版，第550页。

⑦ （明）聂豹：《困辨录》，载《聂豹集》，吴可为编校整理，凤凰出版社2007年版，第550页。

⑧ （明）聂豹：《困辨录》，载《聂豹集》，吴可为编校整理，凤凰出版社2007年版，第546页。

⑨ （明）聂豹：《困辨录》，载《聂豹集》，吴可为编校整理，凤凰出版社2007年版，第595页。

发之中"①，"过与不及，皆恶也。中也者，和也，言中即和也"②。他说，"未发之中"是古圣先王一脉相承的精神命脉，弥足珍贵。

> 未发之中，是尧舜相传正法眼藏真正脉络，于此处体认得分晓，则一棒一条痕，一掴一掌血。情命于性，性命于天，丹府一粒，遍地黄金。③

在复钱德洪的一封信中，聂豹讲：有人偏爱于"使其恶恶则如恶恶臭，好善则如好好色"，然而，好好色与恶恶臭是人的一种天赋本能，"世顾有见好色而不好，而好之不真者乎？有闻恶臭而不恶，而恶之不真者乎？绝无一毫人力，动以天也"。④ 相反，作好作恶则系后天人为，纯属自欺欺人。纯粹的道德应由诚意之功，在"未发之中"养育而成，自然生发。他说：

> 盖言诚意之功，全在致知。致知云者，充满吾虚灵本体之量，而不以一毫意欲自蔽，是谓先天之体，未发之中。故自此而发者，感而遂通，一毫人力不得。一毫人力不与，是意而无意也。今不养善根，而求好色之好；不拔恶根，而求恶臭之恶，好谓苟且狥外耳为人也，而可谓之诚乎？盖意者心之发，亦心之障也。⑤

他还套用张载的名句来渲染"未发之中"的无边伟力：

---

① （明）聂豹：《困辨录》，载《聂豹集》，吴可为编校整理，凤凰出版社2007年版，第564页。
② （明）聂豹：《困辨录》，载《聂豹集》，吴可为编校整理，凤凰出版社2007年版，第545页。
③ （明）聂豹：《困辨录》，载《聂豹集》，吴可为编校整理，凤凰出版社2007年版，第567页。
④ （明）聂豹：《答钱绪山》，载《聂豹集》，吴可为编校整理，凤凰出版社2007年版，第301页。
⑤ （明）聂豹：《答钱绪山》，载《聂豹集》，吴可为编校整理，凤凰出版社2007年版，第302页。

盖未发之中，天地之心，生民之命，万世之太平，千圣之绝学，故执中，所以为天地立心，为生民立命，为万世开太平，为往圣继绝学。圣人到位土地，育万物也，只从未发之中上养来。①

聂豹强调，戒慎恐惧、勿忘勿助的修炼工夫就做于"未发之中"而非已发之后，"不睹不闻，便是未发之中；常存此体，便是戒惧"②，"养于未发之谓豫，豫即前定之学也"③，"不闻曰隐，不睹曰微，隐微曰独。谓之独者，言人生只有此件学问，只有此处天下之物无以尚之之谓也"④。他说：

　　盖静则无欲，而大本立，虽纠纷错杂，而不失其本然之则。发而不发，配义与道也。是故君子之学，要于意必固我既亡之后，而求之喜怒哀乐未发之前，学斯至矣。⑤

"守寂"派认为，"良知"就是"未发之中"，"良知本寂"就寂于"未发之中"。在"未发之中"静守涵养，已发必然是"中节之和"。强调这些正是阳明思想的主旨。聂豹曰：

　　故致良知者，只致养这个纯一未发的本体。本体复，则万物备，所谓立天下之大本。先生（王阳明）云："良知即是未发之中，廓然大公的本体，便自能感而遂通，便自能物来顺应。"此是《传习录》

---

① （明）聂豹：《困辨录》，载《聂豹集》，吴可为编校整理，凤凰出版社2007年版，第547页。

② （明）聂豹：《困辨录》，载《聂豹集》，吴可为编校整理，凤凰出版社2007年版，第545页。

③ （明）聂豹：《困辨录》，载《聂豹集》，吴可为编校整理，凤凰出版社2007年版，第584页。

④ （明）聂豹：《答欧阳南野太史三首》，载《聂豹集》，吴可为编校整理，凤凰出版社2007年版，第241页。

⑤ （明）聂豹：《困辨录》，载《聂豹集》，吴可为编校整理，凤凰出版社2007年版，第550页。

中正法眼藏。①

罗洪先云：

"良知"二字是阳明公特地提出，令人知圣贤不远，方有下手处。然上面添一"致"字，便是扩养之意。又良知"良"字，乃是发而中节之和，其所以良者，要非思为可及，所谓不虑而知，正提出本来头面也。今却尽以知觉发用处为良知，至又易"致"字为"依"字，则是只有发用，无生聚矣……必有未发之中，方有发而中节之和；必有扩然大公，方有物来顺应之感。②

罗洪先还讲：

《传习录》有曰："无善无恶者理之静，有善有恶者气之动。不动于气，即无善无恶，是谓至善。"夫至善者非良乎？此阳明之本旨也。而今之言良知者，一切以知觉簸弄终日，精神随知流转，无复有凝聚纯一之时，此岂所谓不失赤子之心者乎？③

此处引述阳明的"无善无恶者理之静，有善有恶者气之动"，应是阳明晚年提出的"四句教"的不完整的早期雏形。实际上，"守寂"派正是以后一句"有善有恶者气之动"或"四句教"第二句"有善有恶意之动"为其创教立说的逻辑原点。聂豹的"盖意者心之发，亦心之障也"④，是把意念的萌生、意气的冲动视为对良知心体的遮蔽，他们要在"无善无恶心之体"致虚守静，涵育存养，以求"本体复，则万物备，所谓立天下之大本"。这也正是阳明所说的"良知是未发之中，廓然大公的本体，便

---

① （明）聂豹：《困辨录》，载《聂豹集》，吴可为编校整理，凤凰出版社2007年版，第609页。

② （明）罗洪先：《与尹道舆》，载《罗洪先集》上册，徐儒宗编校整理，凤凰出版社2007年版，第251页。

③ （明）罗洪先：《答陈明水》，载《罗洪先集》上册，徐儒宗编校整理，凤凰出版社2007年版，第203页。

④ （明）聂豹：《答钱绪山》，载《聂豹集》，吴可为编校整理，凤凰出版社2007年版，第302页。

自能感而遂通，便自能物来顺应"。①

当然，"守寂"派内部的观点也不全然相同。耿宁先生指出：在聂豹看来，他的伦理学习的效果、结果、目的是内与外、静与动的统一，但他的伦理学习的方法手段则在其间作出了划分：首先是向内部、向寂静的回归，而后便自行产生出在外部的善的活动。②与之有异，罗洪先收摄保聚的"致良知"工夫，没有在动与静之间分辨时间先后，而是"始终指向一种精神上的自身收拢，指向一种精神的凝聚、专一，即在精神上从在追逐事务过程中对事物之杂乱操持状态脱身出来并返回自己"③。

"守寂"派的守寂、归寂、主寂容纳了戒惧、诚敬的工夫态度，冈田武彦先生指出："在归寂派那里，其实他们并不始终只言'归寂'，其间也提倡如同'戒惧'和'敬'那样的反省工夫。不消说，这也是出自对现成说流弊的担忧。"然而，"归寂派虽提倡'戒惧'，但认为'戒惧'是'不睹不闻'之本体上的工夫，而不是发用上的工夫"。④

"守寂"派强调人的精神的收拢凝聚，抱寂守静，收视敛听，静坐澄心，庄敬持养，变化气质，最终达于"致良知"，正所谓"故致虚者，乃所以致知也"⑤。这种静养工夫要排除人的各种思虑欲念，只念念不忘于戒慎恐惧、不睹不闻、勿忘勿助与敬、诚、慎独的警示和戒条。实际上，对这些信条的孜孜以求、念兹在兹，也是一种思虑，一种念想，一种"运"与"动"。不过，聂豹把这理解成一种"动而非动""常主夫静"的特别的工夫。他说：

---

① （明）聂豹：《困辨录》，载《聂豹集》，吴可为编校整理，凤凰出版社2007年版，第609页。

② 参见［瑞士］耿宁《人生第一等事——王阳明及其后学论"致良知"》下册，倪梁康译，商务印书馆2014年版，第789页。

③ ［瑞士］耿宁：《人生第一等事——王阳明及其后学论"致良知"》下册，倪梁康译，商务印书馆2014年版，第905页。

④ ［日］冈田武彦：《王阳明与明末儒学》，吴光、钱明、屠承先译，重庆出版社2016年版，第128页。

⑤ （明）罗洪先：《〈困辨录〉后序》，载《罗洪先集》上册，徐儒宗编校整理，凤凰出版社2007年版，第473页。

> 或问：思为静乎？盖思者，心之运。既曰运，则动矣。然思敬，思诚，俨若思，思无邪之类，则动而无动，而常主夫静也。故凡用功，似属乎动，而用功的主脑，却是静根。然则何思何虑，无思无为，又何谓也？此主感应言也。感应者，神化也。才涉思议，便是憧憧。如憧憧，则入于私矣。其去未发之中，何啻千里？若夫精义以入神，洗心以退藏于密，斋戒以神明其德，所以立感应之本也。故曰："思则得之。"①

所谓"无思无为"并非绝对的全无思虑、毫无作为，而是指在感应上的不假思索、不患得患失的出神入化的境界。这样的化境，需要在静养中立其感应之本，而戒慎恐惧之思，正是入静的不二法门。罗洪先批注此段文字曰："心有所思，有不思，未发俱在其中。论工夫，则思是求入静处。"②

王阳明曾经注意到，道德修炼中在思与无思之间不可偏执，认为无思无虑，则坠断灭；而所思所虑，则沦执着。他强调："人须在事上磨练做功夫，乃有益。若只好静，遇事便乱。终无长进。那静时功夫，亦差似收敛，而实软弱也。"③而聂豹在寂与感、体与用之间作了时间先后的分割，并执着于致虚守寂的存养工夫。阳明讲："省察是有事时存养，存养是无事时省察。"④ 主张无事时的存养与有事时的省察均不可偏废。而聂豹则只讲无事时的存养，轻视有事时的省察。应该说，"守寂"派已将阳明心学引入一偏。

聂豹执其一端而不及其余的学说倾向，自然遭到王门弟子的广泛非议。钱德洪说：

---

① （明）聂豹：《困辨录》，载《聂豹集》，吴可为编校整理，凤凰出版社2007年版，第549页。
② （明）聂豹：《困辨录》，载《聂豹集》，吴可为编校整理，凤凰出版社2007年版，第549页。
③ （明）王守仁：《续传习录》，载《王阳明全集补编》，束景南、查明昊辑编，上海古籍出版社2017年版，第230页。
④ （明）王守仁：《传习录上》，载《王阳明全集》上册，吴光、钱明、董平等编校，上海古籍出版社2017年版，第14页。

先师曰:"无善无恶心之体。"双江即谓:"良知本无善恶,未发寂然之体也。养此,则物自格矣。今随其感物之际,而后加格物之功,是迷其体以索用,浊其源以澄流,功夫已落第二义。"论则善矣,殊不知未发寂然之体,未尝离家国天下之感,而别有一物在其中也。即家国天下之感之中,而未发寂然者在焉耳。此格物为致知之实功,通寂感体用而无间,尽性之学也。①

王畿亦讲,"良知即是未发之中,即是发而中节之和"②,"后儒谓才知即是已发,而别求未发之时,所以未免于动静之分,入于支离而不自觉也"③,"寂者,心之本体,寂以照为用。守其空知而遗照,是乖其用也"④,"有谓'良知主于虚寂,而以明觉为缘境',是自窒其用也"⑤,"或摄感以归寂,或缘寂以起感,受症虽若不同,其为未得良知之宗,则一而已"⑥。

关于"守寂"派与"现成"派的异同,劳思光先生指出:王畿肯定"不受经验决定"的"良知主体",聂豹所言之"体"亦不能"受经验决定"。二者本体同而工夫异。⑦确实,二者都认为"良知主体""不受经验决定",否则的话,良知主体也就不成其为主体,至少不再是纯粹的主体、真正的主体。他们对此均有着高度的警觉。而在方法上,王畿高自标持的"上根人"的"悟入",既无普遍适用性,也无可操作性,实是无工夫的工夫,于是他的"致良知"也就成了以良知致良知。相形之下,聂豹一系只讲工夫不讲或鲜及发用、效用,而其守寂工夫又几乎屏蔽了

---

① (明)钱德洪:《复周罗山》,载《徐爱钱德洪董沄集》,钱明编校整理,凤凰出版社2007年版,第154页。

② (明)王畿:《致知议略》,载《王畿集》,钱明编校整理,凤凰出版社2007年版,第130页。

③ (明)王畿:《致知议略》,载《王畿集》,钱明编校整理,凤凰出版社2007年版,第132页。

④ (明)王畿:《抚州拟岘台会语》,载《王畿集》,吴震编校整理,凤凰出版社2007年版,第26—27页。

⑤ (明)王畿:《滁阳会语》,载《王畿集》,吴震编校整理,凤凰出版社2007年版,第35页。

⑥ (明)王畿:《致知议略》,载《王畿集》,吴震编校整理,凤凰出版社2007年版,第130、132页。

⑦ 参见劳思光《新编中国哲学史》第3卷上,广西师范大学出版社2005年版,第363页。

人与客观世界之间的主客关系、主体与主体之间的主体间关系，遂致道德主体性无由显现。

我们知道，人作为主体并不在于他是一个实体性的存在，而在于其在与世界的关系中处于一种能动地位。可以说，"守寂"派的主张在捍卫阳明道德主体性的同时又大大削弱乃至消解了它。正如劳思光先生所说，"且从'静'与'寂'中固可显透主体性，此主体性仍要在运行于对象界处显其大用。此所以阳明必将'致知'与'格物'视为一事"①。

四　欧阳德、邹守益：道德主体的宰制作用

欧阳德（1496—1554），字崇一，号南野，江西泰和人。甫冠举乡试，即往赣南追随巡抚王阳明，深得阳明赏识，赞之为"小秀才"，奠定了他在后阳明时代的心学学派的领军地位。嘉靖二年（1523）进士第，知六安州，迁刑部员外郎，改翰林院编修，后迁南京国子司业、南京尚宝司卿，转太仆寺少卿，出为南京鸿胪寺卿。为官三十年，利用政治资源大力推动阳明心学，扩大社会影响。他参与其中的灵济宫讲学，一定程度上使阳明学由"伪学"渐成"正学"，由"私学"转为"官学"。《明儒学案》曰："（欧阳德）先生以讲学为事。当是时，士咸知诵'致良知'之说，而称南野门人者半天下。癸丑甲寅间，京师灵济宫之会，先生与徐少湖、聂双江、程松溪为主盟，学徒云集至千人，其盛为数百年所未有。"② 可见欧阳德在阳明后学中的地位之高、影响之大。

邹守益（1491—1562），字谦之，号东廓，江西安福人，学者称东廓先生。九岁从父宦于南都，罗文庄钦顺见而奇之。正德六年（1511）参加会试，当时阳明为同考官，见邹守益考卷非凡，便将他拔为第一，参加廷试又名列进士第三，被授为翰林院编修。"大礼议"起，上疏忤旨，被下诏狱，谪判广德州。后辞职回乡，专心研究程朱理学，但对二程、朱熹"格物致知"学说久思不得其解。正德十三年（1518），阳明在赣州

---

① 劳思光：《新编中国哲学史》第3卷上，广西师范大学出版社2005年版，第365页。
② （明末清初）黄宗羲：《明儒学案》上册，沈芝盈点校，中华书局2008年版，第358页。

任职，邹守益前往谒见，两人反复讨论"良知"之学，拜阳明为师，潜研心学。邹守益在任职或家居期间，热衷于讲学传道，足迹遍于江南。讲学对象不限于士子，"田夫市侩"也"趋而听之，惟恐或后"，听讲者有时以千计。他的学说主旨是"主敬"。《明儒学案》载：

> 先生（邹守益）之学，得力于敬。敬也者，良知之精明而不杂以尘俗者也。吾性体行于日用伦物之中，不分动静，不舍昼夜，无有停机。流行之合宜处谓之善，其障蔽而壅塞处谓之不善。盖一忘戒惧则障蔽而壅塞矣，但令无往非戒惧之流行，即是性体之流行矣。离却戒慎恐惧，无从觅性；离却性，亦无从觅日用伦物也。①

欧阳德、邹守益的学说相近，其重在彰显良知主体的宰制作用，一般被学界称为"修证"派。其学说主要表现在三个方面。

（一）好善恶恶即本体工夫

相对而言，王畿重本体轻工夫，钱德洪重工夫轻本体，"守寂"派既使工夫难有下手处，又疏于对本体之作用、效用的关照。与之不同，邹守益则强调本体与工夫不可分离，离则两失，合则双赢。他说："故致良知工夫，须合得本体做。不得工夫，不合本体；合不得本体，不是工夫。"② 欧阳德也将本体与工夫并重，提出好善恶恶的"本体功夫"。他讲：

> 好善恶恶，亦是彻上彻下语。循其本体之谓善，背其本体之谓恶。故好善恶恶，亦只是本体功夫；本体流行，亦只是好善恶恶耳。③

依循本体即为善，违背本体则是恶。好善恶恶就是在本体上做工夫、工

---

① （晴末清初）黄宗羲：《明儒学案》上册，沈芝盈点校，中华书局2008年版，第332页。
② （明）邹守益：《再答双江》，载《邹守益集》上册，董平编校整理，凤凰出版社2007年版，第542页。
③ （明）欧阳德：《答陈明水》，载《欧阳德集》，陈永革编校整理，凤凰出版社2007年版，第42页。

夫上证本体，本体与工夫合一，不相乖离。道德主体性的能动作用就体现在好善恶恶的价值选择上。要做到为善去恶，仅有知善知恶的认识尚不够，还需要好善恶恶的态度意愿。

关于"四句教"，邹守益诠释说："为善去恶之物格，则知善知恶之知致，而好善恶恶之意诚。诚意、致知、格物，即是一时，即是一事。"①在"四句教"之外，他添上"好善恶恶之意诚"一句，意在强调道德生活中"好善恶恶"的态度在"知善知恶"的认知与"为善去恶"的践行之间的重要作用，补上了"四句教"的逻辑缺环。此句虽有典有据，也契合阳明的思想，但能单独拈出，以示醒目，其意义自不待言。

（二）循其良知，勿忘勿助

在欧阳德看来，良知乃人内心的道德本能，人应遵循良知的指引，既不疏怠又不妄为，这叫"勿忘勿助"：

> 夫念念循其良知，则无忘；念念循其良知而无毫末之加焉，则无助。勿忘勿助云者，欲学者惟良知之循必有事焉，而不坠于忘助之病耳。②

欧阳德认为，满足人基本生存需要的自然欲求属于"性之欲"，乃"良知之本然"；超乎此则为背离良知的私欲。拔出私欲的欲根，需要慎独工夫。他说：

> 欲亦是七情之一，循良知则为性之欲，不循良知则为私欲。如饥欲食，渴欲饮，良知之本然也。甘食甘饮，则动于气而不循其良知矣。故拔去欲根，在致其良知而不动于气，其要只在慎独。③

---

① （明）邹守益：《青原嘉会语》，载《邹守益集》上册，董平编校整理，凤凰出版社2007年版，第441页。
② （明）欧阳德：《答陶镜峰》，载《欧阳德集》，陈永革编校整理，凤凰出版社2007年版，第21页。
③ （明）欧阳德：《答沈思畏侍御》，载《欧阳德集》，陈永革编校整理，凤凰出版社2007年版，第172页。

他还比喻说，种德如种树，种树者必培其根，种德者必养其心。学者一念为善之志，如树之种，但勿助勿忘，只管培植将去，自然日夜滋长，根深叶茂。① 他讲，"人惟不能循其良知，而作好作恶，用智自私，是以动静语默之间，皆失其则"②，"稍有一毫意、必、固、我之私。即是良知之蔽"③。

我们知道，阳明也讲"勿忘勿助"，如他作诗云："圣学工夫在致知，良知知处即吾师。勿忘勿助能无间，春到园林鸟自鸣。"④ 这是把"致良知"理解为一种自然本能的实现过程。

（三）戒慎恐惧

"修证"派主张，要本体与工夫统一于戒慎恐惧：

> 合本体方是功夫，用功夫即是本体。良知戒慎不睹，恐惧不闻，用功亦只戒慎不睹，恐惧不闻。⑤

有别于王畿的"良知现成"派所导致的空疏，钱德洪等辈的论学宗旨倾向于王阳明晚年的"事上磨炼"，主张"戒惧即是良知"⑥。

欧阳修亦强调"警惕是良知"，"勉强亦即是自然"，"若只以不费力为自然，却恐流入恣情纵欲去也"⑦。正如王阳明所说："见得真时，便谓

---

① 参见（明）王守仁：《传习录上》，载《王阳明全集》上册，钱明、吴光、董平等编校，上海古籍出版社2017年版，第29页。

② （明）欧阳德：《答陈盘溪》，载《欧阳德集》，陈永革编校整理，凤凰出版社2007年版，第3页。

③ （明）欧阳德：《答刘道夫》，载《欧阳德集》，陈永革编校整理，凤凰出版社2007年版，第6页。

④ （明）王阳明：《赠岑东隐先生（二首）》，载《王阳明全集补编》，束景南、查明昊辑编，上海古籍出版社2017年版，第55页。

⑤ （明）欧阳德：《答曾双溪》，载《欧阳德集》，陈永革编校整理，凤凰出版社2007年版，第200页。

⑥ （明）钱德洪：《语录》，载《徐爱钱德洪董沄集》，钱明编校整理，凤凰出版社2007年版，第119页。

⑦ （明）欧阳德：《答沈思畏侍御》，载《欧阳德集》，陈永革编校整理，凤凰出版社2007年版，第168—169页。

戒慎恐惧是本体，不睹不闻是功夫亦得。"①

欧阳德还将传统"慎独"概念与阳明"良知"范畴相关联，强调对待良知的"诚""敬""不杂""不欺"的态度，以达于知行合一、致其良知，这也就是儒家理想的正心诚意、格物致知和修齐治平。他解读"独"为独知，即良知，个人真心明白是非善恶，"慎"为慎其知而不自我蒙蔽，此即致良知。

> 良知二字是千古精神命脉。圣人之学，莫要于慎独。独知也者，良知也；慎之也者，不欺其知，以致乎其至也。②
>
> 夫所谓诚其意者，在慎其独知。独知也者，良知也；慎之者，致知也。凡人意念之善恶，无有不自知者。③
>
> 夫知者，心之神明，知是知非而不可自欺者也。君子恒真知其是非而不自欺，致知也。④
>
> 夫人之学，所以必致其独知，无自欺而求其自慊，是以知行合一，言行相顾，意诚、心正、身修而德明于天下矣。⑤
>
> 天理即是良知，良知即是独知。独知不欺，心常惺惺之谓敬；独知惺惺，私欲不杂之谓一。凡读书作文，专心致志，独知惺惺，更无私欲之杂，是为格物致知。⑥

他认为，如若不能始终保持对"良知"这种高度虔敬专注的精神状态，"稍不惺惺，私欲萌动，乃是逐物，乃是有所着而蔽其知，非专心致志，

---

① （明）王守仁：《传习录下》，载《王阳明全集》上册，吴光、钱明、董平等编校，上海古籍出版社2017年版，第92页。
② （明）欧阳德：《答杨方洲》，载《欧阳德集》，陈永革编校整理，凤凰出版社2007年版，第46页。
③ （明）欧阳德：《答欧梦举》，载《欧阳德集》，陈永革编校整理，凤凰出版社2007年版，第31页。
④ （明）欧阳德：《答陈盘溪》，载《欧阳德集》，陈永革编校整理，凤凰出版社2007年版，第5页。
⑤ （明）欧阳德：《答章介菴》，载《欧阳德集》，陈永革编校整理，凤凰出版社2007年版，第1页。
⑥ （明）欧阳德：《答沈思畏侍御》，载《欧阳德集》，陈永革编校整理，凤凰出版社2007年版，第170页。

便为逐物也"①。社会上"知善或不为，知恶或为之，甚者掩其不善而著其善"②的道德乱象，正是因为少了这种敬畏。

钱德洪批评王门中"守寂"与"顿悟"两系忽略了诚意一端，这就如同要朝圣拜神，又不得其门而入：

> 是故不事诚意而求寂与悟，是不入门而思见宗庙百官也；知寂与悟而不示人以诚意之功，是欲人见宗庙百官而闭之门也，皆非融释于道者也。③

邹守益的工夫论，也以"戒慎恐惧""主敬克己"为主旨。他批评"主静"派一味强调"未发之时"的"寂然之本"而偏于内；批评"日用"派的"已发之后"的"百姓日用"而偏于外；认为只有"主敬""戒惧"才能克服"偏内偏外"之失，有效抵御尘俗私欲的缠扰浸染，充分发挥良知本体的主宰作用。他说：

> 以为圣门要旨，只在修己以敬。敬也者，良知之精明而不杂以尘俗也。戒慎恐惧，常精常明，则出门如宾，承事如祭。④

这里将"敬""戒慎恐惧"与良知精明、不为物染、不为私累相提并论，专指对良知的敬畏、对物欲的警惕。

后来，刘宗周及其弟子黄宗羲深受"主敬"说的影响。黄宗羲肯定邹守益在王门的正宗地位说：

> 东廓以独知为良知，以戒惧谨独为致良知之功。此是师门本旨，

---

① （明）欧阳德：《答沈思畏侍御》，载《欧阳德集》，陈永革编校整理，凤凰出版社2007年版，第170页。
② （明）欧阳德：《答欧梦举》，载《欧阳德集》，陈永革编校整理，凤凰出版社2007年版，第31页。
③ （明）钱德洪：《语录》，载《徐爱钱德洪董沄集》，钱明编校整理，凤凰出版社2007年版，第123页。
④ （明）邹守益：《简胡鹿厓巨卿》，载《邹守益集》上册，董平编校整理，凤凰出版社2007年版，第507页。

而学焉者失之，浸流入猖狂一路。惟东廓斤斤以身体之，便将此意做实落工夫，卓然守圣矩，无少畔援。诸所论著，皆不落他人训诂良知窠臼。先生之教，卒赖以不敝，可谓有功师门矣。①

今人劳思光先生则不以黄说为然，他讲，"黄宗羲宗蕺山'诚意'之说，而东廓之戒慎恐惧或慎独，亦是重'意'之发用前工夫"②，"东廓只能在发用或作用上讲，对于'主体性'自身则尚未能确切掌握。梨洲视之为阳明之正传，恐过誉矣"③。

与劳氏意见相左，当代日本学者冈田武彦先生则认同欧阳德、邹守益在阳明学派中的正宗地位，将"修证"派亦称为"正统"派，说，"修正派的工夫是本体的工夫，而不是与本体相对的工夫"，"在王门诸派中，没有误传阳明本体论之主旨的大概应首推修证派了"。④

其实，一方面，在良知本体与工夫的辩证关系的把握上，"修证"派的说法最近于阳明本旨；另一方面，就对主体性的弘扬以及对主体性的本质和生成的探究而言，"修证"派则较阳明逊色很多。阳明鼓吹的道德主体性，既是认知主体又是道德主体，是实践主体，更是生机勃勃的自由主体，他的主体性不仅依托于道德理性，更诉诸人的各种心智、情感、心理和生理因素，并涵容了天人合一的观念，所谓"身、心、意、知、物是一件"。⑤ 钱德洪、邹守益的"修证"派，且不说它对"诚""敬"理念的特别强调与宋代理学的渊源关系，就其侈谈的惩忿窒欲、迁善改过，独知不欺、私欲不杂，私意一齐放下、良心流行不息，云云，总让人感到受动性有余而能动性不足，强化了道德又弱化了主体，高扬了德性却贬低了自由。在他们的著述中，鲜有对作为主体性之要件的自主的独立性、自觉的创造性和自由的超越性的阐发与讴歌。

---

① （明末清初）黄宗羲：《明儒学案》上册，沈芝盈点校，中华书局2008年版，第8页。
② 劳思光：《新编中国哲学史》第3卷上，广西师范大学出版社2005年版，第351页。
③ 劳思光：《新编中国哲学史》第3卷上，广西师范大学出版社2005年版，第356页。
④ ［日］冈田武彦：《王阳明与明末儒学》，吴光、钱明、屠承先译，重庆出版社2016年版，第142—143页。
⑤ （明）王守仁：《传习录下》，载《王阳明全集》上册，钱明、吴光、董平等编校，上海古籍出版社2017年版，第79页。

综上所述，对于王阳明的道德主体性学说，弟子后学依据各自的志趣而作了不同的意义阐释与理论延伸。借用庄子的话说，叫"道术将为天下裂"。简言之，王畿的"现成良知"强调的是道德主体的自足圆满，钱德洪的"事上磨炼"强调的是道德主体的后天习得，聂豹、罗洪先的"主静守寂"强调的是道德主体的超验存养，欧阳德、邹守益的"主敬克己"强调的是道德主体的宰制作用。

如果套用"四句教"的话语模式，再修补上邹守益拈出的那句"好善恶恶之意诚"，将阳明后学各派的理论重心分门别类，对号入座，似乎可以简化为如下：

    王 畿：无善无恶是心之体
    聂 豹：有善有恶是意之动
    欧阳德：知善知恶是良知
    邹守益：好善恶恶是诚意
    钱德洪：为善去恶是格物

关于阳明后学分化的缘起，钱穆在《阳明学述要》中说："阳明天泉桥问答以后，不幸即作古人，没有在这方面再细发挥，于是遂引生出王学后起不可弥缝的裂痕，而王学也终于渐渐走了样，真是一件极可惋惜的事。"[①] 此说确有所见。不过，阳明后学的衍化分流尚不仅仅因对"四句教"的歧解而生，更由于阳明心学开启的主体性转向，在本体与工夫、格物与致知、已发与未发、先验与习得、道德与功利、自由与秩序、个人主体与群体主体以及主体性与主体间性等层面，尽管力求某种平衡与张力，但尚难在学理上真正周延贯通。同时，阳明着力打造的道德主体性，还只是作为近代性标志的主体性工程之一角，缺乏对人的完全的主体性的全盘考量和整体架构，故而其道德主体性的构建也就难免畸重畸轻。凡此种种，阳明后学的歧途异趋、各居一偏，在良知本体的逻辑框架内打转，也就不难理解了。

---

① 钱穆：《阳明学述要》，九州出版社2010年版，第119—120页。

《明儒学案》与阳明学的分派*

汪学群**

黄宗羲《明儒学案》对阳明学的分派，不仅限于地域，也以思想特色为视角，同时兼顾师承，以地域轴把思想与师承结合起来，凸显阳明学各派的学术风格及思想特色，为近代以来阳明学分派诸说定下了学术基调。结合以往研究成果，可以从历史与逻辑统一角度出发动态地理解阳明学，或者说把阳明学看成一个历史的过程，这一过程的主干依次是浙中、江右、泰州三派的演进与嬗变，大体与阳明学的确立、发展、衰落的轨迹相适应。历史过程说或许为阳明学进一步分梳提供了一个新的视角。

作为阳明学的创立者，王阳明思想本身十分复杂，加上在不同阶段或时期、不同地区或场合，其论学的针对性不同，以及立论的角度差异，造成诸弟子门人对其思想理解的不同。在他生前，诸弟子的思想就已经出现了分歧，到他死后，这种分歧进一步扩大，遂演成不同的学风乃至于门派。正是基于这一点，黄宗羲才在纂修《明儒学案》一书时对阳明学进行分梳，这种划分以地域为主、思想为辅，由此形成所谓的诸王门学案。黄氏此书的划分虽然有某种缺陷，但为我们了解明代的阳明学发展与演变提供了不可替代的蓝本，近代以来的阳明学分派诸说无一不受此书的影响，或者说或多或少都能找到它的影子。今人对阳明学的分梳应该超过它，但绝不能绕过它，因此必须从此书谈起。

---

* 阳明学即王学，包括王阳明及弟子后学，这里只讲弟子后学。
** [作者简介] 汪学群，1956年生，男，北京人，北京师范大学历史学院特聘教授，中国社会科学院古代史研究所二级研究员。主要研究方向：中国思想史。

一　阳明学的地域分派

黄宗羲对阳明学的划分主要依据地域。《明儒学案》共六十二卷，涉及阳明学的除了卷十专论王阳明的《姚江学案》一卷外，从卷十一至卷三十列六大王门学案，依次是《浙中王门学案》五卷、《江右王门学案》九卷、《南中王门学案》三卷，以及楚中、北方、粤闽王门学案各一卷。另外，因李材学于邹守益，卷三十一为《止修学案》，王艮学于王阳明，又立《泰州学案》五卷，后两个学案虽然没有"王门"的字样，但从传承上说也应包括在明代的阳明学范围之内。

在每个学案之前，黄宗羲都有对该学案的总体论述，以此分别对不同地域的阳明学进行概括。

浙中，"姚江之教，自近而远，其最初学者，不过郡邑之士耳。龙场而后，四方弟子始益进焉。郡邑之以学鸣者，亦仅仅绪山、龙溪，此外则椎轮积水耳"[1]。并列有同门诸弟子，主要有徐爱、钱德洪，余姚人；蔡宗兖、朱节、王畿、张元冲、张元忭，山阴人；季本，会稽人；黄绾，黄岩人；董沄，海盐人；陆澄，归安人；顾应祥，长兴人；黄宗明，鄞县人；程文德，永康人；徐用检，金华人；万表，宁波人；王宗沐，临海人，等等。草创之功不可没。其中的代表人物为钱德洪、王畿、季本、黄绾、董沄。

江右，"姚江之学，惟江右为得其传，东廓、念庵、两峰、双江其选也。再传而为塘南、思默，皆能推原阳明未尽之旨。是时越中流弊错出，挟师说以杜学者之口，而江右独能破之，阳明之道赖以不坠。盖阳明一生精神，俱在江右，亦其感应之理宜也"[2]。包括邹守益、刘文敏、刘邦采、刘阳、刘晓、王时槐、刘元卿、罗大纮，安福人；欧阳德、刘魁、胡直，泰和人；聂豹、宋仪望，永丰人；罗洪先，吉水人；黄弘纲、何廷仁，雩都人；陈九川，临川人；魏良弼、魏良政、魏良器、邓以讃，南昌新建人；陈嘉谟，庐陵人；万廷言，南昌东溪人；邹元标，吉水人；

---

[1]（明末清初）黄宗羲：《明儒学案》上册，沈芝盈点校，中华书局2008年版，第219页。
[2]（明末清初）黄宗羲：《明儒学案》上册，沈芝盈点校，中华书局2008年版，第331页。

邓元锡，江西南城人；章潢，南昌人；冯应京，盱眙人，等等。代表人物邹守益、欧阳德、聂豹、罗洪先。主要功绩在于矫挽浙中所出现的阳明学之流弊，体现王阳明的真精神，为其正宗。

南中，"南中之学名王氏学者，阳明在时，王心斋、黄五岳、朱得之、戚南玄、周道通、冯南江，其著也。阳明殁后，绪山、龙溪所在讲学，于是泾县有水西会，宁国有同善会，江阴有君山会，贵池有光岳会，太平有九龙会，广德有复初会，江北有南樵精舍，新安有程氏世庙会，泰州复有心斋讲堂，几乎比户可封矣。而又东廓、南野、善山先后官留都，兴起者甚众"①。这一门主要受王艮、钱德洪、王畿、邹守益、欧阳德等人的影响，主要人物有黄省曾，苏州人；周冲，宜兴人；朱得之，南直隶靖江人；周怡，宜州太平人；薛应旂、唐顺之，武进人；唐鹤征，荆川人；徐阶，松江华亭人；杨豫孙，华亭人，等等。

楚中，"楚学之盛，惟耿天台一派，自泰州流入。当阳明在时，其信从者尚少。道林、暗斋、刘观时出自武陵，故武陵之及门，独冠全楚"，"然道林实得阳明之传，天台之派虽盛，反多破坏良知学脉，恶可较哉！"② 代表人物有蒋信，常德人；冀元亨，武陵人，等等。也受以泰州学派为特色的耿定向的影响，但已非阳明学正统。

北方，"北方之为王氏学者独少，穆玄庵既无问答，而王道字纯甫者，受业阳明之门，阳明言其'自以为是，无求益之心'，其后趋向果异，不可列之王门。非二孟嗣响，即有贤者，亦不过迹象闻见之学，而自得者鲜矣"③。代表人物有穆孔晖，山东堂邑人；张后觉、孟秋，山东茌平人；尤时熙，河南洛阳人；孟化鲤，河南新安人；杨东明，河南虞城人；南大吉，陕西渭南人，等等。这一门未能抓住王阳明思想的根本，因此说其流于迹象闻见之学。

粤闽王门，"岭海之士，学于文成者，自方西樵始。及文成开府赣州，从学者甚众。文成言：'潮在南海之涯，一郡耳。一郡之中，有薛氏之兄弟子侄，既足盛矣，而又有杨氏之昆季。其余聪明特达，毅然任道

---

① （明末清初）黄宗羲：《明儒学案》上册，沈芝盈点校，中华书局2008年版，第578页。
② （明末清初）黄宗羲：《明儒学案》上册，沈芝盈点校，中华书局2008年版，第626页。
③ （明末清初）黄宗羲：《明儒学案》上册，沈芝盈点校，中华书局2008年版，第635页。

之器,以数十。'乃今之著者,唯薛氏学耳"①。方献夫为这一门的开派宗师,代表人物有薛侃,广东扬阳人;周坦,罗浮人。

止修,"见罗从学于邹守益,固亦王门以下一人也,而到立宗旨,不得不别为一案。今讲止修之学者,兴起未艾,其以救良知之弊,则亦王门之孝子也"②。李材,江西丰城人,学于邹守益,因其思想特殊而另辟一学案,李材在补救王阳明门人弟子解读良知出现的流弊方面起了积极作用。

泰州,"阳明先生之学,有泰州、龙溪而风行天下,亦因泰州、龙溪而渐失其传。泰州、龙溪时时不满其师说,益启瞿昙之秘而归之师,盖跻阳明而为禅矣。然龙溪之后,力量无过于龙溪者,又得江右为之救正,故不至十分决裂。泰州之后,其人多能以赤手搏龙蛇,传至颜山农、何心隐一派,遂复非名教之所能羁络矣。顾端文曰:'心隐辈坐在利欲胶漆盆中,所以能鼓动得人,只缘他一种聪明,亦自有不可到处。'羲以为非其聪明,正其学术也。所谓祖师禅者,以作用见性。诸公掀翻天地,前不见有古人,后不见有来者。释氏一棒一喝,当机横行,放下拄杖,便如愚人一般。诸公赤身担当,无有放下时节,故其害如是"③。这一门计有王艮、王襞、王栋、林春,泰州人;徐樾,贵溪人;赵贞吉,四川内江人;罗汝芳,江西南城人;杨起元,广东归善人;耿定向、耿定理,黄安人;焦竑,南京旗手卫人;潘士藻,婺源人;方学渐,桐城人;何祥、邓豁渠,四川内江人;祝世禄,鄱阳人;周汝登,嵊县人;陶望龄、刘塙,会稽人;颜钧,吉安人;何心隐,吉州永丰人;管志道,太仓人,等等。黄宗羲把阳明学划归六门,除《泰州学案》以外,其他五门尽管思想上存在差异,但大体符合地域划分标准,当然师承也包括在其中。而《泰州学案》中有许多学者并不是泰州人,黄宗羲为何还把他们列为泰州学派?这恰恰说明他对阳明学的分派并不以地域为限,而是考虑到他们之间的师承关系,以及学风及思想特征。如徐樾师从王艮,颜钧师

---

① (明末清初)黄宗羲:《明儒学案》上册,沈芝盈点校,中华书局2008年版,第654页。
② (明末清初)黄宗羲:《明儒学案(一)》,载《黄宗羲全集》第7册,夏瑰琦、洪波校点,浙江古籍出版社2002年版,第778页。
③ (明末清初)黄宗羲:《明儒学案》下册,沈芝盈点校,中华书局2008年版,第703页。

从徐樾，得泰州之传，何心隐师从颜钧，除王艮家学一脉之外，其他人都不是泰州人，但他们之间有这样或那样的承传及学术联系，形成学术谱系，等等。也正是由于这一特色，即地域和师承及思想特色有时不好兼顾，所以增加了分派的难度，也造成了这方面的争议。

黄宗羲在对阳明学进行地域划分的同时，也揭示出不同地域阳明学的思想特色，体现了地域与思想的结合，或者说以地域套思想，因此说他以地域分派是相对而言的。进一步讲，地域不完全是一个行政上的概念，而是一个由历史形成的地理、文化和民系上的概念，也就是说地域内部的学者有共同或同类的语言（包括方言）、文化、风俗，彼此之间互相认同，超出行政范围，这应该是黄氏分派的依据。从这个角度说，不能简单地把学者籍贯与其门派直接挂钩，甚至等同。

二 阳阳学的思想特征

黄宗羲不仅依地域把阳明学分为六门，而且还分别指出不同门派中学者的各自学术取向与思想特征，这为把握他们的思想实质提供了方便。以下根据《明儒学案》提纲挈领，作些勾勒。

浙中阳明学，主要代表人物有钱德洪、王畿、季本、黄绾和董沄。黄宗羲从比较出发分析钱德洪与王畿二人的为学，王畿主张"寂者心之本体，寂以照为用，守其空知而遗照，是乖其用也"。钱德洪说："未发竟从何处觅？离已发而求未发，必不可得。"二人对师门宗旨理解不同。王畿从见在悟其变动不居之体，钱德洪只在事物上实心磨炼，因此，王畿修持不如钱德洪，钱德洪彻悟不如王畿，王畿最终滑入禅学，钱德洪不失儒学矩矱。[1] 王畿《天泉证道记》把阳明教法归为四句："无善无恶心之体，有善有恶意之动，知善知恶是良知，为善去恶是格物。"钱德洪以此为定本，认为不可改动，后人称"四有"。王畿则认为这是权法，体用显微只是一机，心意知物只是一事，如果悟得心是无善无恶之心，那么意知物都是无善无恶，后人称"四无"。他们求证于老师王阳明，后者

---

[1] 参见（明末清初）黄宗羲《明儒学案》上册，沈芝盈点校，中华书局2008年版，第225页。

平衡所谓的"四有"与"四无"。黄氏认为，王畿之学大体归于"四无"，以正心为先天之学，诚意为后天之学。从心上立根，无善无恶之心即无善无恶之意，是先天统后天。从意上立根，不免有善恶两端的抉择，而心也不能无杂，是后天复先天，这是王畿论学的宗旨。① 季本之学贵主宰而恶自然，提出"龙惕"说："今之论心者，当以龙而不以镜，龙之为物，以警惕而主变化者也。理自内出，镜之照自外来，无所裁制，一归自然。自然是主宰之无滞，曷常以此为先哉？"以龙惕为心学之核心。王畿、邹守益对季本这一思想有如下评价：二人都强调自然与警惕之间的相互依存关系，反对"龙惕"主宰说，王畿更是主张以自然为宗。而季本始终坚持己见，不为所动。② 黄绾之学以"艮止"为宗旨，称"见理性天命皆在于我，无所容其穷尽乐知也，此之谓艮止"③。"艮止"源自《周易》，艮止在我，亦即在于主体内心，理性天命为内心所包蕴，求心即可。经黄绾发挥，"艮止"打上了心学烙印。黄宗羲讨论董沄思想，以为其说"性无善恶"，而王阳明"无善无恶心之体"，是言心而非言性。又说"性之体虚而已，万有出焉，故气质之不美，性实为之。全体皆是性，无性则并无气质矣"。性既然无善无恶，赋予人则有善有恶，那么善恶都无根底？或者人生而静以上是一性，静以后又是一性？又说"复性之功，只要体会其影响俱无之意思而已"。依董氏的说法，则堕于恍惚想象，所谓求见本体之失。④ 显然违背王阳明本意。

江右阳明学的代表人物有邹守益、聂豹、欧阳德、罗洪先。黄宗羲揭示邹守益为学主敬，敬即良知的精明而不杂于尘俗。"吾性体行于日用伦物之中，不分动静，不舍昼夜"，没有停机。流行的合宜处是善，障蔽壅塞处是不善，忘记戒惧则是障蔽壅塞，只有无往非戒惧的流行是性体的流行。离开戒慎恐惧，无从觅性；离开性，也无从觅日用伦物，所说

---

① 参见（明末清初）黄宗羲《明儒学案》上册，沈芝盈点校，中华书局2008年版，第237—238页。
② 参见（明末清初）黄宗羲《明儒学案》上册，沈芝盈点校，中华书局2008年版，第272页。
③ （明末清初）黄宗羲：《明儒学案》上册，沈芝盈点校，中华书局2008年版，第281页。
④ 参见（明末清初）黄宗羲《明儒学案》上册，沈芝盈点校，中华书局2008年版，第289—290页。

"道器无二，性在气质"皆是此意。同门聂豹从寂体处用工夫，以感应、运用为效验，邹守益认为这是"倚于内，是裂心体为二之也"。季本"恶自然而标警惕"，邹守益认为这是"滞而不化，非行所无事也"。王阳明之后，"不失其传者，不得不以先生为宗子也"。① 对邹守益予以很高的评价。欧阳德所理解的良知，以知是知非的独知为据，"其体无时不发，非未感以前别有未发之时"。所谓未发，亦即"喜怒哀乐之发，而指其有未发者，是已发未发，与费隐微显通为一义"。② 聂豹之学以归寂为特色，"与来学立静坐法，使之归寂以通感，执体以应用"。心之主宰不可以动静言，而只有静才能保存，继承王阳明在南中"以默坐澄心为学，收敛为主，发散是不得已"的教法。③ 罗洪先之学"始致力于践履，中归摄于寂静，晚彻悟于仁体"。聂豹以归寂说号召同门，只有罗洪先赞同，发挥周敦颐"无欲故静"宗旨，以为圣学真传。④ 王阳明"致良知"之说发于晚年，"其初以静坐澄心训学者，学者多有喜静恶动之弊，知本流行，因此提掇未免过重"。然而说"良知是未发之中"，又说"谨独即是致良知"，也未尝不以收敛为主。邹守益的戒惧，罗洪先的主静，具得王阳明的真传。⑤

泰州阳明学的主要代表人物有王艮、罗汝芳、耿定向、周汝登，以及别有一番特色的颜钧、何心隐、邓豁渠等。黄宗羲标出王艮之学以格物为宗旨，王艮所理解的格物，是"物有本末之物，身与天下国家一物也，格知身之为本，家国天下之为末"。行有不得都要反求于己，反己是格物的工夫，因此齐家治国平天下在于安身，发挥《周易》"身安而天下国家可保也"的思想，刘宗周评道："后儒格物之说，当以淮南为正。"

---

① 参见（明末清初）黄宗羲《明儒学案》上册，沈芝盈点校，中华书局2008年版，第332页。
② 参见（明末清初）黄宗羲《明儒学案》上册，沈芝盈点校，中华书局2008年版，第359页。
③ 参见（明末清初）黄宗羲《明儒学案》上册，沈芝盈点校，中华书局2008年版，第370—371页。
④ 参见（明末清初）黄宗羲《明儒学案》上册，沈芝盈点校，中华书局2008年版，第386—387页。
⑤ 参见（明末清初）黄宗羲《明儒学案》上册，沈芝盈点校，中华书局2008年版，第225页。

安身即安其心，非保此形骸之谓。① 这是以格物贯穿《大学》修身、齐家、治国和平天下，试图把内圣与外王联系起来。罗汝芳之学以"赤子良心、不学不虑"为宗旨，"以天地万物同体、彻形骸、忘物我为大。此理生生不息，不须把持，不须接续，当下浑沦顺适。工夫难得凑泊，即以不屑凑泊为工夫，胸次茫无畔岸，便以不依畔岸为胸次，解缆放船，顺风张棹"，如此才是正确的。② 其为学洒落而不逾矩，一扫理学肤浅套括之气。耿定向之学"不尚玄远"，称"道之不可与愚夫愚妇知能，不可以对造化、通民物者，不可以为道，故费之即隐也，常之即妙也，粗浅之即精微也。其说未尝不是，而不见本体，不免被打入世情队中"。他认为学有三关：心即道、事即心、慎术。慎术以良知现成，"无人不具，但用之于此则此，用之于彼则彼，用在欲明明德于天下，不必别为制心之功"，未有不仁的。良知就是未发之中，有善而无恶。想要明明德于天下而后才称为良知，其实良知是无待于用的。凡可以用之于彼此，都是情识之知而不可为良，耿氏对良知的认识尚未清楚，也缘于《传习录》记王阳明话语失真，如"仪、秦亦是窥见得良知妙用处，但用之于不善耳"。③ 周汝登南都讲会发明王畿无善无恶的宗旨，许敬庵作《九谛》主张不应以无善无恶为宗，周氏则作《九解》加以反驳，以为"善且无，恶更从何容？"黄宗羲认为，王阳明"无善无恶心之体"，"原与性无善无不善之意不同。性以理言，理无不善"，如何说无善？"心以气言，气之动有善有不善，而当其藏体于寂之时，独知湛然而已"，如何说有善有恶？周氏以性为无善无恶，失阳明之意，沦为释氏所谓空。后来顾宪成、冯从悟都从无善无恶角度排摘王阳明，与王阳明无关，而是后学所为。④

颜钧"得泰州之传。其学以人心妙万物而不测者也。性如明珠，原无尘染，有何睹闻？著何戒惧？平时只是率性所行，纯任自然，便谓之

---

① 参见（明末清初）黄宗羲《明儒学案》下册，沈芝盈点校，中华书局2008年版，第710页。

② 参见（明末清初）黄宗羲《明儒学案》下册，沈芝盈点校，中华书局2008年版，第762页。

③ 参见（明末清初）黄宗羲《明儒学案》下册，沈芝盈点校，中华书局2008年版，第814—815页。

④ 参见（明末清初）黄宗羲《明儒学案》下册，沈芝盈点校，中华书局2008年版，第853—854页。

道。及时有放逸，然后戒慎恐惧以修之。凡是先儒见闻，道理格式，皆足以障道"。他曾说："吾门人中，与罗汝芳言从性，与陈一泉言从心，余子所言，只从情耳。"何心隐师从颜钧，其学"不堕影响，有是理则实有是事，无声无臭，事藏于理，有象有形，理显于事"。他说："孔、孟之言无欲，非濂溪之言无欲也。欲惟寡则心存，而心不能以无欲也。欲鱼、欲熊掌，欲也，舍鱼而取熊掌，欲之寡也。欲生、欲义，欲也，舍生而取义，欲之寡也。欲仁非欲乎？得仁而不贪，非寡欲乎？从心所欲，非欲乎？欲不逾矩，非寡欲乎？"黄氏认为此即释氏所谓妙有乎？这是一变而为仪、秦之学。邓豁渠自叙为学过程，起先不理解良知之学，后达于良知之学，再后来良知之学"日渐幽玄远"。先天后天打并归一，"也只得完一个无字而已"。①

其他阳明学，包括南中、北方、粤闽王门，以及止修学案。他们不属于阳明学主流，仅以黄省曾、蒋信、薛侃、李材为例，略述黄宗羲对他们论学要旨的概括。如黄省曾也论良知，以情识为良知，失阳明之旨。② 蒋信之学得湛若水为多，理气心性人我贯通无二，其论理气心性独得其要，而论工夫却未得要领。③ 薛侃大体不出阳明学矩矱，服膺良知宗旨，一生重践行。李材初宗致良知之学，后来变为性觉之说，最后归于"止修"，以为"止修者，谓性自人生而静以上，此至善也，发之而为恻隐四端，有善便有不善。知便是流动之物，都向已发边去，以此为致，则日远于人生而静以上之体。摄知归止，止于人生而静以上之体也"④。以为得孔、曾真传，其思想大体不出于此。

依据黄宗羲所论，以上各家虽然同属于阳明学，但也有自己的学术倾向与思想特色，尤其表现为同一地域的学者观点存在差异，而不同地域的学者观点却大体相同，地域与思想相互交叉，呈现出复杂性，为近

---

① 参见（明末清初）黄宗羲《明儒学案》下册，沈芝盈点校，中华书局2008年版，第703—707页。
② 参见（明末清初）黄宗羲《明儒学案》上册，沈芝盈点校，中华书局2008年版，第582—583页。
③ 参见（明末清初）黄宗羲《明儒学案》上册，沈芝盈点校，中华书局2008年版，第627—628页。
④ （明末清初）黄宗羲：《明儒学案》上册，沈芝盈点校，中华书局2008年版，第667页。

代以来阳明学分派诸说的出现开启了先河。

三 近代以来的阳明学分派诸说

黄宗羲《明儒学案》系统而全面地对阳明学进行了分梳，对后来的阳明学研究产生了重要影响，近代以来的阳明学分派诸说大都引用黄宗羲《明儒学案》的说法作为自己立论的依据，或者说《明儒学案》为阳明学的分派定下了学术基调。

嵇文甫认为，阳明学各家主张并非地域所限。如王畿和钱德洪同属浙中，但观点对立，聂豹和罗洪先同属江右，在未发已发问题上既与浙中不同，也有别于邹守益、欧阳德、黄弘纲、陈九川等江右同门。他把阳明学分为左右两派，如写道："大体说来，东廓绪山诸子，谨守师门矩矱，'无大得亦无大失'；龙溪心斋使王学向左发展，一直流而为狂禅派；双江念庵使王学向右发展，事实上成为后来各种王学修正派的前驱。王学的发展过程，同时也就是它向左右两方面分化的过程。左派诸子固然是'时时越过师说'，右派诸子也实在是自成一套。他们使王学发展了，同时却也使王学变质而崩解了。王学由他们而更和新时代接近了。"相对而言，左派越来越激进，右派则趋于保守。他还把左右两派的划分，与作为地域的浙中和江右挂钩，说："大概浙中之学近左方，江右之学近右方。"又引黄宗羲对江右的评论："姚江之学，唯江右为得其传，东廓、念庵、两峰、双江其选也。再传而为塘南、思默，皆能推原阳明未尽之旨。是时越中流弊错出，挟师说以杜学者之口，而江右独能破之，阳明之道赖以不坠。盖阳明一生精神，俱在江右，亦其感应之理宜也。"① 以此证明他在一定程度上认同黄宗羲的说法。

嵇氏尤其重视左派，认为，从王畿和王艮开始就不时越过师说，把当时思想解放的潮流发展到极端，形成王学的左翼，并且以使徒般的精神到处传播阳明学的教义，热情鼓舞，四方风动。不管后来学者对于他们怎么排诋，也不能抹杀他们在阳明学中的极高地位。左派最后发展为狂禅派，指的是万历以后有一种似儒非儒似禅非禅的狂禅运动风靡一时。

---

① 嵇文甫：《晚明思想史论》，东方出版社1996年版，第16—32页。

这派上溯至泰州派下的颜钧、何心隐一脉，以李卓吾为中心，而其流波及于明末的一班文人。他们的特色是狂，旁人骂他们狂，而他们也自诩狂。本来王阳明就有狂的特质，王畿有狂者作风；至于王艮，王阳明觉得他"意气太高，行事太奇"而加以裁抑，大体还是名教中人。颜、何一派就不同了，他们成为狂禅，成为李贽的先驱，左派发展到极端就成了狂禅派。这与黄宗羲"阳明先生之学，有泰州、龙溪而风行天下，亦因泰州、龙溪而渐失其传。泰州、龙溪时时不满其师，益启瞿昙之秘而归之师，盖跻阳明而为禅矣"，而颜、何"遂复非名教之所能羁络矣"一段评语唱为同调之鸣。后来日本学者岛田虔次等也多使用左派、右派来区划阳明学，并认为晚明思想界存在着一股思想解放或思想启蒙的思潮。这类划分带有一定的政治色彩。

容肇祖在《明代思想史》中分两章讨论阳明学，分别是第五、七章。第五章"王门的派分"，列举了王畿、邹守益、聂豹、罗洪先、王艮、黄绾六人，虽然没有为他们具体确立派系，但指出了各自的为学特色。如王畿推崇良知见成；邹守益则为正统说；聂豹反现成良知而主归寂；罗洪先的思想是王阳明与陈献章两家的综合，发挥无欲主静说；王艮称良知是自然天则，不用人力安排，重学重实行；黄绾早年服膺王阳明，晚年攻击其不遗余力。第七章"王门的再传及其流派"，列举胡直、何心隐、李贽、焦竑四人。作为钱德洪弟子的胡直在心性问题上发挥王阳明心学思想；何心隐作为王艮一脉后学，是极端平民化和极端的实践派；李贽是王学极端，把王学推向自由与解放；焦竑由王艮一脉重实用到博学。容氏的观点淡化阳明学的地域性，突出他们之间的思想差异。另外，这两章由"派分"到"再传及其流派"似乎意识到阳明学有一个历史的发展过程。

钱穆关于阳明学的讨论见《阳明学述要》，此书列"王学的流传"一目，主要依据黄宗羲《明儒学案》把阳明学分为浙中、江右、南中、楚中、北方、闽粤、泰州各派，再传后又有止修、东林、蕺山。围绕着王畿、王艮、罗洪先三人，集中讨论浙中、泰州、江右三派之学。[①] 后来他

---

① 参见钱穆《阳明学述要》，载《钱宾四先生全集》第10册，台北：联经出版事业股份有限公司1998年版，第117—129页。

在《略论王学流变》一文中以王阳明所提出"良知"宗旨,说:"即在及门弟子中,已多出入异同,而末梢更甚。举其著者,有浙中、泰州、江右三派。"①强调在诸王门中,浙中、泰州、江右为主干。因为浙中为王阳明乡里,承风最先。主要弟子有钱德洪、王畿二人,四方来学由二人梳通其大旨,一时称"教授师"。二人主持江、浙、宣、歙、楚、闽各地讲会,历数十年,阳明学得以弘扬,二人功劳最大。泰州则自王艮始,其子王襞把其父"自我心乐说"与王畿的"现前良知论"汇合,泰州学派由此狂澜,经徐樾、赵贞吉、颜钧、罗汝芳、何心隐、李贽等打通儒释,掀翻天下。江右以邹守益、罗洪先、刘文敏、聂豹为主,聂豹、罗洪先专拈归寂主静,与浙中树异。钱氏的分梳不出黄宗羲的框架。

唐君毅从本体与工夫角度把阳明学分为两派。第一,"由工夫以悟本体"之良知学,浙中钱绪山的知善恶、无动于动,季本的警惕,江右邹守益的戒惧,聂豹、罗洪先的归寂主静,属于此派。第二,"悟本体即是工夫"之良知学,浙中王畿"无善无恶心之体"向"悟本体即工夫"的方向发展,罗汝芳以悟性为工夫,属于此派。②这里同样使用浙中、江右等地域用语。

牟宗三认为,当时王学遍天下,然而重要者不过三支:浙中派,泰州派和江右派,"此所谓分派不是以义理系统有何不同而分,乃是以地区而分,每一地区有许多人,各人所得,畸轻畸重,亦不一致。然皆是本于阳明而发挥"。浙中派以钱德洪和王畿为主,德洪平实,引起争论的是王畿。泰州派始于王艮,流传甚久,人物多驳杂,也多倜傥不羁,三传到罗汝芳为精纯,以罗汝芳为主。江右派人物尤多,以邹守益、聂豹、罗洪先为主。邹守益顺适,持异者为聂豹与罗洪先。牟氏自谓:"重义理之疏导,非历史考索之工作,故删繁从简。而评判此四人孰得孰失,孰精熟于王学,孰不精熟于王学,孰相应于王学,孰不相应于王学,必以阳明本人之义理为根据,否则难的当也。"③此四人指王畿、罗汝芳、聂

---

① 钱穆:《中国学术思想史论丛(四)》,载《钱宾四先生全集》第21册,台北:联经出版事业股份有限公司1998年版,第199页。
② 参见唐君毅《中国哲学原论·原教篇》,载《唐君毅先生全集》第19卷,台北:台湾学生书局1984年版,第366—381页。
③ 参见牟宗三《从陆象山到刘蕺山》,台北:台湾学生书局1979年版,第266页。

豹、罗洪先，对他们的评判以最能体现王阳明的思想为标准。牟氏的分梳虽然以思想为主，但仍留有地域的烙印。

冈田武彦根据王畿的一段话把阳明学分为三大派。"凡在同门，得于见闻之所及者，虽良知宗说不敢有违，未免各以其性之所近，拟议揆和，纷成异见。"其一，"有谓良知非觉照，须本于归寂而始得。如镜之照物，明体寂然，而妍媸自辨，滞于照，则明反眩矣"。其二，"有谓良知无见成，由于修证而始全。如金之在矿，非火符锻炼，则金不可得而成也"。其三，"有谓良知是从已发立教，非发无知之本旨"。其四，"有谓良知本来无欲，直心以动，无不是道，不待复加销欲之功"。其五，"有谓学有主宰，有流行，主宰所以立性，流行所以立命。而以良知分体用"。其六，"有谓学贵循序，求之有本末，得之无内外，而以致知别始终"。"此皆论学同异之见，差若毫厘，而其谬乃至千里，不容以不辨者也。"① 从良知角度评论阳明学的不同。具体而言，把一、二、四三种说法分别归为归寂说、修证说和现成说。现成说主要有王畿、王艮，也称为左派；归寂说主要有聂豹、罗洪先，也称为右派；修证说主要有邹守益、欧阳德和钱德洪，也称为正统派。② 一些学者认为，第一、二种说法明确使用归寂和修证，第四种说法不见"现成"，以为"似指王心斋"，六种说法不包括王畿，不赞同冈田武彦视为"现成"，是因为王斋的"现成"与王畿的"见在"不同。又"本来无欲，直心以动"反映"现成"派的主要思想特征。③ 具体问题很复杂，又出现分歧，不能作为分派的依据。

以上分派诸说大体不出地域和思想框架，不过是有所侧重。或以地域为主、思想为辅，在地域范围内讨论思想；或以思想为主、地域为辅，以思想为轴心展开论述，但也不能完全离开地域。诸说都有自己的依据、视角，可以并存，体现阳明学分梳的多样性。

这里仅以黄宗羲分派为基础，兼顾前人的成果，把阳明学看成一个

---

① （明）王畿：《抚州拟岘台会语》，载《王畿集》，吴震编校整理，凤凰出版社2007年版，第26页。
② 参见［日］冈田武彦《王阳明与明末儒学》，吴光、钱明、屠承先译，重庆出版社2016年版。
③ 参见陈来《有无之境——王阳明哲学的精神》，生活·读书·新知三联书店2009年版；吴震《阳明后学研究》，上海人民出版社2003年版。

历史过程。简而言之，以历史过程来处理阳明学的分派及演变。这种历史过程说体现了地域与思想的结合，既考虑到地域特色，也注意到思想特征，同时兼顾师承与学风，从动态角度来理解阳明学，或者说把阳明学分派纳入历史轨迹，确定阳明学的发展与演变有一个历史与逻辑的演进过程，这一过程主要分为三个阶段。

第一个阶段，以浙中为中心。浙中是王阳明故里，他早年成学及晚年传播良知心学都在这里进行，可以说它是阳明学的开派或原创之地，阳明学后来的演化都可以从这里找到线索。代表人物有钱德洪、王畿、季本、黄绾、董沄。浙中阳明学虽然都尊师说，但各有不同，如对于良知而言，钱德洪后天诚意之学，主后天意念上为善去恶，重在事物上实心磨炼，复归先天之性。王畿先天正心之学，则从见在悟其变动不居的本体，以良知为先天本有，保任良知本体则离不开后天工夫。黄绾以"艮止"标明思想宗旨，发挥《大学》之道在于"止于至善""止而后有定"的思想。季本轻自然而重主宰，这个主宰即"龙惕"之说。黄绾标出"艮止"，季本提出"龙惕"，他们的思想有相似之处，不过季本以警惕替代自然的观点，遭到同门的批评。董沄讲良知与致知体现了知行合一。这一阶段尤其是王畿与钱德洪在善与恶等问题上的分歧，不仅引发浙中阳明学的争议，而且也使包括江右阳明学在内的一些学者加入进来，为日后阳明学朝不同方向发展开启先河。

第二个阶段，以江右为中心。江右是王阳明从贵州流放回来任职之地，他中年以后的很长一段时间都在此完善发展自己的学说。代表人物有邹守益、聂豹、欧阳德、罗洪先。邹守益为学主敬，敬就是戒惧，只有敬才能使良知保持精明状态。他把王畿与钱德洪关于"四有"与"四无"的争议归结为本体与工夫之辩，议论持平，反对同为江右的季本警惕之说，也批评聂豹离感求寂之说。欧阳德与罗洪先在知觉与良知的关系上有分歧，欧阳德主张良知包蕴知觉并高于后者，罗洪先不赞同，强调知觉与良知的区别。聂豹以归寂为宗旨，试图弥合良知天然具足与致良知之功只在后天为善去恶上发用之间的差异，却遭到浙中、江右等同门的批评，而罗洪先以主静为宗，却是他的知音。

第三个阶段，以泰州为中心，代表人物有王艮、罗汝芳、耿定向、周汝登，以及颜钧、何心隐、李贽，这里既有泰州籍人物，也包括受泰州学风影响的非泰州人士。王艮主良知现成，这一点与浙中的王畿相似，明代学者把他们并称为二王，如陶望龄说："新建之道，传之者为心斋、龙溪……学者称为二王先生。"（陶望龄《盱江要语序》，载《歇庵集》卷三）刘宗周说："王门有心斋、龙溪，学皆尊悟，世称二王。"[①] 王艮提出"百姓日用即道"之说，使阳明学平民化，又以淮南格物说为学的，其格物把《大学》讲的修齐治平四条目贯通在一起。罗汝芳以赤子良知、不学不虑为宗旨，发挥王畿、王艮的良知现成思想。耿定向以慎术为良知现成，无人不具，在于实用而已。周汝登发明王畿的无善无恶宗旨，也与王畿唱为同调。至于颜钧、何心隐、邓豁渠以及后来的李贽，则如同黄宗羲所说"遂复非名教之所能羁络矣"，他们的主张挑战传统，已超出礼教范围，走向所谓的狂禅、异端之学。

以浙中、江右、泰州三派而论，总体上说浙中与江右从不同方向发展阳明学，浙中阳明学作为阳明学的发源地，其主体是正统，但存在着一种左的偏向（王畿），如果说江右之学除正统之外存在着一种右的偏向（聂豹和罗洪先），那么泰州之学则大体继承了向左的一面，最后推向极端、演为歧出。具体而言，浙中、江右、泰州之间互有交叉，呈现出复杂性。如浙中的王畿、泰州的王艮代表左派或激进，就是所谓的现成派，包括后来的罗汝芳、周汝登，以及耿定向、何心隐、李贽；江右的聂豹、罗洪先代表右派或保守，是所谓的归寂派，包括后来的王时槐等；浙中的钱德洪，同江右的邹守益、欧阳德则为正统派，或为修证派，包括李材。这个三阶段的逻辑是，浙中确立阳明学（正统派），同时也开启了分歧（现成派），江右虽然有所救正（修证派），但分歧依旧，而矫枉过正则发生新的变化（归寂派），到了泰州之学发展了阳明学左的偏向或现成一脉，最终出现所谓的异端（狂禅），也可称为另类阳明学。如此才有后来东林学者以朱子学的救正，他们倡导朱子学与阳明学的结合，试图挽救阳明学的颓废，以名教来羁络这匹"脱缰的野马"。然而晚明的社会已经溃烂，阳明学也走向衰落，随着明朝的灭亡，阳明学退出思想主流。阳明学产生不同流派既有地域或传统的原因，也与它的创始人王阳明本身思想的复杂性或多维度有着十分密切的关系，不同门派及学者抓住王

[①]（明末清初）黄宗羲：《明儒学案》上册，沈芝盈点校，中华书局2008年版，第9页。

阳明的某些观点或主张，进一步展开或加以推演，使这些观点或主张被放大、片面化，最终形成分歧。这也是思想发展的一般规律，同时也为后人提供了无限的思考与发挥的空间，其实在客观上有利于阳明学的发展。

张居正与阳明后学[*]

陈寒鸣[**]

作为明朝万历年间的内阁首辅大臣，张居正与阳明心学之间有着十分复杂的关系。他曾经参与迫害何心隐，禁毁天下书院，打击讲学活动，却与王门后学保持着一定的情感交流。毋庸讳言，张居正的学术思想深受阳明心学影响，与之并无根本矛盾，且其个性和行事作风具有阳明后学的狂狷色彩。惜乎向来的史家或者只谈张居正的改革，或者只着力强调前者，而对后者则多视而不见，这致使张居正与阳明心学的真实关系长期以来湮没无闻。

张居正（1525—1582），字叔大，号太岳，湖北江陵人。少年时即聪颖绝伦，嘉靖二十六年（1547）考中进士，旋改庶吉士，授翰林编修。隆庆元年（1567），穆宗即位，迁吏部左侍郎兼东阁大学士，参与政事。神宗即位后，代高拱为首辅，执掌实权达十年之久，为一代权相。张居正执政期间，推行了一系列政治和经济制度改革，对于振兴朝纲、缓解财政困难起到一定的积极作用。不过，他推行的改革措施由于触犯了许多贵族官僚的利益，故而引起了一些不满，加之他刚愎自用、秉权过重，更成为朝野"清议"之的。据《明史》本传，他死后遭谮毁而被削爵夺谥，籍没家产，其长子自缢身亡，次子和他的弟弟"俱发戍烟瘴地"。与其他划时代的历史人物相比，张居正对明朝政治产生了深远影响——在他秉政之前，政局混乱；在他身后，政局继续混乱。只有隆庆六年

---

[*]［基金项目］第三届中国阳明心学课题成果（项目编号：2019ZW0202）。

[**]［作者简介］陈寒鸣，1960年生，男，江苏镇江人，副教授，中国哲学史学会理事。主要研究方向：中国文化史、中国思想史、中国儒学史。

(1572)至万历十年（1582）这段时间，即张居正事业辉煌的十年，明朝政局呈现清明的样态。不唯如此，就连张居正的政敌也出现分化，无法与之抗衡。然而，他的政治改革、霹雳手段和飞扬跋扈，最终激起皇帝与朝臣的愤怒。虽然有人将他比作伊尹、周公，认为他的改革事业利国利民，但是反对者分判利弊，指摘构陷，将他比作王莽、桓温，加以全面否定。历史总是在困惑中得到深究。

既然"张居正不仅是一位杰出的政治家，同时也是一位学识渊博的思想家"①，那么，风行于当世的阳明心学对他的思想有无影响？他本人的思想与阳明心学有何异同？他与阳明后学有着怎样的关系？这种关系对阳明学的发展走向又有着怎样的影响？这些问题不仅关涉对张居正其人其学的评价，而且在研究明代中后叶思想史时也是很值得认真论究的。

一　王阳明与张居正对现实社会危机的应对

大凡体系比较完整的思想理论，总是对应着现实社会所存在的问题而提出的。明代中后叶先后出现的王阳明"良知"之学和张居正"敦本务实"之学就是如此。

众所周知，王阳明所处的时代上下交困。贪官酷吏巧立名目，恣意妄为，残害民众；百姓黔黎动辄得咎，生计窘迫，铤而走险。社会矛盾愈演愈烈，明朝的统治根基日渐松动。有识之士忧心如焚，为当时的家国天下把脉，及时开出自己的药方。辨证论治，方有疗效。在王阳明看来，社会危机的根源在于"良知之学不明"，价值观混乱，物欲横流，家庭美德沦丧，政治道德晦暗不彰，以至于人人自危，他在《答聂文蔚》一文中指出：

> 后世良知之学不明，天下之人用其私智以相比轧。是以人各有心，而偏琐僻陋之见、狡伪阴邪之术，至于不可胜说；外假仁义之

---

① 余敦康：《张居正"敦本务实"之学》，载陈鼓应、辛冠洁、葛荣晋主编《明清实学思潮史》上卷，齐鲁书社1989年版，第390页。

名，而内以行其自私自利之实；诡辞以阿俗，矫行以干誉；揜人之善而袭以为己长，讦人之私而窃以为己直；忿以相胜而犹谓之徇义，险以相倾而犹谓之疾恶；妒贤忌能而犹自以为公是非，恣情纵欲而犹以为同好恶；相陵相贼，自其一家骨肉之亲，已不能无尔我胜负之意、彼此藩篱之形，而况于天下之大、民物之众，又何能一体而视之？则无怪乎纷纷藉藉，而祸乱寻于无穷矣。仆诚赖天之灵，偶有见于良知之学，以为必由此而后天下可得而治。①

王阳明的批评，可谓鞭辟入里。许多人假仁假义，谋求私利。不唯如此，还有人凭借黠慧，曲学阿世，沽名钓誉，贬损他人的善举，借以衬托自己的优点；侵犯他人的隐私，进而彰显自己的正直。久而久之，是非观产生了混淆。发泄私愤，相互倾轧，如同捍卫正义；巧设机关，戕害对方，却像疾恶如仇。更有甚者，嫉贤妒能被装扮为明辨是非，放纵情欲被粉饰成和光同尘。人际关系被形形色色的欺凌扭曲。骨肉至亲，相互算计，唯恐利益受损。家庭美德遭到侵蚀，天下道义何处植根？在这种风俗的熏陶渐染下，百姓很难认同"一体之仁"，纷纷攘攘，争斗残害，也就在所难免。

自古以来，忠臣孝子满怀忧患意识，对"纪纲凌夷"的惨淡现状深感痛心。王阳明更是如此。在他看来，当时的学者误以为仁义不可学、性命无裨益，是价值观混淆的真实写照。辨证论治，对症下药，先得找准病根。观念形态领域的冲突不容回避。"良知之学不明"是病症恶化的原因。只有讲求"良知之学"，反求诸己，推己及人，才能实现"天下可得而治"的社会理想。这样，一切社会矛盾都被消融为伦理问题，似乎现实社会危机的解决并不在于更新伦理观念，也不在于依据社会政治的变化而对政治制度进行必要的调整，而仅仅在于使人们的道德实践更好地与纲常规范一致，从而更有效地维系现实政治体制，化解客观存在的社会危机。这在逻辑上虽有因果倒置之弊，但却使王阳明的"致良知"说不同于程朱理学的纯经院之谈，而具有十分明显的政治实践意义。

---

① 《王阳明全集》上册，吴光、钱明、董平等编校，上海古籍出版社1992年版，第80页。

基于这样的认识，王阳明力纠程朱理学"析心与理为二"之弊，重新诠释"格物"之义，主张将"格物"的"格"字理解为"正"，再者"心外无物"，"格物"就是让不正之物归于正，因而必须在身上痛下功夫。或者说，"格物"是"格心中之物"，正物就是正心，进而实现"致良知"，用王阳明自己的话来讲，就是"致吾心良知之天理于事事物物，则事事物物皆得其理矣。致吾心之良知者，致知也。事事物物皆得其理者，格物也。是合心与理而为一者也"①。与其他主张"静坐"的学者不同，王阳明认为，无论宁静与否，踏踏实实地"去人欲、存天理"就是工夫；反之，胶着于宁静，一切都挂靠于它，久而久之，就会产生喜静厌动的弊端，甚至滋生人欲。因而可以说，做工夫，动静一如，才是儒家的圣人之学。王阳明真正重视的是要实实在在地依照良知去做，将纲常伦理由外在的"天理"转化成内在的"良知"，在此基础上来强调道德实践，甚至进而把认识上的是非也纳入道德实践范围，与主观上的好恶贯通起来，这就使"良知"成为人们遵从道德律令的准则。人们只要真正依照"良知"生活，就能在思想上、行为上与封建统治者的要求保持高度统一。

作为政治人物，王阳明曾经镇压民众的"叛上作乱"，致力于"破山中贼"，但他认为武力镇压并不足以从根本上杜绝民众的反叛，"民虽格面，未知格心"，比"山中贼"更为厉害的是"心中贼"，而他的"致良知"学说恰恰具有破"心中贼"的功效。即便愚夫愚妇，目不识丁，只要把握良知的诀窍，就能祛除邪思枉念，塑造高尚人格。可见，"致良知"有点石成金、闲邪存诚的功效。如果民众能够切实践履，"去人欲、存天理"，相互促进，通过焕发人们的"良知"并使人们各致其"良知"，从而使每个人都无丝毫私欲牵挂，而只存留天理于心中，就能够真正破"心中贼"，化解现实社会的危机。

然而，现实社会的危机既未因王阳明力破"山中贼"而有所消解，也没有因阳明提出"致良知"说以破"心中贼"而得以解决；相反地，社会危机不仅依然存在，而且更加深重了。就当时的政治生态而言，明世宗苛刻少恩，肆意诛戮，屡兴大狱，制裁异己，严重破坏了国家的政

---

① 《王阳明全集》上册，吴光、钱明、董平等编校，上海古籍出版社1992年版，第45页。

治稳定和统治阶级的向心力,加剧了统治阶级的内部矛盾,君臣上下钩心斗角,朝廷内外纷争不已。操纵国家机器的高级官员贪污腐化,贿赂谄媚,无所不用其极;老百姓身边的小吏刮地皮,横征暴敛,巴结权贵。上下交征利,政治生活成为姑息养奸的温床。其结果必然是官员富,百姓穷,江山社稷摇摇欲坠。

生长于社会底层而深知时艰的张居正,是怀抱着解决现实社会危机的志向开始其政治生活的。嘉靖二十六年,他方中进士、入翰林院,即撰《翰林院读书说》,明确表白了自己的为学宗旨和政治抱负。他说:"盖学不究乎性命,不可以言学;道不兼乎经济,不可以利用。故通天地人而后可以谓之儒也。造化之运,人物之纪,皆赖吾人为之辅相;纲纪风俗,整齐人道,皆赖吾人为之经纶;内而中国,外而九夷八蛮,皆赖吾人为之继述。故操觚染翰,骚客之所用心也;呻章吟句,童子之所业习也。二三子不思敦本务实,以眇眇之身任天下之重,预养其所有为,而欲籍一技以自显庸于世。嘻,甚矣其陋也!"(《张太岳集》卷十五)嘉靖二十八年(1549),他给世宗皇帝上《论时政疏》,初次陈述自己的政见,指出当时政治生活中存在"宗室骄恣""庶官瘝旷""吏治因循""边备未修""财用大匮"五种积弊,其根源在于"血气壅阏",并非无法救治;而所谓"血气壅阏"指的是世宗长期移居西苑,不理朝政,朝夕与宦官宫妾为伍,致使上下不通、君臣道隔,政治处于瘫痪状态。所以,他认为世宗帝如再不励精图治,"广开献纳之明,亲近辅弼之佐",使"君臣之际晓然无所关格",国家政治则将病入膏肓,虽有良医扁鹊也无可挽救。(详见《张太岳集》卷十五)隆庆二年(1568),已晋升为内阁大臣的张居正,给穆宗皇帝上《陈六事疏》,系统提出了自己的改革纲领,开篇即谓:

> 臣闻帝王之治天下,有大本,有急务。正心修身,建极以为臣民之表率者,图治之大本也;审几度势,更化宜民者,救时之急务也。大本虽立,而不能更化以善治,譬之琴瑟不调不解而更张之,不可鼓也。恭惟我皇上践祚以来,正身修德,讲学勤政,惓惓以敬天法祖为心,以节财爱民为务,图治之大本既已立矣。但近来风俗人情,积习生弊,有颓靡不振之渐,有积重难反之几,若不稍加改

易，恐无以新天下之耳目，一天下之心志。(《张太岳集》卷三十六)

他以"省议论""振纲纪""重诏令""核名实""固邦本""饬武备"为六大急务，认为解决了这六大急务就能刷新政治，"新天下之耳目，一天下之心志"(详见《张太岳集》卷三十六)。如果说他在嘉靖年间所上的《论时政疏》着重于列举时弊，从"内圣"方面要求世宗励精图治，那么，隆庆年间所上的《陈六事疏》则在肯定穆宗求治之心的前提下重点要求其解决六大急务以刷新政治，做到"外王"。张居正的这种思想无疑是以儒家"内圣外王"的经世之学为理论基础的。然而，身居决策高位的世宗和穆宗都怠于政事，只顾追求个人的腐化享乐，而锐意改革的张居正所提出的救世良方被他们束之高阁。这使张居正深切地感受到各种政治积弊及由之而引发的社会危机，其病根在于封建专制权力机构功能的严重失调。因此，尽管他也很看重"性命之学"，但并不认为依靠"性命之学"(如王阳明提倡的"致良知"之类)就能够扫除时弊，拯救现实危机，故而把调整权力机构功能、自上而下并有针对性地推展经济政治改革，作为化解社会危机进而富国强兵的途径。

隆庆六年，穆宗猝然中风，召高拱、张居正、高仪三位阁臣于御榻前受顾命。时，高拱为内阁首辅，本应承担辅佐神宗的重任，但他没有处理好与内监冯保的关系，触怒了陈皇后和神宗生母皇贵妃李氏，受到革职回籍的处分，于是张居正出任内阁首辅，掌握了政权。从隆庆六年到万历十年的整整十年间，张居正一直被神宗以师礼相待，被尊称为"元辅张先生"，实际取得了封建专制体制最高决策人的地位。他充分利用这种特殊条件，按照既定的设想，稳健而扎实地推行全面改革。他制定"考成法"以解决中央集权问题，设立"职官书屏"以解决人事问题，从而有效地遏制了吏治腐败，很快使政治面貌焕然一新，顺利建成一个操纵自如、运转灵活的权力机构。他又从整顿田赋着手，在全国范围内清丈田地，并以此为基础推行"一条鞭法"，进行赋役制度的全面改革，从而使国家财政状况有所好转，人民的经济生活也安定了。史称"至万历十年间，最称富庶"，说明他富国的目标成功地实现了。此外，他以政治家的战略眼光找到当时外患频仍的症结，采取一系列得力措施，解决了无兵无财无将的难题，基本成功地实现了他强兵的目标。

综观张居正的各项改革，其中有一个十分重要的指导思想，就是加强中央集权，重振纪纲。张居正认为，当世危机表现最为严重的是君主势衰，政事弛靡，政局失控，"国威未振，人有侮心"，"人乐于因循，事趋势于苦窳"。（《张太岳集》卷二十五）他在隆庆年间即上书直言"近日以来，朝廷宗旨，多废格不行，抄到各部，概从停阁。或已题奉钦，依一切视为故纸，禁之不止，令之不从，至于应勘应报，奉旨行下者，各地方官尤属迟慢，有查勘一事而数十年不完者，文卷委积，多致沉埋，干证之人，半在鬼录，年月既远，事多失真，遂使漏网终逃"（《张太岳集》卷三十六）。万历元年（1573），他在《请稽查章奏随事考成以修实政疏》中又指出："臣等窃见近年以来，章奏繁多，各衙门题复，殆无虚日，然敷奏虽勤，而实效益鲜。……顾上之督之者虽谆谆，而下之听之者恒藐藐。鄙谚曰'姑口顽而妇耳顽'，今之从政者殆类于此。欲望底绩而有成，岂不难哉！"（《张太岳集》卷三十八）针对这种君主政治赖以运行的庞大官僚机器几乎瘫痪的状况，张居正提出必须"振纲纪"。他说：

> 人主以一身而居乎兆民之上，临制四海之广，所以能使天下皆服从其教令，整齐而不乱者，纪纲而已。（《张太岳集》卷三十六）

他所说的"纪纲"指的是君臣统治集团的权力法纪，"振纪纲"就是要强化君臣统属关系，加强君主对整个官僚体系的控制。这主要有三层内容。一是君主要亲自总揽法纪刑赏之权。他说："张法纪以肃群工，揽权纲而贞百度，刑赏予夺，一归之公道。"（《张太岳集》卷三十六）法纪刑赏之权如同"太阿之柄"，君主"不可一日而倒持也"，否则就会失去权威，失去对群臣的有效控制。二是强化君主诏令的绝对权威。他说："君者，主令者也；臣者，行君之令，而致之民者也。"（《张太岳集》卷三十六）诏令是君主政治权威的实际运用和具体体现。在君主专制社会的背景下，全部政治的运行主要由君主颁行诏令自上而下推动，"天子之号令，譬之风霆"，若"风不能动，而霆不能击"，君主的诏令不能得到有效、彻底的执行，则君主权威何在？君主又怎能控制群臣百官？三是君主要严明法制。他认为，君主"无威"，臣下就会"无法"，而严明法制则是强化君威的制度保障。他详细辨析了徇情与顺情、振作与操切之异同，坚决反对徇情和操切，说："徇情之与顺情，名虽同而实则异；振作之与操切，事若近而用则殊。"认为"顺情"指"整齐严肃，悬法以示民，而使之不敢犯"，"操切"则是"严刑峻法，虚使其民而已"。（《张太岳集》卷三十六）显而易见，"徇情"和"操切"是对纲纪的极大破坏，而正确的做法为"情可顺而不可徇，法宜严而不宜猛"，严明法制的关键是执法公平无私，不偏不倚，做到"法所当加，虽贵近不宥；事有所枉，虽疏贱必申"。（《张太岳集》卷三十六）如此方能提高法制权威，进而使君威振作起来。

如果说张居正试图通过一系列自上而下的改革化解现实社会的危机，重振君主专制统治的纲纪，那么，对于王阳明来说，无论是其学说层面上推扬"心即理""致良知""知行合一"之说，还是实际政治操作层面上颁"乡约"、力行"十家牌法"等，都无非要将他拯救现实社会危机、维护君主专制政治秩序的道德原则融贯到社会实践行为之中。就这方面而言，张居正和王阳明是完全相通的。

二 阳明心学对张居正的影响

张居正不仅在应对社会实际问题上与王阳明有着完全一致的积极用世的态度（尽管其所采取的应对之策与阳明不尽相同），并与阳明一样，以维护纲常伦理为最终目的，而且，他更从纯学术的角度对"学本诸心"有高度评价，在《宜都县重修儒学记》中讲道：

> 自孔子没，微言中绝，学者溺于见闻，支离糟粕，人持异见，各信其说，天下于是修身正心、真切笃实之学废，而训诂词章之习兴。有宋诸儒力诋其弊，然议论乃日益滋甚，虽号大儒宿学，至于白首犹不殚其业，而独行之士往往反为世所姗笑。呜呼！学不本诸心而假诸外以自益，只见其愈劳愈弊也矣。故官室之弊必改而新之，而后可观也；学术之弊必改而新这，而后可久也。（《张太岳集》卷九）

可见他是在纵观学术发展大势，对汉唐诸儒以至程朱陆王之学作了认真比较以后，才选择、认同阳明心学的。

阳明心学对张居正影响最大者，是其所提倡的狂者的胸次。按：关于"狂狷"精神，孔子曾经说过："不得中行而与之，必也狂狷乎！狂者进取，狷者有所不为也。"（《论语·子路》）孟子对此有进一步讨论，据《孟子·尽心下》记载："万章问曰：'孔子在陈曰：盍归乎来！吾党之士狂简进取，不忘其初。孔子在陈，向思鲁之狂士！'孟子曰：'孔子不得中道而与之，必也狂狷乎！狂者进取，狷者有所不为也。孔子岂不中道哉？不可必得，故思其次也。''敢问何如斯可谓之狂矣？'曰：'如琴张、曾晳、牧皮者，孔子之所谓狂矣。''何以谓之狂也？'曰：'其志嘐嘐然，曰古之人、古之人，夷考其行而不掩焉者也。'"汉唐诸儒似未留意于此一问题，而宋儒中二程对"狂"的论述最有影响，朱熹引二程言曰："曾晳言志，而夫子与之。盖与圣人之志同，便是尧舜气象也，特行有不掩焉耳，此所谓狂也。"① 至于王阳明，"良知"的信念与实践使其在百死千难的危机中从容应对，并终于化解危机，经受住了人生严峻的考验，这自然更坚定了他对"良知"学说的自信。他在与门人回顾江西平藩后那一段险恶的经历时曾说："我在南都已前，尚有些子乡愿的意思在。我今信得这良知真是真非，信手行去，更不著些覆藏。我今才做得个狂者的胸次，使天下之人都说我行不掩言也罢。"② 王阳明自谓"在南都已前"（即六十四岁以前）还有些"乡愿"的意思，而此后则具备了"狂者的胸次"。这"狂者的胸次"，如其所说，就是"信得这良知真是真非，信手行去，更不著些覆藏"。后来在回答弟子提出的"乡愿狂者之辨"时，王阳明对这"狂"的境界进行详细说明，指出：

> 乡愿以忠信廉洁见取于君子，以同流合污无忤于小人。故非之无举，刺之无刺。然究其心，乃知忠信廉洁所以媚君子也，同流合污，所以媚小人也。其心已破坏矣。故不可以与入尧舜之道。狂者志存古人，一切纷嚣俗染，不足以累其心。真有凤凰千仞之意。一

---

① （宋）朱熹：《四书章句集注》，中华书局1983年版，第375页。
② 《王阳明全集》上册，吴光、钱明、董平等编校，上海古籍出版社1992年版，第116页。

克念，即圣人矣。惟不克念，故洞略事情，而行常不掩；惟行不掩，故心尚未坏而庶可与哉。①

尽管他并不认为"狂者"就是"圣人"，"狂者的胸次"亦非最高理想人格境界，但他指出"狂者志存古人，一切纷嚣俗染，不足以累其心。真有凤凰千仞之意"。这远远超胜常人，距"圣人"境界已不远，故而"一克念，即圣人矣"。阳明门下弟子多认得狂者的胸次这个意思，故而呈露出浴沂舞雩的气象，这在理学家中是很罕见的。受阳明心学影响，当时社会文化生活中出现了讲求自尊自信自立之狂者境界的思潮。

生活于此思潮中的张居正，颇具狂者的胸次，他在嘉靖后期短暂居家时有《述怀》诗云："永愿谢尘累，闲居养营魂。百年有贵适，贵贱宁足论。"（《张太岳集》卷一）不唯如此，更与朋友切磋砥砺，作《曹纪山督学题老子出关图见寄谢之》，诗云："作赋耻学相如工，干时实有杨云拙。一朝肮脏不得意，翩翩归卧沧江月。"（《张太岳集》卷二）从中可以看出其有感于官场黑暗、政治混乱而生发出的归隐求适的情调。但他又不像一般士大夫那样消极地追求归隐以获一己之自适，而是对归隐有着自己独特的理解，他曾作《七贤咏》，借评析魏晋竹林七贤的人格心态申述己见。

夫幽兰之生空谷，非历遐绝景者莫得而采之，而幽兰不以无采而减其臭；和璞之缊玄岩，非独鉴冥搜者谁得而宝之，而和璞不以无识而掩其光。盖贤者之所为，众人固不测也，况识有修短、迹有明晦，何可尽喻哉？今之论七贤者，徒观其沉酣恣放、哺啜糟漓，便谓有累名教，贻祸晋室。此所谓以小人之腹度君子之心，独持绳墨之末议，不知良工之独苦者也。……余观七子皆履冲素之怀，体醇和之质，假令才际清明，遇适其位：上可以亮工弘化，赞兴王之业；下可以流藻垂芬，树不朽之声。岂欲沉沦泽秽无所短长者哉？……自以道高才隽，深虑不免，故放言以晦贞，沉湎以毁质，或吏隐于廊庙，或泊浮于财利，纵诞任率，使世不得而羁焉。然其

---

① 陈荣捷：《王阳明传习录详注集评》，台北：台湾学生书局1983年版，第391页。

泥蟠渊默，内明外秽，澄之不清，深不可识，岂与世俗之蒙蒙者比乎？蝉蜕于粪溷之中，爝然涅而不缁者也。(《张太岳集》卷一)

他认为，貌似放荡不羁的竹林七贤，并非自甘堕落，而是在险恶的政治环境中担心自己因"道高才隽"而难免于害，这才晦贞毁质，"纵诞任率"，究其实尽皆"内明外秽"、出淤泥而不染的耿介之士。由此当可知张居正何以会在嘉靖后期产生归隐求适的念头。至于上引文中以"幽兰""和璞"自喻其孤高自珍的心态，则既体现了心学高视自我的狂者的胸次，又透露出张居正本人待时而动的人生自信。因此，嘉靖末年的张居正绝不是一位心灰意懒的隐士，而是尚未遇时的潜龙、匣中待试的宝剑，据《太师张文忠公行实》记载："太师体故孱弱，又倦游，三十三年甲寅遂上疏请告，既得请归，则卜筑小湖山中，课家僮锤土编茅，筑一室仅三五椽，种竹半亩、养一癯鹤，终日闭关不启，人无所得望见，唯令童子数人事洒扫煮茶洗药。有时读书，或栖神胎息，内视反观，久之，既神气日益壮，遂下帷益博极载籍，贯穿百氏，究心当世之务。"(《张太岳集》卷四十七) 从其当时的生活内容看，与其说张居正厌倦仕途，倒不如说他在为今后的进取积蓄能量，并期待着大用于世的时机到来。在《答西夏直指耿楚侗》这封书信中，他向耿定向分析时局，认为值此"贪风不止，民怨日深"之时，"非得磊落奇伟之士，大破常格，扫除廓清，不足以弭天下之患。顾世虽有此，人未必知，即知之未必用，此可为慨叹也。中怀郁郁，无所发舒，聊为知己一叹，不足为他人道也"。(《张太岳集》卷三十五)

尽管在万历朝的最初十年间，张居正出任首辅，实际掌握朝政，但他位高权重本就招来许多忌恨，而他所试图矫正嘉靖中期以来因循疲软之风的考成法，事事立限、处处较真，使官员们深感不便，有的还产生严重的危机心理，至于清丈田地、推行"一条鞭法"更触犯了一般士绅的既得利益。这样，朝野上下就潜伏着一股伺机涌动的抵制新政的暗流。如万历四年（1576）御史刘台即以门生身份上疏弹劾座主张居正，指责他"偃然以相自处，自高拱被逐，擅威福者三四年矣"[1]。(《神宗实录》

---

[1] （清）张廷玉等：《明史》第20册，中华书局1974年版，第5989页。

卷四六）万历五年（1577），张居正遭父丧，神宗帝下诏"夺情"而不准其丁忧守制，这更成为官员们向张居正发起攻势的机会。客观上，皇帝、皇太后的支持，司太监冯保的密切配合，使张居正抵制住了反抗潮流，大刀阔斧地推行新政，并取得了相当成效。主观上，面对前所未有的阻力，张居正对于他所推行的纲纪律法秉持着义无反顾的信念。这种信念，首先来自他对自己所具有的大公至诚的自信。他在《答奉常陆五台论治体用刚》一文中指出：

> 仆一念为国家为士大夫之心，自省肫诚专一，其作用处或有不合于流俗者，要之，欲成吾为国家为士大夫之心耳。仆尝有言：使吾为刽子手，吾亦不离法场而证菩提。又一偈云：高岗虎方恐，深林蟒正嗔。世无迷路客，终是不伤人。（《张太岳集》卷二十八）

既然自己坚信问心无愧，所作所为一出于公心，也就不在乎别人物议了。其次，这种信念来自他不顾身家性命的献身精神和甘于做祭坛牺牲的烈士心态。他在《答吴尧山言弘愿济世》一文中指出："二十年前曾有一弘愿，愿以其身为蓐荐，使人寝处其上，溲溺之、垢秽之，吾无间焉。……有欲害虫取吾耳鼻，我亦欢善施与，况诋毁而已乎？"（《张太岳集》卷二十五）

纵观历史，大凡有魄力、有担当的改革家，无不将生死置之度外，舍弃身家性命，成就国家大事，以期实现预先设定的目标。张居正亦复如是。他在《答南学院李公言得失毁誉》一文中指出："不谷弃家忘躯，以徇国家之事，而议者犹或非之，然不谷持之愈力，略不少回，故得少有建立。得失毁誉关头若打不破，天下事无一可为者。"（《张太岳集》卷三十二）这种信念又与其忧国忧民的情怀和超然的胸襟密切相关。一方面，张居正一直以一身而系天下安危自任，而这种忧国忧民的情怀是他敢于去克服重重阻力、推行新政的强大精神支柱；另一方面，他慨然担负圣贤之学，不求世人认同，未曾后悔半分，以《周易》所讲的"无闷"作为精神慰藉，在《答湖广巡抚朱谨吾辞建亭》一文中指出："吾平生学在师心，不蕲人知，不但一时之毁誉不关于虑，即万世之是非亦所弗计也。"（《张太岳集》卷三十二）这样的肺腑之言，可谓披肝沥胆，吐露心声。很明显，他深受王阳明所说的"我今才做得个狂者的胸次"影响，强调"师心"而非从众，不乞求他人理解自己，不计较一时的荣辱得失，甚至不怕后世给予的历史评价。他在《答藩伯周友山论学》一文中指出："不谷生于学未有闻，惟是信心任真，求本元一念，则诚自信而不疑者。"（《张太岳集》卷三十一）他引以为傲的"信心任真"，非常值得玩味。"信"的意思是"申"。心是光明的，真是无染的。一切善恶、美丑、功过、是非，都应求之于心。毁誉荣辱，不能动心；顺逆动静，不能改志。这与他研读王艮的著述，不无关系。根据学者的研究，我们可以清楚地看到："在他中进士之后的多年翰林生活中，曾研读过王艮著作，探求过泰州学派在朝廷政治上实用的可能性。心学致良知（天理）的便捷，冲破程朱理学的繁琐、教条的牢笼，强调了主观能动性，崇尚实用与事功，给张居正留下不可磨灭的印象。"[1] 王艮"乐学学乐"，直追往圣前贤，崇尚实用，尤其是其良知存在的现成性，在很大程度上浸润了张居正的学术思想。吴震先生对"良知天性，往古来今，人人具足，人伦日用之间举措之耳"有着深刻的认识，指出：

> 在心斋看来，良知存在的"现成性"不仅表明良知先天地存在于人心之中，构成人的本质，而且良知还具有"当下性"的特征，它无时无刻不在日常生活中自然流行、展现自身，这也是良知在人的行为中自能做出是非善恶之判断的根本原因。所以重要的是，既要树立起这样一种信念，即良知存在于吾心是"分分明明、亭亭当当"的，同时又要做到在人伦日用中顺其良知自然，"不用安排""不须防检"。[2]

张居正逐渐养成"不见知于世而无闷"的超然胸襟，无疑是他笑对不时扑面而来的反张潮流的内在精神支柱。

综上所述，张居正虽然不是王学传人，但确实具备了阳明心学的

---

[1] 李宝臣：《如入火聚，得清凉门——论张居正敦本务实的吏治思想》，《北京社会科学》1992年第4期。

[2] 吴震：《泰州学派研究》，中国人民大学出版社2009年版，第80页。

修养。正是这种修养，使他形成超越制度、超越世俗毁誉的独行的人格，并获得了内在与外在的双重自由。而若无这修养，他在强大的权力面前终将会成为严嵩或魏忠贤式的人。从此一角度讲，张居正的出现应该是阳明心学的一大积极成果。此外，张居正与阳明后学的交往亦值得深入研究。

三　张居正与阳明后学

就目前所掌握的资料来看，张居正与王阳明本人似乎并没有什么直接接触，但在张居正的朋友中有很多心学人物，其中如聂豹、胡直、罗洪先、罗汝芳、赵贞吉、耿定向、周友山等还是知名的心学学者。这就使张居正与阳明后学的关系很值得予以分析。

阳明殁后，门下弟子裂变，出现了诸多心学流派。张居正在与各派心学人物的广泛接触中，对聂豹、罗洪先一派最感兴趣。

聂豹（1487—1563），字文蔚，江西永丰人，后因徙家双溪（今浙江余杭境内），故自号双江。其学"初好王守仁良知之说，与辩难，心益服"[1]，认为良知之学"是王门相传指诀"[2]；后巡按应天，继续与阳明讲论良知之学，"锐然以圣人为必可至者"（《华阳馆文集》卷十一），并重刻《传习录》《大学古本》等阳明著作，服膺阳明"致良知"说之志益坚；乃至阳明既殁，又"以弟子自处"[3]，故后世学者谓之"出于姚江"[4]，不无道理。聂豹之学的特点在于提倡"良知本寂"说，而此说颇遭"同门"学者非难，《明儒学案》卷十七《江右王门学案·聂豹传》对之记载甚详。

罗洪先（1504—1564），字达夫，号念庵，江西吉水人。他虽曾服膺"守宋人之途辙"[5]的罗伦之的为人，又曾师事以"朱子之学"为"圣人

---

[1] （清）张廷玉等：《明史》第18册，中华书局1974年版，第5337页。
[2] （明末清初）黄宗羲：《明儒学案》上册，沈芝盈点校，中华书局2008年版，第383页。
[3] （清）张廷玉等：《明史》第18册，中华书局1974年版，第5337页。
[4] （清）永瑢、纪昀等纂修：《四库全书总目》，载《景印六渊阁四库全书》第3册，台北：台湾商务印书馆股份有限公司1986年版，第97页。
[5] （明末清初）黄宗羲：《明儒学案》下册，沈芝盈点校，中华书局2008年版，第1072页。

之学"的李中。① 但他年十五，闻阳明于赣州开府讲学，心即向往。比《传习录》出，手抄玩读，竟至废寝忘食，欲往受业，父不可而止。年二十五，师事同郡江右王门学者黄宏纲、何廷仁，自是日究阳明"致知"旨。其后，访晤王畿、王艮、唐顺之、赵时春、邹守益、欧阳德诸王门学者，心学修养日深。年三十九，始闻聂豹的"良知本寂"说发展为"良知本静"说，谓："此心中虚无物，旁通无穷，无内外可指、动静可分，上下四方，往古今来，浑然一片，而吾身乃其发窍，非形质所能限也。"② 王门诸子多承认他学宗阳明，且以之为师。

张居正认同聂豹、罗洪先归寂求虚的心学理路，在《启聂双江司马》一文中说道：

> 窃谓学欲信心冥解，巨但从人歌哭，直释氏所谓阅尽他宝，终非己分耳。昨者伏承高明指未发之中，退而思之，此心有跃如者。往时薛君采先生亦有此段议论，先生复推明之，乃知人心有妙万物者，为天下之大本，无事安排，此先天无极之旨也。夫虚者道之所居也，涵养于不睹不闻，所以致此虚也。虚则寂，感而遂通，故明镜不小单于屡照，其体寂也。虚谷不疲于传响，其中窾也。今不于其居无事者求之，而欲事事物物求其当然之则，愈劳愈敝也矣。（《张太岳集》卷三十五）

这里，他除了强调心学的自信自悟外，更对归寂以致虚、致虚以通感的心学思路有着深切体悟。

不过，张居正接受心学思想影响，并非追求个体愉悦，而是为解决人生进取中的自我心理障碍，从而更好地实现其经邦济国的现实目的。他在《答福建巡抚耿楚侗谈王霸之辨》中说：

---

① 参见（明末清初）黄宗羲《明儒学案》下册，沈芝盈点校，中华书局 2008 年版，第 1269 页。
② （明）耿定向：《耿天台先生文集》，载四库全书存目丛书编纂委员会编《四库全书存目丛书·集部》第 131 册，齐鲁书社 1997 年版，第 367 页。

> 孔子论政，开口便说足食足兵；舜命十二牧曰：食哉惟时；周公立政，其克诘尔戎兵：何尝不欲国之富且强哉！后世学术不明，高谈无实，剽窃仁义，谓之"王道"，才涉富强便云"霸术"。不知王霸之辨、义利之间，在心不在迹，奚必仁义之为王、富强之为霸耶？（《张太岳集》卷三十一）

这样一种基本思想精神，使他一方面把那些以经世致用为目标的心学家引为"同志"，时常与他们相互切磋砥砺，另一方面对那些脱离实际、空谈心性的心学末流深恶痛绝，斥之为"腐儒""俗儒"。在致周友山的尺牍中，他反复申述了这种爱憎分明的态度，如说：

> 今人妄谓：孤不喜讲学者，实为大诬。孤今所以上佐明主者，何有一语一事背于尧、舜、周、孔之道？但孤所为，皆欲身体力行，以是虚谈者无容耳！（《张太岳集》卷三十）
>
> 吾所恶者，恶紫之夺朱也、莠之乱苗也、郑声之乱雅也、作伪之乱也。夫学，乃吾人本分内事，不可须臾离者。言喜道学者，妄也；言不喜道学者，亦妄也。……道学之为学，不若离是非、绝取舍，而直认本真之为学也。……凡今之人，不如正之实好学者矣。（《张太岳集》卷三十一）

所谓"直认本真"，亦即阳明之"信得这良知真是真非，信手行去，更不著些覆藏"，就是要真切体认自家虚灵静寂的心体（良知），以之为天下大本，并据之行事。故他与聂豹、罗洪先等阳明后学息息相通。但是，张居正特别强调结合实际，要求身体力行，反对以虚见为默证。他尽管在心学上几无创造性理论，但也绝非只会拾人牙慧，而是从现实的改革事业和富国强兵的需要出发，对儒学史上分化出来的内圣与外王两派取长补短，致力于二者的结合，以自成一家之言。他在《答楚学道胡庐山论学》中说：

> 承教虚寂之说，大而无当，诚为可厌。然仆以为近时学者皆不务实得于己，而独于言语名色中求之，故其说屡变而愈淆。夫虚故

能应，寂故能感。《易》曰："君子以虚受人。"寂然不动，感而遂通天下之故。"诚虚诚寂，何不可者？惟不务实得于己，不知事理之如一，同出之异名，而徒兀然嗒然，以求所谓虚寂者，宜其大而无当、窒而不通矣。审如此，岂惟虚寂之为病？苟不务实得于己，而独于言语名色中求中，则曰致曲、曰求仁，亦岂得为无弊哉！（《张太岳集》卷二十二）

在《答西夏直指耿楚侗》中云：

辱谕谓比来涉事日深，知虚见空谈之无益，具见丈近日造诣精实处。区区所欲献于高明者，正在于此。但此中灵明，虽缘涉事而见，不因涉事而有。倘能含摄寂照之根，融通内外之境，知此心之妙，所以成变化而行鬼神者，初非由于外得矣。（《张太岳集》卷三十五）

在《答胡剑西太史》中亦曰：

弟甚喜杨诚斋《易传》，座中置一帙，常玩之。窃以为六经所载，无非格言，至圣人涉世妙用，全在此书。自起居言动动之微，至经纶天下之大，无一事不有微权妙用，无一事不可至命穷神乃其妙，即白首不能殚也，即圣人不能尽也，诚得一二，亦可以超世拔俗矣。兄固深于《易》者，暇时更取一观之，脱去训诂之习，独观昭旷之原，当复有得力处也。（《张太岳集》卷三十五）

他把"虚"与"实"看作一种体用相即的关系。所谓"昭旷之原""寂照之根""此中灵明"，指的就是作为天下之大本的心体；这种心体的本来状态是"诚虚诚寂"的。但体不离用、用不离体，只有努力从事"实得于己"的工夫，"融通内外之境"，把"虚"与"实"有机结合起来，才能"经纶天下"，"成变化而行鬼神"。如果"不务实得于己"，离用以求体，必然流为"虚见空谈"，"窒而不通"。当然，如果离体以求用，不去认真领会"致曲""求仁"的精神实质，也将化为虚文，产生很大的流弊。张居正的这种思想显然同聂豹、罗洪先的归寂说有很大差别。

张居正同阳明后学思想上的差异，在其《答罗近溪宛陵尹》中也有所体现。他说：

> 学问既知头脑，须窥实际。欲见实际，非至琐细、至猥俗、至纷纠处，不得稳贴，如火力猛迫，金体乃现。仆每自恨优游散局，不曾得做外官，今于人情物理，虽妄谓本觉可以照了，然终是纱窗里看花，不如公等只从花中看也。圣人能以天下为一家、中国为一人，非意之也，必洞于其情，辨于其义，明于其分，达于其患，然后能为之。人情物理不悉，便是学问不透。孔子云"道不远人"，今之以虚见为默证者，仆不信也。（《张太岳集》卷三十五）

而他之所以与聂豹、罗洪先、耿定向、胡庐山、罗汝芳等反复论学，除了有共同的心学旨趣外，还有因见于阳明后学"以虚见为默证"之弊，而欲以实用救之的意图。但学说思想上的重大差异，又使得这种改造阳明后学的意图往往落空。这从张居正与泰州后学耿定向、罗汝芳的关系可略见一斑。

耿定向（1524—1596），字在伦，号天台先生，湖北黄安人。黄宗羲曾对其学术主旨评论道："先生之学，不尚玄远，谓'道之不可与愚夫愚妇知能，不可以对造化、通民物者，不可以为道，故费之即隐也，常之即妙也，粗浅之即精微也'。其说未尝不是，而不见本体，不打入世情队中。"① 由于"不见本体"，且"不尚玄远"，所以耿定向特别强调人伦日用。并且，他还反对一味虚见空谈，提倡静以应感、虚以求实。故张居正不仅把他引为思想上的同志，而且更希望他成为学以致用的榜样。张居正不仅令其以佥都御史巡抚福建，具体负责清田之事，而且向耿定向许以辛勤供职成功以后的酬报。只是因耿定向遭父丧而回家丁忧守制，张居正不免心存惋惜，百般无奈，只能默认。就耿定向而言，尽管在福建也很努力，但他不仅无意照张居正的设想去发展，而且对张居正的霹雳作风亦颇有看法，还曾"苦言"相劝，致使张居正对他报以疏远的态

---

① （明末清初）黄宗羲：《明儒学案》下册，沈芝盈点校，中华书局2008年版，第814页。

度。正因为这样的疏远，耿定向在张居正病逝后未被倒张者列为张党，从而才有可能在万历十二年（1584）被起用为都察院左佥都御史。

罗汝芳（1515—1588），字惟德，号近溪，江西南城人。他是泰州学派著名平民儒者颜山农的弟子，以讲求"赤子之学"为学术主旨，认为道在此身，身是赤子，良知良能，不学不虑，并在嘉靖、万历年间以善于讲学而闻名于仕林。张居正与罗汝芳交往甚早，且引为知己，但又深知自己与罗氏的学术主张有差别，故而一方面承认罗汝芳在太湖"所治是信心任理，不顾流俗之是非，此固罗近溪本来面目然"（《张太岳集》卷三十五），另一方面仍以"学问既知头脑，须窥实际，欲见实际，非至琐细至猥俗至纷纠处不得稳贴，如火力猛迫，金体乃现"相劝。及至嘉靖三十九年（1560）罗汝芳升任宁国知府时，张居正作《赠罗惟德擢守宁国叙》以送之，仍在强调其学以致用的见解，谓："断蛟龙，剸犀革，遇磐错而无厚，干将诚利矣。匣而弗试，利无从见也。是故士不徒学，而惟适用之贵，裕内征外，懋德利躬，此励己之符而亦镜物之轨也。"（《张太岳集》卷八）但罗汝芳始终有自己的思想，他不仅要学以为仕，更要以仕为学，即令其治下皆兴好学之心、皆能知忠知孝。据传他做宁国知府时，"集诸生，会文讲学，令讼者跏趺公庭，敛目观心，用库藏充馈遗，归者如市"[1]。会文讲学的场所竟是讼者纷纭的公庭，讼者的呶呶乃易为跏趺静坐的冥默，封建政府的公库居然成为馈赠"罪犯"的财源。这样的知府，不执行封建政府的律令，以"罪犯"为良善，可谓绝无仅有。更重要的是，罗汝芳热心于讲学，积极组织讲学的集会活动，这自然激起了张居正的不满。万历元年，张居正当国，罗汝芳恰丁忧起复，二人相见，张氏"问山中功课，先生曰：'读《论语》《大学》，视昔差有味耳。'江陵默然"[2]。张居正先将其补为山东东昌知府，三年任期满后即令其升任云南副使，再三年转为云南参政，看来是想将罗汝芳置于云南西陲教化那些未开化的山民，以发挥其讲学才能，同时又不会对新政推展有任何阻碍。罗汝芳并不满足于在云南讲学或从事兴修水利的实务，而更乐意在京师开讲，张居正只好将之永远清除出官场，以儆效尤。

---

[1] （明末清初）黄宗羲：《明儒学案》下册，沈芝盈点校，中华书局2008年版，第763页。
[2] （明末清初）黄宗羲：《明儒学案》下册，沈芝盈点校，中华书局2008年版，第760页。

尽管曾经深受阳明心学影响,又与阳明后学有着广泛的私人交往,但政治家兼学问家的张居正,主要是以政治眼光看待、裁量学术思想的。在《答南司成屠平石论为学》中,他具体指出当时一批讲论心学的"同志"在学术、政治两方面存在的流弊,并较详尽地阐述了他的思想主张和对应之策。

> 夫昔之为同志者,仆亦尝周旋其间,听其议论矣。然窥其微处,则皆以聚党贾誉,行径捷举,所称道德之说,虚而无当,庄子所谓其嗑言者若哇,佛氏所谓虾蟆禅耳!而其徒侣众盛,异趋为事,大者摇撼朝廷,惑乱名实,小者匿蔽丑秽,趋利逃名。嘉隆之间,深被其祸,今犹未殄,此主持世教者所深忧也。《记》曰:"凡学,官先事,士先志。"士君子未遇时,则相与讲明所以修己治人者,以需他日之用;及其服官有事,即以其事为学,兢兢然求所以称职免咎者,以共上之命,未有舍其本事而别问一门以为学者也。……假令孔子生今之时,为国子司成,则必遵奉我圣祖学规以教胄,而不敢失坠;为提学宪臣,则必遵奉皇上敕谕以造士,而不敢失坠;必不舍其本业而别开一门,以自蹈于反古之罪也。今世谈学者皆言遵孔氏,乃不务孔氏之所以治世立教者,而甘蹈于反古之罪,是尚谓能学孔矣乎?明兴二百余年,名卿硕辅勋业烜赫者,太抵皆直躬劲节、寡言慎行、奉公守法之人,而讲学者每诋之曰:彼虽有所建立,然不知学,皆气质用事耳。而近时所谓知学,为世所宗仰者,考其所树立,又远出于所诋之下;将令后生小子何所师法耶?此仆所未解也。仆愿今之学者,以足踏实地为功,以崇尚本质为行,以遵守成宪为准,以诚心顺上为忠。……毋以前辈为不足学而轻事诋毁,毋相与造为虚谈,逞其胸臆,以挠上之法也。(《张太岳集》卷二十九)

为了达到"以足踏实地为功,以崇尚本质为行,以遵守成宪为准,以诚心顺上为忠"的目的,就必须统一思想,使学术绝对严格地从属于政治。张居正大力整饬学政,严禁聚徒讲学,诏毁天下书院,规定说书者以宋儒传注为宗,不许别标门户。他与阳明心学彻底决裂了,并且其雷厉风行的专制举措还造成泰州后学中有明显异端思想倾向的何心隐的惨死。

这是阳明心学发展至晚明而发生的一场悲剧。其实，张居正本人也是这悲剧的主人公。他受阳明心学影响而确立起"狂者的胸次"，以拯救现实社会危机为己志，并洞悉时弊而形成一整套改革方案；他了解王学末流空疏之弊，因而力行文化专制，克服重重阻力以推展其改革新政。然而，他不理解皇权专制制度本身。

> 这种制度如同一座雄伟壮丽的金字塔，但是塔基在上，塔尖在下，头脚倒置。因为这种制度把整个国家置于君主一人的意志之上，而这种意志又是不受任何监督，可以凭着一时的好恶恣意妄为的。如果君主的意志因某种偶然因素的影响出了毛病，看来似乎是组织严密的国家大厦便会发生动摇。张居正是一个清醒的人。他预感到自己的地位是不稳固的，国家的命运以及改革事业最终是掌握在年幼的神宗皇帝的手中。因此，他花了很大气力对神宗皇帝谆谆教导，苦口婆心地规劝神宗皇帝服膺内圣外王之道，做一位合格的君主。但是，言之者谆谆，听之者藐藐。万历十年，张居正刚刚病死，神宗皇帝突然变卦。张居正惨淡经营的十年新政因此而毁于一旦。为了励行改革，富国强兵，张居正依赖于封建专制制度而取得了成功，但是，同样是这个封建专制制度，也是导致他的改革事业趋于全面失败的决定因素。张居正毕生都在为"尊主权""振纪纲"而奋斗，他不会想到，他的成功越大，他的失败也越惨。这就是他的悲剧所在。[①]

王阳明又何尝理解皇权专制制度呢？他以哲人的睿智洞悉到皇权专制末世的现实危机，企图力挽狂澜，优化政治生态，却不知危机是由皇权专制制度本身造成的，故其只是言"心之本体即是天理"，试图把纲常伦理由外在强制性的规范转化成为人们内在的自觉要求；揭"致良知"之教，希求以"良知"净化纲常伦理，并赋予纲常伦理以实践性；倡"知行合一"说，以期端正人心，整饬风气，使士习民风归于圣学之正

[①] 余敦康：《张居正"敦本务实"之学》，载陈鼓应、辛冠洁、葛荣晋主编《明清实学思潮史》上卷，齐鲁书社1989年版，第401页。

途。从方法论角度看，这种做法当属以思想为根本的一元化思维模式，即将现实社会中迫切的社会、政治问题归结为思想问题，并认为社会、政治问题的解决有待于首先解决思想文化这一根本性的问题。这种思想方法实际上是本末倒置的，因为根本性的问题乃在于社会经济、政治方面，思想文化层面的问题则处于从属地位（尽管在一定条件下也能发生重要作用）。因此，阳明本人尽管武功赫赫，在"内圣""外王"方面均取得卓著业绩，但并不能从根本上解决现实社会的危机，甚至他为"病革临绝"的明王朝提供的灵丹妙药——心学思想，到其后学那里，也成为他们悦禅蹈虚的外衣。

四　阳明心学的传承与发展研究

唐君毅以"气"论拓展阳明心学的理论尝试[*]

张 倩[**]

阳明以"心"统摄"理"与"气",高扬"心"的主宰力和人的主体性,在说明"良知"与"气"的关系时,偏重于两者应然层面的贯通性,对于客观事物、人伦规范的客观性说明相对不足,这也导致阳明后学流于空疏的弊端。唐君毅以"存在的流行""流行的存在"来说明"气",证成"心灵为体,精神为用"的文化根源论,拓宽了心性论在文化哲学层面的理论基础,用精神空间来说明文化活动在涵养心灵中的作用;强调重"气"是重"礼"的依据,彰显"礼"在道德生活和文化生活中的重要意义,成为现代新儒学拓展阳明心学的一个范例。

如何继承传统心学中的主体性与理想性内容,并增强其中的客观性内容,成为现代新儒学中的心学思想建构中不得不面对的一个基本问题。在唐君毅看来,"阳明良知之教,重心者也。王学皆不喜理气为二之说,故于气之重要性,亦不忽略,盖心固通理而亦通气者也。然在心上言气,恒只是实现理,以成一人之德,未必即充内形外,曲成人文之气也"[①]。

---

[*] [基金项目] 2019年度教育部哲学社会科学研究后期资助项目"唐君毅文化哲学研究"(项目编号:19JHQ023)。

[**] [作者简介] 张倩,1982年生,女,河北张家口人,副教授,硕士生导师,博士。主要研究方向:现代新儒学、文化哲学。

① 唐君毅:《中国哲学原论·原教篇》,台北:台湾学生书局1990年版,第667页。

一 对阳明"气"的解释

在现代新儒学的体系内，调和心学与理学的努力，始于熊十力。冯友兰曾指出："熊十力对于心学、理学的分歧，有调和的倾向，但还是归于心学。"① 唐君毅继承了熊十力的这种思路，认为朱陆异同的根本问题在于"气与心及理之关系，当如何看"②。他指出，王阳明思想综合了朱熹和陆象山的思想而来，"气"在说明"心与理一"的过程中，发挥了重要的作用。

在唐君毅看来，象山直接指出本心，朱子则把心与性、命、理、气贯通，但留下一个问题："理"是万物的依据，有特定的内容；而"心"是知觉能力，没有特定内容。③ 因此，唐君毅认为，"心与理毕竟如何为一"在朱子哲学里没有很好地说明。象山"从不自气上说心，又善能通心之体用动静，以说发明本心与涵养之功，则其言自有胜义。……陆王之流之思想之发展，则正在不更气上说心，并通心之体用动静，以言其非气所能蔽，气亦属心体之流行之用。此见后贤明有进于朱子之胜义，不可诬也"④。象山的思路摆脱了气与心、理关系的纠结，避开了朱子本体哲学中理气关系这个较为核心的问题，但也导致工夫论层面的粗疏。王阳明多次论及象山思想"细看有粗处"也是由此而来。唐君毅判定"阳明之学乃始于朱而归宗于陆"⑤，阳明如何处理"气"与"心""性""理"的关联，就成为唐君毅解释阳明思想的一个重要切入点。

王阳明关于"气"的论述，虽然篇幅不多，但比较重要。尤其放在"心与理如何为一"这一问题意识下，更见其意义。陈立胜指出，从本体论层面看，良知是"造化的精灵"，这"精灵"实则是"精灵之气"，"天""地""鬼""帝"皆是在此"精灵之气"的贯通（屈伸、感应）之中"生成"的，而人之所以拥有"造化的精灵"乃在于天地的灵气在

---

① 冯友兰：《中国现代哲学史》，生活·读书·新知三联书店2009年版，第216页。
② 唐君毅：《中国哲学原论·原教篇》，台北：台湾学生书局1990年版，第206页。
③ 参见唐君毅《中国哲学原论·原教篇》，台北：台湾学生书局1990年版，第323页。
④ 唐君毅：《中国哲学原论·原教篇》，台北：台湾学生书局1990年版，第206页。
⑤ 唐君毅：《中国哲学原论·原教篇》，台北：台湾学生书局1990年版，第206页。

人心这里得到自觉，或者说"天地之心"最终在人这里自觉其自身，良知本身就是一气韵生动的灵体。① "良知""心""气""理"在"造化的精灵"中一体相连，王阳明比较具有代表性的论述还有：良知"以其流行而言谓之气"②；"理者气之条理，气者理之运用"③。从本体发用的角度看，"气"是"良知"的流行，是"理"的运用。以"气"为中介，阳明把"良知"与"理"贯通起来。

在王阳明的工夫论层面，"气"不动时，就是至善；"气"动之时，就显善端；"气"动之后，则有善有恶。这也说明，"生"必须与"气"相关联，才能被具体讨论。"良知"成为"气"的主宰，必须贯穿于"气"的整个历程之中。④ 阳明通过关联"良知"与"气"，对于人性的应然与实然作出了贯通性的解释；其"心物双彰"的思路，也要在气化流行、心物感通的框架下才能被理解。《传习录》中记载阳明之言："天地鬼神万物离却我的灵明，便没有天地鬼神万物了。我的灵明离却天地鬼神万物，亦没有我的灵明。如此，便是一气流通的，如何与他间隔得！"⑤ 天地鬼神万物，都要在"心"的彰显下体现其存在价值，"心"与天地鬼神万物一气相通，通过人的感通之活动，天道才能彰显。在这种思路中，"良知"与"气"的贯通性作为主要内容，得到了极大的彰显。

唐君毅继承了阳明的思路来综述气、理、心三个范畴的关系，并与西方哲学相对照。他认为，

> 西洋哲学的主要概念有三，曰理性，曰意识，曰存在。存在有自然物质与生命之自然存在，有精神之存在。中国哲学之主要概念亦有三，曰理，曰心，曰气。气正兼自然之物质、生命、与人之精神之存在者也。心之知之所对者理，心之所托者气。自发之知，恒

---

① 参见陈立胜《良知之为"造化的精灵"：王阳明思想中的气的面向》，《社会科学》2018年第8期。
② 《王阳明全集》上册，吴光、钱明、董平等编校，上海古籍出版社1992年版，第62页。
③ 《王阳明全集》上册，吴光、钱明、董平等编校，上海古籍出版社1992年版，第62页。
④ 参见王英《良知不是纯形式——以王阳明为中心》，《理论界》2009年第12期。
⑤ 《王阳明全集》上册，吴光、钱明、董平等编校，上海古籍出版社1992年版，第124页。

以理为目的。反求之知，则更知知所依之心。知心者，心之自觉自悟。更行其所知，斯为精神之气。精神之气之所触与所欲运者，物质与生命之自然之气也。故昭人与世界之律则，必尊吾理性；启人生之觉悟，必唤醒吾心；而欲人文之化成乎天下，必资乎作气。理之所尚，心之所往；心之所觉，气之所作。三者固不可分。然理之必昭于心之前，气必继于此心之后，则人固皆可反省而知之者也。①

"理"是宇宙人生的根本律则，要对宇宙人生之根本律则有所觉解，则必须依靠"心"的觉知能力。"心"之所觉展现于现实世界，必须依靠"气"的发用，人通过"气"才能反思"理"与"心"。因而，唐君毅把"气"作为"人文化成"的直接依据。

虽然"气"需要以"理"为根据来调节自身，依"心"而动，却彰显了一种特殊化原则，在具体情境下的变动的历程，在"理"之先天依据与社会现实之间寻求一种沟通，既坚持道德有形上本体的、先天的根据，又不能脱离现实社会生活。"气"是心之本体发用、呈现的现实依凭，与心之本体有根本上的不同。这也直接拉开了"良知"与"气"的距离。唐君毅用"心之所觉，气之所作"来说明"气"不仅是一个物质性的载体，还是一个彰显"心""性"之善的精神性概念，是"心"行其所知者。一方面，"气"是"心"和"理"得以实现的依凭，没有气的凝聚，就不会有具体的事、物；另一方面，"气"也是现实世界得以提升的媒介，是道德理性、文化理想与现实世界相沟通的中介。只有"精神性之气"，才能使"心"的觉知运行于现实世界，为现实世界的安立与超越提供基础。唐君毅强调"气"形成于"心"之内，流行于"心"与外物相接触而发生的活动之中，心志、理想、情感、行为，在"气"的流行下一气呵成。他把这个流行的过程描述为：

> 吾人之生命，固有其心志。当人之心志之有所感动，而有所向往之际，人亦皆可自觉其呼吸，亦因之而易见其疾徐与强弱，吾人遂知充此吾人之生之气，或充此吾人之体之气，乃恒随吾人之心志

---

① 唐君毅：《中国哲学原论·原教篇》，台北：台湾学生书局1990年版，第666页。

以俱往，并知此志之能率气。于是此为心志所率之身之气，与由此有所向往，而生起之一切心之观念、心之情感等，皆可同视为此心志之所率，而为此心志之气之内容。此心志之气，即为精神性之气。①

唐君毅对于"气"的理解，更加系统化，强调其中的动态性。他指出："溯中国宇宙论思想中，气之观念之所以立，初实由观之能自化而立。在物之自化之际，则一物原表现之一形式，固化而不存，其质亦化而不存。在此中，物固无定形留滞于后，亦无定质可改为他物之质。当此形质既化，尚可言余存者，即只在有此形质者，所化成无形质之一'动态的有'。此一有，即名为气。"② 气之一名，"乃初含动态义者。气虽有阴阳之别，而阴阳恒可相继而互转。……气之一名，则自始涵具流行变化之义者"③。

为了保持气与心的直接关联，唐君毅用"气之灵"开启了"气"与"心"的形上探讨。他指出，"气之依理而变化，即见气之灵、气之明与气之伸、气之神、气之生生不息。故气自具神明义、心义与生命义。天地万物之生生不已中，自有此神明或天心之遍在，以成此天命之不已"④。"气之灵"作为变化的主宰，与王阳明用"天地气机，元无一息之停；然有个主宰，故不先不后，不急不缓，虽千变万化，而主宰常定：人得此而生"⑤ 来呈现的气化之主宰颇为一致。这种主宰，是良知，亦是天理、心之本体。唐君毅由"气之灵"说心，意在由"灵"上指出心具有超越于气、通于天理的含义。"心"有此"灵"，才能由人心而道心，化除种种私欲，澄明人之为人的内在根据。"灵"是心具有超越与贯通能力的核心："心不虚则不能摄物以有知，心不灵则不能既知物而更有所知。"⑥ 而"气"遮蔽"心"的一面，则成为唐君毅强调"人文化成"的理论根据。

---

① 唐君毅：《中国哲学原论·原性篇》，台北：台湾学生书局1986年版，第135页。
② 唐君毅：《中国哲学原论·导论篇》，台北：台湾学生书局1986年版，第468页。
③ 唐君毅：《中国哲学原论·原性篇》，台北：台湾学生书局1986年版，第139页。
④ 唐君毅：《生命存在与心灵境界》下册，台北：台湾学生书局1986年版，第251页。
⑤ 《王阳明全集》上册，吴光、钱明、董平等编校，上海古籍出版社1992年版，第30页。
⑥ 唐君毅：《中国哲学原论·原性篇》，台北：台湾学生书局1986年版，第427页。

在唐君毅的思想中,"气"作为特殊化的原则,是"心"体发用之后的具体原则,体现于"心"与外物相接触而发生的具体活动中。"精神"与"气",都具有"充于内而形于外"的根本属性,只是"精神"多用于"心灵"与"身体"之中介,"气"则多用来沟通"本体"与"万物"。借助于"精神性之气",唐君毅证成了"心灵为体,精神为用"的文化根源之结构,"气"兼具物质性和精神性的独特品质也由此而确立并深化,成为"心灵"与"物质身体""自然生命"相沟通的中介,彰显了"气"的历程义和创生义。

二 证成"心灵为体,精神为用"的文化根源论

"心灵"与"精神"二分,"心灵为体,精神为用",是唐君毅思想中一个非常重要的内容,他从本体与功用相区分的角度说明"文化"的直接根源,从本体与功用一体相连的角度说明"心灵"的超越和主宰能力。他指出,"精神"是"充于内而兼形于此心灵自身之外的。故一人格之精神,恒运于其有生命的身体之态度气象之中,表于动作,形于言语,以与其外之自然环境、社会环境,发生感应关系,而显于事业"[1]。与"精神"相关,文化则是"人心之求真善美等精神的表现,或为人之精神之创造"[2],是"吾人之精神活动之表现或创造"[3]。一方面,心灵与精神有根本不同,另一方面,心灵与精神又在"体用不二"的架构下密切相关。唐君毅援引"气",尤其是"精神性之气"来证成"心灵为体,精神为用",拓展了心性之学对于文化根源的讨论思路。

唐君毅把"心灵"和"精神"的区别、"心灵"与"精神"的体用关系描述为:"我们说心灵,或是指心之自觉力本身,或是指心所自觉之一切内容。此中可包含人所自觉之各种真善美等目的。我们说精神,则是自心灵之依其目的,以主宰支配其自然生命、物质的身体,并与其他自然环境、社会环境,发生感应关系,以实现其目的来说。我们可以说

---

[1] 唐君毅:《心物与人生》,台北:台湾学生书局1989年版,第188页。
[2] 唐君毅:《心物与人生》,台北:台湾学生书局1989年版,第188页。
[3] 唐君毅:《文化意识与道德理性》,台北:台湾学生书局1986年版,第30页。

心灵是精神之体，精神是心灵之用。体用相依而涵义不同。"① 道德理性主宰一切文化活动，实质上就是理性依"心灵"之自觉而彰显，通过"精神"表现和创造文化。

在唐君毅的思路中，"心"作为一种觉知能力、动力之源，其活动可以分为三个阶段。第一个阶段是心灵向内活动，对自身有一个了解和把握。第二个阶段则是心灵向外的、感应外在世界的活动，建立在对自身有所了解和把握的基础上。第三个阶段则是心灵合内外的活动。其中，第二个阶段的活动，就是"精神"。心灵自我超越、自我反省的活动，是道德活动，其结果是道德意识。道德意识在自我完善的同时，也会在理性的引导下，关注他人和外物，完成辅助万物的活动。"气"作为性和情、人与物之间的关联，由情境、形质来引导。这种思路，与阳明指出的"'生之谓性'，'生'即是'气'字，犹言气即是性也。气即是性。人生而静以上不容说。才说性即是气，即已落在一边，不是性之本原矣。孟子性善，是从本原上说。然性善之端须在气上始见得，若无气亦无可见矣。恻隐羞恶辞让是非即是气"②的思路颇为一致。

唐君毅强调"精神"必须活动以丰富、涵养心灵，但对于陷溺于物而不能自拔一直有高度的警惕。他在早期写作《心物与人生》时即指出："人之精神活动，则因处处要与客观之外物（包括他人与社会）互相感通，发生关系；因而处处不免觉受外物之限制束缚。"③ 后来，唐君毅在其"心通九境"的心灵哲学建构中，用人之心灵之自觉与其所觉之间所形成的"精神空间"，来强调心灵本体与现实事物、具体活动之间的距离，并强调心灵主宰力在精神空间中的重要性。他指出："人必须将其能观此一切境之心灵，向上提起，以虚悬于上，以与此所观境间，时时有一距离，以形成一精神的空间。"④ "此空间之量，人可生而即有或大或小之分，然亦可由修养而开拓小以成大。……此修养之道，乃在平时之不关联于道德实践之心灵之活动。……此诸活动，或关于真理，或关于美，

---

① 唐君毅：《生命存在与心灵境界》下册，台北：台湾学生书局1986年版，第188页。
② 《王阳明全集》上册，吴光、钱明、董平等编校，上海古籍出版社1992年版，第61页。
③ 唐君毅：《心物与人生》，台北：台湾学生书局1989年版，第188—189页。
④ 唐君毅：《中国哲学原论·原性篇》，台北：台湾学生书局1986年版，第307页。

皆不直接关于道德上之善。然真美之自身，亦是一种善。人对真美之境之体验，则为直接开拓上述之精神之空间，以成就尽性立命之道德实践者。"① 随着"精神空间"的扩大，"精神"从"心灵"出发而不断走向心外的物与事，完成由此及彼、由彼及他的生命感受，展示人和万物作为生命整体共通的本性。这是心灵发展的必要阶段，人"精神"活动的丰富，是实现人的心灵的丰富与整全的必要途径。同时，在精神活动中，也存在着心灵被遮蔽的可能，需要人的高度自觉才能保证心灵的主宰力持续作用。这种思路，与王阳明对于"心"和"气"的理解模式是相同的。

唐君毅对于精神空间的重视，建立在他对传统心学的弊端有清醒的认知之上：尽心知性立命的心性工夫，虽然有简易、高明之处，但容易流于内倾、空疏。他说："吾人亦当知人之只恃此内心之工夫，亦有工夫难就处。收摄过紧而离外务，亦足致此灵觉之自陷于其虚静之中，以成一高等之自己沉没；而由其外以养内之工夫，亦不可忽。此则要在礼乐之生活。"② 礼乐生活之要义，在于"成就人与人之心灵生命之交感"；而"凡美感之所对，皆有其神运变化，不可以概念判断加以分辨指出，即可使人之分别心起，而不得不止也。人能去此以概念判断之分别心，即应合于以超分别之心之虚静，而使此虚静之心之灵光，以美感之生起，而照耀于外，以观赏之持续，而凝绝于内，合以渐致此心之虚静"。③

基于对"精神""精神空间"在沟通心灵与文化的中介作用的认识，唐君毅认为，不应当把道德实践活动限定在一个狭小的范围内，即不应当仅仅就道德而言道德。一个从事于道德实践活动的心灵，应当经过对人类各方面的文化成果之丰富的感受，应当能够普遍地肯定人类一切优秀文化成果之价值。这就是说，"精神"不仅仅是一个心向外发用的过程，还应该是一个具体文化活动涵养心灵的过程。只有这样，才真正完成了心灵与精神的体用相依，也把传统哲学工夫修养论的精华转化为其文化哲学中的重要部分。

唐君毅以"心灵为体，精神为用"来细致说明文化本体开显文化活

---

① 唐君毅：《中国哲学原论·原性篇》，台北：台湾学生书局1986年版，第305页。
② 唐君毅：《中国哲学原论·原性篇》，台北：台湾学生书局1986年版，第208页。
③ 唐君毅：《中国哲学原论·原性篇》，台北：台湾学生书局1986年版，第208—209页。

动的结构,是对熊十力"体用不二"思想的细化。熊十力对体用范畴,有自己的界定:"用者,作用或功用之谓。这种作用或功用本身只是一种动势,亦曰势用。而不是具体真实性或固定性的东西。"① 唐君毅所论说的"气"就是心之发用流行,相当于熊十力所讲的"用"。唐君毅援引了"气"论来说明心本体与流行之一体,肯定个体事物、整个世界之多元性与真实性。而对这种多元性与真实性的肯定,为人们提供了自省、自觉、自主以提升人格境界的现实场域。唐君毅自己也认为,"由以精神论文化者,又较只本心性以论文化者,更能重文化之多元发展"②。区分心灵和精神,并以心灵为精神的基础,精神又能涵养心灵,成为唐君毅哲学中的一条线索。

概括而言,唐君毅用阳明心学中讨论"气"的思路,来说明"精神"和"精神空间",一方面从文化本体的结构上证成"体用不二",另一方面又强调了文化活动之"用"必须通过客观世界来完成。由"气"到"理",再到"心与理一"是侧重从社会生活实践的层面来开显体用相连的脉络,从而更容易获得多元视野,更容易从原有文化的整体互动、动态平衡中来找寻文化发展之新方向,并强调文化活动的自我调适及其涵养道德本体的功能。用唐君毅的话来讲,就是"明体"与"达用"必须区别开来。"明体"是道德上之"成己","达用"则是透过客观世界以"成物",文化活动即一"明体达用"之历程。

在这一思路中,唐君毅开启了对于"内圣外王"的反思。唐君毅说:"今后之人类,能人人在其从事任何特殊之职业事业中,不断提高其目标增益其价值,而又有胸襟度量以同情尊重肯定其他人格所怀之其他目标,及所从事之其他职业事业之价值,并使其个人生活与其所从事参加一切公共之事业,皆为相与顺承者,此即已开出人皆为尧舜人皆为圣贤之途。"③ 当今时代的人,应超越传统的圣人理想,而以个人生活与公共事业协调发展,肯定他人的人格、职业与事业的主体意义。这比传统心学中的圣人理想更加重视客观世界的价值。

---

① 熊十力:《新唯识论》,上海古籍出版社2019年版,第195页。
② 唐君毅:《中国哲学原论·原教篇》,台北:台湾学生书局1990年版,第514页。
③ 唐君毅:《道德自我之建立》,台北:台湾学生书局1985年版,第17—18页。

三 重"气"为重"礼"的依据

唐君毅通过观察儒家思想史指出,重气是重礼的理论前提,宇宙万物都由气构成,"气"是天人、物我、内外相沟通的中介,是"礼"成就"内外之合,己与物之相得,天性之见于形色之身,显为天下人所共见之际"的根据。唐君毅分析礼、乐的根据,是为了强调"礼乐的文化生活"的意义,并强调这是中国文化的特殊性所在。

朱熹在讨论"礼"与"理"的关系时,明确提出:"'天叙有典,自我五典五敦哉!天秩有礼,自我五礼五庸哉!'这个典礼,自是天理之当然,欠他一毫不得,添他一毫不得。"① 作为理学的集大成者,朱熹以理为礼的根据,具有较强的代表性。王阳明在回答学生关于"博文""约礼"何以实现的问题时,延续着这种文、理、礼相通的思路。他说:"礼字即是理字。理之发见,可见者谓之文;文之隐约,不可见者谓之理:只是一物。约礼只是要此心是一个天理。要此心是纯天理,须就理之发见处用功。"② 有论者在分析唐宋时期思想转型时就指出,理学家们的基本思路是"行礼而求诸理","作为对唐宋社会转型的思想反省与文化自觉而兴起、发展的宋学,虽然以重建国与家、社会与个人生活之秩序为目标,'礼'为具体的体现,但旧礼既已随社会的转型而荡失,则新礼的重建必有待于制度背后的理据认识,宋儒论学行道亦因此而在理与礼之间展开。……言礼而求理,将社会秩序建立在理性与人文的基础上才是宋儒论学行道的真精神"③。唐君毅认为,宋明理学家们为了使得人们的行为合乎"礼",使得社会规范合乎"理",建构起一套理论,"礼乐"是其核心。

唐君毅指出,礼乐的文化生活就是"人与人之日常的衣、食、住、行的生活,亦应该处处有艺术、文学、知识智慧、宗教道德行乎其中"④。

---

① (宋)黎靖德编:《朱子语类》第6册,王星贤点校,中华书局1986年版,第2184页。
② 《王阳明全集》上册,吴光、钱明、董平等编校,上海古籍出版社1992年版,第6—7页。
③ 何俊:《由礼转理抑或以礼合理:唐宋思想转型的一个视角》,《北京大学学报》(哲学社会科学版)2007年第6期。
④ 唐君毅:《东方人之礼乐的文化生活对世界人类之意义》,载《中华人文与当今世界》下册,台北:台湾学生书局1988年版,第207页。

他认为,"礼"是礼乐生活之起点,由礼至乐既是礼的发展,也是礼乐生活的一个环节。"礼之精神,乃重人之一切行为之本原与开始。""礼"作为一种"精神",是"人对人、对天地社稷与其他鬼神之宗教道德精神之表现,及人对人之生命之始终之尊敬之精神,与人与人种种伦理关系中之人义之表现";"礼"作为一种"作为",则"处于人之内在之心与德,及外在之事功之交界,而兼通于此内外之二者,亦足以为贯通此二者之媒者。自此礼为贯通内外者之媒上看,则内以此而表现于外,而外亦可还养其内。其表现于外,非直接成就一外在事功之行,而却为此事功之行之所本"。① 礼乐生活实际上是在强调:日常生活、文化生活都是人的心灵本体、生命价值的表现,不仅具有物质形态,更具有精神价值,应当重视人与自然、人与社会的直接感通,其中包含着对于生命源头的尊重和爱护。在礼乐生活中陶养人的心性,达于圣贤之境,这既是教化、政治的基础,也是修身之途。

"礼""乐"与人的行为、意志关联的关键,也就是"气"。就理论层面而言,唐君毅从身体、气、性、情的关系来指出,"气"是礼乐与人相呼应的根据。唐君毅对于这一关联,有比较细致的说明:

> 体气之动转,与吾人之身体之生理变化相依,而此生理之变化,又与吾人心之情志之变化相依。故情动于身,而有生理之变化,此生理之变化,或直接引起身体之动作,或只引起一体气之转动。身体之动作有序有则,而为礼之所规范。体气之转动,显为声之高下,有一定之比例,而成乐音。乐音之相继,有节奏而相和,即成乐。……人可以合礼之态度行为,以培养人之善情,使人成其善德;则人亦可以音乐养人之善情,以使人成其善德也。由此乐歌之声,直接出于人之体气之转动,又可一方连于人之身体行为,而声又为表情志之言之始,故歌乐所关连之体气,乃兼通于人之言与行;而其与吾人之生命之关系,即更有切于礼者。此即儒家重礼,而或更

---

① 参见唐君毅《中国哲学原论·原道篇卷二》,台北:台湾学生书局1986年版,第116—117页。

重歌乐者也。①

唐君毅关于"礼""乐"如何影响人的行为、活动，人的活动如何涵养人的心灵的讨论，实际上是对中国传统哲学中身心问题的进一步梳理和回应。"体气"在这里显然是"物质之气"，物质之气的变动又是精神性之气引发的；同时，物质之气的变动也会引起精神性之气的变动。孟子在回答如何养"浩然之气"时即已提出这一思路："夫志，气之帅也；气，体之充也。夫志至焉，气次焉。故曰：'持其志，无暴其气。'"②"志一则动气，气一则动志也。今夫蹶者趋者，是气也，而反动其心。"③张学智指出，孟子此处对身心关系的讨论，说明了心身互相引发、互相映照的双向作用，身心二者互相作用引发的结果是直接呈现的，不能在这直接呈现的东西中再分析出精微的存在作为更深层次的原因。孟子以象征、想象的方式提出的"浩然之气""集义"等由"道德行为的积累而引起心理的崇高感，崇高感这种心理的势能引起体内之气的充盈，由体内之气的充盈而有塞于天地之间的联想"④，这在阳明的思路中依然存在。唐君毅以"气"可以区分为"物质性之气"和"精神性之气"来沟通身和心，把孟子和阳明提出的思路作了理论上的说明。

唐君毅从"气"的二分和统一来说明心灵和身体的区分与合一，推进了中国哲学中关于身心关系的讨论。他已经不再从浑沦整体的角度说明身心合一，而是在身心二分的基础上，通过礼乐生活的陶养实现精神境界层面的身心合一，宗教、道德、艺术合一，实现人格的完善。唐君毅强调以礼乐生活陶养人的德性基础，正是对于孔子"仁—礼"一体思想的复归：内修于仁，外学于礼，两者结合才能真正成就个体道德。这也克服了传统心学忽视"礼"的不足。

唐君毅以"气"为中介，论述了"礼""乐"皆以"心"为根据。在他看来，"全气皆理""全气皆心"是"礼""乐"的极致，是人自我

---

① 唐君毅：《中国哲学原论·原道篇卷二》，台北：台湾学生书局1986年版，第121页。
② （宋）朱熹：《四书章句集注》，中华书局1983年版，第230页。
③ （宋）朱熹：《四书章句集注》，中华书局1983年版，第231页。
④ 张学智：《中国哲学中身心关系的几种形态》，《北京大学学报》（哲学社会科学版）2005年第3期。

超越的方向。"此礼之极,即乐也。乐者抑扬节奏,皆成文章,全气皆理也;声入心通,全气皆心也。全气皆理,全气皆心,而音容有度,斯达天德之超意识境界。乃可以彻乎幽明而通鬼神。船山言礼乐之极者,治之于视听之中,而得之于形声之外。即上文于形下见形上之谓也。"① 唐君毅提倡礼乐生活,其中不仅包含着对日常生活方式的关注,亦包含对文化理想的思考。在他的理想世界中,道德生活、文化生活、礼俗生活三者是合而为一的:"吾人谓最高之道德生活,应包含为促进社会道德而从事文化理想文化价值之文化活动。此所成就者,即中国儒者所谓善良之礼俗。而吾人最高之生活即为文化的道德生活,或道德的文化生活。此即涵泳优游魇饫于善良礼俗中之生活。"②

"礼"通理、心,"乐"通心、情,礼乐精神在修养人格中的关键作用,在于内外相合、表里如一,对个人修养的完成起着贯通和整合作用。所以当子路问及修养"成人"的道理时,孔子回答说,有了智慧、清廉、勇敢、多才多艺这四方面的品格,还必须"文之以礼乐,亦可以成人矣"③,突出的正是现实生活对人格的陶养意义。在礼乐生活中,人可以获得对天地人我万物通而为一的生命感受,获得性与情合一的生命体验,这也是"气"流行于天地、物我的结果。

从气学在现代中国哲学中的发展和转化来看,唐君毅以"存在的流行""流行的存在"来说明"气"的含义,展示了他综合前人学术思想来申论新的哲学问题的思路,并在总结宋明儒学发展的基础上,说明"气"在人生论、历史论、文化论中的基础意义,申论心性之学与现实生活的关联。这与贺麟总结的现代儒学的发展方向"由粗疏狂诞的陆、王之学,进而为精密系统的陆王之学","由反荀反程朱的陆王之学,进而为程朱、陆王得一贯通调解的理学或心学"④ 相契合,成为现代儒学中解读阳明思想的一种尝试。

---

① 唐君毅:《中国哲学原论·原教篇》,台北:台湾学生书局1990年版,第645页。
② 唐君毅:《文化意识与道德理性》,台北:台湾学生书局1986年版,第583页。
③ (宋)朱熹:《四书章句集注》,中华书局1983年版,第151页。
④ 贺麟:《五十年来的中国哲学》,上海人民出版社2012年版,第30页。

全面理解阳明学的三个维度[*]

徐春林[**]

当下，我国已形成了学习阳明学的热潮。这股热潮有力地推动了阳明心学的传播、发展及其在各方面的运用。但同时，当下又存在将阳明学表面化、粗俗化的现象，甚至歪曲、错误的解读。这些问题产生的原因，在于对阳明学缺乏全面理解。而从理论内涵、当代价值和学习方法三个维度对阳明学作一个宏观审视，有助于我们全面理解阳明学的精髓和内涵，从而也有助于阳明学的现实运用。

一 理论之维：深刻把握阳明心学的本质与特征

阳明学是一个内容丰富、影响广泛的理论体系，在哲学、政治、军事、文学、艺术等多个领域都有重要地位。因此，学习和理解阳明学自然就容易从自己的喜好和方便之处切入。这种切入方式，并无不可，但必须有一个前提——对阳明学的核心内容作一个根本性的把握。否则就会盲无所入，无法得其精髓，也就谈不上真正意义上的研究与学习。那么，阳明学的核心内容是什么呢？笔者认为，阳明学在本质上是一个信仰体系。因此，笔者先给阳明学的定义是，阳明学是以良知为信仰对象，以体验为修行途径，以日常生活为修行平台的一种信仰体系。简言之，

---

[*] [基金项目] 2017 年江西省社会科学"十三五"规划项目"王阳明的政治哲学及其当代价值研究"（项目编号：17ZX05）。

[**] [作者简介] 徐春林，1968 年生，男，江西贵溪人，教授，博士。主要研究方向：宋明理学、人生哲学。

阳明学就是"致良知"的信仰体系。

这种"致良知"的信仰体系，是中国文化长期孕育、到明代中后期才得以形成的。"良知"一词孟子就提出来了，但是没有成为信仰的对象。在中国儒家历史上，信仰对象大体可以分为三种：一是早期的"天"，或者说天道；二是宋代以理释道的"天理"；三是阳明学把天理内化，即"良知"。王阳明结合《大学》的"致知"，从而形成了"致良知"的信仰模式。这种信仰模式，有三个显著特征。

第一，主体性。信仰的主体性是指人们在信仰实践中，体现出人的内在性、主导性、主动性、支配性。蒙培元先生指出："传统思维的一个根本特点，是主体以自身为对象的意向性思维，而不是以自然为对象的认知思维，它从'天人合一'的整体模式出发，导向了自我反思而不是对象性认识。因此它是内向的而不是外向的，是收缩的而不是发散的。"[①]中国传统思维的这种以主体自身为对象的意向性思维在阳明学中得到了最为充分的体现。在阳明学的信仰体系中，它的信仰对象——良知，不在身外，而就在我们自身内部。它和以往以天、天道、天理作为信仰对象的儒家与其说是不同，毋宁说，是对这一传统儒学的超越。以天、天道、天理为信仰对象的信仰方式，虽然也具有以主体自身为对象的意向性思维的特质，但仍然保留着外在信仰的特征，因为它的信仰对象可以脱离人的主体而存在，所以可以视为一种外在的信仰。朱熹说"万一大地山河都陷了，毕竟理却在这里"[②]，表达的正是信仰的外在性特征。

阳明学则坚持信仰的主体性原则，把宋儒的"天理"内在化，使外在的天理内化为我们内在的良知，从而把信仰对象由身外拉到身内，凸显了信仰的主体特质。这一主体特质，王阳明继承了陆象山"心即理"的概念来指称，以区别于朱子的"心具理"。朱熹虽然也高度肯定"心"的地位，但他认为心属气，并不必然是理，因此朱熹秉持"性即理"的观念，不同意"心即理"的主张。但朱熹持"心具理"的主张。他说："心以性为体，心将性做馅子模样。盖心之所以具是理者，以有性故

---

① 蒙培元：《中国哲学主体思维》，人民出版社1993年版，第190—191页。
② （宋）黎靖德编：《宋子语类》第1册，王星贤点校，中华书局1986年版，第4页。

也。"① 王阳明则认为，人的行为法则源于人的内在自觉，因而心与理一，心就是理。朱熹和王阳明在概念上面，就显示出两种不同的态度。朱熹的"心具理"，只承认了心的认知功能，而不承认心的本体地位。而阳明心学则肯定了心与理的同一性，从而肯定了心的本体属性，彰显了信仰的主体性。这是中国信仰体系的一次巨大飞跃，体现了中国信仰模式由客体对象向主体体验的嬗变与完成。不过，这个飞跃是站在朱熹的肩膀上的，本质上是对朱子学的继承和发展，"吾心之良知，即所谓天理也"②的论述使良知就是天理的思想如一根脐带连接着阳明学与朱子学，有力地标明了阳明学与朱子学的血肉联系。所以，阳明学与朱子学的共同之处远大于分歧点，二者的差异不宜过于放大。阳明心学是主体化了朱子学，是对朱子说的超越而不是抛弃。这是阳明学的根本特征。

第二，自觉性。跟主体相关的，就是自觉性。强调主体的内在觉悟，是儒家的一贯特征。如《周易·说卦传》所说的"神也者，妙万物而为言者也"中的"神"、孟子所谓"操则存，舍则亡，也入无时，莫知其乡"（《孟子·告子上》）中的"心"，都有内在自觉的意思。宋儒程颢在谈到"天理"时，不无自得地说："吾学虽有所受，天理二字却是自家体贴出来。"③ 其中所谓的"体贴"，也就是指内在的自觉。不过，阳明学以前的传统儒家，都带有外在信仰的特征。也就是说，都是以外在对象为主体的偶像崇拜式的信仰体系，在一定程度上可以通过各种外在的仪式来修证和体现自己的信仰，虽然其中也不乏主体的自觉。而阳明学把儒家信仰的外在性基本摈弃，创造了一套以内在的主体自觉为修证方式的信仰体系，把儒家信仰内在自觉的特性发挥到了极致。

在阳明学中，其信仰对象——良知就是靠内心去体认的，虽然也会有一定的外在仪式。但这些外在的修养仪式，如果没有内心的体认与自觉，就会变得毫无意义。在约束机制上，宋儒的信仰——天理，其约束方式主要是通过外力的惩罚，所谓天理昭昭、赏善罚恶；而阳明学的信仰——良知，则主要靠自谴发生作用，所谓良心不安、无地自容。良知

---

① （宋）黎靖德编：《朱子语类》第1册，王星贤点校，中华书局1986年版，第89页。
② 《王阳明全集》上册，吴光、钱明、董平等编校，上海古籍出版社2011年版，第51页。
③ （宋）程颢、程颐：《二程集》第2册，王孝鱼点校，中华书局1981年版，第424页。

的自觉性使得阳明学作为一种信仰,不依赖于外在的偶像崇拜和仪式,而重在内在心性体验能力的提高。王阳明认为:"道必体而后见,非已见道而后加体道之功也;道必学而后明,非外讲学而复有所谓明道之事也。然世之讲学者有二:有讲之以身心者,有讲之以口耳者。讲之以口耳,揣摸测度,求之影响者也;讲之以身心,行著习察,实有诸己者也。知此则知孔门之学矣。"① 所谓"道必体而后见"的"道"就是良知,此句意即"良知必体而后见"。"体"就是体察,也就是内在的自觉。没有内在的体察与自觉,良知即不可见。所谓"讲之以身心",同样强调的是内在体认,强调内在的自觉。在阳明看来,孔门儒学,都以内在体认与自觉为根本法门。

第三,日常性。信仰的常道性格,是儒家信仰的一贯特征。如北宋学者陈淳所说:"道之大纲,只是日用间人伦事物所当行之理。众人所共由底方谓之道,大概须是就日用人事上说,方见得人所通行底意亲切。"②"道非是外事物有个空虚底,其实道不离乎物,若离乎物则无所谓道。"③ 这里所说的"道"就是儒家的信仰,陈淳的两段话,表达了儒家信仰的常道性。不过这种常道性在阳明学之前并没有使"百姓日用"具有本体性,因而也就未能使儒家信仰的常道性得到充分彰显。阳明学使其充分体现了出来。在阳明学的信仰体系中,以良知为信仰体系的修行不需要特定的场所和领域,日常生活就是我们修行的舞台。它的修行,就体现在我们的一言一行里,体现在每一件平常的事情中。王阳明在其诗《别诸生》中说:"绵绵圣学已千年,两字良知是口传。欲识浑沦无斧凿,须从规矩出方圆。不离日用常行内,直造先天未画前。握手临歧更可语?殷勤莫愧别离筵。"④ 其中"不离日用常行内,直造先天未画前",强调的就是良知的日常性。

更重要的是,阳明学赋予了日常生活以本体属性,从而从根本上挺立了儒家信仰的常道性。其中最具代表性的是王阳明弟子王艮提出的

---

① 《王阳明全集》上册,吴光、钱明、董平等编校,上海古籍出版社2011年版,第85页。
② (宋)陈淳:《北溪字义》,熊国祯、高流水点校,中华书局1983年版,第38页。
③ (宋)陈淳:《北溪字义》,熊国祯、高流水点校,中华书局1983年版,第39页。
④ 《王阳明全集》中册,吴光、钱明、董平等编校,上海古籍出版社2011年版,第872页。

"百姓日用即道"的思想。王艮继承和发展了王阳明的良知信仰的常道品格,认为"百姓日用之道"就是良知,它和圣人之道具有同等地位,但却是简易的,愚夫愚妇皆能行之。其后学罗汝芳更是在此基础上提出了"捧茶童子却是道"的命题,使儒家信仰的常道品格得到最为充分的彰显。①

王阳明由于强调良知的常道品格,因此主张事上磨炼,把事上磨炼作为良知修证的根本方式。所谓事上磨炼,就是在每一件事上体现良知。它要求我们无论什么情况、什么环境,无论碰到什么困难,都要按良知的要求去做,都要"致良知"。所以,事上磨炼磨的就是信仰,磨的就是良知。《传习录》记载了一个王阳明强调事上磨炼的故事:

> 澄在鸿胪寺仓居,忽家信至,言儿病危,澄心甚忧闷不能堪。先生曰:"此时正宜用功,若此时放过,闲时讲学何用?人正要在此等时磨炼。父之爱子,自是至情,然天理亦自有个中和处,过即是私意。人于此处多认做天理当忧,则一向忧苦,不知已是'有所忧患,不得其正'。大抵七情所感,多只是过,少不及者。才过便非心之本体,必须调停适中始得。就如父母之丧,人子岂不欲一哭便死,方快于心?然却曰'毁不灭性',非圣人强制之也,天理本体自分有限,不可过也。人但要识得心体,自然增减分毫不得。"②

王阳明这一事上磨炼的主张,把儒家的常道性格落到实处,并使这一性格变得具体、生动。

具有上述三个主要特征的阳明学,是中国文化奉献给我们的一种独特的信仰模式。了解、学习阳明心学,本质上就是去了解、学习一种信仰模式。阳明心学的一切内容,都是围绕着这个信仰模式展开的,其哲学、政治、军事、文学、艺术等,都是这一信仰体系的表达,脱离了这

---

① 关于阳明学的常道性格,参见拙作《生命的圆融——泰州学派生命哲学研究》,光明日报出版社2010年版,第28—42页。
② 《王阳明全集》上册,吴光、钱明、董平等编校,上海古籍出版社2011年版,第19—20页。

个根本宗旨去了解和学习阳明学,那就是只得其形、未得其神,是没有价值的。

二 价值之维:充分了解阳明学的当代价值

如上所述,阳明学在本质上是一种具有主体性、自觉性和日常性特征的信仰体系,其当代意义可以从三个特征中得到理解。

1. 为人类文明贡献弘扬人的主体性的智慧。文化是人创造的,但一旦创造出来就有独立的力量,会反过头来成为控制和约束人的力量。于是摆脱文化对人的控制以弘扬人的主体性,一直伴随着人类的进程。西方自柏拉图、亚里士多德以来奠定的西方理性主义传统和以偶像崇拜为特征的早期基督教,成为宰制和约束西方人的文化力量。于是,他们有文艺复兴运动,通过肯定人的本能欲望来肯定人的主体价值;有马丁·路德的宗教改革,以因信称义的主张把基督教信仰模式由偶像崇拜转化为内在体认;18世纪以来,尼采、叔本华等哲学家兴起的存在主义思潮,以肯定意志、情绪等人的非理性来挺立人的主体性。但是西方文化的主体性,存在许多难以克服的理论问题,面临许多现实困境。如,理性与情感、日常与神圣等问题,都没有获得圆融性的解决。

2. 在中国,警惕文化对人主体性的戕害有着漫长的传统。道家的"贵我"思想反映了道家维护人的主体性的努力。中国佛教的代表——禅宗则是以机锋、棒喝等方式切断人们对理性的依赖,以明心见性的主张高扬人的主体性。但是,道教和佛禅未能在入世与出世、个体与社会等方面得以融通。

3. 阳明学在秉承儒家主体性哲学的基础上,融合了佛道的主体性智慧,形成了独具特色的主体性哲学。在儒家历史上,孔子就强调过"古之学者为己"(《论语·宪问》)的内在诉求和"我欲仁,斯仁至矣"(《论语·述而》)的主体地位,孟子提出了"反身而诚,乐莫大焉"(《孟子·尽心上》)的主体自觉。北宋大哲张载把知识分为德性之知与闻见之知,又推崇德性之知以强调人的主体性。南宋大儒陆九渊以"发明本心"的命题把儒家的主体意识推到一个新的高度。但是,在王阳明之前,儒家塑造的仍然是以外在权威为特征的天理信仰。这种信仰的载体——程朱理学,由于元代以来的官方地位和科考等因素,日益走上了知识主义和功利化的道路,淹没了人的主体性。读书沦为利禄之学、口耳之学,不复知有身心。儒学滋润心灵的功能日益丧失。王阳明的心学就是这种背景下形成的。

4. 阳明学以"心即理"的命题肯定了信仰之源的内在性,以"致良知"的命题强调了修养过程的自觉性,以"知行合一"强化了修养结果的自主性,成功地解决了人类永恒性的诸多问题——形上与形下(心即理)、内在与外在(良知即天理)、信仰与实践(知行合一)、凡俗与神圣(事上磨炼)、入世与出世(尽职与辞官)、烦琐与诗意(案牍不辍与文艺成就)、意义探求与职业生涯(四民异业而同道、感性与理性、发而皆中节),从而为人类摆脱知识主义、物欲主义对人的宰制,弘扬人的主体性,提供了一种卓越而独特的智慧。

5. 为个人赋予生活以意义提供路径。阳明学的核心概念毫无疑问是良知,把它作为信仰对象让我们去用,就是致良知。为什么要致良知?王阳明认为:"所谓致知格物者,致吾心之良知,于事事物物也。吾心之良知即所谓天理也。致吾心良知之天理于事事物物,则事事物物皆得其理矣。致吾心之良知者,致知也。"[①]

"致良知"的目的,是使"事事物物皆得其理",是让事事物物因为体现了良知而对人具有意义的属性、精神的价值。意义追求和精神向往既是人特有的属性,也是人类获得幸福的根本途径。因此,阳明学是一种意义赋予的学问,是一种精神哲学[②],也是由意义追求而获得幸福的学问。它可以让我们从事的任何一项工作都具意义感和精神性,即所谓"四民异业而同道"。阳明说:"古者四民异业而同道,其尽心焉,一也。士以修治,农以具养,工以利器,商以通货,各就其资之所近,力之所及者而业焉,以求尽其心。其归要在于有益于生人之道,则一而已。士农以其尽心于修治具养者,而利器通货,犹其士与农也。工商以其尽心于利器通货者,而修治具养,犹其工与商也。故曰:四民异

[①] 《王阳明全集》上册,吴光、钱明、董平等编校,上海古籍出版社2011年版,第51页。
[②] 关于阳明学的精神特质,参见徐梵澄《陆王学述——一系精神哲学》,上海远东出版社1994年版,第13—14页。

业而同道。"①

这段话出自王阳明为商人方麟（字节庵）写的墓表，即《节庵方公墓表》。王阳明在文中提出"四民异业而同道"，充分肯定各行各业（包括商业）对实现人生价值的意义。经商、从政、务农、做匠人都能从自己的职业中求道，实现人生的意义。现在许多企业家学习和运用阳明心学，是因为王阳明认为经商也可以求道、做圣贤，能让他们知道经商做企业的精神意义。日本企业家稻盛和夫成功地在经商做企业中践行了阳明心学，成为企业家们学习的榜样。每种职业都有意义是因为每种职业都可"致良知"，从而使职业活动获得精神价值。王阳明讲格物致知时，是反过来讲的，是致知格物。这不是笔误，而是他的思想的体现。在他的解释中，致知的"致"是行，致知的"知"指良知。致知格物就是将良知（知）运用于事物（致），而事事物物才能得其"正"，成为良知的体现。所以只有致知，方能格物。我们从事的职业，都应成为良知的体现，从而获得精神的属性，实现人生的意义。这既是阳明心学的基本主张，也是阳明心学给我们当代人提供的最好的精神食粮。

6. 可以为中华民族增强文化自信提供切入点。近代以来，中华民族在西方文明的冲击下，相当一部分人逐渐丧失了文化自信。其深层的表现是，认为中国的哲学思维水平不如西方，进而在政治、军事、科技各方面都不如人，甚至有人提出"全盘西化"的主张。近年来，随着中国经济的迅速发展，科技水平的不断提高，军队实力的不断壮大，中国人慢慢在多方面找回了自信，文化自信也日益成为中国人的共识。而要增强文化自信，从中国历史长河中选择有影响力的思想体系进行学习是一个很好的方法。阳明学作为中国历史长河中最有影响的思想流派之一，自然是不错的选择。阳明学植根于深刻的哲学体系、深厚的文化土壤，以儒为主，融合佛、道的精髓，吸收了兵家、法家诸派的智慧，融汇了诗文书法的精神，形成了博大精深却又平实简易的思想体系，不仅是中国文化的精华，在世界上也独树一帜，具有非常重要的价值。因为它成功地解决了人类永恒性的内在与外在、入世与出世、理性与情感、信仰

---

① 《王阳明全集》上册，吴光、钱明、董平等编校，上海古籍出版社2011年版，第1036—1037页。

与践行、当下与超越、日常与超越的矛盾,成为世界文明中最卓越的思想传统之一。

三 实践之维:准确掌握阳明学的研习之方

由于阳明学在本质上是一个独特、严整的信仰体系,其当代价值也基于其信仰的特质,因此,其学习方法显然应该以信仰的方式去接近、理解和学习。那种仅把阳明学当作"一段话头",在文字上做文章的学习与研究,不仅是王阳明本人曾经强烈反对的,也是无法把握其精髓、徒劳无益的。阳明学的本质,要求我们在学习过程中,至少要做到三个方面。

(一) 知行合一

阳明学是实践的学问。阳明学的产生,本身就是为了解决人生实践中的问题。它提出的命题和思想,无不围绕着人生实践而展开。脱离践行去学习和研究阳明学,就如只在岸上学游泳,就成了口耳之学,于身心无益,只徒增一段口实而已。王阳明曾说:"如言学孝,则必服劳奉养,躬行孝道,然后谓之学,岂徒悬空口耳讲说,而遂可以谓之学孝乎?学射必张弓挟矢,引满中的;学书则必伸纸执笔,操觚染翰;尽天下之学无有不行而可以言学者,则学之始固已即是行矣。"①

不过,阳明学所倡导的知行合一,其主旨并非我们通常所理解的认识与实践的统一,而是信仰与践行的统一。它主要解决的不是认识和实践的关系,不是指认识外部世界然后据此行动达到知行合一;它主要解决的是信仰与践行的关系,旨在强调外在的行为必须诉诸内在的信仰,内在信仰必然贯穿于人的外在行为,达到信仰和行为的统一。知行合一的"知",是指良知,实即人的信仰。知行合一的要旨,就是要以人的信仰支配、贯穿人的行为,使人生修养达到体用一源、显微无间之境界。以通常所谓的认识和实践的关系来理解知行合一,不符合阳明由内向外的宗旨,又把阳明拉回到朱子的窠臼。

---

① 《王阳明全集》上册,吴光、钱明、董平等编校,上海古籍出版社2011年版,第51页。

阳明心学的知行合一，既是一种要求，也是一种学习方法。学习和研究阳明心学，必须在阳明心学主张的"致良知"实践中去学习、去研究，方能得其精义。杜维明先生曾用"行动中的儒家思想"来标举王阳明的思想，甚得阳明学的精髓。①

（二）养心为本

王阳明认为，心外无理、心外无物、心外无事。因此，种树者先种其根，养德者先养其心。必须说明的是，王阳明的"心"，如孟子所说的"大体"，是指人的生命主宰，实际上即指人的本质，也就是我们通常所谓的信仰，因为人对其本质的理解和秉持的信仰，决定着人的行为，支配着人的生命，即所谓"身之主宰便是心"②。人的行为准则，都源于人们对人的本质或信仰——"心"的理解，故曰心外无理；一切事物都源于人的本质——"心"的展开，故曰心外无物、心外无事。所谓养心为本，即一切行为都是围绕着修养自己内在的本心和信仰展开的，离开本心和信仰的所谓修，是务外，也是虚妄。王阳明所主张的"事上磨炼"，磨的是本心，是信仰，务使本心纯净，无一毫人欲之杂；务使信仰坚定，无须臾离道。

长期以来，我们认为阳明学是主观唯心主义。其实这是个极大的误解。我们来看给王阳明思想定性内主观唯心主义的铁证："先生游南镇，一友指岩中花树，问曰：'天下无心外之物，如此花树，在深山中自开自落，于我心亦何关？'先生回答说："你未看此花时，此花与汝心同归于寂。你来看此花时，则此花颜色一时明白起来。便知此花不在你的心外。"③ 王阳明在这里用的是"寂"而不是"无"。所谓"寂"，就是沉寂，没有打开。当你看此花时，你的心看到这朵花，于是这片世界便被呈现出来了。所以，王阳明的心学是一种存在主义哲学，强调主体实践是世界呈现的根本方式。心外无理、心外无物、心外无事，都是主张人

---

① 参见［美］杜维明《青年王阳明（1472—1509）：行动中的儒家思想》，朱志方译，生活·读书·新知三联书店2017年版。
② 《王阳明全集》上册，吴光、钱明、董平等编校，上海古籍出版社2011年版，第6页。
③ 《王阳明全集》上册，吴光、钱明、董平等编校，上海古籍出版社2011年版，第122页。

的生命实践的至上性。根据阳明的思想，所谓世界观，重在"观"，即人们的实践，世界就是我们"观"出来的。

对阳明心学的主观唯心主义的误解，其根本原因是机械套用西方哲学分析方法的产物。这种方法，从某种意义上说，是西方中心论的产物。其实，中国哲学的本体论，并不建立在主客二分的基础上，因此不存在西方哲学所谓的唯物唯心的问题。中国哲学追求的天人合一境界，是一种超越主客二分的境界哲学，它是一种存在主义的哲学。在中国哲学中，唯物唯心不是根本性的问题，中国哲学关注的中心是天人之际、人禽之辨、君子小人之别、境界高低之分等关涉生命的根本问题，正是这些问题决定了人生的方向和成就的高低，因而成为哲学的中心问题。因此，我们需要回到中国哲学的语境中来理解中国哲学。

（三）"四句教"的启示

"四句教"即王阳明用来表述自己思想精华的四句话，即"无善无恶是心之体，有善有恶是意之动，知善知恶是良知，为善去恶是格物"[①]。意思是心的本体晶莹纯洁、纯善无恶；但意念一经产生，善恶也随之而来；能区分何为善、何为恶这种能力的是"良知"；格物就是"为善去恶"。"四句教"言简意赅、简易直接，集中体现了阳明心学的精义，是我们学习和研究阳明心学的指南。但是，如此简易直接的"四句教"，却经常被误解，其中最大的误解当数很多人用"白板"说解释"无善无恶"，即认为人的本性是空无一物、没有善恶的白板。这种解释不仅误解了阳明心学，也误解了整个儒家学说。

众所周知，儒家人性论的主要立场是人性善的观念。王阳明作为旷世大儒，自然秉承的是儒家这一信条。王阳明在《大学问》中说："大学者，昔儒以为大人之学矣。敢问大人之学何以在于'明明德'乎？"阳明子曰："大人者，以天地万物为一体者也，其视天下犹一家，中国犹一人焉。若夫间形骸而分尔我者，小人矣。大人之能以天地万物为一体也，非意之也，其心之仁本若是，其与天地万物而为一也，岂惟大人，虽小人之心亦莫不然，彼顾自小之耳。是故见孺子之入井，而必有怵惕恻隐

[①] 《王阳明全集》上册，吴光、钱明、董平等编校，上海古籍出版社2011年版，第133页。

之心焉，是其仁之与孺子而为一体也；孺子犹同类者也，见鸟兽之哀鸣觳觫，而必有不忍之心，是其仁之与鸟兽而为一体也；鸟兽犹有知觉者也，见草木之摧折而必有悯恤之心焉，是其仁之与草木而为一体也。草木犹有生意者也，见瓦石之毁坏而必有顾惜之心焉，是其仁之与瓦石而为一体也；是其一体之仁也，虽小人之心亦必有之。是乃根于天命之性，而自然灵昭不昧者也，是故谓之'明德'。"① 又《大学古本序》："至善也者，心之本体也。动而后有不善，而本体之知，未尝不知也。"②

非常明显，阳明学在人性论秉持的是人性善的观念，绝非空无一物的白板说。导致这种误解的原因，是被字面意思迷惑，没有深刻把握其中的精髓。阳明心学坚持的是儒学的一贯立场，认为人的先天本性是纯善无恶的，因为纯善无恶，所以没有善恶对待，故曰无善无恶。这就好比世上如果全是富人，就没有了富人，也没有了穷人，故曰无穷无富。

"四句教"给我们的启示是，我们秉持着纯善无恶的先天本性，这是我们成圣的根据；当我们行动的时候，其动机是有善有恶的。动机的善恶其实每个人都知道，因为每个人都有良知，而良知是知善知恶的。在良知区分善恶的基础上，我们要做为善去恶的工夫。阳明心学，简易直接，只是去做。当然，也只有去"做"，才是真正对阳明学的学习。

---

① 《王阳明全集》上册，吴光、钱明、董平等编校，上海古籍出版社2011年版，第1066页。
② 《王阳明全集》上册，吴光、钱明、董平等编校，上海古籍出版社2011年版，第271页。

论阳明学"良知共通性"的可能性

——以海德格尔现象学和伽达默尔解释学为视角

张小琴[*]

在宇宙天道视野中，程朱伦理学立足"理本体"，提出"性即理"，自上而下探究普遍人性，先验"性体"成为普遍性人性的形而上根据。阳明将形而上"性体"拉回到"心体"，提出"心即性即理"。在伦理生活情境中，以良知和德性来说明什么是善，以工夫实践赋予人性以生存论的诠释。良知作为具体的普遍性人性的根据。"良知共通性"是保证良知普遍有效性的根据。本文借鉴海德格尔现象学和伽达默尔解释学，剖析"良知共通性"之所以可能的三个基础条件：（1）良知建基于真己；（2）良知建基于"同情"与"同理"；（3）良知建基于"工夫"。这三个基础条件如三足鼎立，坚实地支撑起"良知共通性"，完善了阳明生存论伦理学。

宋明理学的人性论皆是从宇宙论推衍出来的，向宇宙论寻求根据。"对于世界本原的探讨和其哲学的逻辑结构，都已不从属于伦理学。相反，伦理学说却是其'理学'哲学逻辑结构的贯彻和展开。"[①] 程朱理学认为，人分有"天理"而为"性"，故"性即理也"，天人合一的实质就是自上而下地"与理为一"。"性"彰显为"仁"。二程认为，"仁"具体化为"义""礼""智""信"四支条。朱熹认为，"天理"是天地生物之心，天地生物之心就是仁体，仁体是众善之源、百行之本。总之，"天

---

[*] ［作者简介］张小琴，1969 年生，女，陕西西安人，浙江师范大学马克思主义学院副教授。

① 张立文：《宋明理学研究》，中国人民大学出版社 1985 年版，第 86 页。

理""性体"以及"仁体"确保了人性的形而上普遍有效性，成就了程朱形而上学伦理学。与之相异，阳明将程朱的形而上的"天理"和"性体"拉回到心体，"心即理"。他将自我实现置入了伦理生活的情境中。将良知作为心体之本然，以工夫实践赋予对人性的理解以生存论的诠释，用德性和德行来说明什么是善。抛开了程朱先验"性体"的设定，阳明如何解决个体人性的本体论根据问题？良知如何具备普遍有效性？如何避免坠入道德相对主义泥潭？笔者认为，阳明学的良知必须具有共通性，才能解决这些问题。本文借鉴海德格尔现象学和伽达默尔解释学，以下拟剖析"良知共通性"之所以可能的三个基础条件：（1）良知建基于真己；（2）良知建基于"同情"与"同理"；（3）良知建基于"工夫"。

一　良知建基于真己

阳明良知论可追溯至孟子"性善论"。孟子最早提出"本心"，即道德良心，由此预设引出了"四心""四端""四德"，进而自下而上直觉体悟"尽心知性知天"，将心、性、天贯通。"良心、本心、善性与天命在本体论上被视为本质上同一的概念。"[1] 孟子开拓了天人合一、心性一体的人性论模式。宋明理学家发展了孟子的思想。张载认为，孟子将真己本性预设为纯善，把恶排斥于人的本性之外。在宇宙论和气论的视野中，张载首次区分了"天地之性"和"气质之性"。"天地之性"具备"理"，是先验的善本原。"气"有清浊昏明之差别，所以导致"气质之性"先天有善有恶；通过"养气"和"反本"的工夫实践，最终"尽性""成性"，通达"天人合一"的境界。张载影响了程朱和陆王。在二程看来，人人禀气而生，性未成而善恶混杂。程颐认为，孟子性善是"极本穷源之性"，其根源在宇宙根源——"理"，而不是本心。程颢认为，孟子性善是"天地之性"。朱熹认为，本心与性善相通而不同。本心须经过格物穷理和进学致知才能达到"天地之性"。张载和程朱的人性论有两个特点。其一，先验的普遍性的"天地之性"作为真己本性和道德

---

[1] 刘学智：《善心、本心、善性的本体同一与直觉体悟——兼谈宋明诸儒解读孟子"性善论"的方法论启示》，《哲学研究》2011年第5期。

本性，先天的特殊性的"气质之性"作为心理学人格性，这两者并非两种并存的人性样态，而是呈现为一种样态，犹如一桶盐水中的纯水与盐水的关系。其二，心统性情，心主宰性和情，心与性相通而不同。这两点导致他们的人性始终是形而上与形而下的二分。善良动机、道德法则和道德行动都是源于"天地之性"。

陆九渊转而向内"切己自反"，回到"心体"。宇宙之内，"此心"与"此理"皆相同。他不讲前人"性本善"，只讲"心本善"，力图摆脱前人的人性二分困境。阳明学如拦河大坝，既综合又突破了前辈，具体表现为三个方面。

1. 开拓人人"作圣之路"。前人在"类"的意义上讨论心性，阳明则是立足于个体真己。心之本体即为性，性之本源在天理，心体即性体即天理。"心之本体，原自不动，心之本体即是性，性即是理，性元不动，理元不动，集义是复其心之本体。"[1] 通过致良知工夫"尽性""成性"，力图探索一条人人"作圣之路"。

2. 心划分为两种样态：照心与妄心。照心即真己本心，"原是无善无恶的"，照心非动，纯乎天理，乃至善之所在。照心亦即真己本性，阳明称为天命之性。性即至善，止善就是复性。"至善者性也，性元无一毫之恶，故曰至善。止之，是复其本然而已。"[2] 因此，性即道德本性。心之本体即良知。善良动机、道德法则以及道德行动都源自良知。圣人本有良知，拥有"本来天则"和判断是非能力，能彰显"一体之仁"。因此，唯圣人能致其良知，而常人则不能。

3. 常人心因沾染习气而成为妄心。"性无不善，故知无不良，良知即是未发之中，即是廓然大公、寂然不动之体，人人之所同具者也。但不能不昏蔽于物欲，故须学以去其昏蔽，然于良知之本体，初不能有加损于毫末也。"[3] 常人良知未泯，但是需要老师启发诱导，在事情上磨炼。"利根之人，直从本源上悟入，人心本体原是明莹无滞的，原是个'未发之中'，利根之人一悟本体，即是功夫，人己内外一齐俱透了；其次不免

---

[1] 《王阳明集》上册，王晓昕、赵平略点校，中华书局2016年版，第23页。
[2] 《王阳明集》上册，王晓昕、赵平略点校，中华书局2016年版，第24页。
[3] 《王阳明集》上册，王晓昕、赵平略点校，中华书局2016年版，第58页。

有习心在，本体受蔽，故且教在意念上实落为善去恶，功夫熟后，渣滓去得尽时，本体亦明尽了。"① 经过致良知工夫，常人培养了判断是非的能力，能不断提高道德境界。待私欲去除干净，工夫达到纯熟，心体才能澄明，达到明觉，故人人可为尧舜。

阳明还提出"性气合一"，"凡人信口说，任意行，皆说此是依我心性出来，此是所谓生之谓性。然却要有过差。若晓得头脑，依吾良知上说出来，行将去，便自是停当。然良知亦只是口说，这身行，岂能外得气，别有个去行去说？故曰'论性不论气不备，论气不论性不明'。气亦性也，性亦气也，但须识得头脑是当"②。与之相异，告子"生之谓性"将心理学人格性等同于真己本性，未考虑道德本性。简言之，划分照心和妄心，提出"性气合一"，阳明力图融通纯善之性和气质之性，将真己人格塑造成心理学人格性、真己本性和道德本性的统一，以解决张载和程朱的心性难题。

学术界有一种观点，"按王阳明的理解，良知的先天性固然担保了良知的普遍有效性，但却无法担保主体对良知的自觉意识。先天和明觉这种区分，无疑有其理论上的意义"③。这种推导似是而非、前后矛盾。既然良知先天性"无法担保主体对良知的自觉意识"，那么怎么能推导出"良知的先天性固然担保了良知的普遍有效性？"更重要的是，常人的先天性良知被遮蔽为妄心，所以无法保证良知的普遍性。常人须通过致良知实践工夫去除妄心私欲，澄明照心、彰显良知，最终实现复归真己。致良知是对良知的明觉历程。真己不是先天预设，而是致良知工夫实践塑造出来的。真己既是人性的起点，也是人生的努力目标。它规范引导着致良知工夫，贯穿构建成性的整个过程。因此，真己保证了良知的普遍性。

在这个问题上，海德格尔与阳明类似。海德格尔主张，"哲学本身不过是'以人的存在（Dasein）的解释学为基础的普遍的现象学本体论'"④。通过对此在存在的意义作出解释学的解释，他力图从人的存在探

---

① 《王阳明集》上册，王晓昕、赵平略点校，中华书局2016年版，第109页。
② 《王阳明集》上册，王晓昕、赵平略点校，中华书局2016年版，第93页。
③ 杨国荣：《杨国荣讲王阳明》，北京大学出版社2005年版，第89页。
④ ［美］赫伯特·施皮格伯格：《现象学运动》，王炳文、张金言译，商务印书馆2011年版，第517页。

讨存在的意义。具体而言，二者有两点类似。其一，人的存在的"走向"就是通往超出自身"能在"的可能性。良知是真己的呼声。倾听真己的呼声，把自己带入"能在"的行动中。良知作为在最本己"能在"中的自我领会，使此在以唤上前来的方式召唤自己当下的能存在，从而获得真己的存在方式。"由于这个以某种方式发生的'成其本己'，生存着的此在便能够为其自身择其本己，并由此出发原初地规定其生存；这就是说，它能够本真地生存。然而此在它也能够让他者就其存在来规定自己，并且在这种对自身的遗忘中以非本真的方式存在着。"① 其二，道德本性与真己的统一性。对道德法则的敬就是一种道德感受。道德感受就是在感受自身。在敬的意义上，"成其本己"就是彰显真我本性的存在方式。在敬之中的自身存在意味着行动。道德行动中成就真己，所以道德的存在方式是此在之应责式（为自己自身）存在。"我听命于法则，我听命于作为纯粹理性的自己自身。"②

二 良知建基于"同情"与"同理"

心是知觉之心，"心不是一块血肉，凡知觉处便是心，如耳目之知视听，手足之知痛痒，此知觉便是心也"③。心是情感之心，良知是情感之体，情感是良知之用。"喜怒哀惧爱恶欲，谓之七情。七者俱是人心合有的，但要认得良知明白。……七情顺其自然之流行，皆是良知之用，不可分别善恶，但不可有所着；七情有着，俱谓之欲，俱为良知之蔽。然才有着时，良知亦自会觉，觉即蔽去，复其体矣！"④ 儒家圣贤情感的最高境界是"乐"，"乐"境界是道德境界与审美境界的高度统一。仁心即道体，仁心是万物本体，故圣贤之乐在于仁心与万物合一。"仁者以万物为体，不能一体，只是己私未忘。全得仁体，则天下皆归于吾。仁就是'八荒皆在我闼'意，天下皆与，其仁亦在其中。"⑤ 君子之乐在于自然

---

① ［德］海德格尔：《现象学之基本问题》，丁耘译，上海译文出版社2008年版，第227页。
② ［德］海德格尔：《现象学之基本问题》，丁耘译，上海译文出版社2008年版，第179页。
③ 《王阳明集》上册，王晓昕、赵平略点校，中华书局2016年版，第112页。
④ 《王阳明集》上册，王晓昕、赵平略点校，中华书局2016年版，第103页。
⑤ 《王阳明集》上册，王晓昕、赵平略点校，中华书局2016年版，第102页。

情感之悦与道德精神之悦和谐融通的境界，正如所谓"好德如好色"。然而常人为物所役，往往迷失了真乐。"乐是心之本体，虽不同于七情之乐，亦不外于七情之乐。虽则圣贤别有真乐，而亦常人之所同有。但常人有之而不自知，反自求许多忧苦，自加迷弃。虽在忧苦迷弃之中，而此乐又未尝不存。"① 对于知觉和情感，人人可以感同身受。对于真乐，虽然常人难以拥有，但是并非绝对不可以感悟相通。因此，知觉和情感为良知提供了人人共通的可能性条件。这一点，阳明类似于哈奇森和休谟所谓的"同情"。作为人人皆有的道德情感和社会品性，"同情"既是道德判断的根据，也是理解交流的基础条件，引导人们向着应然去转变。狄尔泰说："只有同情（Sympathie）才使真正的理解成为可能。"②

心是深爱之心。"仁义礼智信"根植于深爱。"譬之树木，这诚孝的心便是根，许多条件便是枝叶，须先有根，然后有枝叶；不是先寻了枝叶，然后去种根。《礼记》言：'孝子之有深爱者，必有和气；有和气者，必有愉色；有愉色者，必有婉容。'须是有个深爱做根，便自然如此。"③ 体悟至善必须落实在具体的侍奉双亲取暖纳凉之事上，并且还要拿出做学问思辨的"精研专一"工夫才能求得。"若只是那些仪节求得是当，便谓至善，即如今扮戏子，办得许多温凊奉养的仪节是当，亦可谓之至善矣?"④ 理解是理解者与被理解者在存在方式上的交融。戏子演得再好，那是演戏，不是真实的存在方式，更无深爱在心，那不是真正意义上的工夫。与之类似，伽达默尔认为，理解的实现要置身于共同的关系前提中。理解（在这里为道德判断能力）不是站在对面的认识和判断，而是在我与他人的隶属关系中。例如，"这一点在所谓'良心问题'（Gewissensfrage）上的劝告现象表现出来。要求劝告的人和给予劝告的人都具有一个共同的前提，即对方与他有某种友谊的联系"⑤。劝告才有被理解的

---

① 《王阳明集》上册，王晓昕、赵平略点校，中华书局2016年版，第70页。
② [德] 伽达默尔：《真理与方法：哲学诠释学的基本特征》上册，洪汉鼎译，上海译文出版社1999年版，第300页。
③ 《王阳明集》上册，王晓昕、赵平略点校，中华书局2016年版，第3页。
④ 《王阳明集》上册，王晓昕、赵平略点校，中华书局2016年版，第3页。
⑤ [德] 伽达默尔：《真理与方法：哲学诠释学的基本特征》，洪汉鼎译，上海译文出版社1999年版，第415页。

可能。因此，理解是将自身置入解释学的处境之中。我们把自身置入（Sichversetzen）某个他人的处境中，就会理解他不可消解的个性。理解不是以自我的标准同化他人。没有一种理解是最好的理解，我们总是以不同的方式在理解。理解是向着更高的普遍性的一次提升。

"心同此理"是指人们拥有相同的道德信仰和道德原则。良知建基于"心同此理"，具备两个特性。

其一，良知即天理。不同于程朱的"理在心外"，阳明认为"理在心中"。作为道德天则，良知没有固定的方向和处所，无处不在，随时而变，因而具有非现成性。"良知即是《易》'其为道也屡迁，变动不居，周流六虚，上下无常，刚柔相易，不可为典要，惟变所适'。"① 良知是道德规范的根据。"尔那一点良知，是尔自家底准则。尔意念着处，他是便知是，非便知非，更瞒他一些不得。尔只不要欺他，实实落落依着他做去，善便存、恶便去，他这里何等稳当快乐！此便是'格物'的真诀，'致知'的实功。"②

其二，良知作为内心判断是非的原则，使人们的道德共识成为可能。"道即是良知。良知原是完完全全，是的还他是，非的还他非，是非只依着他，更无有不是处，这良知还是你的明师。"③ 天下古今无论圣愚之良知皆相通。"良知之在人心，无间于圣愚，天下古今之所同也。世之君子惟务致其良知，则能公是非，同好恶，视人犹己，视国犹家，而以天地万物为一体。"④ 良知并非道德知识，不可传授，但是作为道德信仰与是非原则在人们心中可达成共识。"孔子有鄙夫来问，未尝先有知识以应之，其心只空空而已，但叩他自知的是非两端，与之一剖决，鄙夫之心便已了然。鄙夫自知的是非，便是他本来天则，虽圣人聪明，如何与可与增减得一毫？他只不能自信，父子与之一剖决，便已竭尽无余了。若夫子与鄙夫言时，留得些子知识在，便是不能竭他的良知，道体即有二了。"⑤

---

① 《王阳明集》上册，王晓昕、赵平略点校，中华书局2016年版，第116页。
② 《王阳明集》上册，王晓昕、赵平略点校，中华书局2016年版，第221页。
③ 《王阳明集》上册，王晓昕、赵平略点校，中华书局2016年版，第98页。
④ 《王阳明集》上册，王晓昕、赵平略点校，中华书局2016年版，第79页。
⑤ 《王阳明集》上册，王晓昕、赵平略点校，中华书局2016年版，第104页。

个人由于领悟能力以及角度不同,所以对道德原则和道德信仰的解释有差异性,即便是圣人也不例外。"问:'良知一而已,文王作《彖》,周公系《爻》,孔子赞《易》,何以各自看理不同?'先生曰:'圣人何能拘得死格?大要出于良知同,便各为说何害?且如一园竹,只要同此枝节,便是大同。若拘定枝枝节节,都要高下大小一样,便非造化妙手矣。汝辈只要去培养良知。良知同,更不何妨有异处。汝辈若不肯用功,连笋也不曾抽得,何处去论枝节?"① 当然,常人致良知工夫所达境界亦有差异性。"为人君者以为君鹄,为人臣者以为臣鹄,为人父者以为父鹄,为人子者以为子鹄。射也者,射己之鹄也;鹄也者,心也,各射己之心也,各得其心而已。故曰:可以观德矣。"②

与之类似,康德也认为,道德信仰、道德原则和道德规范源于自我意识。康德探究的是先验自我根据纯粹理性发出的形式法则,而不是经验的感觉和情感。康德认为,在实践领域,纯粹理性是自由的,不受经验因素决定。人是理性存在者,因而只有在实践领域是自由的。自由意志以善良自身为目的,如果掺杂了经验因素,诸如情感、感觉、个人好恶等,那么善良意志就不是绝对自由了。因此,他极力反对引入现实意义的道德常识。善良意志为了自身目的,以纯粹理性制定道德的先验法则就是自律。先验法则保证了意志自由的必然性。道德主体对先验法则的尊重是被先天认识到的。善良意志毕恭毕敬地尊重并听命于道德主体设立的先验法则,就是道德自律。纯粹理性制定的先验法则具有普遍有效性。但是康德却陷入了纯粹理性与个体存在的统一性危机。纯粹理性的自由思辨是自己给自己的裁决的道德判断力,它是一种纯形式的规则,也是纯粹主体性原则,它发出的绝对命令只是空泛的形式。与之相异,良知建基于现实意义上的"同情"和"同理",就是建基于个体心性,并非程朱的抽象的普遍性人性。阳明的良知发出道德规范,道德规范是致良知工夫的准则。阳明的良知将天理与个体存在统一起来,克服了程朱理学天理与个体存在的二分困境,也克服了康德的纯粹理性与个体存在、动机与结果的二元割裂。

---

① 《王阳明集》上册,王晓昕、赵平略点校,中华书局2016年版,第104页。
② 《王阳明集》上册,王晓昕、赵平略点校,中华书局2016年版,第219页。

三 良知建基于"工夫"

阳明用"知行合一"将德性和德行统一起来，说明什么是善这个问题。良知为体，致良知为发用，在致良知工夫中彰显良知。良知具有具体的普遍性，并非抽象的普遍性。"人有习心，不教他在良知上实用为善去恶工夫，只是悬空想个本体，一切事物俱不着实，不过养成一个虚寂。"① 心中"本来天则"体现到具体事情中。"仁、义、礼、智，也是表德。性一而已。自其形体也谓之天，主宰也谓之帝，流行也谓之命，赋予人也谓之性，主于身也谓之心；心之发也，遇父便谓之孝，遇君便谓之忠，自此以往，名至于无穷，只一性而已。犹人一而已：对父谓之子，对子谓之父，自此以往，至于无穷，只一人而已。人只要性上用功，看得一'性'字分明，即万理灿然。"② 工夫使阳明学成为生存论的伦理学，探究自我的伦理的存在方式则是阳明学的宗旨。

朱熹的"格物致知"并非社会实践，它包括两个方面。一是格物穷理，体悟万物之理。一物一物地格，渐进式体悟道体。二是进学致知，探究典籍之理。阳明反对朱熹"格物致知"的理由有二。其一，今日格一物，明日格一物，如何格完万物？又如何返回来"诚得自家意"？其二，阳明否定先验的普遍性的善性以及道德知识，强调知行合一，即静处体悟和事上磨炼。在具体事情和具体情境内，在具体的人伦关系中，致良知工夫实践用德行塑造德性，彰显天道，实现"性与天道"贯通。"后世不知作圣之本是纯乎天理，却专去知识才能上求圣人。以为圣人无所不知，无所不能，我须是将圣人许多知识才能逐一理会始得。故不务去天理上着工夫，徒弊精竭力，从册子上钻研，名物上考索，形迹上比拟。知识愈广而人欲愈滋，人才愈多而天理愈蔽。"③

在这个问题上，阳明与海德格尔、伽达默尔类似。海德格尔认为，现象学的本体论基础是此在的实存性，而不是主体性哲学作为普遍性本

---

① 《王阳明集》上册，王晓昕、赵平略点校，中华书局2016年版，第109页。
② 《王阳明集》上册，王晓昕、赵平略点校，中华书局2016年版，第15页。
③ 《王阳明集》上册，王晓昕、赵平略点校，中华书局2016年版，第26页。

质结构的纯粹我思。他赋予"理解"以"生存论"(Existenzial)的本体论转向。理解不是主体的行为方式。"理解是此在的存在方式,因为理解就是能存在和'可能性'。"①"海德格尔的彻底本体论思考就是这样一个任务,通过一种'对此在的先验分析'去阐明此在的这种结构。他揭示了一切理解的筹划性质,并且把理解活动本身设想为超越运动,即超越存在者的运动。"② 此在的生存结构是被抛的筹划,实存性解释学的理解是按照人自身的可能性去存在。

伽达默尔继承了海德格尔的实存解释学,积极倡导实践哲学。他认为,现代技术理性遮蔽了实践理性。人们交流和行动不是按照自己的实践理性,而是服从技术理性逻辑。为了对抗现代技术理性,他主张用实践理性指导行动,强调将实践知识"应用"在具体特殊情境中。"应用"是解释学不可或缺的环节。伽达默尔认为:"正如亚里士多德所描述的,道德的知识显然不是任何客观知识,求知者并不只是立于他所观察的事实的对面,而是直接地被他所认识的东西所影响。道德知识就是某种他必须去做的东西。"③ 海德格尔的此在出于对自己将来的关注,此在将自己置入与他人和事物的交往中积极构建自我。可是,他对此在"能在"没有深入论述其具体的伦理存在方式,使此的存在呈现出一种不稳定和不确定性。存在主义的个体自由意志更是将这种存在的不确定性发挥到极致。伽达默尔倡导的实践哲学,使此在的存在获得了伦理的规定,即此在有了确定的价值追求和努力方向。

当代学者张锡勤先生认为,阳明的良知作为判断是非的原则,难免陷入主观臆断:"王守仁既然教人'求理于吾心',以自心良知为准则,自然要损害天理、经训等客观标准,诱发'各是其是,各非其非'的异端思想。"④ 学者姚才刚先生甚至认为:"对个体自由的过分追求逐步消解

---

① [德] 伽达默尔:《真理与方法:哲学诠释学的基本特征》上册,洪汉鼎译,上海译文出版社1999年版,第334页。
② [德] 伽达默尔:《真理与方法:哲学诠释学的基本特征》上册,洪汉鼎译,上海译文出版社1999年版,第334页。
③ [德] 伽达默尔:《真理与方法:哲学诠释学的基本特征》上册,洪汉鼎译,上海译文出版社1999年版,第403页。
④ 张锡勤:《论陆王心学中可能诱发"异端"思想的因素》,《哲学研究》2001第5期。

了人的责任心与使命感；个性解放有时被歪曲为纵欲主义，此时人的本能虽然得到宣泄，个体的精神境界却无法得到提升；也有一些王门学者逐渐走向了道德虚无主义，他们热衷于摧毁旧道德，却又难以提出符合当时时代要求的新道德规范，这样一来，就极易造成道德真空的局面。"①杨国荣先生认为，阳明的主体意向活动构建的意义世界具有个体性和多样性。"天地万物与不同的个体，往往构成了不同的意义关系；换言之，对不同的主体，天地万物常常呈现出不同的意义。从某些方面看，似乎也可以说，每一个人都有一个属于'他的'世界。"②笔者认为，三位学者有两点误读。

1. 将阳明的意义世界误读为个体性和多样性。阳明的意义世界应该是社会的伦理生活世界，自我实现在这个大世界才能完成。杨先生强调意义世界的个体性和多样性有陷入道家的嫌疑。阳明屡屡论证自己的心学并非道家所倡导"遗人伦"的个体存在方式。众所周知，庄子关注的是个体的本真生存，即万物各尽其性、各任其性，在天地间逍遥游。老子所谓小国寡民，老死不相往来，人与人、国与国无交涉，则不需要仁义道德。

2. 张先生的工夫似乎是一种无交流的自我修养。姚先生的个体自由存在似乎脱离了礼乐社会。而阳明强调天下人做一样的道德"工夫"。"我这里言格物，自童子以至圣人，皆是此等工夫。但圣人格物，便更熟得些子，不消费力。如此格物，虽卖柴人亦是做得，虽公卿大夫以至天子，皆是如此做。"③天下人世代相传的民俗、乡约等都属于工夫，"冠、婚、丧、祭之外，附以乡约，其于民俗亦甚有补"④。移民易俗、缔结乡约、遵守礼数、共度佳节，人们世代专注于参与同样的"工夫"，获得相通的伦理生存方式，因而具有了共存性。

与之相近，后期伽达默尔希望在自由、平等中充分对话与理解，探索人类的共存性。通过分析"节日""典礼"等概念，他力图探索人类的

---

① 姚才刚：《王阳明心学的理论缺失及其对中晚明儒学发展的影响》，《哲学研究》2010年第12期。
② 杨国荣：《杨国荣讲王阳明》，北京大学出版社2005年版，第41页。
③ 《王阳明集》上册，王晓昕、赵平略点校，中华书局2016年版，第111页。
④ 《王阳明集》上册，王晓昕、赵平略点校，中华书局2016年版，第180页。

共存性。"理解甚至根本不能被认为是一种主体性的行动,而要被认为是一种置身于传统过程中的行动,在这过程中过去和现在经常地得以中介。"① 人们作为观赏者庆祝节日,通过"同在"(Dabeisein)而参与庆祝活动,"同在"即"专心参与某物",忘我地投入所关注的某物。年复一年的节日和典礼,使传统的文化世界具有某种终极的共同性和归属性。

伦理世界是理解世界。虽然个体道德信仰境界有差异,但是共同的道德实践使人们可以相互理解。伽达默尔认为,正确的理解离不开理解者和他人的"视域交融"。"视域"意味着不局限于眼前的东西,而是超出眼前之物向外去观看。理解开始时,理解者的"视域"就进入被理解者的"视域",随着理解的进展不断丰富自己。"视域"就在理解的变动中不断扩大。交流可能的前提在于对他人视域的理解,这就是视域交融。"正如在我们与他人的谈话中,当我们已经知道了他的立场和视域之后,我们就无需使自己与他的意见完全一致也能理解他的意见。"② 因此,伽达默尔力图探索一种理解的普遍性结构,使实存性解释学获得某种普遍的框架。"理解的普遍结构在历史理解里获得了它的具体性,因为习俗、传统与相应的自身未来的可能性的具体联系是在理解本身中得以实现的。"③

民族的共同信念和价值使人获得尊严感,使一个民族、一个社会、一个国家成员之间,甚至全人类的理解和交流成为可能。阳明将良知建基于真己、"同情"、"同理"和"工夫",使良知获得了经验意义上的共通性。这类似于伽达默尔解释学的"感觉通性"(sensus communis)。"感觉通性"通常被翻译为共同意识、常识、共识、共通感、共同感、良知等,它是经验意义上的人人皆有的共识,或者指贯通五种感官并作判断的能力,即共通感。维柯曾经说:"共同意识(或常识)乃是一整个阶级、一整个人民集体、一整个民族乃至整个人类所共有的不假

---

① [德]伽达默尔:《真理与方法:哲学诠释学的基本特征》,洪汉鼎译,上海译文出版社1999年版,第372页。

② [德]伽达默尔:《真理与方法:哲学诠释学的基本特征》,洪汉鼎译,上海译文出版社1999年版,第389页。

③ [德]伽达默尔:《真理与方法:哲学诠释学的基本特征》,洪汉鼎译,上海译文出版社1999年版,第340页。

思索的判断。"① 伽达默尔的"感觉通性"不是抽象的普遍性理性,而是表现一个民族、一个国家、一个社群甚至整个人类的共同的具体的普遍性理性。"我所说的事实是指一种最内在地理解的、最深层地共有的、由我们所有人分享的信念、价值、习俗,是构成我们生活体系的一切概念细节之总和。这种事实性的全体的希腊文是众所周知的'伦理'概念,是一种通过练习和习惯而获得的存在。……伦理并不是生来就有的。人们在同他人的交往中,在社会和国家等共同生活中信奉共同的信念和决定,这并不是随大流或人云亦云,恰好相反,正是它构成了人的自我存在和自我理解的尊严。"②

---

① [意]维柯:《新科学》,朱光潜译,人民大学出版社1986年版,第87页。
② [德]伽达默尔:《赞美理论:迦达默尔文集》,夏镇平译,生活·读书·新知三联书店1988年版,第71—72页。

五 阳明心学与佛老关系研究

悟致知焉尽矣

——禅学对诠释王阳明思想的一个启发[*]

方旭东[**]

王阳明的《大学古本序》定本是心学的一部纲领性文献。其末句"乃若致知则存乎心悟致知焉尽矣",如何断句,晚近由于两位学者的加入,而成了一段未解的公案。从王阳明弟子以来,即读作"乃若致知则存乎心悟。致知焉尽矣"。陈来先生认为,当读作"乃若致知则存乎心。悟致知焉尽矣",而林乐昌先生则力辩传统读法无误。本文从禅宗"迷即众生悟即佛"的表达得到启发,提出一种新的读法:"乃若致知则存乎心。悟,致知焉尽矣。"其要义在于,"悟"是衡量"致知"与否的标准,"悟"是"致知"的最高阶段。

王阳明为了与朱子的格物说对抗,着意表彰古本《大学》,企图从经典上压倒朱子的《大学章句》。所谓古本,就是未经朱子加以"分章""补传"的旧本。正德十三年(1518)七月,王阳明在江西刻《大学古本》。在嘉靖二年(1523)改定的《大学古本序》中,王阳明根据自己的理解,对《大学》的宗旨重新作了界定,就是将其统一到"致知"上

---

[*] [基金项目]国家社会科学基金重大项目"多卷本《宋明理学史新编》"(项目编号:17ZDA013)。

[**] [作者简介]方旭东,1970年生,男,安徽怀宁人,教授,博士。主要研究方向:宋明理学。

来。然而，关键的一句话，即此序①末句"乃若致知则存乎心悟致知焉尽矣"（《王文成公全书》卷七，明隆庆刻本），如何断句，晚近由于陈来提出的问题，而成了一个公案。笔者从禅学得到启发，尝试对这个问题给出一种解答。笔者将考察陈来的论证，同时也会关注林乐昌对陈说的反对意见，分析现有两种断句方案存在的误区，最后阐述笔者受禅宗思想启发而产生的新解。

一 陈、林断句之争

对"乃若致知则存乎心悟致知焉尽矣"这句话，陈来在1991年出版的《有无之境——王阳明哲学的精神》一书中，将其断为："乃若致知则存乎心，悟致知焉尽矣。"②

陈来意识到自己的这种断句与传统的读法不同，为此，他在脚注里特地作了一个说明。

> 按：自王门弟子时即读此序末句为"存乎心悟"，然"心悟"之说不见于阳明其他文字，故我将"悟"字属下句读，似近原意。后阳明致薛侃（？—1545）书亦云致知二字从前儒者多不曾悟。③

这个说明显示，陈来完全了解，自王门弟子时此句即读为"乃若致知则存乎心悟，致知焉尽矣"，但他不同意这种传统读法，其理由有二：（1）"心悟"之说不见于阳明其他文字；（2）阳明致薛侃书亦云"致知"二字从前学者儒者多不曾悟。

---

① 明隆庆刻三十八卷本《王文成公全书》将此序标为"戊寅"，这是一个错误，实际上，此序并非戊寅原序，而是癸未改定之序。吴光等人整理的《王阳明全集》对于卷七《大学古本序》题下的原注"戊寅"未加删除，亦未作说明，只在卷三十二"补录"当中收了真正的戊寅原序，题作《大学古本原序》（《王阳明全集》下册，吴光、钱明、董平等编校，上海古籍出版社1992年版，第1197页）。癸未本《大学古本序》结尾这句话是王阳明在改定时新加的，为原序所无。关于《大学古本序》初本与定本的差异，详细的分析参见衷尔矩《从〈大学古本序〉的两种文本看王阳明心学的形成过程》，《文史哲》1992年第3期。

② 陈来：《有无之境——王阳明哲学的精神》，人民出版社1991年版，第122页。

③ 陈来：《有无之境——王阳明哲学的精神》，人民出版社1991年版，第122页。

1992年出版的《王阳明全集》，编校者对"乃若致知则存乎心悟致知焉尽矣"的断句，跟陈来大同小异，其共同之处就是将"悟"字与"致知"连读。

乃若致知，则存乎心；悟致知焉，尽矣。①

不过，在提到这句话的另一个地方，编校者却采用了传统的断句方式。

（德洪）曰："师尝言之矣，'吾讲学亦尝误人，今较来较去，只是致良知三字无病'。"众皆起而叹曰："致知则存乎心悟，致知焉尽矣！"②

《王阳明全集》的编校出自多人之手③，这种标点上的前后不一是可以理解的。这从一个方面也反映出，对于这句话的断句，学者们的意见往往不同。

林乐昌在1997年发表的一篇文章中对陈来所代表的新读法提出了不同意见。因具体行文较长，为讨论方便，我们将林乐昌反驳的要点概括如下：

（一）"心悟"之说不见于阳明其他文字，这是事实，但"悟"是阳明经常提及的。④ 更重要的是，"心悟"一语，被阳明弟子接受下来成为他们讲学讨论中的通行用语。⑤ 比如，阳明的大弟子钱德洪（字洪甫，号绪山，1496—1574年）就曾经专门解释过"致知存乎

---

① 《王阳明全集》上册，吴光、钱明、董平等编校，上海古籍出版社1992年版，第243页。
② 《王阳明全集》下册，吴光、钱明、董平等编校，上海古籍出版社1992年版，第1341页。
③ 编校署名有四人：吴光、钱明、董平、姚延福。
④ 参见林乐昌《阳明学"致知"与"心悟"关系简议——新编〈王阳明全集〉所收〈大学古本序〉之末句不宜改断》，《孔子研究》1997年第4期。
⑤ 参见林乐昌《阳明学"致知"与"心悟"关系简议——新编〈王阳明全集〉所收〈大学古本序〉之末句不宜改断》，《孔子研究》1997年第4期。

心悟"① 这个说法。②

（二）"悟致知焉尽矣"这样的断句，会使人误以为阳明在"致知"之外别有所谓"悟致知"之说以作为自己学说的纲领。但实际上，阳明从未以"悟致知"立说，其弟子的言论中也从未见有"悟致知"的话头。③ 并且，将"悟"与"致"两个动词迭用，也不符合汉语的构词习惯。④

基于以上几点，林乐昌主张应当维持传统读法。可以看到，陈来对传统读法作了否定，林乐昌则对陈来的否定作了否定。究竟孰是孰非？该何去何从？不妨说，定本《大学古本序》末句的断句问题，由于陈、林两位先生的分歧而凸显出来，成了阳明研究当中一段未了的公案。下面我们将仔细检查两位先生的论证，以期对这段公案作出合理的研判。

二 阳明后学论致知

陈来称，自王门弟子时即读此序末句的前半句为"存乎心悟"，他没有交代具体是哪些弟子。林乐昌在文中提到的钱德洪那条材料，可以作为一个例子。陈来认为，王门弟子的读法并不代表阳明本人的意见。林乐昌则认为，既然阳明弟子如此断句，就不能排除他们是从老师阳明那里听来的这种可能。二说都有道理。如何取舍，这就需要我们对阳明弟子的说法作出仔细的分疏。

---

① 这条材料出自《明儒学案》："问：'致知存乎心悟？'曰：'灵通妙觉，不离于人伦事物之中，在人实体而得之耳，是之谓心悟。世之学者，谓斯道神奇秘密，藏机隐窍，使人渺茫恍惚，无入头处，固非真性之悟。若一闻良知，遂影响承受，不思极深研几，以究透真体，是又得为心悟乎？'"〔（明末清初）黄宗羲：《明儒学案》上册，沈芝盈点校，中华书局1985年版，第229页。亦见《钱德洪语录诗文辑佚》，载《徐爱钱德洪董沄集》，钱明编校整理，凤凰出版社2007年版，第121—122页，文字稍有改动〕

② 参见林乐昌《阳明学"致知"与"心悟"关系简议——新编〈王阳明全集〉所收〈大学古本序〉之末句不宜改断》，《孔子研究》1997年第4期。

③ 参见林乐昌《阳明学"致知"与"心悟"关系简议——新编〈王阳明全集〉所收〈大学古本序〉之末句不宜改断》，《孔子研究》1997年第4期。

④ 参见林乐昌《阳明学"致知"与"心悟"关系简议——新编〈王阳明全集〉所收〈大学古本序〉之末句不宜改断》，《孔子研究》1997年第4期。

稍加考察就会发现，定本《大学古本序》之末句，在王门弟子中，被引率甚高。但是，对于将这句话完整引用的文本，因无从判断其作者究竟是怎样断句，我们只好弃之不用，而主要留意"致知存乎心悟"与"致知焉尽矣"单独出现的用例，因为，只有这些用例才能明确反映作者的断句倾向。从逻辑上讲，将此句前半句读作"致知则存乎心悟"，就意味着，将此句后半句读作"致知焉尽矣"。反过来，同样成立。

在王门弟子中，明确将此句前半句念作"致知存乎心悟"的，除了上述的钱德洪，还有欧阳德（1496—1554）。后者与人论学时，曾议及"致知存乎心悟"。

> 先师谓，"致知存乎心悟"，故古圣有精一之训。若认意念上知识为良知，正是粗看了，未见其所谓"不学不虑、不系于人"者。然非情，无以见性；非知识意念，则亦无以见良知。周子谓"诚无为，神发知"，知神之为知，方知得致知；知诚之无为，方知得诚意。来书启教甚明。知此，即知未发之中矣。①

而明确将此句后半句念作"致知焉尽矣"的例子，在阳明弟子中，有王艮（1483—1541）与刘邦采。王艮云：

> 故正诸先觉，考诸古训，多识前言往行而求以明之，此致良知之道也。……使其以良知为之主本，而多识前言往行以为之畜德，则何多识之病乎？……孟子曰是非之心，则知不可胜用而达诸多识前言往行以蓄德矣。……是故顺乎天而应乎人，皆由己之德也。孔子曰尽善又尽美，是非明矣。……此先师所谓"致知焉尽矣"。

---

① 《欧阳德集》，陈永革编校整理，凤凰出版社2007年版，第109页。《明儒学案》亦引了这条材料，而文字有所删节："先师谓'致知存乎心悟'，若认知识为良知，正是粗看了，未见所谓'不学不虑，不系于人'者。然非情无以见性，非知识意念亦无以见良知。周子谓，诚无为，神发知。知神之为知，方知得致知；知诚之无为，方知得诚意。来书启教甚明，知此即知未发之中矣。"[《答陈明水》，载（明末清初）黄宗羲《明儒学案》上册，沈芝盈点校，中华书局1985年版，第364页]

刘邦采云：

> 知者，心之神明也。知善，知不善，知好善，知恶不善，知必为善，知必不为不善，是至善也，是人之明德也，天之明命也，故曰良。致言学也，致者力而后天者全，曰"明明德"，曰"顾諟天之明命"，举致之之谓也。五常百行，明焉察焉，神明充周，是谓能致其知。古圣人莫如尧，赞帝尧曰"钦明"，非知之至而何？中，知之不倚于闻睹者也；敬，知之无怠者也；诚，知之无妄者也；静，知之无欲者也；寂，知之无思为者也；仁，知之生生与物同体者也。各指所之，而皆指夫知之良也。故曰"致知焉尽矣"。①

在阳明再传弟子当中，论及"致知焉尽矣"一语者，为数众多，如查铎（1516—1589）、王时槐（1522—1506）、章潢（1527—1608）、邓元锡（1528—1593）、刘元卿（1544—1609）等。查铎学于王畿（1498—1583）、钱德洪，属于所谓南中王门。查铎云：

> 圣人立教，皆为未悟者设法，惟致知格物之教，乃从日用切实处指点出来，自初学以至圣人同一途辙，内外隐显，寂灭俱在，但学者尚忽，意未曾实体验耳。物非外也，良知一念之微从无声无臭中出，见此中色色俱有帝则，不待安排，不俟学虑。格物者，顺其帝则之流行，不使一毫私意闲杂于中，苟无私意，物不待格而自无不格，程子所谓无所污坏即当而行之者是也。苟有私意，格其不正

---

① （明）邓元锡：《皇明书》，载四库全书存目丛书编纂委员会编《四库全书存目丛书·史部》第29册，齐鲁书社1996年版，第606页。《明儒学案》卷十九《江右王门学案四》亦收了这条材料。[（明末清初）黄宗羲：《明儒学案》上册，沈芝盈点校，中华书局1985年版，第445页］黄宗羲评论说："由先生言之，则阳明之学仍是不异于宋儒也。故先生之传两峰（引者按：刘文敏，字宜充，号两峰）也，谓宋学门户谨守绳墨。两峰有之。其一时讲席之盛，皆非先生所深契。尝谓师泉（引者按：刘邦采，字君亮，号师泉）曰：'海内讲学而实践者，有人；足为人师者，有人；而求得先师之学，未一人见。'盖意在斯乎？意在斯乎？"[（明末清初）黄宗羲：《明儒学案》，载（清）永瑢、纪昀等纂修《景印文渊阁四库全书》第457册，台北：台湾商务印书馆股份有限公司1986年版，第305—306页。按：梨洲这段话，中华书局本《明儒学案》未收，读者幸留意焉]

以归于正，程子所谓苟有污坏即敬以治之使复其旧者是也。即如舜格事亲一格据其所遭变态不常，舜惟夔斋栗，终身不敢忽易，于此一忽，即生怨尤，罔念作狂矣。以此推之，子之事亲，臣之事君，弟之事兄，朋友之相与，莫非此心，真是步步切实，终身无可忽易处，以此修身，以此齐家，以此治国平天下，圣学无余蕴矣，何处容得虚见？此千圣学脉之的传也。文成公本谓"致知焉尽矣"者，此是悟后斯可语此。盖此知既致，则内外隐显寂感浑然一体，更无分别。若初学之士，须从实地用功。若看得格物忽易，则于良知尚未免看得空荡无归，非圣门之实学也。今学者有谓，才能觉悟本体，则戒惧之功可以无用，是说误人久矣。明道有云：天地设位而易行乎其中，只是敬也。则戒惧原是本体，觉悟而不戒惧，则所悟者犹是虚见。戒惧而非觉悟，则戒惧者犹是强制。殊不知戒惧即觉悟，觉悟不息，则戒惧自不息矣。非觉悟之后复有戒惧，亦非觉悟之后无复有所谓戒惧也。不知戒惧即本性自然之不息，则所谓觉悟者，亦非本性自然之觉悟矣。尧舜之兢兢业业，即是戒惧，乃其本性原来如此，所谓尧舜性之也，但众人习于放荡之久，失其本体，故言戒惧。然何尝于本性增得一毫也？[1]

王时槐师同邑刘文敏（1490—1572），属于所谓江右王门。王时槐语录载：

> 问："致知焉尽矣，何必格物？"曰："知无体，不可执也。物者知之显迹也，舍物则何以达此知之用？如窒水之流，非所以尽水之性也，故致知必在格物。"[2]

章潢，与万廷言同业举，已而同问学于罗洪先（1504—1564）。著

---

[1] （明）查铎：《毅斋查先生阐道集》，载《四库未收书辑刊》编纂委员会编《四库全书未收辑刊》第7辑第16册，北京出版社2000年版，第482—483页。

[2] （明末清初）黄宗羲：《明儒学案》上册，沈芝盈点校，中华书局1985年版，第480—481页。

《图书编》一百二十七卷。亦属江右王门。关于章潢的思想倾向，黄宗羲曾评论说："先生论止修，则近于李见罗，论归寂则近于聂双江，而其最谛当者，无如辨气质之非性，离气质又不可觅性，则与蕺山先师之言，若合符节矣。"① 章潢语录载：

> 问：文成谓《大学》之要致知焉尽矣，而格物之旨在格其不正以归于正，然欤？曰：穷至事物之理，固惧其偏于外矣。意之所在为物，如意在事亲，则事亲为一物；意在忠君，则忠君为一物，得无惧其偏于内乎？夫是物也，原不可以有无内外精粗截然二之也，但二先生虽各有定说，然知性格物之谓，非朱子之言乎？"良知抵用安排得，此物由来自浑成"，非王文成之言乎？合二先生之言，观其会通，格物之旨了然矣。②

邓元锡亦属江右王门，闻罗汝芳（1515—1588）讲学，从之游。后就学于邹守益（1491—1562）、刘阳，得其旨要。邓元锡著《皇明书》四十五卷，卷四十二为《心学纪》，其述阳明之学云：

> 其言曰：心之良知是谓圣，圣人之学惟致此良知而已矣。自然而致之者，圣人也；勉然而致之者，贤人也；自蔽自昧而不知致之者，愚不肖者也。愚不肖者，虽其蔽昧之极，而本体之知又未尝不知，故善未尝不知也，致其知善之知而必为，则知至矣；不善未尝不知也，致其知不善之知而必不为，则知至矣。此良知所以为圣愚之所同具，而人皆可以为尧舜者，以此也。致知焉尽矣。又曰：此良知之学至简易，亦至精微。如指掌然，亦孰不知者？若欲亲见良知，亦孰为知者？良知变动不居，周流六虚，盖微乎其微，故存乎心悟。或有疑良知为未足者，缘未尝实用其力，见良知未真，又将致字看太易而然耳。有请教者，谓之曰：千丈之木起于肤寸之萌芽，

---

① （明末清初）黄宗羲：《明儒学案》上册，沈芝盈点校，中华书局1985年版，第571页。
② （明）章潢：《图书编》，载（清）永瑢、纪昀等纂修《景印文渊阁四库全书》第968册，台北：台湾商务印书馆股份有限公司1986年版，第621页。

子谓肤寸之外无所益欤？何以至于千丈？谓肤寸之外有所益欤？子将何以益之？致知焉尽矣。①

可以看到，在邓元锡对阳明心学的复述当中，不仅两次出现"致知焉尽矣"一语，还对"致知存乎心悟"的说法有所涉及，按邓元锡的理解，"致知"之所以"存乎心悟"，是因为"良知变动不居，周流六虚，盖微乎其微，故存乎心悟"。

刘元卿亦属江右王门，初从邹守益二孙邹德溥、邹德涵（1538—1581）问学，继禀学于刘阳，后游学于兰溪徐鲁源（1528—1611）、黄安耿定向（1524—1596）。刘元卿与人论学云：

> 予曰："所谓知味，知味而已耶？所谓存心，止于知味已耶？今小乘禅收摄反视，彼吃饭亦口口在肚里，却不能经纶天下之大经，此又何以称焉？"章君云："知味心也，遇饮食则知味，遇父知孝，遇兄知悌，遇孺子入井知怵惕。穷天彻地，无非此知体充塞，故曰致知焉尽矣。"予曰："善哉！善哉！此所以无终食之间违仁，不容违也。所云从脊梁过□，正谓麻麻木木，虚生枉死，不识此知体之妙而言之者耳。非真要数粒而食，乃为不违仁。虽然，知体大矣。譬之犹灯然篝诸地上，则光不逾尺尺，置之桌案，则光彻堂中，益高则照益远。而所以置之何如，灯体则一也。惟知之在人亦然。卑卑者饥食渴饮知味焉而已；悖德者用此知戕人螯物，以鸩毒为美羞者也；贤智者用此知寻无上妙道，味空寂为玄酒者也。乃尧舜用此知为君，仲尼用此知为师，教天下万世知仁之于人也，如五谷之美。此谓知味，此谓知之至也。故曰：'致知焉尽矣。'致知者必如此，乃谓之存心。存心云者，能尽其心体之量者也。尽其心体之量，则知乃光大，无远不烛。此口口吃在肚里之说也。"章君曰："如是如是。"予因述之以告同志。②

---

① （明）邓元锡：《皇明书》，载四库全书存目丛书编纂委员会编《四库全书存目丛书·史部》第29册，齐鲁书社1996年版，第578—579页。

② 《刘元卿集》上册，彭树欣编校，上海古籍出版社2014年版，第549页。

一直到刘宗周（1578—1645），将定本《大学古本序》末句断为"致知存乎心悟，致知焉尽矣"，似乎是学界默认的一种读法。刘宗周与人论学云：

> 窃尝论之，据仆所窥，《大学》之道诚意而已矣。阳明子之学，致良知而已矣。而阳明子亦曰："大学之道，诚意而已矣。"凡以亟复古本，以破朱子之支离，则不得不遵古本以诚意为首卷之意而提倡之。至篇终乃曰："致知焉尽之矣。"又郑重之曰："致知存乎心悟。"亦何怪后人有矛盾之疑乎？前之既重在心，而曰"眼中著不得金玉屑"①，后之又尊致良知，而以知是知非为极则，于学问宗旨已是一了百当，又何取此黍稗双行之种子而姑存之？而且力矫而诚之？诚其有善，固可断然为君子；诚其有恶，岂不断然为小人？卒乃授之知善知恶，而又为善而去恶，将置"大学之道，诚意而已矣"一语于何地乎？仆不敏，不足以窥王门宗旨，抑聊以存所疑，窃附于整庵、东桥二君子之后，倘阳明子而在，未必不有以告我也。②

刘宗周虽然也遵循传统断句"致知存乎心悟。致知焉尽矣"，但他认为，"致知存乎心悟"重在"心"，这与"致知焉尽矣"的推崇"致知"正好构成矛盾。可以说，刘宗周的这个质疑在一定意义上揭示了传统读法的内在紧张。不过，大多数遵循传统断句的作者与刘宗周不同，基本站在维护阳明的立场上进行解说的。

从钱德洪对"致知存乎心悟"的解释来看，他是把"心悟"理解为对"灵通妙觉"的"实体而得"，"悟"的对象是所谓"真体""真性"。"致知存乎心悟"，犹言："致知"建基于对"真体"或"真性"的体悟。按照这种解释，"心悟"一词的语义重点在"悟"，因此，"致知存乎心

---

① 阳明用这个比喻，是为了说明"心体上着不得一念留滞"，语出《传习录》："先生尝语学者曰：'心体上着不得一念留滞，就如眼着不得些子尘沙。些子能得几多？满眼便昏天黑地了。'又曰：'这一念不但是私念，便好的念头亦着不得些子。如眼中放些金玉屑，眼亦开不得了。'"（《王阳明全集》上册，吴光、钱明、董平等编校，上海古籍出版社1992年版，第124页）

② 《刘宗周全集》第5册，吴光主编，浙江古籍出版社2012年版，第343页。

悟"其实就是"致知存乎悟"。如果这就是王阳明要表达的意思，让人不能不疑惑的是，为何王阳明不直接说"致知存乎悟"而要用"致知存乎心悟"这么一种累赘的表达方式？而在另一方面，"存乎心"较之于"存乎悟"，在儒学当中是更常见的一种说法，林文已指出，在阳明那里，源于孟子的"存心"之说时有反映，如阳明说："心之本体，无起无不起，虽妄念之发，而良知未尝不在，但人不知存，则有时而或放耳……虽有时而或放，其体实未尝不在也，存之而已耳。"①

欧阳德对"致知存乎心悟"，没有多谈，仅提示它与《尚书·大禹谟》"人心惟危，道心惟微，惟精惟一，允执厥中"的古训有关。从这里看不出他对"悟"字有多么强调，因为"精一之训"主要是说"道心人心"，并不涉及"悟"的问题。②"致知存乎心悟"在他那里跟"致知存乎心"没什么区别。邓元锡对"致知存乎心悟"的理解跟欧阳德比较相近，如果说欧阳德是基于"道心惟微，人心惟危"而重视"心悟"或"心"的作用，那么，邓元锡便是基于良知的精微（"微乎其微"）而肯定"心悟"的必要。虽然各自理据不同，但强调心在致知过程中的重要性，则是一般无二的。

相比正面解释"致知存乎心悟"的，明确解说"致知焉尽矣"的人数更多，其中包括王艮、刘阳、查铎、邓元锡、刘元卿，大体上，他们都是把"致知焉尽矣"理解为"致知"作为成圣工夫，适用极广，无所不至。

就阳明后学对"致知焉尽矣"的这种理解来说，它的确符合阳明以"致良知"作为学问大头脑的特点。如果要表达"致知"或"致良知"是《大学》之要的思想，"致知焉尽矣"就已足够，前面再加上一个

---

① 《王阳明全集》上册，吴光、钱明、董平等编校，上海古籍出版社1992年版，第61页。
② "精一"之说出自《尚书·大禹谟》，传统注疏认为，精是指精心，一是指一意。（参见《十三经注疏·尚书正义》，北京大学出版社1999年版，第94—95页）本不涉及"悟"的问题，但王阳明在谈"致知""良知开悟"时曾经联系到"精一"工夫："我辈致知，只是各随分限所及。今日良知见在如此，只随今日所知扩充到底；明日良知又有开悟，便从明日所知，扩充到底，如此方是精一工夫。……"（《王阳明全集》上册，吴光、钱明、董平等编校，上海古籍出版社1992年版，第96页）"明日良知又有开悟，便从明日所知扩充到底"这样的说法，似乎可以理解为：在致知过程中，"悟"起了重要作用，致知的"知"往往就是良知开悟所获得的洞见。也许，欧阳德正是受了阳明影响，才把《尚书》的"精一"之训与"致知存乎心悟"联系起来。

"悟"字,就没有必要。如果"悟"字加在前面是有意义的,那就意味着,不是"致知"而是"悟致知"才是工夫的极致(尽)。但是,这样的意思对于阳明来说是比较奇怪的。就此而言,林乐昌的担心不无道理:"悟致知焉尽矣"会让人误把"悟致知"当作阳明学说的纲领。

总结以上,陈来的读法,主要的问题可能不在前半句"乃若致知则存乎心",而在后半句"悟致知焉尽矣"。事实上,林乐昌就表示,"乃若致知则存乎心""尚大体可通",而"悟致知焉尽矣""则不可不辨"。①

既然"致知焉尽矣"可以讲得通,"致知则存乎心"也说得过去,现在最让人伤脑筋的是:"悟"字如何下落?

陈来之所以主张"悟"字与"心"字断开,除了"心悟"一词不见于阳明文字,还有一个重要原因,是他发现,阳明曾明确提到,对于"致知"而言,存在着"悟到""悟不到"的问题。嘉靖二年阳明致薛侃书有如下之说:

> 承喻:"自咎罪疾,只缘轻傲二字累倒。"足知用力恳切。但知得轻傲处,便是良知;致此良知,除却轻傲,便是格物。致知二字,是千古圣学之秘,向在虔时终日论此,同志中尚多有未彻。近于古本序中改数语,颇发此意,然见者往往亦不能察。今寄一纸,幸熟味!此是孔门正法眼藏,从前儒者多不曾悟到,故其说卒入于支离。②

林乐昌注意到陈来在引用这条材料时出现了一个瑕疵:原文为"多不曾悟到",而陈来引作"多不曾悟",漏掉了一个"到"字。③ 不过,这个瑕疵并不影响陈来所作的判断:"阳明致薛侃书亦云致知二字从前儒者多

---

① 参见林乐昌《阳明学"致知"与"心悟"关系简议——新编〈王阳明全集〉所收〈大学古本序〉之末句不宜改断》,《孔子研究》1997年第4期。
② 《王阳明全集》上册,吴光、钱明、董平等编校,上海古籍出版社1992年版,第199—200页。
③ 参见林乐昌《阳明学"致知"与"心悟"关系简议——新编〈王阳明全集〉所收〈大学古本序〉之末句不宜改断》,《孔子研究》1997年第4期。

不曾悟。"① 因为，从上下文来看，阳明所说的"从前儒者多不曾悟到"的，指的应该就是"致知二字"。上文说"致知二字，是千古圣学之秘，向在虔时终日论此，同志中尚多有未彻"，很显然，同志中多有未彻的，指的是"致知二字"。阳明认为"致知二字""是千古圣学之秘"，"此是孔门正法眼藏"的"此"，作为代词，指"致知二字"，应该没有什么异议。

现在的问题是，阳明说"从前儒者多不曾悟到（致知二字）"究竟是什么意思？如果将"致知"当作某种对象性之物②，"悟到致知"或"悟致知"就意味着，"致知"作为一个活动，其本身还没有开始。如果是这样，又怎么能说"尽"呢？除非"悟"就是"致知"的一个阶段，否则，谈不上"尽"或"不尽"。如果把"悟"理解为"致知"的最高阶段（也就是"尽"），那么，换句话说，"悟"就尽了致知，或者说"悟"就是"致知"之尽。这种理解表现在断句上就是："悟，致知焉尽矣。"

必须说明的是，笔者对"悟"与"致知焉尽矣"提出这种理解，灵感主要来自禅宗"迷即众生悟即佛"的有关命题。下面，笔者将试着证明，这种理解及相应的断句虽然看上去不合常规，但它能够解决《大学古本序》末句的断句难题，同时，它还可以得到王阳明及其弟子的文本支持。

三　悟时致知尽

《坛经》云"前念迷即凡夫，后念悟即佛"（《般若品第二》）③，又云"不悟即佛是众生。一念悟时，众生是佛"（《般若品第二》）④，"自性迷即是众生，自性觉即是佛"（《疑问品第三》）⑤。禅宗将"悟"视为成佛的一个标志，所谓"悟即佛"，"佛"是学道的最高境界。与此类似，说

---

① 陈来：《有无之境——王阳明哲学的精神》，人民出版社1991年版，第122页。
② 林乐昌曾提到"悟致知"的文法问题，他说，将"悟"与"致"两个动词连用，不符合汉语构词习惯。在笔者看来，这一点不构成太大问题，因为，可以这样来解释："致知"在此做名词，"悟致知"就是常见的动宾结构。所以，问题不在于"悟"跟"致知"两个词能不能连用，而在于"悟"跟"致知"连用之后，它们之间是什么关系。
③ 《六祖坛经笺注》，丁福保笺注，一苇整理，齐鲁书社2012年版，第93页。
④ 《六祖坛经笺注》，丁福保笺注，一苇整理，齐鲁书社2012年版，第101页。
⑤ 《六祖坛经笺注》，丁福保笺注，一苇整理，齐鲁书社2012年版，第118页。

"悟，致知焉尽矣"，意思就是："悟"是衡量"致知"与否的一个标准。"悟"不是手段，"悟"本身就是目标。

说王阳明把"悟"当作"致知"与否的标准，当作"致知"的最高阶段，这是否符合阳明一贯的思想呢？"悟"对阳明的"致知"理论真有这么重要吗？

其实，林乐昌在文中已举例说明，"悟"是阳明经常言及的。① 他指出，阳明喜言"悟"，一方面是受到佛教禅宗的影响，另一方面与他龙场大悟的经历与体验有关。② 不过，林乐昌说阳明把"致知"的原则归结为"悟"③，这是笔者所不能同意的。在笔者看来，王阳明不是把"致知"的原则归结为"悟"，而是把"悟"作为"致知"实现与否的标志。无论是《年谱》对他龙场大悟的描述，还是他询问学生致知工夫的进展，"悟"或"体验"都是关键性词语。

> （正德三年戊辰，先生三十七岁，在贵阳。）春，至龙场。先生始悟格物致知。……忽中夜大悟格物致知之旨，寤寐中若有人语之者，不觉呼跃，从者皆惊。始知圣人之道，吾性自足，向之求理于事物者误也。④

龙场大悟，是对格物致知的"悟"。按照这里所说，王阳明通过"悟"，认识到"圣人之道，吾性自足，向之求理于事物者误也"。所谓格物就是格心，而致知就是致（扩充）吾心之良知。认识到格物致知是这样的含义，这个认识就是"悟"，这个"悟"就已经是格物致知，而不是说，悟到格物致知是这个意思，然后再去格物致知。因为，归根结底，格物致知就是在心上做工夫。而"悟"正是心上工夫到一定阶段的一个效验或

---

① 参见林乐昌《阳明学"致知"与"心悟"关系简议——新编〈王阳明全集〉所收〈大学古本序〉之末句不宜改断》，《孔子研究》1997年第4期。
② 参见林乐昌《阳明学"致知"与"心悟"关系简议——新编〈王阳明全集〉所收〈大学古本序〉之末句不宜改断》，《孔子研究》1997年第4期。
③ 参见林乐昌《阳明学"致知"与"心悟"关系简议——新编〈王阳明全集〉所收〈大学古本序〉之末句不宜改断》，《孔子研究》1997年第4期。
④ 《王阳明全集》下册，吴光、钱明、董平等编校，上海古籍出版社1992年版，第1228页。

境界。

《年谱》有关龙场大悟的这段文字是旁人（钱德洪）对阳明的描述，如果认为这不能代表阳明本人的看法，那么，我们不妨来看阳明自己的叙述。实际上，阳明在自述其学道经历时，并不避讳"悟"字。据王畿介绍：

> 先师（按：阳明）自谓："良知二字，自吾从万死一生中体悟出来。"多少积累在！但恐学者见太容易，不肯实致其良知，反把黄金作顽铁用耳。①

所谓"体悟""良知二字"，不是简单地把"良知"作为某种知识去认识，而是指在自己的道德实践（亦即工夫）当中体会、验证良知的存在及其活动原理并扩充之。"见"字也一样，"见""良知"或"见""致知"，不是认知（epistemological）意义上的，而是实践伦理（practical ethical）意义上的。

> 先生（按：王阳明）问九川："于'致知'之说体验如何？"九川曰："自觉不同往时，操持常不得个恰好处，此乃是恰好处。"先生曰："可知是体来与听讲不同。我初与讲时，知尔只是忽易，未有滋味。只这个要妙，再体到深处，日见不同，是无穷尽的。"又曰："此'致知'二字，真是个千古圣传之秘；见到这里，百世以俟圣人而不惑！"②

阳明问陈九川（1494—1562）对"致知"之说体验如何，看起来是问后者对阳明的"致知"学说体会得如何，实际上是问后者在"致知"工夫（操持）方面修养得如何。所以陈九川向阳明汇报自己近期在"致知"工夫（操持）方面的体会。阳明对九川给予了肯定。不难理解，在阳明这里，对"致知二字"的"体"（体验）与"见"（识见），跟在"致知"方面的工夫是一回事。换言之，"体"与"见"是描述"致知"工夫或境界的术语。而"悟"与"彻""体""见"的用法一样。这里虽然说在

---

① 《王畿集》，吴震编校整理，凤凰出版社2007年版，第34页。
② 《王阳明全集》上册，吴光、钱明、董平等编校，上海古籍出版社1992年版，第93页。

体验方面是无穷尽的:"只这个要妙,再体到深处,日见不同,是无穷尽的。"但顺着这个语脉,如果王阳明谈到"致知"的"尽",是完全可以想象的,即诸如"悟,致知焉尽矣"的表达就是没有什么奇怪的。

不光是钱德洪,王畿同样用"悟"来评述王阳明的为学历程。王畿说:"先师之学,凡三变而始入于悟,再变而所得始化而纯。"① 不只如此,王畿还把阳明的"致良知"工夫整个理解为为"未悟者"所设。

> 盖良知原是无中生有,无知而无不知;致良知工夫原为未悟者设,为有欲者设;虚寂原是良知之体,明觉原是良知之用,体用一原,原无先后之分。学者不循其本,不探其原,而惟意见言说之腾,只益其纷纷耳。而其最近似者,不知良知本来易简,徒泥其所诲之迹,而未究其所悟之真,哄然指以为禅。同异毫厘之间,自有真血脉路,明者当自得之,非可以口舌争也。②

无怪乎作为王畿弟子的查铎,绍其师说云"圣人立教,皆为未悟者设法",又说"文成公本谓'致知焉尽矣'者,此是悟后斯可语此"。查铎的这个说法表明,只有"悟"了,才可以说"致知焉尽矣"。这简直就是为"悟,致知焉尽矣"作的注脚。

王学如此倚重"悟",在儒释之辩甚严的时代,难免会让人联想到禅学。王畿意识到了这种潜在的批评,所以他特别提到,阳明所悟跟禅学毕竟不同,当注意区分其间的同异。

无论如何,在阳明《大学古本序》定本末句中,"悟"字的存在不可被忽略,不管作何种断句,阳明的"致知"说与"悟"都脱不了干系。③

---

① 《王畿集》,吴震编校整理,凤凰出版社2007年版,第34页。
② 《王畿集》,吴震编校整理,凤凰出版社2007年版,第35页。
③ 陈来指出,《大学古本序》前后有些不一致,前部分突出诚意,后部分突出致知。(《有无之境——王阳明哲学的精神》,人民出版社1991年版,第122页) 笔者想进一步指出,阳明的《大学古本序》不只是诚意与致知的二重奏,更是诚意、致知、悟的三重奏。通常,人们以"致良知"概括阳明之学。如果本文对《大学古本序》末句断句的看法能够成立,这就不能不让我们反省:致知在阳明思想中到底处于何种地位?在嘉靖二年改定《大学古本序》的王阳明那里,究竟是致知还是悟才是最为根本的工夫?对于这些问题的讨论,也许,将改变我们对阳明思想的固有理解。

本文所做的工作是借鉴禅宗"迷即众生悟即佛"的表达，找到一个解决"悟"跟"致知"之间关系难题的方案，既维护"致知"在阳明思想中的核心地位，同时也力求准确传递阳明以体悟诠释致知的良苦用意。利钝得失，俟诸高明君子。

转仙释之识，成"儒门"之智

——儒释道三教关系视域下的阳明心学思想建立之检讨[*]

黄　诚　包滢晖[**]

本文借用"转识成智"的佛教语言结构与思维逻辑来分析与阐释王阳明圣学（儒家学说）之建立；指出阳明心学经"初识""迷识""真识"阶段，并在"龙场悟道"中实现"转识成智"，初步建立了其心学思想；认为"龙场悟道"非彻底之悟，但是阳明思想的重要转折，在儒学史上具有重大意义；特别强调阳明"龙场悟道"是钱德洪建构起的一个既具有完整意义又具有真实性的龙场悟道概念认知系统，即他以龙场空间的独特形式压缩了具有连贯性的悟道的一系列实践过程，形成了一个完整概念印象中绝无仅有的"龙场悟道"的"单体事件"；指出阳明在思想飞跃中实现了对"良知"的体认与创造性言说，从而开启了心学在中国儒学史上的新篇章。

转识成智，意指佛法修证中的修学次第，即通过开显众生之根本智

---

[*]　[基金项目]本文系贵州省理论创新课题招标项目（项目编号：GZLLZB201712）和贵州省教育厅高等学校人文社会科学研究基地项目（项目编号：2018jd019）的阶段性研究成果之一。而就心学思想的成立展开论述，是对拙作《论阳明心学与当代社会心态建设的互动关系》[《贵州大学学报》（社会科学版）2019年第1期]一文中关于"阳明心学思想成立"未能展开研究的进一步深化和推进。

[**]　[作者简介]黄诚，1973年生，男，贵州铜仁人，哲学博士，历史学博士后，贵州大学历史与民族文化学院、东方思想与文化遗产研究中心教授。主要研究方向：中国思想文化史、儒释道三教关系研究。包滢晖，2000年生，女，苗族，贵州贵阳人，主要研究方向：阳明影视作品研究。

慧而成就有情之无上佛果。① 本文借用转识成智的佛教语言结构与思维逻辑来分析与阐释王阳明圣学（儒家学说）之建立②，其意乃在于形象地诠释王阳明之心学思想，是如何在儒释道三教关系格局中经历艰难之抉择而实现理论转向，最终回归"儒门"正法眼藏的真实内理。

　　王阳明心学思想的建立，离不开对儒释道三教思想精华的吸取，并通过切身的身心体悟与事上磨炼，在思想的深处融会贯通儒释道三教之理论要义并加以思想整合，而最终以儒门圣学的文化思想形态或本来面目示现，并卓然屹立于中国学术思想史。王阳明在从容不迫与自信洒脱的思想立场与心性姿态中，拈出具有与"性与天道"③ 核心观点同等重要的"良知"二字：重现了孔孟学术思想世界的真谛，推展了"良知"本体诠释域境；倡导"知行合一"与"致良知"的学思理路，展现了"良知"心学的时代性意义。成为六百年来中国儒学思想发展史上难以逾越的历史丰碑，亦化为一时代之文化思想显学思潮与洪荒之力，而绵延不绝地影响着当今世界。

---

　　① 转识成智：按照佛教的说法，即转凡夫有漏的八识（眼识、耳识、鼻识、舌识、身识、意识、末那识、阿赖耶识）成为佛的四智，即转第八识（阿赖耶识）为大圆镜智，转第七识（末那识）为平等性智，转第六识（意识）为妙观察智，转前五识（眼识、耳识、鼻识、舌识、身识）为成所作智。
　　② 陈寅恪先生曾借用佛教之"预流（果）"比喻新材料的出现对于学术研究的意义。笔者以转识成智之说言王阳明之学术思想演变，虽不完全符合转识成智的佛法要领，然亦因阳明先生学术三变或五溺之反复历程有着由迷离转向圣学的相似经历，暂且将这一不同阶段的学术领悟视为一种"识"，无论辞章之学、格物之学，抑或仙释之道，皆可视为王阳明体察觉悟"圣学"之智之前提或前奏，故契合转识成智的修学逻辑与次第，也可成为认知阳明心学发展过程或思维结构的一种分析视域。本文之识，非佛法之识，乃一种认识或思想见解，没有采用佛教唯识宗八识次第之说，属于个人分析和认知阳明心学的手段或工具。故文中所见之"识"，皆可作此理解，而不一一再作解释。
　　③ 《论语·公冶长》中"夫子之言性与天道，不可得而闻也"。笔者以为，恰恰是不可得而闻的"性与天道"才是儒学的真精神与核心思想。至于仁与礼，则是性与天道的展开，故无论是伦理意义上的仁义礼智信，还是恻隐之心、羞辱之心、辞让之心、是非之心四端心，其根本之处皆不离性与天道的概念范畴。从仁字本身而言，二人成仁，也是一种关系论的范畴。且从儒学的发展历程来看，性与天道构成了先秦儒学、汉代儒学、隋唐儒学、宋明儒学的思想线索，是贯穿儒学内部思想的核心精神与内在脉络。因此，认为仁是儒家的核心精神的观点和认识，还未达到真正的究竟。故将性与天道视为儒学的核心内容是符合儒学发展的历史与思想逻辑的。

一 向贤而生者不忘初心之"初识"：
"登科及第"与"成贤作圣"之间

"何为第一等事？"少年王阳明，在十二岁就有了他十分明确的人生抉择。当面对人生中一个非同寻常的问题——"何为第一等事"时，王阳明给出的回答，也非同寻常，并非常人所言之"登科及第"而是"读书学圣贤"的贤者志向，令人为之一惊。[①] 王阳明是历史上少见的全才，然究其全才形象之原委，笔者以为，因其体得"良知"本体，能真"致良知"，且"知行合一"，故而方能为全才。因此，王阳明一生光环颇多，故世人有称赞其乃哲学家、政治家、军事家、教育家、思想家等，而其最为重要的人生光环，是心学思想家的历史形象。

在中国古代社会，尤其是科举制度时代，登科及第，实乃传统儒学知识分子的人生使命，"学而优则仕"为古代莘莘学子追求之目的。王阳明也不例外，读书习字、科举考试，也是其学习生活之常态，他有习字的心得体悟，也有多次考试失败的境遇，然其与一般人不同的人生志向是其不局限于"登科及第"的金科玉律与儒学知识分子的常态思维，而是将"读书学圣贤"、成圣成贤之历史使命与社会担当精神作为自己的人生终极追求之目标。换言之，读书习字与科举考试乃成就其圣贤之大志的重要路径或必要过程。阳明以切身的行动，形象地说明了其"不贰过"、中庸之道和致中和的思想本位立场，故其科举虽有失败，然也成为其挥之不去的政治情愫，也由此造就了他多种人生光环且熠熠生辉的精彩一幕。

心能转物，向贤而生者不忘初心，这一初心就是心识，成为阳明内在心性的动力之根本，或曰之为"初识"之"种子"力量。年幼的王阳明从小立下大志向，导致了其前途不可限量、绝非凡人而与众不同。"登科及第"与"成圣"，并不意味着是二元对立或非此即彼的无可奈何之必然性选择，在两者之间阳明心中的天平向度虽倾斜于学做圣贤之侧，然

[①] 参见《王阳明全集》下册，吴光、钱明、董平等编校，上海古籍出版社1992年版，第1221页。

转仙释之识，成"儒门"之智 / 269

也不忘屡次参加科举之一端，并取得了科考的成功而拥有了进士及第的高贵身份。由此也可以看出，阳明的人生抉择是圆融的、超二元对立的。求其"中道"的思想立场，带给了他人生无限的喜悦与无比的精彩。可见，他既没有将科举抛之脑后，也没有只迷恋于成圣做贤，故铸就了与众不同的精彩人生。在阳明的思维世界中，二者是统一的，是相互促进的，科举没有影响其成圣成贤，成圣成贤的目标也未羁绊其科举考试。

王阳明就是王阳明，与常人不同，当常人因科举不中而失落时，他的一番言语令人意外，即当一般人以考不取为耻辱时，他则以考不取而动心为耻。如《年谱》所云："及丙辰会试，果为忌者所抑。同舍有以不第为耻者，先生慰之曰：'世以不得第为耻，吾以不得第动心为耻。'识者服之。"①他的见解的确高人一筹，这完全是从他心底流出的潜存的心学智慧与卓越见识，学问之道本是在涵养和用功体贴中而得来。事实证明，有志者事竟成，立大志才能成大器，"龙场悟道"使其成为心学一派的集大成者，并为世人奉为心学之圭臬。这一精彩人生之"因果"天成也就不难理解，而他这一成就的取得与其年少时立下的宏伟的圣人之志是密不可分的。恰恰是他这一人生之大志的"立志"经验过程，构成了他教示学人的教条格言或有益的人生经验性知识。所谓"志不立，天下无可成之事，虽百工技艺，未有不本于志者"②，"使人先立必为圣人之志"③，故其之后在贵州"龙场悟道"后的开坛演法，就是以《教条示龙场诸生》为发覆的，而将立志、勤学、改过、责善作为本派教育"家法"，特别将"立志"放在首位，尤见其学问教育之次第，立志是不可或缺的关键或首要条件。因此，向贤而生，乃其生命深处的初心，而这一初心的根本发窍处是其生命内在觉性中本有的心识最为基本的功能或可视为思想观念的牵引力（心识的力量），或称为"初识"。正是因为有这样的初识——或可称为成圣成贤的种子识即"阿赖耶识"，故能使他的思想和人格超拔出来，能够成就其全新的圣贤者的思想功绩与历史形象。

---

① 《王阳明全集》下册，吴光、钱明、董平等编校，上海古籍出版社1992年版，第1223—1224页。
② 《王阳明全集》下册，吴光、钱明、董平等编校，上海古籍出版社1992年版，第974页。
③ 《王阳明全集》下册，吴光、钱明、董平等编校，上海古籍出版社1992年版，第1226页。

二 在世间与出世间之间"迷识":阳明的"学之三变"与"学之五溺"

王阳明由凡夫转向圣贤之前,其人生也经历了多次变换与转折,思想一度处于"迷识"状态,时有山重水复而又柳暗花明的感觉与念想。禅宗十牛图,以寻牛、见迹、见牛等一系列的迷失到人牛两忘、复归自然的山水空明的诗画图景,形象地说明了禅门悟道者的心路历程。经历无限的艰难险阻或长途跋涉后,禅者在"物我两忘"而有"返朴归真"的真空妙有的觉海妙性中,最终实现生命的超越升华而达至"明心见性"般的焕然一新的修学境地。王阳明因思想的"迷识"而造就了其行动的"迷失",徘徊于儒学与仙释之间且未完全将辞章之学像《五经臆说》一样付之一炬,而是穿梭在儒释道三教之间和骑射武事、辞章之学中不断实践、思索和抉择,而最终在思想觉醒中转向了圣人之道的学问根本或根底上来。因此,若果将王阳明的"溺于骑射之习"、"为宋儒格物之学"、游艺于"随世就辞章之学"视为其对世间学问的探寻的话,那么,他从二十七岁"偶闻道士谈养生,遂有遗世入山之意"①一直徘徊出入于儒学与仙释之间,至三十一岁止于"渐悟仙、释二氏之非",而有三十四岁与湛甘泉"一见定交,共以倡明圣学为事"②,则始终处于人生迷离期,而对出世间生命学问无限追问。这一系列探寻世间与出世间的生命学问过程,或言之阳明悟道前的"迷识"与"迷失"阶段,被后世学人视为"学之三变"③或

---

① 《王阳明全集》下册,吴光、钱明、董平等编校,上海古籍出版社1992年版,第1224页。

② 《王阳明全集》下册,吴光、钱明、董平等编校,上海古籍出版社1992年版,第1226页。

③ 钱德洪在《刻文录叙说》中云:"先生之学凡三变,其为教也亦三变:少之时,驰骋于辞章;已而出入二氏;继乃居夷处困,豁然有得于圣贤之旨:是三变而至道也。居贵阳时,首与学者为'知行合一'之说,自滁阳后,多教学者静坐;江右以来,始单提'致良知'三字,直指本体,令学者言下有悟:是教亦三变也。"参见《王阳明全集》下册,吴光、钱明、董平等编校,上海古籍出版社1992年版,第1574页。钱德洪言学者三变,始于辞章,是有根据的,他直接受王阳明自身言说的影响。阳明曾说:"守仁早年早岁业举,溺志词章之习,既乃稍知从事正学。"参见《王阳明全集》上册,吴光、钱明、董平等编校,上海古籍出版社1992年版,第127页。

"学之五溺"①。然而，无论是钱德洪的"学之三变"，还是湛甘泉的"学之五溺"，在本质上并无多大差别，都是学人概述阳明学术思想历程的一种自我建构性认识，而这一建构性认识反映了学人自身对王阳明学问的学术态度与思想立场。综而论之，钱德洪的"学之三变"与湛甘泉的"学之五溺"，实际上形象地呈现了阳明学问路向的两个维度：一是世间的人生之学问，即无论是驰骋于辞章、豁然有得于圣贤之旨，还是一溺于任侠之习、二溺于骑射之习、三溺于辞章之习，皆是世间学问；二是出世间的生命之学问，即无论是溺于神仙之习、溺于佛氏之习，还是已而出入二氏，均为出世间学问。而恰恰是阳明学问路向中的这种"迷识"与"迷失"状态，一出世和一入世的反复变换过程，即所谓"依违往返，且信且疑"②，鲜活地体现了他在世间与出世间真理道路上的徘徊与矛盾的心理状态，以及他千苦万难、命悬一线地寻找成圣成贤之道的人生方向与道路的苦难历程。

首先，从世间学问的角度来看，他本人是立足于世间而追求成圣成贤的"圣人"政治形象的。就其本人来言，少年立志做圣贤，是在习格物与辞章之学以前的思想者的努力探索。年少的王明阳不以科举登第为首要任务，而以成圣贤为人生之最高追求，足见阳明的内圣外王心思与意欲。王阳明思想的逻辑起点，乃圣人之学，即从儒家思想人物的道德学问认同上开始。"圣贤"文化的影响始终不绝于耳。"学而优则仕"历来就是儒学知识分子实现人生价值的金科玉律和必要路径，早年的王阳明也不例外，他曾多次参与科举考试，还有未考中的人生经历。王阳明所面对的应试考题，不出儒学四书之理路。这一方面与国家科举考试的要求有关，另一方面长期的儒学影响也不容忽视。由此也决定了阳明长期浸染于儒学的实况，很难不受其影响。对于世间之格物与致知，阳明则始于对宋代大儒朱熹的敬畏与仰慕。《年谱》载："是年为宋儒格物之学。先生始侍龙山公于京师，遍求考亭遗书读之。一日思先儒谓'众物

---

① 湛甘泉在《阳明先生墓志铭》中云："初溺于任侠之习；再溺于骑射之习；三溺于辞章之习；四溺于神仙之习；五溺于佛氏之习。"参见《王阳明全集》下册，吴光、钱明、董平等编校，上海古籍出版社1992年版，第1401页。

② 《王阳明全集》上册，吴光、钱明、董平等编校，上海古籍出版社1992年版，第127页。

必有表里精粗，一草一木，皆函至理'，官署中多竹，即取竹格之；沉思其理不得，遂遇疾。先生自委圣贤有分，乃随世就辞章之学。"① 年少轻狂、好任侠的王阳明，与其说是致力于《大学》中的"格物""致知"的研习与探究，还不如说是为满足个人的好奇心而在戏论宋儒的学术思想见解，游艺于格竹之玩笑间。因此，阳明面对园中之竹子虽实践了格物求理，然而终究未格出个究竟，反而使他生了一场大病，且也影响了他参加科举考试。这一段格竹经历，为其后来能够真实体认"圣人之道，吾性具足，向之求理于事物者误也"② 的独特见解，提供了亲身实践的行动证明。

其次，王阳明徘徊与出入于儒学与仙释之间"迷识"，在致思过程中寻求思想的突破，不断吸取三教思想元素而"迷而不迷"。王阳明在龙场悟道之前，始终徘徊在儒释道三教之间，进行生命与人生的艰难探寻与抉择，这是王阳明思想深处的闪光之点。阳明对仙释的认知与践行，构成了"龙场悟道"最为关键性的环节，阳明心学思想体系的建立，离不开儒释道三家的思想智慧，他的可贵之处就在于他不迷信与沉迷于仙释之道，而是融合贯通式地加以理解、汲取与借鉴，吸取与吸纳其内在的生命智慧，并在生命行动的过程中给予了哲学语境上的升华与扬弃。这些构成了阳明悟道一系列的基础性条件和思想性元素。

第一，儒学的知识涵养为阳明悟道提供了思想资源，奠定了他悟道的思想基础。王阳明不仅从四书五经中吸取思想智慧，关键他能够沉心于《周易》经典并在时位变化中把握宇宙人生的自然运行规律，故能在激流险滩中宠辱不惊，居于玩易与开演"龙场三卦"③ 的真实，无疑展现了王阳明游于"易"林、游戏三昧的自由潇洒与从容心态，亦为其涣然冰释心中执着于生死一念的情愫打开了心结，成为无住于事相能够安心、静心悟道的根本性前提。诚如学者所言："王阳明正是借助于读《易》解《易》，深刻地领会了人生的进退之道，破解了'生死之念'，才最终为透

---

① 《王阳明全集》下册，吴光、钱明、董平等编校，上海古籍出版社1992年版，第1223页。
② 《王阳明全集》下册，吴光、钱明、董平等编校，上海古籍出版社1992年版，第1228页。
③ 《五经臆说十三条》论及"恒""遁""晋"三卦。

悟本体之道奠定了基础。"①

第二，佛教与道教的知识获取为其悟道提供了可以借鉴的经验智慧。王阳明一生与佛教密不可分，出生之初因名"云"点破了其"梦神人乘五色云手授之"②的来源而不能言，僧人给予指教遂改名为"守仁"，即表明了其有佛教因缘。十一岁随祖父过金山寺有吟作《金山赋》和《闭月山房诗》也受佛教影响匪浅。对此，束景南先生也有类似观点："阳明所咏皆佛教胜迹，其少时好佛心态之流露也。"③ 且同一时段遇一相士言"须拂领，其时如圣境；须至上丹台，其时结圣胎；须至下丹田，其时圣果圆"，之后"每对书辄静坐凝思"，而深受道家修道方法之熏染。④ 十七岁时至江西迎亲，"合卺之日，偶闲行入铁柱宫，遇道士趺坐一榻……遂相与对坐忘归"⑤。二十七岁"偶闻道士谈养生，遂有遗世入山之意"⑥。此皆为其好释道仙学之行径。然而，王阳明在三十而立之年游九华山乃其对佛教与道教认知的一个重要转折，据《年谱》记载："先生录囚多所平反。事竣，遂游九华，作《游九华赋》，宿无相、化城诸寺。事时道者蔡蓬头善谈仙，待以客礼请问。蔡曰：'尚未。'有顷，屏左右……闻地藏洞有异人，坐卧松毛，不火食，历岩险访之。正熟睡，先生坐傍抚其足，有顷醒，惊曰：'路险何得至此！'因论最上乘曰：'周濂溪、程明道是儒家两个好秀才。'后再至，其人已他移，故后有会心人远之叹。"⑦ 游九华山期间，王阳明访佛僧甚多、居寺颇勤，曾有《实庵和尚像赞》《和九柏老仙诗》等传世⑧，反映了他与佛僧交好的一面。虽然《年谱》并没有记载阳明对仙释有何认知地，但是也深刻反映出王阳明游苑于释道仙林的真实情境。之后的弘治十五年（1502），王阳明曾往江东道教名山茅山游访，有丹阳人汤云谷偕行，而其"留意神仙之学"和好

---

① 朱晓鹏：《王阳明龙场〈易〉论的思想主旨》，《哲学研究》2008年第6期。
② 《王阳明全集》下册，吴光、钱明、董平等编校，上海古籍出版社1992年版，第1545页。
③ 束景南：《阳明佚文辑考编年》上册，上海古籍出版社2012年版，第12页。
④ 参见《王阳明全集》下册，吴光、钱明、董平等编校，上海古籍出版社1992年版，第1221页。
⑤ 《王阳明全集》下册，吴光、钱明、董平等编校，上海古籍出版社1992年版，第1222页。
⑥ 《王阳明全集》下册，吴光、钱明、董平等编校，上海古籍出版社1992年版，第1224页。
⑦ 《王阳明全集》下册，吴光、钱明、董平等编校，上海古籍出版社1992年版，第1225页。
⑧ 参见束景南《阳明佚文辑考编年》上册，上海古籍出版社2012年版，第119—110页。

道术志趣，亦对阳明产生了较大的影响。王阳明在《寿汤云谷序》中曾追述了这段记忆："当是时，云谷方为行人，留意神仙之学，为予谈呼吸曲伸之术，凝神化气之道，盖无所不至。及与之登三茅之巅，下探叶阳，休玉宸，感陶隐君之遗迹，慨叹秽浊，飘然有脱屣人间之志。"① 因有如此际遇与因缘，阳明遂在八月告病归越，筑室阳明洞并行导引术。可见，茅山之游对其真正地开始修道生涯影响甚大。此外，在王阳明告病归越期间，途经镇江、苏州、嘉兴、海宁、会稽等地，也多有寻僧访寺之举，其《赠京口三山僧（四首）》《仰高亭》《登吴江塔》《赠芳上人归三塔》《审山诗》作品即为明证②，不仅直抒胸臆地表达了阳明对良辰美景、物去人非的心灵感通，而且也饱含着他对佛禅之道生命般的切身体察感悟。如其在苏州时作《仰高亭》中就有"林僧定久能知客，巢鹤年多亦解禅。莫向病夫询出处，梦魂长绕碧溪烟"③，寥寥几句，既涵泳着对禅悟之道诗意般的亲切之感，也表现出阳明心境低沉且悲凉的人生迷情。对于为什么阳明先生会钟情于释道的问题，张新民先生有如是洞见："道教与佛教之所以吸引阳明，正是因为前者既有一套长生久视之道，可缓解内在生命有限带来的紧张焦虑，又有'清净''逍遥'等齐生死无始终的超越层面，能安顿形上之精神；而后者出离生死，如实观空的智慧更是当下就能消解有限与无限的对立冲突，在妄执尽去的超越境界中，契入生命本有的圆融真实。"④ 而王阳明在《朱子晚年定论》中亦曾言道："而苦于众说之纷扰疲惫，茫无可入，因求诸老、释。"⑤ 总之，阳明游苑禅林与徘徊仙释之间，也是助推他回归故里勤修导引之术以求人生解脱的一大重要助缘。

最后，渐悟仙释之非，冲决仙释之"迷识"。据《阳明先生行状》记载："（王阳明）养病归越，辟阳明书院，究极仙经秘旨，静坐，为长生久视之道，久能预知。"⑥ 阳明归越期间的书院讲学，自然要与儒家经典相

---

① 《王阳明全集》上册，吴光、钱明、董平等编校，上海古籍出版社1992年版，第878页。
② 参见束景南《阳明佚文辑考编年》上册，上海古籍出版社2012年版，第129—135页。
③ 束景南：《阳明佚文辑考编年》上册，上海古籍出版社2012年版，第132页。
④ 张新民：《中华典籍与学术文化》，广西师范大学出版社1998年版，第340页。
⑤ 《王阳明全集》上册，吴光、钱明、董平等编校，上海古籍出版社1992年版，第127页。
⑥ 《王阳明全集》下册，吴光、钱明、董平等编校，上海古籍出版社1992年版，第1408页。

关，而经典的力量始终要进入阳明的思想世界。儒家的伦理精神与仁者爱人的孝慈观念，始终成为强大的召唤力量，潜隐于阳明内心的深处，最终成为他冲决仙释之学的内在动力。而"究极仙经秘旨"是对生命本体自我的追问，他以静坐和导引之术的修炼方式来获得对外部世界的预知功能，而被众人误解为"得道"。但阳明在长久静坐的体验中有自己的体悟："此簸弄精神，非道也。"① 于是他摒弃了这样一种所谓的道门"神通"，继续朝高处向上一层次提升。同时，在静坐中他的出离心大都已经平息，"思离世远去"②，回归到内心的真实；但尚有一念，即"惟祖母岑与龙山公在念，因循未决"③，因为"此念生于孩提，此念可去，是断灭种性矣"④，所以仙释于世间乃非人之学问也。正因为有如是之一念、有如是之渐悟，故他又由仙释的出世间情怀转回到了世间的伦理世界，即人性与天道统合的有情世界，儒学圣门所倡导的人世间五伦与天理良知为特征的经世之学成为王阳明继续"成贤作圣"并努力奋进的终极目标，故其有"明年遂移疾钱塘西湖，复思用世"⑤的行为举动。走出仙释之非的阴霾转向"正学"，又要立命重建一个伦理的世界。当面对有"禅僧坐关三年，不语不视"⑥的实际现象，他"即指爱亲本性谕之"⑦来点化执着的禅僧，这既是其生活世界中儒佛交锋的一次精彩案例，也是阳明冲决仙释之"迷识"的形象例证，表明阳明开始与释道在思想上有了某种程度的离决。然而，这种离决似乎还远远不够，故在政治层面他亦逐步开始排斥仙释之非，以表明自己的儒门圣学立场。弘治十七年（1504），三十三岁的王阳明主考山东乡试时，出自其手的试录策问即有针对仙释的问题，据《年谱》云："试录皆出先生手笔。其策问议国朝礼乐之制：老佛害道，由于圣学不明；纲纪不振，由于名器太滥；用人太急，求效太速；及分封、清戎、御夷、息讼，皆有成法。录出，人占先

---

① 《王阳明全集》下册，吴光、钱明、董平等编校，上海古籍出版社1992年版，第1226页。
② 《王阳明全集》下册，吴光、钱明、董平等编校，上海古籍出版社1992年版，第1226页。
③ 《王阳明全集》下册，吴光、钱明、董平等编校，上海古籍出版社1992年版，第1226页。
④ 《王阳明全集》下册，吴光、钱明、董平等编校，上海古籍出版社1992年版，第1226页。
⑤ 《王阳明全集》下册，吴光、钱明、董平等编校，上海古籍出版社1992年版，第1226页。
⑥ 《王阳明全集》下册，吴光、钱明、董平等编校，上海古籍出版社1992年版，第1226页。
⑦ 《王阳明全集》下册，吴光、钱明、董平等编校，上海古籍出版社1992年版，第1226页。

生经世之学。"① 王阳明在科举考试中以"老佛害道"为试题,即公开表明了其政治上不认同佛老之学的立场,并开启了其学术思想上的转向。次年,与湛甘泉相识,所谓"一见定交,共以倡明圣学为事"②,即体现了学术立场上与老佛之学的彻底离决。故阳明在多年之后还有如是感言:"吾亦自幼笃志二氏,自谓既有所得,谓儒者为不足学。其后居夷三载,见得圣人之学若是其简易广大,始自叹悔错用了三十年气力。"③

三 回归儒门"良知"正法眼藏的"真识":龙场大悟与"转识成智"

良知是什么?阳明对良知的界定与言说颇多。他说"良知是造化的精灵"④,"良知者,心之本体,即前所谓恒照者也"⑤,"良知一也"⑥,"良知即是未发之中,即是廓然大公"⑦,"良知即是道"⑧,"良知即是天理"⑨,皆可视为对良知形上本体在形下起用之无限性言说,因而言说的方式是多样的、多元的和全方位的,而这样的言说之差异性恰恰说明了本体的作用具有多向性、立体性和整体性的特征,且这样一种多元性、全方位的言诠表述,切实地彰显了良知的全体大用与"道通为一"的真理性特质。故简而言之,良知即"儒门"之真智,乃本体之知,是天理人性的本然状态。因此,龙场大悟,就是要证悟良知本体。从学之"三变"或学之"五溺"的思想转变过程和学思立场及"龙场大悟"来看,阳明良知心学的最终成立,犹如佛教唯识宗的"转识成智"的开悟过程,由外在的或外部的知识领域逐步"登堂入室"而进入生命内部的智慧领

---

① 《王阳明全集》上册,吴光、钱明、董平等编校,上海古籍出版社2006年版,第1226页。
② 《王阳明全集》上册,吴光、钱明、董平等编校,上海古籍出版社2006年版,第1226页。
③ 《王阳明全集》上册,吴光、钱明、董平等编校,上海古籍出版社1992年版,第36页。
④ 《王阳明全集》上册,吴光、钱明、董平等编校,上海古籍出版社1992年版,第109页。
⑤ 《王阳明全集》上册,吴光、钱明、董平等编校,上海古籍出版社1992年版,第61页。
⑥ 《王阳明全集》上册,吴光、钱明、董平等编校,上海古籍出版社1992年版,第62页。
⑦ 《王阳明全集》上册,吴光、钱明、董平等编校,上海古籍出版社1992年版,第62页。
⑧ 《王阳明全集》上册,吴光、钱明、董平等编校,上海古籍出版社1992年版,第69页。
⑨ 《王阳明全集》上册,吴光、钱明、董平等编校,上海古籍出版社1992年版,第72页。

域或心性世界的本体域境，展现了"良知"的自我证得及其所展现的全体大用之学理趋向，或可视为生命真实体悟的"灵知不昧"之觉性焕然一新地真正打通。这既是认识过程的质的飞跃，也是体悟境界的次第升华，又是良知光辉形象的全理彰显。王阳明对良知本体的证悟，破除了修道过程中多重学说之虚妄偏执，真可谓是"逐步进入返朴归真、与道同体的'大我'智慧境界"①，在超越中回归于儒门"良知"正法眼藏的"真识"境界。

阳明证悟良知本体，一般认为正德三年（1508）春三月，阳明谪龙场之后即"一次性"地实现了其"龙场悟道"②，这显然是不够确切的。龙场悟道的发生并非一蹴而就，也不可能是在阳明初来乍到龙场、身心未安定之时就可以实现的。其中这里必然有一个时间过程和一段生活经历，即阳明如何在融入本土性的社会活动中，在何种触媒的导源下才能产生思想的质性飞跃，最后超拔出来而最终实现其生命和思想的彻底转换与升华？事实上，阳明初到龙场时的历史情境，《年谱》说得十分明白："龙场在贵州西北万山丛棘中，蛇虺魍魉，蛊毒瘴疠，与居夷人鴃舌难语，可通语者，皆中土亡命。旧无居，始教之范土架木以居。"③由此不难看出，阳明所面对的现实生活上的困境：一是修文的生活环境十分恶劣，难以立即安顿生活；二是因语言不通，与当地民众进行语言沟通十分困难；三是本土人不知架木为房，自己也居无定所。因此，姑且不论内部心性世界是否安稳与适应新环境有多大难度，单就外部的生存条件而言，阳明首要的问题是解决基本的生存与生活困难，悟道必然成为他次要考虑的问题，因为没有"安身"何以"立

---

① 赵建永：《从"言意之辨"到"转识成智"——冯契"智慧说"探源》，《中国社会科学报》2015年8月4日第2版。笔者基于研究的需要一直思索转识成智的问题，论文完成过程中偶然阅读到此文，自觉与笔者思考的内容存在某种契合，故特引用赵文以参证。

② 笔者此处特别以"一次性"说"龙场悟道"，是因为学者普遍将钱德洪《年谱》中"忽中夜大悟龙场格物致知之旨，寤寐中若有人语之者，不觉呼跃，从者皆惊。始知圣人之道，吾性自足，向之求理于事物者误也"看成"龙场悟道"。参见《王阳明全集》下册，吴光、钱明、董平等编校，上海古籍出版社1992年版，第1228页。笔者认为，视此为"龙场悟道"，不甚完整，"龙场悟道"乃一系列过程环节的总称，起于大悟格物致知之旨，延展于证诸五经而"著五经臆说"，完成于"始悟知行合一"，三个连续性事件关联一起，乃"龙场悟道"也。

③ 《王阳明全集》下册，吴光、钱明、董平等编校，上海古籍出版社1992年版，第1228页。

命"？没有"安心"如何"放心"？① 故其必然经历一系列的人生磨难与思悟过程才能达至生命面貌的焕然一新，尤其是龙场悟道的实践过程为其"成贤作圣"作出了历史性结论。

  探寻阳明的龙场悟道的思想脉络与真实状态，笔者以为：龙场悟道是钱德洪建构起了一个整体性的概念认知系统；实际上的龙场悟道，其实分三个阶段、两个过程，并非一次性完成；无论钱德洪如何建构，从其《年谱》编排内容的细微处着手以及运用阳明自己的《朱熹晚年定论》的文本叙述内容，我们依然可以窥探出其中端倪，即钱德洪建构起了一个既具有完整意义又具有真实性的龙场悟道概念，他以龙场空间的独特形式压缩了具有连贯性的悟道一系列实践过程（三个阶段、两个过程），形成了一个完整概念印象中绝无仅有的龙场悟道的单体事件。事实上，在钱德洪编、罗洪先考订的《阳明先生年谱》中已经将王阳明在龙场的两次连续性的悟道过程说得十分明白。《年谱》云："三年戊辰，先生三十七岁在贵阳。春至龙场。是年始悟格物致知。……自计得失荣辱皆可超脱，惟生死一念尚未能遣。乃为石椁以自誓，昼夜端居澄默以求静一。久之，胸中洒洒，而从者皆病，即自折薪汲水，烹糜饲之，既又恐其抑郁，则与歌诗。又不悦，复调越曲杂以诙笑，始能忘其为疾病夷狄患难也。因念圣人当之，或有进于此者。忽中夜，思格物致知之旨，若有语之者，寤寐中不觉呼哮，从者皆惊。自是始有大悟，乃默记五经证之，因著《五经臆说》。"这就是学术界对龙场悟道较为一致的认知与说法。《年谱》又云："四年己巳，先生三十八岁在贵阳，提学副使席书聘主贵阳书院。是年，先生始悟知行合一。始席元山书提督学正问朱陆同异之辨，先生不答，而告以所悟，元山怀疑去。明日复来，证之五经诸子渐觉有省，继是往复数四，乃豁然大悟，谓圣人之学复睹于今，朱陆异同各有

---

① 我们虽然不可将悟道与身安视为两个断裂的和必然有其先后的过程，因为解决生存问题与悟道也许就没有先后之分，甚至可以说两者是一而二、二而一的关系；但此处强调的是王阳明所处生活环境的恶劣与艰难，生活安居问题未定，哪能专心去做静心澄默的修学体悟工夫？实际在于说明不是他一到龙场就悟道，而是在龙场生活一段时日，才能有悟道过程的发生。

得失，无事辩诘。"① 两次"始悟"说得十分清晰。显而易见，以"始悟格物致知之旨"和"始悟知行合一"为标志的阳明的两次连续性的悟道过程，前后大约相距了一年的时间，与王阳明自身所言的历史情形也比较吻合。前者"自是始有大悟"，即所谓的大悟是指"格物致知"之旨；而后者"先生始悟知行合一"，是对格物致知之旨认识的进一步深化。王阳明在《朱子晚年定论》中也如实复原了龙场悟道的真实情境："谪官龙场，居夷处困，动心忍性之余，恍若有悟，体验探求，再更寒暑，证诸五经、四子，沛然若决江河而放诸海也。"② 从其"恍若有悟"到"体验探求"，再到"更寒暑，证诸五经、四子"，显然是一个连续延展的觉悟次第环节与流程，因此，龙场悟道，应是一系列的觉悟圆环，构成了螺旋式的生命体域境与境界，而一直攀升到良知本体的真实呈现，回归儒门"良知"正法眼藏，这显然是一个次第跃升的过程，也就是本文所强调的"转识成智"，即成就儒门圣智。

而王阳明的这一悟道境界是否就真正地契悟了宇宙人生之真理真相呢？这是值得我们进一步思考与探索的问题，否则就难以真正理解他入世"儒门"圣学的本来。

四 儒释道三教关系视野下的"良知"心学之检讨：关于"龙场悟道"的再认识

阳明的龙场大悟虽然有智慧境界的呈现，然而与佛教禅宗慧能大师的"明心见性"之悟，在境界与彻底性上来说尚有一段距离，如其后自己所云："我在南都已前，尚有一些子乡愿的意思在。我今信得这良知真是真非，信手行去，更不着些覆藏。"③ 尚有"乡愿"，"我今信得这良

---

① 参见《王阳明年谱十种一》，明嘉靖刻本，北京图书馆藏，第506、513页。该版本言"始悟格物致知"与"始悟知行合一"，均用悟。与上海古籍出版社编校的《王阳明全集》所载的《年谱》大同小异，后者称"始悟格物致知"与"始论知行合一"。笔者以为，悟与论有本质上的区分，刻本原始，故选用刻本说法，尊重用"始悟知行合一"。

② 《王阳明全集》上册，吴光、钱明、董平等编校，上海古籍出版社1992年版，第127页。王阳明自称"再更寒暑，证诸五经、四子"，实际上已经有很长的一段时间在反复体悟，之后才有"沛然若决江河而放诸海也"的豁然贯通，由此足证"龙场大悟"是一系列连贯的过程。

③ 《王阳明全集》上册，吴光、钱明、董平等编校，上海古籍出版社1992年版，第116页。

知"，阳明在南都，是龙场悟道之后的事情。① 龙场之后还有"乡愿"，足证阳明龙场之悟的不彻底性，正如章太炎先生所言："阳明读书多，不免拖沓。"② 如前文所述，钱德洪以龙场空间的独特形式压缩了具有连贯性的悟道一系列实践过程，形成了一个完整概念印象中绝无仅有的"龙场悟道"的单体事件。我们破解这一单体事件后的一连串的线索，不难发现"再更寒暑，证诸五经、四子"，实际上已经表明王阳明自己有很长的一段时间在反复体悟并与经典相印证，之后才有"沛然若决江河而放诸海也"的豁然贯通之发生，由此足证"龙场悟道"本身就是一系列连贯的修悟过程，就此还不包括游苑于仙释的渐进式修学阶段。这与六祖慧能大师的悟道相比较，有颇为相似的一段体道经历。

众所周知，慧能一闻《金刚经》就有人生独特感悟且智慧之心不断涌现，及至面见弘忍大师而直言"人虽有南北，而佛性本无南北，'獦獠'身与和尚不同，佛性有何差别"（《坛经·行由品第一》）的见解，的确与众不同，令五祖为之一惊。之后，针对神秀大师"身是菩提树，心为明镜台。时时勤拂拭，勿使染尘埃"（《坛经·行由品第一》）之偈语未见本性时，而有"菩提本无树，明镜亦非台。本来无一物，何处染尘埃"《坛经·行由品第一》的真知灼见，更让江州别驾之流另眼高看，且已入弘忍大师法眼。客观地分析，慧能针对神秀的"有"相偈而作

---

① 王阳明《年谱》对王阳明的活动地点记载较为详细。从阳明在浙江余姚出生至其十岁，《年谱》云："皆在越。"十一岁至十五岁，"寓京师"；十七岁"在越"；十八岁"寓江西"；二十一岁"在越"……王阳明赴龙场之前，《年谱》多言其"在京师"，未见有在南都之说。龙场之后，正德五年庚午（1510）三月，三十九岁升任庐陵县知，《年谱》云："在吉。"是年冬十一月入朝觐见，十二月升南京刑部四川清吏司主事。六年辛未（1511），四十岁在"京师"，正月调吏部验封清吏司主事，十月升文选清吏司员外郎。王阳明升任"南京刑部四川清吏司主事"，亦可视为在"南都"的经历，《年谱》云："先是先生升南部，甘泉与黄绾言于冢宰杨一清，改留吏部。"即指其改任"吏部验封清吏司主事"一职，故其在南都时间较短，或未能上任。七年壬申（1512），四十一岁在京师，三月升考功清吏司郎中；十二月，升南京太仆寺少卿，年谱云："便道归省。"八年癸酉（1513），四十二岁，"在越"，二月至越；冬十月至滁州。九年甲戌（1514），四十三岁在滁州，四月升南京鸿胪寺卿，五月至南京。十年乙亥（1515），四十四岁，在京师。根据《年谱》，阳明所言之"我在南都"，当指"升南京刑部四川清吏司主事""升南京太仆寺少卿""升南京鸿胪寺卿"三个具体事件，均发生在龙场悟道之后。"我在南都已前"有乡愿，即表明在龙场，或龙场悟道后至南都这一段时间是有乡愿的，既然有乡愿，其悟道有漏，当然就有不彻底性。

② 章太炎：《诸子学略说》，广西师范大学出版社2010年版，第44页。

"无"相偈，虽然见地比神秀高明，但是并不意味着慧能就大彻大悟了，故五祖说"亦未见性"（《坛经·行由品第一》）。故至弘忍大师袈裟遮围，为慧能说《金刚经》至"应无所住而生其心"（《坛经·行由品第一》），慧能大师才言下大悟"一切万法，不离自性"（《坛经·行由品第一》），所谓"何期自性本自清净，何期自性本不生灭，何期自性本自具足，何期自性本无动摇，何期自性能生万法"（《坛经·行由品第一》），慧能以自身的体悟作感言，以表明其证悟佛法的真谛心地与心无疑情，可谓大彻大悟，而非一般意义所言的与神秀交锋"破有悟空"① 为其悟入道门的根本性标志。

由此来反观阳明龙场大悟的"格物致知"之说，实际上是他对《大学》经典的独特体悟。久经流传的《大学》经典在朱熹看来存在措辞与次序的错乱与颠倒，于是他重新调整了次序并作出了自己的解释，同时增改了"格物致知"章134个字来阐发《大学》的"格物致知"理论要旨。事实上，早年的王阳明亦曾依照朱熹指出的"即物而穷其理"② 的方法与理路进行过"格竹"的实践尝试，最终却归之于失败，故在阳明看来，朱熹的经典解释仿佛都是知识性的解读言说方式而已，并不能切中参赞化育体察"道"之大化流行的生命根底要害，故而后他在"龙场悟道"中对"即物而穷其理"的失败亲身经验，曾发出了如是之感慨："圣人之道，吾性具足，向之求理于事物者误也。"③ 这种对朱熹的批判，同样不见得就表明了王阳明的龙场悟道就是一种大彻大悟的生死之道。此时，再来客观分析王阳明的言说情形，也缺乏真正的自信，因其著《五经臆说》虽然是具有悟道印证的功效，然其一个"臆说"，自然而然地也

---

① 笔者以为，神秀之偈语执着悟在"有相"上，慧能对峙神秀之偈语乃执着悟在"空相"，以空对有，不能不说是完美，然亦表明慧能此时未达到"觉所觉空，空觉极圆，空所空灭，生灭既灭"（《楞严经》）的境界，故弘忍认为其"亦未见性"，且后又说《金刚经》而慧能有顿悟佛法之感。

② 朱熹补录的"格物致知"章："所谓致知在格物者，言欲致吾之知，在即物而穷其理也。盖人心之灵莫不有知，而天下之物莫不有理，惟于理有未穷，故其知有不尽也。是以《大学》始教，必使学者即凡天下之物，莫不因其已知之理而益穷之，以求至乎其极。至于用力之久，而一旦豁然贯通焉，则众物之表里精粗无不到，而吾心之全体大用无不明矣。此谓物格，此谓知之至也。"《四书五经（大儒注本）》第1册，凤凰出版社2015年版，第7页。

③ 《王阳明全集》下册，吴光、钱明、董平等编校，上海古籍出版社1992年版，第1228页。

就降低了其悟道的真实性与肯定性，这也是其思想深处缺乏自信心的一种表现，所以看不到像慧能大师那样证悟佛法时所发出的五个"何期"感言的言说气象。① 且不言及上文提及的阳明"乡愿"之说，根据钱德洪《年谱》所言"始悟格物致知"，在阳明本人看来，也只是强调了体道中的"恍若有悟"②的表白言说，且云："吾'良知'二字，自龙场已后，便已不出此意，只是点此二字不出，于学者言，费却多少辞说。今幸见出此意，一语之下，洞见全体，直是痛快，不觉手舞足蹈。学者闻之，亦省却多少寻讨功夫。"③ "不出此意"即不出此中真意，但并非真明白这个意，而这个意是时隔多年之后的彻底之悟，故"今幸见出此意，一语之下，洞见全体，直是痛快"说得非常明白。就连王阳明弟子钱德洪也是这样认为的，正德四年己巳（1509）"是年，先生始悟知行合一"，又说："'良知'之说发于正德辛巳年。盖先生再罹宁藩之变，张、许之难，而学又一番证透，故正录书凡三卷，第二卷断自辛巳者，志始也。"④故"龙场悟道"作为终极之悟之说，实有虚妄。且《五经臆说》被阳明付之秦火，也颇有疑点，似可佐证非真。《五经臆说十三条》云：

> 师居龙场，学得所悟，证诸《五经》，觉先儒训释未尽，乃随所记忆，为之疏解。阅十有九月，《五经》略遍，命曰《臆说》。既后自觉学益精，工夫益简易，故不复出示人。洪尝乘间以请。师笑曰："付秦火久矣。"洪请问。师曰："只致良知，虽千经万典，异端曲学，如执权衡，天下轻重莫逃焉，更不必支分句析，以知解接人也。"后执师丧，偶于废稿中得此数条。洪窃录而读之，乃叹曰："吾师之学，于一处融彻，终日言之不离是矣，即此以例全经，可知也。"⑤

王阳明说："学问功夫，于一切声利嗜好俱能脱落殆尽，尚有一种生死念

---

① 参阅下文，下文将专门论及该问题。
② 《王阳明全集》下册，吴光、钱明、董平等编校，上海古籍出版社1992年版，第127页。
③ 《王阳明全集》下册，吴光、钱明、董平等编校，上海古籍出版社1992年版，第1575页。
④ 《王阳明全集》下册，吴光、钱明、董平等编校，上海古籍出版社1992年版，第1575页。
⑤ 《王阳明全集》下册，吴光、钱明、董平等编校，上海古籍出版社1992年版，第976页。

头毫发挂带，便于全体有未融释处。人于生死念头，本从生身命根上带来，故不易去。若于此处见得破，透得过，此心全体方是流行无碍，方是尽性至命之学。"① 比之于生死之念来说，"乡愿"可能不足道哉，然而阳明既有"乡愿"，更何谈其大彻大悟。故就此意义而言，笔者以为，阳明龙场大悟乃"悟而不悟"，"龙场悟道"非真悟，正因如此，阳明的心学还是人世间的学问与工夫，而不是出世间的学问与工夫，如是才能奠定其在世间的丰功伟绩，成就其人世间的事功！

一般将龙场大悟"格物致知"之旨，视为阳明人生的终极之悟，这与阳明的实际情况并不吻合（前文已有论说，此处不再赘述），笔者以为乃钱德洪等人的思想建构，而使"龙场悟道"以一"单体性"事件的方式成为唤醒阳明生命全体大用的"良知"觉醒阶段，似亦扩大和拔高了"龙场悟道"的真实悟境，其所建构起来的"龙场悟道"，并不能真正地反映出王阳明真实的悟道过程与境界。而且，以儒释道三教的观点判处，尤其是以佛教禅学的观点来说，即从境界次第而言，充其量只能算是见道，即见到通达真理之路，而非为大彻大悟宇宙人生之实相和生命之真相。而有如此体悟的阳明先生始终是处在道之门外，还未入道，或充其量只能是见道者而非悟道者，"见得圣人之学若是其简易广大"② 而已。对此，南怀瑾先生有如是观点："即如阳明先生，亦欠透彻。"③ 章太炎评论阳明的再传弟子王时槐时亦云："（王）塘南初曾学佛，亦事晏坐，然所见皆高于阳明。"④ 显然，阳明见地似不可过分拔高。因为，悟道者必须感言验证，如慧能、虚云的悟道偈语，需要过来人的勘验，就像禅宗那样"佛佛惟传本体，师师密付本心"（《坛经·行由品第一》），"唯传见性法，出世破邪宗"（《坛经·般若品第二》）。而阳明的感言印证也是时隔多年后的天泉证道所涉及的"四句教"⑤，可以算是其"证道"的偈语。由此始悟"格物致知"之旨，进而始悟知行合一，构成了其悟道的

---

① 《王阳明全集》上册，吴光、钱明、董平等编校，上海古籍出版社1992年版，第108页。
② 《王阳明全集》上册，吴光、钱明、董平等编校，上海古籍出版社1992年版，第36页。
③ 净慧主编：《虚云和尚全集》第1册，中州古籍出版社2009年版，第5页。
④ 章太炎：《诸子学略说》，广西师范大学出版社2010年版，第45页。
⑤ 四句教，即"无善无恶是心之体，有善有恶是意之动，知善知恶是良知，为善去恶是格物"。

一连串的思想觉醒环节,继而形成自己与众不同的心学思想。

值得指出的是,阳明的终极目的不是脱离生死的悟道,而是学儒门圣贤之道,即志在修身、齐家、治国、平天下,也即"读书学圣贤",故其个人的根器与愿力决定他思考的重点是如何悟儒门之理,并将其所悟儒门之"思想之理""君子之理""圣贤之理"① 教化学人,故在悟道的层次与境界上与禅宗"明心见性"的境地是有差异的。从这一意义来看,龙场悟道虽非彻底之悟,但其悟道的世人印象以及在思想上的影响不可谓不意义深远,它开启了阳明生命与思想的重大转换,并仍然具有儒学史上的变革性意义。

五　阳明心学开启了一个全新的儒学思想理论形态

王树人先生指出:"阳明在学脉上归宗儒门,他在批判地融合佛老真妙的基础上,极大地发展了儒学,使阳明心学成为新儒学。"② 王先生的观点表明其至少也看出了心学与理学的确有不同,属于不同形态的思想与理论,但又未能完全摆脱儒学之学脉窠臼。事实上,王阳明虽以儒门圣学继承人自居,但其心学绝非原来的儒学,亦非经过发展而来的理学,故阳明心学一直在儒学内部世界和外部世界落下个血脉归向之诟病。即一称阳明乃阳儒阴释、内佛外儒;一称阳明心学为禅学,即阳明禅,所谓"人皆哗之为禅"③。因此,用新儒学的视界来审视心学自身的特色亦不能真实地反映阳明心学的特色,把心学简单地划归为儒学系统未免美中不足。虽然如此,龙场大悟,仍实现了王阳明对儒释道三教思想上的再认识和理论的整合。阳明心学包含了对儒释道三教的重新判摄:一是对儒学的重新认知,二是对道教的重新检讨,三是对佛学的重新判摄。王阳明在千死万难中最终实现了理论的超越、思想的突破和人格的深化,

---

① 刘先和先生认为,王阳明的悟道,实质上是悟理,即"思想之理""君子之理""圣贤之理"。他指出,愿力不同,成果有别,王阳明的根器是"读书学圣贤",格局决定王阳明只能是哲学家、思想家。
② 王树人:《阳明心学与佛老》,《中国社会科学院研究生院学报》1993 年第 4 期。
③ (明)胡松:《刻阳明先生年谱序》,载《王阳明年谱十种(一)》,明嘉靖刻本,北京图书馆藏,第 475 页。

同时儒释道三教在其思想世界得到了创新和发展。在唐宋以来三教合一的思想背景下，他合三归一，创造性地发展了儒学及理学，从而催生了一个新的理论形态的诞生，那就是阳明心学，同时阳明也从次第转换与体道的实践过程中不断深化了自我的思想世界，提高了自己的人生境界，终成一代圣贤，在立言、立德和立功中完成了自己的历史使命。

整体而言，阳明在龙场的经历是其人生的重大转折，开启了他走向圣贤的方向和路径。王阳明从学之"三变"或"五溺"终归于正学，并在这一连续性的思想继承与发展的过程中，经历了类似佛教的"转识成智"的过程，在思想飞跃中实现了对"良知"的体认与创造性言说，从而开启了心学在中国儒学史上的新篇章。

殊途同归:论焦竑对王阳明"三教一道"思想的发展与转变

米文科[*]

"三教一道"是阳明学三教关系中的一个重要问题。但不同于王阳明认为三教在实际中存在着见道偏全的不同,焦竑则主张"道一教三"、殊途而同归,认为儒佛道三教尽管在具体的教法上不同,不能相混,但都可以根据各自的教法而达到"道"的境界。焦竑对"三教一道"的认识不仅反映了阳明学"三教一道"思想的发展与演变,同时也体现了晚明三教融合的进一步深入,因此具有重要的思想史意义。

"三教一道"是王阳明三教思想中的一个重要观点,也是被其众多弟子后学认同的一个观念。但如果仔细考察王阳明与其后学的"三教一道"论,就会发现阳明后学的认识与王阳明并不完全相同,而是对其进行了诸多创新。其中,晚明泰州学派学者焦竑(1540—1620)的"三教一道"论具有转折性的意义,体现了阳明学对三教关系认识的发展与演变。[①]

---

[*] [作者简介]米文科,1978年生,男,山西汾阳人,宝鸡文理学院马克思主义学院副教授、硕士生导师。主要研究方向:明清关学与明清思想。

[①] 目前学界关于焦竑的三教思想有不少研究成果,如郑宗义《明末王学的三教合一论及其现代回响》,载吴根友主编《多元范式下的明清思想研究》,生活·读书·新知三联书店2011年版,第203—212页;钱新祖《焦竑与晚明新儒思想的重构》,宋家复译,东方出版中心2017年版。但本文的视角与这些研究有所不同。本文主要是以阳明学的"三教一道"思想的发展演变为问题意识,来探讨焦竑在这一问题上对王阳明学说的发展,及其在阳明学儒佛之辨上所具有的意义。

一　三教一道

　　自北宋初道教学者张伯端（984—1082）明确提出"教虽分三，道乃归一"①之后，"三教一道"的观点很快就流行开来。与此同时，理学正值创立初期，张载（1020—1077）与二程等人虽然在理论上吸收和借鉴了不少佛道二教的思想，但同时他们又严辨儒佛，批评佛老之学。其中，在"道"的问题上，二程一方面认为佛氏于"道"不能说无所见，而另一方面又认为，佛氏只见"道"之一边，而不及其余，如同以管窥天。程颢（1032—1085）说："释氏说道，譬之以管窥天，只务直上去，惟见一偏，不见四旁，故皆不能处事。圣人之道，则如在平野之中，四方莫不见也。"②程颐（1033—1107）也说："佛亦是西方贤者，方外山林之士，但为爱挟持人说利害，其实为利耳。其学譬如以管窥天，谓他不见天不得，只是不广大。"③与二程略有不同，朱熹（1130—1200）则明确指出，儒家与佛老各行其道，绝不相同，儒家以仁义礼智为道，而佛氏则以清净寂灭为道。他说："吾之所谓道者，固非彼之所谓道矣。……吾之所谓道者，君臣、父子、夫妇、昆弟、朋友当然之实理也。彼之所谓道，则以此为幻为妄而绝灭之，以求其所谓清净寂灭者也。"④

　　然而，与程朱相比，陆九渊（1139—1193）对儒佛之道的认识有着明显不同。他说：

　　　　儒者以人生天地之间，灵于万物，贵于万物，与天地并而为三极。天有天道，地有地道，人有人道。人而不尽人道，不足与天地并。人有五官，官有其事，于是有是非得失，于是有教有学。其教之所从立者如此，故曰义、曰公。释氏以人生天地间，有生死，有轮回，有烦恼，以为甚苦，而求所以免之。其有得道明悟者，则知本无生死，本

---

① （宋）张伯端：《悟真篇浅解》，王沐浅解，中华书局1990年版，第1页。
② （宋）程颢、程颐：《二程集》上册，王孝鱼点校，中华书局2004年版，第138页。
③ （宋）程颢、程颐：《二程集》上册，王孝鱼点校，中华书局2004年版，第292页。
④ （宋）朱熹：《朱子全书》第6册，朱杰人、严佐之、刘永翔主编，上海古籍出版社2010年版，第684页。

无轮回,本无烦恼。故其言曰:"生死事大。"……其教之所从立者如此故曰利、曰私。惟义惟公,故经世;惟利惟私,故出世。①

在陆九渊看来,儒家以尽人道为"一大事",佛教则以出离生死为"一大事",故二者立教不同,于是也就有了公私、义利之分,亦即经世与出世的区别。可见,在陆象山眼中,儒佛之别并不是在"道"上有何不同,而是在"教"上存在着差异,故陆九渊说:"唯其教之所从起者如此,故其道之所极亦如此。故某尝谓儒为大中,释为大偏。以释与其他百家论,则百家为不及,释为过之。"② 又说:"佛老高一世人,只是道偏,不是。"③ 可见,儒家与佛老在"道"上只有"中"与"偏"之分,而不存在三教三道的划分。正因为如此,朱子批评陆象山之说是一种"本同末异"论。其曰:

> 向来见子静与王顺伯论佛云,释氏与吾儒所见亦同,只是义利、公私之间不同。此说不然。如此,却是吾儒与释氏同一个道理。若是同时,何缘得有义利不同?只被源头便不同:吾儒万理皆实,释氏万理皆空。④

朱子指出,如果只从公私、义利来区分儒佛,那就是承认儒家与佛氏在根本上是"同一个道理",只不过作用有所不同而已。朱子认为,这种观点并没有真正看到儒佛之间的差别所在,事实上,儒佛从源头上即从作为本体之道上就已经不同了,"吾儒万理皆实,释氏万理皆空",吾儒以仁义礼智为性,而释氏则以空寂为性。从这里可以看到,在儒佛之辨上,程朱理学与陆氏心学已存在较大分歧。⑤

---

① 《陆九渊集》,钟哲点校,中华书局1980年版,第17页。
② 《陆九渊集》,钟哲点校,中华书局1980年版,第20页。
③ 《陆九渊集》,钟哲点校,中华书局1980年版,第467页。
④ (宋)黎靖德编:《朱子语类》第8册,王星贤点校,中华书局1986年版,第2976页。
⑤ 明代学者陈建(1497—1567)也以"本同末异"来批评陆九渊的儒佛之辨,曰:"近世论儒佛,多谓本同末异,象山即是此意也。"(《陈建著作二种》,黎业明点校,上海古籍出版社2015年版,第163页)

陆九渊对儒佛之道异同的认识后来被王阳明继承，王阳明明确指出，"道一而已"，儒佛道三教都根源于同一个"道"。他说："道一而已，仁者见之谓之仁，知者见之谓之知。释氏之所以为释，老氏之所以为老，百姓日用而不知，皆是道也，宁有二乎？"① 在王阳明看来，儒佛道三教之学都是世间那个最高本体之道的反映，只不过三教所见不同而已，但"皆是道也"，故"其初只是一家，去其藩篱，仍旧是一家"②。王阳明关于"三教一道"的认识后来被他的一些弟子继承，如王畿（1498—1583）说："时有盛衰，所见亦因以异，非道有大小也。谓孔子之道大于佛，固不识佛；谓佛之道大于孔子，尤不识孔子。"③ 董沄（1459—1534）也说："道一而已，儒者见之谓之儒，释者见之谓之释。"④ 董沄还批评了学者汲汲于儒佛之分的做法："道眼不明，客气用事，代相因袭，以梦传梦，将六合内一片公共道理，割而私之，封植自固，噫，小之乎。"⑤ 焦竑亦曰：

> 道一也，达者契之，众人宗之。在中国者曰孔孟老庄，其至自西域者曰释氏。繇此推之，八荒之表，万古之上，莫不有先达者为之师，非止此数人而已。昧者见迹而不见道，往往瓜分之而又株守之。⑥

> 道是吾自有之物，只烦宣尼与瞿昙道破耳，非圣人一道，佛又一道也。大抵为儒佛辨者，如童子与邻人之子，各诧其家之月曰："尔之月不如我之月也。"不知家有尔我，天无二月。⑦

在焦竑看来，正如天无二月，儒家圣人之道与佛老二氏之道也并无不同，在中国曰孔孟老庄，在西域则曰释氏，只不过是名称不同而已，但"道一也"，而那些汲汲于三教异同之辨的人，则是"见迹而不见道"，将

---

① 《王阳明全集》第1册，吴光、钱明、董平等编校，上海古籍出版社2014年版，第229页。
② （明末清初）黄宗羲：《明儒学案》上册，沈芝盈点校，中华书局2008年版，第587页。
③ 《王畿集》，吴震编校整理，凤凰出版社2007年版，第762—763页。
④ 《徐爱钱德洪董沄集》，钱明编校整理，凤凰出版社2007年版，第264页。
⑤ 《徐爱钱德洪董沄集》，钱明编校整理，凤凰出版社2007年版，第255—256页。
⑥ （明）焦竑：《澹园集》上册，李剑雄点校，中华书局1999年版，第195页。
⑦ （明）焦竑：《澹园集》上册，李剑雄点校，中华书局1999年版，第745页。

"道"人为地割裂为三而又"株守"之。

二 殊途同归

虽然王阳明主张"三教一道",但他并不认为儒佛道三教就是殊途同归,亦即所谓的"道一教三"。因为在王阳明看来,尽管儒佛道同出一道,但在现实中却存在着见道偏全的不同,而这就决定了三教是不可殊途同归的,"道一教三"的说法也就不成立。如针对有弟子认为佛老得"形而上一截",儒家得"形而下一截"的看法,王阳明指出:"但谓上一截、下一截,亦是人见偏了如此。……'一阴一阳之谓道',但仁者见之便谓之仁,知者见之便谓之智,百姓又日用而不知,故君子之道鲜矣。仁、智岂可不谓之道?但见得偏了,便有弊病。"① 可见,对于王阳明来说,儒家与佛老虽然不是三种不同的道,不是各道其道,但在所见上却有不同,儒家见道全,佛老则"见得偏了"。如三教都是以心性为学,但儒家心与理一,故其学以天地万物为一体,裁成辅相、成己成物,而佛老则分心与理为二,故其离开人伦物理来"明心见性",从而遗人伦、弃物理,不能治家国天下。可见,在王阳明那里,虽然儒佛道三教都是同一个"道"的表现,却存在见道或见心的不同。

王阳明的三教见道(见心)不同的说法,后来被其弟子王畿等人继承。如王畿分别从"未生时""出胎时""孩提时"来看"心"以说明佛道二教与儒家所见之心有偏全不同,从而有"明心见性""修心炼性""存心养性"的区别,并认为良知本来虚寂,良知就是精气神,所以"良知"二字能够"范围三教",从而做到"三教归儒"。他说:"夫以未生时看心,是佛氏顿超还虚之学;以出胎时看心,是道家炼精气神以求还虚之学。良知两字范围三教之宗。良知之凝聚为精,流行为气,妙用为神,无三可往,良知即虚,无一可还,此所以为圣人之学。"②

然而,王阳明的这一思想发展到焦竑那里,却发生了根本性的变化。在焦竑看来,儒家与佛道二教并不存在见道偏全的不同,在心性方面,

---

① 《王阳明全集》第1册,吴光、钱明、董平等编校,上海古籍出版社2014年版,第21页。
② (明)王畿:《王畿集》,吴震编校,凤凰出版社2007年版,第764页。

也不存在认识上的不同。他说：

> 孔、老、释迦之出，为众生也。……后世源远流分，三教鼎立，非圣人意也。今日王纯甫、穆伯潜、薛君采辈始明目张胆，欲合三教而一之。自以为甚伟矣，不知道无三也，三之未尝三；道无一也，一之未尝一。如人以手分擘虚空，又有恶分擘之妄者，随而以手一之，可不可也？梦中占梦，重重成妄。①

焦竑指出，孔子与老子、释迦的出现并不是偶然的，而是"为众生也"，这就是《法华经》中所说的"一大事"。从这一角度来说，儒佛道三教不可能存在见道有偏全、大小的不同，所以焦竑说，"三教鼎立，非圣人意也"，而是人为地将"道"分成三个，认为三教三道，却不知"道无三也，三之未尝三"，儒家之道与佛老之道其实只是同一个道。另外，对当时学者提倡的"三教合一"论，焦竑也指出，这种说法其实预设了三教三道，只不过现在要把三道合为一道，却不知"道无一也，一之未尝一"。在焦竑看来，把"道"割裂为三已经是虚妄了，现在又以为"道"是三而要合而为一，更是"梦中占梦，重重成妄"。因此，对焦竑来说，儒家与佛老不仅同为一道，而且也不存在见道有偏全、大小的不同。

在心性论上，焦竑也不认为佛老与吾儒有所不同。他说：

> 孔孟之学，尽性至命之学也。顾其言简指微，未尽阐析。释氏诸经所发明，皆其理也。苟能发明此理，为吾性命之指南，则释氏诸经，即孔孟之义疏也，又何病焉？夫释氏之所疏，孔孟之精也，汉宋诸儒之所疏，其糟粕也。今疏其糟粕则俎豆之，疏其精则斥之，其亦不通于理矣。②

首先，焦竑指出，儒家之学与佛道二教之学都是关于心性的学问，只不过对于性命之理，孔子是"罕言"之，孟子虽有论说，却"言简指

---

① （明）焦竑：《焦氏笔乘》上册，李剑雄点校，中华书局2008年版，第286页。
② （明）焦竑：《焦氏笔乘》上册，李剑雄点校，中华书局2008年版，第286页。

微，未尽阐析"，老子与后世道教是"累言"之，释氏则"极言"之。①
"释氏诸经所发明，皆其理也"。而孔子之所以罕言性命之理，是因为
"待其人也"，即"中人以下，不可以语上也"（《论语·雍也》），所以不
能因佛老极言心性，就因噎废食而不讲心性，把心性之学归于佛老。焦
竑说："尝谓此性命，我之家宝也，我有无尽藏之宝，埋没已久，贫不自
聊矣。得一贾胡焉，指而示之，岂以其非中国人也，拒其言哉？彼人虽
贾胡，而宝则我故物。人有裔夏，宝无裔夏也。况裔夏无定名，繇人自
相指射。"② 可见，儒学即心性之学，根本不存在儒家与佛道二教之分，
因此世人所认为的佛老得"形而上一截"，儒家得"形而下一截"，佛老
言心性，儒家言辞章注疏、考据穷理，其实是对儒家之学的误解。

其次，焦竑认为，儒佛道三教不仅都以心性为学，而且所说性命之
理也相同，所谓"释氏之典一通，孔子之言立悟，无二理也"③，"释氏诸
经，即孔孟之义疏也"。可见，对焦竑来说，儒佛道三教在心性上并不存
在王阳明和王畿说的"见心"有偏全不同，三教心性之理是相互贯通的。

最后，既然三教所说心性之理并无不同，那么三教之间的区别是什
么？对此，焦竑指出，儒佛道三教是理同而教异，所不同的是"教"。

> 佛言心性，与孔、孟何异？其不同者教也。文中子有言："佛，
> 圣人也，其教西方之教也。中国则泥。轩车不可以适越，冠冕不可
> 以之胡，古之道也。"古今论佛者，惟此为至当。今辟佛者，欲尽废
> 其理，佞佛者又兼取其迹，总是此中未透脱故耳。④

> 圣人之教不同也，至于修道以复性，则一而已。古之博大真人
> 澹然独与神明俱，与圣人洗心退藏于密，而吉凶与民同患者，固不
> 同也。况大慈氏梦幻其身，尘垢其心，偶然高举于天人之表，独示
> 万世以妙湛元明，真如自性，与中国圣人之教，岂必其尽合哉！⑤

---

① 参见（明）焦竑《焦氏笔乘》上册，李剑雄点校，中华书局2008年版，第283页。
② （明）焦竑：《焦氏笔乘》上册，李剑雄点校，中华书局2008年版，第284页。
③ （明）焦竑：《焦氏笔乘》上册，李剑雄点校，中华书局2008年版，第284页。
④ （明）焦竑：《澹园集》下册，李剑雄点校，中华书局1999年版，第719页。
⑤ （明）焦竑：《澹园集》下册，李剑雄点校，中华书局1999年版，第182页。

在焦竑看来，佛老所言心性之理与儒家圣人并无不同，"其不同者教也"，即三教各自的教法不同，而且在教上既不必也不能强求一致。儒家之学讲求的是本末一贯、内外合一，既要内以修心，又要外以治世，本体作用、天德王道是一以贯之的，而佛老之教一是"澹然独与神明俱"，二是"梦幻其身，尘垢其心"，三者决然不同。不过，焦竑又认为，虽然三教的教法不同，但学者只要各循其教，都能达到"道"的境界，了悟性命之理，这就是说儒佛道三教在根本之理上是殊途同归的。他说：

> 晚而读《华严》，乃知古圣人殊途同归，而向者之疑可涣然冰释已。何者？《华严》圆教，性无自性，无性而非法；法无异法，无法而非性。非吐弃世故，栖心无寄之谓也。故于有为界，见示无为；示无为法，不坏有为。此与夫洗心退藏而与民同患者，岂有异乎哉！……余以谓能读此经，然后知六经、《语》、《孟》无非禅，尧舜周孔即为佛，可以破沈空之妄见，纠执相之谬心。①

总之，对焦竑来说，三教殊途同归，三教之教不同，三教的学者应该按各自的教法来修道以复性，从而达致那个共同的"道"，这样也就不会出现辟佛与佞佛的现象了。

三 会通三教

王阳明虽然主张"三教一道"，但其落脚点却是"三教归儒"。在他看来，儒家既能存心养性，又能治国平天下，故其学大中至正，而佛道二教只是要"明心见性"和"修心炼性"，故其学偏于"空寂"。因此，王阳明的"三教一道"说强调的是三教在"道一"的前提下会归于儒，即"二氏之用，皆我之用"，学者不必去学习佛老之学，也不用兼取佛老之说来弥补吾儒之"不足"。对于王阳明的"三教归儒"宗旨，王畿有着深入的体会，其良知为"范围三教之宗"的说法便明确表达了这一思想。

但在焦竑那里，王阳明的"三教归儒"则变成了三教义理相通、殊

---

① （明）焦竑：《澹园集》上册，李剑雄点校，中华书局1999年版，第182—183页。

途同归，所谓"释氏之典一通，孔子之言立悟"，"释氏诸经，即孔孟之义疏也"。至于王阳明所说的儒佛经世与出世之分，在焦竑看来，也绝非不可逾越的鸿沟。

首先，针对儒家学者批评佛氏只"明心见性"而"屏弃"物理、灭绝人伦，焦竑指出，把心性之理与人伦事物分割开来，乃二乘断灭之见，正是"佛之所诃也"①，遗人伦、弃物理并非释迦本意，而是其徒之不善学者之过，所谓"佛氏有三千威仪，八万细行，未尝屏物理也。以净饭王为父，以罗睺罗为子，未尝灭人伦也。若学之者，如二乘断灭之见，则其徒往往有之，非释迦之罪也"②。

其次，焦竑对那种认为佛氏蔑弃礼仪的观点以及学佛者动辄称"无碍"的言行进行了批评。他说：

> 释之有律，犹儒之有礼也。佛以六度示人，禅那特其一耳。而不知者至欲以一而废五，则其所为一者可知已。何者？仁、义以礼而立，无礼则仁、义坏；定、慧以律而持，无律则定、慧丧。是故戒生定，定生慧，慧生八万四千法门，人之所知也，而慧复能生戒，生定，迭相为用，展转不穷，人所未知也。
>
> 夫世道之交丧久矣，在凡庸既不知道为何物，其稍有闻者一知半解，曾未涉其崖略，辄欲举古圣人之礼与律而蔑弃之，曰"法固无碍也"。彼其以多欲之心，假道于"无碍"之语，而不知其不可假也。③

焦竑指出，"释之有律，犹儒之有礼也"，说明不仅儒家有礼，而且佛氏亦有戒律，正如"仁、义以礼而立，无礼则仁、义坏"，戒律对佛氏来说也是非常重要、不可或缺的，"定、慧以律而持，无律则定、慧丧"，"戒生定，定生慧，慧生八万四千法门"，而慧又能生戒、生定，可见，戒、定、慧三学是"迭相为用"的。至于那种蔑弃礼仪和戒律而动辄称"无碍"的人，在焦竑看来，其实是借"无碍"来掩盖其多

---

① （明）焦竑：《澹园集》上册，李剑雄点校，中华书局1999年版，第91页。
② （明）焦竑：《澹园集》上册，李剑雄点校，中华书局1999年版，第87页。
③ （明）焦竑：《澹园集》上册，李剑雄点校，中华书局1999年版，第196页。

欲之心，事实上，真正懂得大道或对心性有所体悟的人是不会废弃礼仪、戒律的，正如私欲克尽，则视听言动无之而非礼，心若能空，则三千威仪、八万细行无不具足，那种析礼于道、离戒求慧的做法是有悖于儒家与佛氏之学的。

再次，焦竑又将佛老之"空""无"与儒家的"未发之中"进行了会通。"空无""虚寂"原是理学家对佛老之学的最主要的看法，它主要指的是本体上的"理"之无和道德伦理上的出世行为。针对学者将"空"和"无"视为佛老之学，焦竑先是强调"孔门专言空也"①，他又说：

> 佛虽晚出，其旨与尧、舜、周、孔无以异者，其大都儒书具之矣。所言"本来无物"者，即《中庸》"未发之中"之意也。"未发"云者，非拨去喜怒哀乐而后为未发也，当喜怒无喜怒，当哀乐无哀乐之谓也。故孔子论"憧憧往来，朋从尔思"，而曰："天下何思何虑。"于憧憧往来之中，而直指何思何虑之体，此非佛法何以当之？顾学者不察，而猥以微言奥理，独归之梵学，是可叹也！②

焦竑指出，佛氏所说的"本来无物"即《中庸》讲的"未发之中"，二者之意相同。当然，作为诸法实相的"空"与儒家的"未发之中"绝非相同。焦竑这样说，是因为他把"空"和"中"都看作一种心灵境界，即心体的无累和无执无着，而不是本体论上的"理"之有无和道德伦理上的经世与出世。焦竑认为，"未发"并不是指喜怒哀乐还没有显现、发作出来，而是指当喜怒时而不执于喜怒，当哀乐时而不执于哀乐。"本来无一物"也是如此。如傲惰、忧患、恐惧、哀矜、忿懥、好乐这些情感对于人来说，是胶胶扰扰、循环不穷的，因此学者必先"于一物不立之先著眼，令空空洞洞之体了然现前。此等情景，自然无处安脚"③，而"胸中孝弟慈滚滚流出，不待安排，皆成妙用"④，这就是佛氏所说的

---

① （明）焦竑：《澹园集》下册，李剑雄点校，中华书局1999年版，第730页。
② （明）焦竑：《澹园集》上册，李剑雄点校，中华书局1999年版，第81页。
③ （明）焦竑：《澹园集》下册，李剑雄点校，中华书局1999年版，第730页。
④ （明）焦竑：《澹园集》下册，李剑雄点校，中华书局1999年版，第730页。

"本来无一物"之意。可见，"一物不立之先"和"本来无一物"并不是指心体空无，而是强调心体本身所具有的一种无执无着的虚灵境界。换言之，在焦竑看来，儒家和佛老所说的"空"或"无"，无的是各种情累而不是心体本身。可见，意义的转换，是焦竑之所以能够会通儒佛道三教的一个基本方法。

最后，焦竑对佛老所说的"生死"与"长生"也有新的理解。他指出，佛言出离生死，道言长生久视，并不是真的就把这当作学问之究竟，而是借此来引人入道，换言之，出离生死和长生之说只是一种引导世人学道的方法或途径。焦竑说：

> 昔人云："黄、老悲世人贪著，故以长生之说，渐次引之入道。"知黄、老则知佛矣。盖佛因人之怖死也，故以出离生死引之；既闻道，则知我本无死。老因人之贪生也，故以长生久视引之；既闻道，则知我自长生。初非以躯壳论也。①
>
> 出离者，人法俱空，能所双遣，何以言加！古云黄老悲世人贪著，以长生之说渐次引之入道，余谓佛言出离生死，亦犹此也。盖世人因贪生乃修玄，玄修既彻，即知我自长生；因怖死乃学佛，佛慧既成，即知我本无死：此生人之极情，入道之径路也。儒者或谓出离生死为利心，岂其绝无生死之念耶？抑未隐诸心，而漫言此以相欺耶？使果毫无悦生恶死之念，则释氏之书正可束之高阁，第恐未悟生死，终不能不为死生所动。虽曰不动，直强言耳，岂其情乎！又当知超生死者，在佛学特其余事，非以生死挟持人也。②

焦竑强调，悦生恶死是人之极情，是每个人都有的，在没有真正彻悟生死之前，任何人都难免不会为其所动，不可能无生死之念，而如果有人说能不为生死所动，那也只是强制不动而已。因此，世人会因贪生而修玄，也会因畏死而学佛，而佛道二教则因情利导，借生死问题来引人入道。如焦竑指出，生死就是生灭心，亦即《大乘起信论》中说的"生灭

---

① （明）焦竑：《澹园集》上册，李剑雄点校，中华书局1999年版，第89页。
② （明）焦竑：《澹园集》上册，李剑雄点校，中华书局1999年版，第90页。

门",而出离生死则是"真如门"。佛氏以生死为教,就是要人"即生灭而证真如"①,从而超越生死,不以生死为念。而道教以长生久视为教,也是让人通过养生来养性,养性即长生,即能同乎天道而不亡。因此,生死与长生并不是专指肉体生命,而是要修道悟性,"玄修既彻,即知我自长生","佛慧既成,即知我本无死"。这样,焦竑就从心性论的角度把佛教的出离生死说和道教的养生说与儒家的尽心至命之学融合起来。

当然,从"三教归儒"走向"三教会通",焦竑并不是主张学者去学佛老,他只是想要说明儒佛道三教在义理上是相通的,三教学者可以通过各自的教法而达到那个共同的"道",把握性命之理,从而破除沉空之妄见、执相之谬心。

四 结语

从"三教一道"到"道一教三",从见道有偏全到殊途同归,既可以看到阳明学"三教一道"思想的发展演变,也可以看到焦竑在这一发展过程中所起的转折性作用。焦竑关于"三教一道"的认识可以说代表了晚明阳明后学中一部分学者的看法,如周汝登(1547—1629)就说:"教虽有三,心则惟一。心一是实,名三皆虚。不究其实而泥其虚,则此是彼非,力肆其攻击,或彼歆此厌,不胜其驰求,纷纷多事,而真教湮矣。"②认为三教心性之理并无二致,并强调"三教一心"既是吾儒之妙悟、玄门之极则,也是佛法之正轮。③ 杨起元(1547—1599)不仅主张"三教一道"、殊途同归,甚至认为佛道二教对于儒家有"暗理之功"④,经世与出世其实是相通的。他说:"释典阐性、玄文阐命,有足为儒教羽翼发明者。"⑤ 又说:"出世者,佛学之名也,尽其所以出世之实,恰与经

---

① (明)焦竑:《澹园集》上册,李剑雄点校,中华书局1999年版,第82页。
② (明)周汝登:《周汝登集》下册,张梦新、张卫中点校,浙江古籍出版社2015年版,第974页。
③ 参见(明)周汝登《周汝登集》下册,张梦新、张卫中点校,浙江古籍出版社2015年版,第975页。
④ (明)杨起元:《证学编》,谢群洋点校,上海古籍出版社2016年版,第15页。
⑤ (明)杨起元:《证学编》,谢群洋点校,上海古籍出版社2016年版,第37页。

世法类焉；经世者，亦儒学之名也，尽其所以经世之实，亦恰与出世法通矣。天地间宁有二道乎哉？"① 此外，管志道（1536—1608）也认为，儒佛道三教"其见性之宗同，其尽性之学亦同也，所不同者应机之教耳"②，并以"理圆矩方""敦化川流"来说明三教在心性之理上是圆融无碍的，而在实践上则应该严格遵守各自的教法，"孔不滥释，释不滥孔"③。尽管"一身不可以兼三教之事"④，没有"既冠章甫而为孔子，复披袈裟而为释迦者"⑤，但管志道强调，三教学者通过各自的教法都可以达到"道"的境界。他说："愚则以乾元为我心，以三教为乾元所分之路径。分于乾元，亦必合于乾元。乾元之外，更无别路。"⑥

这些阳明学者不仅生活年代相近，而且都是闻名一时的学者，他们对王阳明"三教一道"思想的进一步诠释和大力宣扬，无疑在很大程度上推动了晚明"三教合一"说的流行以及三教融合的深入发展。

---

① （明）杨起元：《证学编》，谢群洋点校，上海古籍出版社 2016 年版，第 89 页。
② （明）管志道：《问辨牍续问辨牍》，载四库全书存目丛书编纂委员会编《四库全书存目丛书·子部》第 87 册，齐鲁书社 1997 年版，第 689 页。
③ （明）管志道：《问辨牍续问辨牍》，载四库全书存目丛书编纂委员会编《四库全书存目丛书·子部》第 87 册，齐鲁书社 1997 年版，第 688 页。
④ （明）管志道：《问辨牍续问辨牍》，载四库全书存目丛书编纂委员会编《四库全书存目丛书·子部》第 87 册，齐鲁书社 1997 年版，第 685 页。
⑤ （明）管志道：《问辨牍续问辨牍》，载四库全书存目丛书编纂委员会编《四库全书存目丛书·子部》第 87 册，齐鲁书社 1997 年版，第 684 页。
⑥ （明）管志道：《问辨牍续问辨牍》，载四库全书存目丛书编纂委员会编《四库全书存目丛书·子部》第 87 册，齐鲁书社 1997 年版，第 722 页。

六　阳明心学相关问题考辨研究

阳明后学南直隶书院考论

关泽田 崔海东[*]

阳明后学在南直隶地区的书院建设可以分为三种类型：一是自建书院以讲学，自州府至乡村广建书院，自由讲学传播义理，此是主要形态；二是自建书院以祭祀阳明、藏刻阳明学书籍等，部分书院执行此类功能；三是对其他学派书院实行联合或斗争，或是积极支持湛若水等人所建的书院，或是稳步占领原来独尊朱子学之书院。其书院建设的过程则是或借出任地方官之便，或在民间自筹资源，通过尊湛若水（1466—1560）、攻朱熹（1130—1200），逐渐形成了南京及周边、宁国府、徽州府三大书院中心。其书院建设之意义则在于，通过书院之基地，阳明学在南直隶地区扎实成长，逐渐消解了朱子学的垄断地位，为南中王门的壮大奠定了坚实的基础。

阳明逝世后，其后学在南直隶地区[①]继续传播心学，本文以地方志为中心，考察阳明后学所涉三十所书院[②]，将其书院建设分为自建讲学、自

---

[*] [作者简介] 关泽田，1999年生，女，吉林四平人。主要研究方向：思想政治教育。崔海东，1975年生，男，江苏南京人，副教授。主要研究方向：中国哲学。

① 所谓南直隶是明代直属中央六部的南京及附近府与直隶州的统称，包括十四府（应天府、凤阳府、淮安府、扬州府、苏州府、松江府、常州府、镇江府、庐州府、安庆府、太平府、池州府、宁国府、徽州府）和四直隶州（徐州、滁州、和州、广德州），范围大体与今之苏皖沪相当。

② 狭义之书院，为民间自由讲学、养士之所。广义之书院，除学术之外，尚有祭祀、藏刻书、科举制艺附之，并经营学田等。书院之实滥觞于先秦诸子之私人讲学，书院之名则源于唐开元五年（717）中央校理书籍之丽正修书院。唐末五代官学崩溃，故宋初力倡书院，又逢儒学复兴，故两宋官方、民间书院俱甚发达。明朝前期大兴官学，严禁民间书院，至湛若水、王阳明横空出世，方开书院之全盛局面。

建祭祀藏刻书和对外联合斗争三种类型，以厘清其在本地区的整体发展过程与相应的作用意义。而阳明后学，则不限于"南中王门"①，尚包括江右、浙中、泰州等。

一　自建以讲学

此类书院乃阳明后学自己创建，自由讲学，以传播阳明心学为主要志业。

其一，州府著名书院。此是指地处要冲、规模大、历时久、影响深远的书院。

1. 广德"复初书院"。嘉靖四年（1525），阳明高弟邹守益（1491—1562），字谦之，号东廓，江西安福人，官至南京国子祭酒，江右领袖。谪广德州（今安徽宣城广德市），建复初书院，此是王学进入广德州及宁国府（大致相当于今之宣城市）之始。此地旧为元妙观，守益迁道士，建书院。② 大兴讲学之风，有《复初书院讲章》③，并请王艮（1483—1541，字汝止，号心斋，今江苏盐城东台安丰镇人，阳明高弟，泰州学派创始人）等人前来讲学，复初书院教学效果极佳，"风动邻郡，宁、徽、太间，志学风至今冠江左"④。

2. 泰州"安定书院"。南宋时泰州人民为纪念北宋先贤胡瑗（993—1059）而建。⑤ 胡瑗，字翼之，江苏如皋人，北宋硕儒、名臣，二程老师，理学先驱，祖籍陕西子长安定堡，故世称"安定先生"。阳明后学与

---

① 据《南中王门学案》记载，南中阳明再传弟子有20人。其中师事王畿的有太平人周怡、武进人唐顺之、宣州人贡安国、泾县人查铎、宣城人沈宠、宣城人萧良干、宣城人戚衮、泾县人张榮；师事钱绪山的有贡安国、查铎、泾县人萧彦、萧良干、张榮、歙县人程大宾；师事邹守益的有周怡、戚衮、张榮、青阳人章时鸾、歙县人郑灼；师事欧阳德的有武进人薛应旂、沈宠、戚衮。参见孙钦香《"南中王门"的学派构成及其思想特征》，《贵阳学院学报》（社会科学版）2019年第5期。
② 参见胡有诚修，（清）丁宝书等纂《光绪广德州志》卷十，载《中国地方志集成·安徽府县志》第42册，江苏古籍出版社1998年版，第147页。
③ 参见《邹守益集》下册，董平编校整理，凤凰出版社2007年版，第720页。
④ 《邹守益集》，董平编校整理，凤凰出版社2007年版，第1383页。
⑤ 参见（明）盛仪《嘉靖惟扬志》卷七，载《天一阁藏明代方志选刊》第12册，上海古籍书店1963年版。

安定书院有三次交集。

一是嘉靖五年（1526）泰州知州、阳明弟子王臣，字瑶湖，江西南昌人，重建书院，并请王艮前来讲学。① 王艮《年谱》云："嘉靖五年秋八月，会讲安定书院。时王瑶湖臣守泰州，会诸生安定书院，礼先生主教事，作《安定集讲说》。"②

二是戚贤曾于此讲学。戚贤（1492—1553），字秀夫，号南玄，今安徽全椒人，阳明弟子，曾在安定书院举办讲会，有"千圣之学，不外于心，惟梏于意见，蔽于嗜欲，始有所失。一念自反，即得本心"语，黄宗羲赞曰"南玄谈学，不离良知，而意气激昂，足以发之"。③

三是后来书院倾圮，里人改祀碧霞元君。隆庆元年（1567），督学耿定向（1524—1596）撤元君祀，恢复书院。④ 耿定向，字在伦，号楚侗，人称天台先生，湖广黄安人，私淑王艮，曾问学王艮之子王襞（1511—1587），为王门后学第三代弟子。⑤

3. 泰州"东淘精舍"。此是王艮故里讲学之书院。心斋晚年，名动海内，四方学者麇至，房屋不能容，嘉靖十五年（1536）御史洪垣（1507—1593，字峻之，号觉山，徽州婺源人，湛若水弟子）遂建是院，以供讲学。心斋去世后，改作祠堂。⑥

4. 泾县"水西书院"。此书院是王门后学在南直隶地区之学术重镇，所办水西讲会，名动天下，《嘉庆泾县志》称："水西书院，为明中叶以来诸儒讲学之所。其盛直欲与仲晦之白鹿、子渊之石鼓，以迄岳麓、睢

---

① 参见（清）赵弘恩等监修，（清）黄之隽等编纂《江南通志》卷九十，载（清）永瑢、纪昀等纂修《景印文渊阁四库本书》第509册，台北：台湾商务局印书馆股份有限公司1986年版，第529页。
② （明）王艮：《王心斋全集》，陈祝生等校点，江苏教育出版社2001年版，第72页。
③ 参见（明末清初）黄宗羲《明儒学案》上册，沈芝盈点校，中华书局2008年版，第578页。
④ 参见（清）陈世镕《道光泰州志》卷八，载《中国地方志集成·江苏府县志》第50册，江苏古籍出版社1991年版，第57页。
⑤ 参见王路平《王门后学传承谱系及其特点》，《贵州民族大学学报》（哲学社会科学版）2015年第6期。
⑥ 参见（明）郭汝霖《石泉山房文集十三卷》卷九《东淘精舍记》，载四库全书存目丛书编纂委员会编《四库全书存目丛书·集部》第129册，齐鲁书社1997年版，第510页。

阳媲美焉！"① 其建设可分为三个阶段。

一是水西初创。邹守益被谪广德期间，培养了诸多弟子。嘉靖二十七年（1548），他们跟随阳明大弟子、浙中王门王畿（1498—1583）、钱德洪（1496—1574）参加了著名的青原会讲后，议定借泾县水西之宝胜、崇庆、西方三寺，订六邑（即宁国府所属之宣城、南陵、泾县、宁国、旌德、太平）大会，邀二人来宁国府讲学。讲会期间，邹守益、刘邦采（约1490—1578，字君亮，号师泉，江西安福人，阳明弟子）等亦与会，总人数近三百人，致僧房弗容，于是众人在寺旁增建房屋。②

二是水西精舍。至嘉靖三十一年（1552），督学御史黄洪毗、知府刘起宗、知县邱时庸"乃构别馆于宝胜寺东"，谓之"水西精舍"，钱德洪、王畿"迭相往来"，"学士荐绅云集，弦歌洋洋，由是水西之学名天下，盖其盛也"。③

三是水西书院。嘉靖四十一年（1562），泰州学派传人、王门第四代弟子、宁国知府罗汝芳（1515—1588），字惟德，号近溪，江西南城人，"数过讲习"，与南中王门查铎（1516—1589）、萧彦、萧良干（1534—1602）等相与切劘其间，故又加以扩建，并改精舍为书院，"岁会以时，屨舄常满，此又书院之一盛也"。④

万历七年（1579），张居正（1525—1582）议毁天下书院，水西亦中废，至万历十五年（1587），查铎与翟台（详下文）等人才恢复旧观。数十年中，水西书院一直是宁国地区王学之中心，除其自办水西大会之外，还影响各邑自办月会。讲会诸人还仿水西之制，另创蓝山、赤麓等书院。

5. 南京"崇正书院"。嘉靖四十一年，耿定向担任南京提学御史，在南京清凉山东麓建造了"崇正书院"。⑤选南直隶所属十四府优秀学子前

---

① （清）李德淦、周鹤立修，（清）洪亮吉纂：《嘉庆泾县志》卷八，载《中国地方志集成·安徽府县志》第46册，江苏古籍出版社1998年版，第185页。

② 参见《邹守益集》上册，董平编校整理，凤凰出版社2007年版，第430页。

③ 参见（清）李德淦、周鹤立修，（清）洪亮吉纂《嘉庆泾县志》卷八，载《中国地方志集成·安徽府县志》第46册，江苏古籍出版社1998年版，第189页。

④ 参见（清）李德淦、周鹤立修，（清）洪亮吉纂《嘉庆泾县志》卷八，载《中国地方志集成·安徽府县志》第46册，江苏古籍出版社1998年版，第189页。

⑤ 参见（清）陈杖等《道光上元县志》卷九，载《中国地方志集成·江苏府县志》第3册，江苏古籍出版社1991年版，第174页。

来书院学习①，由他亲自主讲，由此崇正成为南直隶地区之文化中心，南京首位状元焦竑（1540—1620）即出于此书院。

6. 宣城"志学书院"。嘉靖四十三年（1564），宁国知府罗汝芳创建"志学书院"作为六邑阳明学讲会之所。②"发挥正学，风动六城，自远来者肩摩踵接"③。

7. 休宁"还古书院"。万历二十年（1592）休宁知县祝世禄（1539—1610），字无功，号石林，江西德兴人，师从耿定向，在古城万安山建还古书院。④其在朱子故里大讲心学，"每春秋至会，一舆一盖，随从数人，及登讲席，环列几千人，先生高谈名理，善譬喻，听者莫不竦然"。⑤

其二，一般书院。此指规模、影响均不甚大，属于地方者。

1. 仪征"亲民馆"。嘉靖九年（1530），阳明弟子、仪征知县王皥"即天宁寺东隙地创建亲民馆以便讲学，颜其堂曰体仁"⑥。

2. 宁国"凤山书院"。"正德中，知县王时正建。嘉靖中，署县事胡子亚、训导王皥重修。"⑦

3. 宣城"宛陵精舍"。宛陵精舍与志学书院同时兴建，二者相邻，嘉靖四十三年由宣城知县姜台所建⑧，"初建时诸生集其中，讲习甚盛，至

---

① 参见（清）张廷玉等《明史》第 24 册，中华书局 1974 年版，第 7392—7393 页。
② 参见（清）章绶纂《光绪宣城志》卷八，载《中国地方志集成·安徽府县志》第 45 册，江苏古籍出版社 1998 年版，第 89 页。
③ （清）鲁铨、钟英修，（清）洪亮吉、施晋纂：《嘉庆宁国府志》卷二十二，载《中国地方志集成·安徽府县志》第 44 册，江苏古籍出版社 1998 年版，第 97 页。
④ 参见（清）程道锐倡修，（清）马步蟾纂修《道光徽州府志》卷三，载《中国地方志集成·安徽府县志》第 48 册，江苏古籍出版社 1998 年版，第 229 页。
⑤ （清）施璜：《环古书院志》卷八，载赵所生、薛正兴主编《中国历代书院志》第 8 册，江苏教育出版社 1995 年版，第 599—560 页。
⑥ （明）盛仪：《嘉靖惟扬志》卷七，载《天一阁藏明代方志选刊》第 12 册，上海古籍书店 1963 年版。
⑦ （清）鲁铨、钟英修，（清）洪亮吉、施晋纂：《嘉庆宁国府志》，载《中国地方志集成·安徽府县志》第 44 册，江苏古籍出版社 1998 年版，第 24 页。
⑧ 参见（清）鲁铨、钟英修，（清）洪亮吉、施晋纂《嘉庆宁国府志》卷二十二，载《中国地方志集成·安徽府县志》第 44 册，江苏古籍出版社 1998 年版，第 97 页。

隆万间风流犹未息"①。

4. 句容"华阳书院"。万历三年（1575），聂豹（1487—1563）弟子、应天巡抚宋仪望（1514—1578），字望之，号阳山、华阳，于句容驻地建华阳书院，讲阳明心学。此书院旧志皆未考明建，今略作辨析。

《乾隆句容县志》载："华阳书院，旧在都察院东，今在都察院之西，旧志载，南畿督学察院，往驻金陵。万历乙未，豫章怀云陈公□至太平或句容按试各府，诸生以奔走为劳，酌其地无如句容便，且旧有书院可建，乃复购地，大拓其规而成之，至万历四十年芝冈熊公因旧基重建，规模益大，督学每驻节焉。"② 从中可知，万历乙未即万历二十三年（1595）时，句容"旧有书院可建"，故"乃复购地，大拓其规而成之"，说明此时督学御史陈怀云只是重修，而非新建，随后万历四十年（1612）芝冈熊公即熊廷弼（1569 或 1573—1625）亦是接武重修。则此开创者为谁？

李春芳（1510—1584），字子实，号石麓，明代著名"青词宰相"，谥文定，所撰《新建句容华阳书院碑记》提供了关键信息："华阳书院，在句曲崇明寺左隅，今开府大中丞华阳宋公所建也。公以万历甲戌夏五月来抚南畿，会海上兵事孔棘，有诏仍驻苏州。"③ 文中表示，书院名称为华阳，地点在句容崇明寺左隅，创建人是开府大中丞宋公宋仪望。所谓开府大中丞，即应天巡抚，《明史·职官制》载："总理粮储提督军务兼巡抚应天等府一员。宣德五年，初命侍郎总督粮储兼巡抚。景泰四年定遣都御史。嘉靖三十三年以海警，加提督军务，驻苏州。万历中，移驻句容，已复驻苏州。"④ 正合《新建句容华阳书院碑记》中所述"有诏仍驻苏州"。"万历甲戌"是万历二年（1574），"海上兵事孔棘"，"明年有海上之捷"，当是倭寇之乱。《明史·宋仪望传》载："万历二年，张居

---

① （清）鲁铨、钟英修，（清）洪亮吉、施晋纂：《嘉庆宁国府志》卷十九，载《中国地方志集成·安徽府县志》第 44 册，江苏古籍出版社 1998 年版，第 19 页。

② （清）曹袭先：《乾隆句容县志》卷六，载《中国地方志集成·江苏府县志》第 34 册，江苏古籍出版社 1991 年版，第 616—617 页。

③ （明）李春芳：《李文定公贻安堂集》卷三，载四库全书存目丛书编纂委员会编《四库全书存目丛书·集部》第 113 册，齐鲁书社 1997 年版，第 88 页。

④ （清）张廷玉等：《明史》第 16 册，中华书局 1974 年版，第 1775 页。

正当国，雅知仪望才，擢右佥都御史，巡抚应天诸府。奏减属郡灾赋。海警稍定，将吏讳言兵，仪望与副使王叔果修战备。倭果至，御之黑水洋，斩获多，进右副都御史。"①张居正有《答应天巡抚宋阳山论均粮足民》(《张太岳集》)，时间是万历二年，正在宋仪望应天巡抚任内。《明史·宋仪望传》又载："仪望少师聂豹，私淑王守仁，又从邹守益、欧阳德、罗洪先游。守仁从祀，仪望有力焉。"② 李《记》中亦云"是时四方结绅学士往来访公于镇，相与讲阳明王公致良知之学"③。综上可知，正是宋仪望于万历三年（1575）在句容建华阳书院，讲阳明心学。

5. 宣城"同仁会馆"。万历中，罗汝芳弟子祁门贡士陈履祥在宁国府讲学，从者八百余人，宣城施宏猷等人遂建"同仁会馆"，以供讲学，"当时月率一会，郡邑官及荐绅父老子弟讲学歌诗，或具馆谷，每岁四月朔大会三日，六邑咸集，兴起者众"④。

6. 黟县"天中书院"。邹元标（1551—1624），字尔瞻，号南皋，江西吉水人，江右王门第三代弟子，在《黟县天中书院记》中云："黟，故新安岩邑，建馆以学则自韩子梦鹏、李子希士、汪子宗讯寔纲纪之，给谏德兴祝石林至而颜之曰天中书院。时为阳月，节届天中，又南当午，午，文明象，祝子意在此。"⑤ 韩梦鹏，字鸣起，黟县人，辑有《新安理学先觉会言》⑥；李希士乃邑庠生；汪宗讯，字君畴，邹元标门人。⑦ 依元标之《记》，祝世禄为书院取名，则此书院当建于还古之后。

其三，乡村书院。在上述诸多书院的影响下，王门后学更深入乡村，建立系列书院。

---

① （清）张廷玉等：《明史》第20册，中华书局1974年版，第5954页。
② （清）张廷玉等：《明史》第20册，中华书局1974年版，第5954页。
③ （明）李春芳：《李文定公贻安堂集》卷三，载四库全书存目丛书编纂委员会编《四库全书存目丛书·集部》第113册，齐鲁书社1997年版，第88页。
④ （清）鲁铨、钟英修，（清）洪亮吉、施晋纂：《嘉庆宁国府志》卷十九，载《中国地方志集成·安徽府县志》第44册，江苏古籍出版社1998年版，第19—20页。
⑤ （明）邹元标：《邹子愿·学集》卷五，明万历四十七年（1619）年刻本。
⑥ 卷一为王守仁、湛若水、邹守益、王畿、刘邦采、祝世禄、潘士藻等人会约之序，卷二详载湛若水、罗汝芳、王畿、刘邦采、耿定向、洪垣等人讲语。详见解光宇、刘艳《阳明学在徽州的传播及其意义——以〈新安理学先觉会言〉为中心》，《社会科学战线》2017年第6期。
⑦ 参见（清）吴甸华修，（清）程汝翼、俞正燮纂《嘉庆黟县志》卷六，载《中国地方志集成·安徽府县志》第56册，江苏古籍出版社1998年版，第198页。

1. 泾县"云龙书屋"。"在县东台泉山，明嘉靖间太平焦驾部元鉴建。"① 焦玄鉴（1520—1572），字仲明，今安徽太平县人，学于王畿、钱德洪。

2. 绩溪"梅林书屋"。"在龙川，明胡宗宪建。"② 胡宗宪（约1512—1565），明代重臣，字汝贞，号梅林，安徽绩溪人，师从邹守益，此书屋当建于嘉靖年间。

3. 黟县"中天书院"。《嘉庆黟县志》载"七都鱼亭有中天书院，明诸儒讲学处"③。此书院由七都人邑庠生李希士与邹守益、湛若水共创以讲学。④ 当建于嘉靖后期。

4. 泾县"考溪书院"。"在县西麻溪口，明进士翟台建。"⑤ 翟台，泾县人，与查铎同游于王龙溪、钱绪山之门，致仕归乡后，讲学于水西书院，集四方学者发明王学。⑥ 翟台在水西会讲之余，择址麻溪建考溪书院。

5. 泾县"赤麓书屋"。"在赤山巅，明万历中知县何廷魁、李邦华创建。"⑦ 何廷魁，字汝谦，山西大同人，万历二十九年（1601）进士，授泾县知县。李邦华，受业于邹元标，万历三十二年（1604）进士，授泾县知县，他还修葺了水西书院。赤麓当在何氏知泾时所建。

6. 泾县"蓝山书院"。"在笀壁寺左，明万历中水西讲会同人建。"⑧

---

① （清）鲁铨、钟英修，（清）洪亮吉、施晋纂：《嘉庆宁国府志》卷十九，载《中国地方志集成·安徽府县志》第44册，江苏古籍出版社1998年版，第23页。

② （清）程道锐倡修，（清）马步蟾纂修：《道光徽州府志》卷三，载《中国地方志集成·安徽府县志》第48册，江苏古籍出版社1998年版，第247页。

③ （清）吴甸华修，（清）程汝翼、俞正燮纂：《嘉庆黟县志》卷十，载《中国地方志集成·安徽府县志》第56册，江苏古籍出版社1998年版，第353页。

④ 参见（清）程汝翼、俞正燮纂《嘉庆黟县志》卷六，载《中国地方志集成·安徽府县志》第56册，江苏古籍出版社1998年版，第198页。

⑤ （清）鲁铨、钟英修，（清）洪亮吉、施晋纂：《嘉庆宁国府志》卷十九，载《中国地方志集成·安徽府县志》第44册，江苏古籍出版社1998年版，第23页。

⑥ 参见王路平《王门后学传承谱系及其特点》卷十九，《贵州民族大学学报》（哲学社会科学版）2015年第6期。

⑦ （清）鲁铨、钟英修，（清）洪亮吉、施晋纂：《嘉庆宁国府志》卷十九，载《中国地方志集成·安徽府县志》第44册，江苏古籍出版社1998年版，第23页。

⑧ （清）鲁铨、钟英修，（清）洪亮吉、施晋纂：《嘉庆宁国府志》卷十九，载《中国地方志集成·安徽府县志》第44册，江苏古籍出版社1998年版，第23页。

二 自建以祭祀、藏刻书

一般书院都有祭祀功能，如前述水西书院即"正祀王文成公，配以高第弟子王公艮及邹、欧、钱、王四公"①，此处是指部分阳明后学所建之书院，主要执行的是祭祀列代圣贤、阳明与门人，修谱藏刻书等功能。

1. 九华山"阳明书院"。据邹守益《九华山阳明书院记》，阳明于弘治、正德年间两次游九华山，"慨然欲建书屋于化城寺之西，以资诸生藏修，而未果也"，直至嘉靖七年（1528），阳明弟子、青阳知县祝增才建成此书院，完成阳明之志，并纪念阳明。②

2. 扬州"维扬书院"。嘉靖五年巡盐御史雷应龙（1484—1527）建。③ 雷应龙，字孟升，号觉轩。但据欧阳德（1496—1554）《维扬书院记》，雷氏"草略未备，继渐荒颓"，嘉靖十四年（1535）夏，阳明弟子、巡盐御史徐九皋重修，"新其故殿，设先师木主，配以四贤。殿前之阁，以阁六经"。④ 即主要执行祭祀和藏书之功能。

3. 泰州"泰山书院"。《嘉靖惟扬志》载："泰山书院，在泰州泰山上，嘉靖十七年，知州王臣建。"⑤ 王臣见前文，此泰山乃南宋绍兴十年（1140）邑人泥堆之小丘，故书院应不能容众，当以祭祀为主。

4. 溧阳"嘉义书院"。阳明去世后，弟子史际（1495—1571）于嘉靖二十九年（1550）在溧阳建嘉义书院。⑥ 此书院有三项功能。一是正常的讲学，史际请钱德洪主教，定期讲会，常不下百余人。⑦ 二是展开阳明

---

① （清）李德淦、周鹤立修，（清）洪亮吉纂：《嘉庆泾县志》卷八，载《中国地方志集成·安徽府县志》第46册，江苏古籍出版社1998年版，第189页。
② 参见《邹守益集》上册，董平编校整理，凤凰出版社2007年版，第321—323页。
③ 参见（清）高士钥监修，（清）五格、黄湘纂辑《乾隆江都县志》卷五，载《中国地方志集成·江苏府县志》第66册，江苏古籍出版社1991年版，第67页。
④ 参见《欧阳德集》，陈永革编校整理，凤凰出版社2007年版，第254—255页。
⑤ （明）盛仪：《嘉靖惟扬志》卷七，载《天一阁藏明代方志选刊》第12册，上海古籍书店1963年版，第12册。
⑥ 参见《王阳明全集》第4册，吴光、钱明、董平等编校，浙江古籍出版社2010年版，第1351页。
⑦ 参见《王阳明全集》第4册，吴光、钱明、董平等编校，浙江古籍出版社2010年版，第1351页。

著作、年谱的收集整理与出版。阳明弟子将年谱分工到人，钱德洪于嘉靖二十九年、三十九年（1560）两度寓居于嘉义书院整理年谱。① 另外在此还刻了部分阳明著作，"增刻先生《朱子晚年定论》《朱子定论》，师门所刻止一卷，今洪增录二卷，共三卷。际令其孙致詹梓刻于书院。重刻先生《山东甲子乡试录》"。② 三是设阳明及湛甘泉木主，春秋奉祀。③

5. 南京"新泉精舍"。嘉靖二十九年四月，阳明"门人吕怀等建大同楼于南京新泉精舍，设师像，合讲会。精舍在南畿崇礼街"④。

6. 泰州"吴陵书院"。旧东淘精舍去州治远而不便，有司遂在州郡乡贤祠内祭祀王艮。嘉靖四十四年（1565）耿定向督学扬州时，认为王艮乃海内儒宗，不只一方之贤，遂特建吴陵书院专祀心斋。⑤

三 对外之联合与斗争

阳明后学除上述自建书院外，还对其他学派之书院积极展开联合与斗争，以广声势。

其一，对外之联合。阳明后学大力支持湛若水等人，或为建书院，或过往其书院讲学，或为其书院撰文作记。

1. 南京"新泉书院"。嘉靖初礼部侍郎湛若水建。⑥ 按湛氏《年谱》，嘉靖三年（1524）秋，其始任南京国子监祭酒，六年（1527）王艮已记此书院，则此书院当在嘉靖三年至六年（1527）建。王艮《年谱》载："［嘉靖六年］至金陵，会湛甘泉若水、吕泾野柟、邹东廓、欧南野聚讲

---

① 参见《王阳明全集》第 4 册，吴光、钱明、董平等编校，浙江古籍出版社 2010 年版，第 1364 页。

② 《王阳明全集》第 4 册，吴光、钱明、董平等编校，浙江古籍出版社 2010 年版，第 1353—1354 页。

③ 参见《王阳明全集》第 4 册，吴光、钱明、董平等编校，浙江古籍出版社 2010 年版，第 1351 页。

④ 《王阳明全集》第 4 册，吴光、钱明、董平等编校，浙江古籍出版社 2010 年版，第 1354 页。

⑤ 参见（明）郭汝霖《石泉山房文集十三卷》卷九《东淘精舍记》，载四库全书存目丛书编纂委员会编《四库全书存目丛书·集部》第 129 册，齐鲁书社 1997 年版，第 510—511 页。

⑥ 参见（清）陈栻等《道光上元县志》卷九，载《中国地方志集成·江苏府县志》第 3 册，江苏古籍出版社 1991 年版，第 174 页。

新泉书院，作《天理良知说》。"①

2. 扬州"甘泉书院"。嘉靖七年巡盐御史朱廷立（？—1566）等为湛若水讲学而建。②后御史闻人铨、徐九皋和知府侯秩增修。③朱廷立、闻人铨、徐九皋皆为王门弟子。

3. 太平"天都书院"。在县治南，嘉靖间知县邱振、刘元凯相继修建。后圮。至万历五年（1577），知县张廷榜重建，阳明后学、主事萧良干作《记》。④

其二，对外之斗争。此指渗入原尊奉朱子学之书院，以传播阳明学。

1. 祁门"东山书院"。正德十六年（1521）徽州知府留志淑与祁门知县洪暂所创。⑤洪暂乃阳明弟子，然徽州乃朱子故里，向来独尊朱学，此书院建立后，本祀朱子，直至三十年后，江右王门之领袖邹守益方借地理之便，慢慢渗入此地。耿定向《东廓邹先生传》载："庚戌（按：嘉靖二十九年），先生年六十。其年至祁门，会讲于东山。"⑥邹守益《书祁门同志会约》也记载，嘉靖二十八年（1549）邹守益、聂豹等人在江西龙虎山冲玄观组织讲会，祁门王门后学多人参加，他们回来后在常清宫定下本邑讲会。次年，邹守益前来讲会于东山书院。

2. 歙县"斗山书院"。在歙县斗山，元明之际姚琏、唐仲等作精舍讲学，嘉靖十年（1531），知府冯世雍葺为书院，嘉靖十六年（1537）湛若水至此讲学，邹守益、王畿等人也曾至此，并大力经营。⑦斗山书院遂几乎成为江右王门至皖南水西的一个中转站。如嘉靖二十九年冬，

---

① （明）王艮：《王心斋全集》，陈祝生等校点，江苏教育出版社2001年版，第72页。
② 参见（清）阿克当阿修，（清）德庆、张世浣等襄理《嘉庆重修扬州府志》卷十九，载《中国地方志集成·江苏府县志》第41册，江苏古籍出版社1991年版，第316页。
③ 参见（清）赵弘恩等监修，（清）黄之隽等编纂《江南通志》卷九十，载（清）永瑢、纪昀等纂修《景印文渊阁四库全书》第509册，台北：台湾商务印书馆有限公司1986年版，第529页。
④ 参见（清）鲁铨、钟英命修，（清）曹梦鹤、赵由植等主修《嘉庆太平县志》卷四，载《中国地方志集成·安徽府县志》第62册，江苏古籍出版社1998年版，第79页。
⑤ 参见（清）程道锐倡修，（清）马步蟾纂修《道光徽州府志》卷三，载《中国地方志集成·安徽府县志》第48册，江苏古籍出版社1998年版，第239页。
⑥ 《邹守益集》下册，董平编校整理，凤凰出版社2007年版，第1387页。
⑦ 参见（清）程道锐倡修，（清）马步蟾纂修《道光徽州府志》卷三，载《中国地方志集成·安徽府县志》第48册，江苏古籍出版社1998年版，第222页。

邹守益与刘邦采等游齐云、九华，赴新安、水西，访斗山书院，六邑同志来集，有《斗山书院题六邑会薄》《书水西同志聚讲会约》。① 其路线就是由江西泛鄱阳湖至新安，至斗山书院，然后再翻越翚岭，来到水西精舍。②

除上述之外，还有婺源"福山书院"，在县南四十五里，嘉靖年间，湛若水门人所建，湛若水于此讲过学。③ "虹东精舍"，在虹井东。④ 休宁"天泉书院"，"在七都石桥岩左门，嘉靖中建"。⑤ 如此等等，都曾有阳明后学讲学，不再赘述。

四　进程与影响

从上述三十多所书院可见，自正德十六年建祁门东山书院开始，至万历三十二年之后的泾县蓝山、赤麓书院为止，阳明后学之书院建设时间跨度超过八十年，自无至有、从弱变强，如星火燎原，不断壮大。

1. 进程与特点

首先，其建立有三种契机。一是利用职务之便，如邹守益判广德建复初书院，耿定向督学南京有崇正书院，洪皙知祁门县建东山书院。二是自筹资源，如史际之嘉义书院，贡安国等人之水西书院。三是继承湛若水的书院事业或渗透原尊奉朱子学之书院。而其影响程度、维系时间也各不相同，有的长达数十年，如水西书院；有的一任而亡，如亲民馆。此又与主持人的学术能力、职业生涯等息息相关。

其次，形成了南京及周边、宁国府、徽州府（大致相当于今安徽之江南部分加江西婺源）三大中心。南京自身有崇正，其周边镇江有华阳，泰州有安定、东淘精舍，仪征有亲民馆，溧阳有嘉义。宁国府，泾县有

---

① 参见耿加进《邹东廓先生年谱》，《阳明学刊》2011年第5期。
② 参见《邹守益集》下册，董平编校整理，凤凰出版社2007年版，第737—738页。
③ 参见（清）程道锐倡修，（清）马步蟾纂修《道光徽州府志》卷三，载《中国地方志集成·安徽府县志》第48册，江苏古籍出版社1998年版，第236页。
④ 参见（清）程道锐倡修，（清）马步蟾纂修《道光徽州府志》卷三，载《中国地方志集成·安徽府县志》第48册，江苏古籍出版社1998年版，第236页。
⑤ （清）方崇鼎：《道光休宁县志》卷三，载《中国地方志集成·安徽府县志》第52册，江苏古籍出版社1998年版，第72页。

水西，宣城有志学，徽州则有还古、斗山等，皆是一方讲学之重镇。其他地区则较为边缘，如池州府九华山之阳明书院。

最后，其策略大体是尊湛（若水）、攻朱（熹）。湛、王故交，阳明后学很多人是双方共同弟子。由于阳明早逝，湛若水又长寿，活到九十五岁，且在南京为官多年，故在此地区弟子众多，兴建或讲学的书院也极多。一般而言阳明后学极为尊重若水：或筹建若水之书院，如扬州之甘泉；或参与若水书院之讲学，如南京之新泉；或接武若水书院之讲学，如歙县之斗山。

阳明后学对尊奉朱子学之书院，则或攻伐或渗透。攻伐如宁国府，此地前有江右王门之邹守益谪判广德，建复初引领风气；后有泰州学派之罗汝芳郡守宁国，推动水西发展；而浙中王门又倾巢而出、鼎力相助。渗透则如徽州府，徽州乃朱子故里，"朱子以庆元二年归新安，与学者大会于天宁山房，是为徽州讲学之始"①。而王学初入此地，则在三百多年后的正德十年（1515）。② 正德十六年，王门弟子洪垣在祁门建东山书院，此是王门自建书院之始。而后湛若水在此强力扩张，王门亦随之进入。江右、浙中借地理之便，左右夹攻，终于攻入此朱子学重镇，建立了一系列书院，正如《紫阳书院志》所云："嘉靖丁酉，甘泉湛先生主教于斗山，庚戌东廓邹先生联会于三院；厥后，心斋王、绪山钱、龙溪王、师泉刘诸先生递主齐盟，或主教于歙（县）斗山，或缔盟于休（宁县）天泉、还古，或振铎于婺（源县）福山、虹东，以及祁（门县）东山、黟（县）中天诸书院。"③

2. 意义与影响

首先，阳明后学在南直隶地区的书院建设，使阳明学有了坚实的传播基地，从而消解了朱子学的垄断地位，最终占据了众多本地学院派精英的讲坛。南直隶地区本为程朱理学在南方之重镇，两宋时宗程朱之书

---

① （清）施璜编辑，（清）吴瞻泰、吴澹淇修订：《雍阳书院志》卷十六，载赵所生、薛正兴主编《中国历代书院志》第9册，江苏教育出版社1995年版，第586页。
② 正德七年（1512）徽州知府熊桂（字世芳，号石崖，江西新建人）重修紫阳书院，并亲自主教；正德十年秋，其托进士同年的王阳明写《紫阳书院集序》，此当是王学渗入之始。
③ （清）施璜编辑，（清）吴瞻泰、吴澹淇修订：《雍阳书院志》卷十八，载赵所生、薛正兴主编《中国历代书院志》第9册，江苏教育出版社1995年版，第640页。

院众多。① 其中明道书院更是南宋最大的书院，入元后，又有草庐吴澄讲学于南京江东书院。至阳明后学，则直捣黄龙，理学重镇南京的朱子学书院几乎被一扫而空，宁国府、徽州府亦如入虎穴，擒得虎子。故明末休宁人汪佑叹云："自阳明树帜宇内，其徒驱煽熏炙，侈为心学，狭小宋儒。嗣后新安大会多聘王氏高弟阐教，如心斋、绪山、龙溪、东廓、师泉、复所、近溪诸公，迭主齐盟。自此新安多王氏之学，有非复朱子之旧者矣。其徒尤而效之，潜尚虚无；有并非阳明之旧者矣。"②"新安大会自正德乙亥至天启辛酉，历百有七年，会讲大旨，非良知莫宗；主教诸贤，多姚江高座。"③

其次，使阳明学真正深入民间。一般认为，阳明学风行宇内，是有多方努力的，如王艮倡道于海滨，宣讲百姓日用之道，所教授者多是普通百姓。但从书院的建设可以看出来，王门书院，自州府至县市再至乡村，逐次下行，卓有成效，从而使阳明学真正走出城市与学院派，在民间生根发芽。此如清人赵绍祖《〈赤山会约〉跋》云："自姚江之学，盛于水西。而吾泾各乡慕而兴起，莫不各建书院，以为延纳友朋、启迪族党之所。其在台泉则有云龙书屋，麻溪则有考溪书屋，赤山则有赤麓书院、蓝岭则有蓝山书院。一时讲学水西诸前辈会讲之暇，地主延之，更互往来，聚族开讲。故合则考德而问业，孜孜以性命为事；散则传语而述教，拳拳以善俗为心。"④

综上，阳明逝世后，阳明后学通过在书院建设上的努力，消解了南直隶地区朱子学的垄断地位，使该地区成为王学中心之一，为南中王门的壮大奠定了坚实的基础。

---

① 早在北宋大观元年（1107），二程弟子周恭先、周孚先兄弟即归常州建城东、城西书院，传播理学；政和元年（1111），同门杨时又在无锡建东林书院；南宋时，嘉定八年（1215）南京建明道书院，祭祀程颢；宝庆二年（1226）泰州建安定书院，祭祀胡瑗；端平二年（1235）苏州建和靖书院，祭祀二程高弟尹焞；端平三年（1236）魏了翁在苏州建鹤山书院；宝祐元年（1253）镇江建濂溪书院，祭祀周敦颐；咸淳四年（1268）南京建南轩书院，祭祀张栻。

② （清）施璜编辑，（清）吴瞻泰、吴澹淇修订：《雍阳书院志》卷十六，载赵所生、薛正兴主编《中国历代书院志》第9册，江苏教育出版社1995年版，第587页。

③ （清）施璜编辑，（清）吴瞻泰、吴澹淇修订：《雍阳书院志》卷十六，载赵所生、薛正兴主编《中国历代书院志》第9册，江苏教育出版社1995年版，第588页。

④ 邓洪波：《中国书院史资料》上册，浙江教育出版社1998年版，第730页。

赵大洲非泰州学派考辨

唐东辉*

自黄宗羲在《明儒学案》中将赵大洲归入《泰州学案》后，学界一直沿袭黄说，将其视为泰州传人。但经过考辨可以发现：在师承上，徐樾与赵大洲非师弟子关系，而是"同志友"关系；在思想上，赵大洲以性命为宗，融合三教，成一家之言，对王艮—徐樾一系的"现成良知"说、"尊身立本"说甚为陌生。故赵大洲非泰州学派明矣。澄清赵大洲的学派归属，对进一步加深对赵大洲思想的研究以及泰州学派的研究具有重要意义。

赵大洲（1508—1576），名贞吉，字孟静，号大洲，蜀之内江人。自黄宗羲在《明儒学案》中将其归入《泰州学案》后，学界一直沿袭黄说，将其视为泰州学派中人。如侯外庐先生在《中国思想史纲》一书中就沿袭黄氏之说，认为赵大洲是徐樾的弟子。[1] 季芳桐在《泰州学派新论》一书中也因袭黄氏之说，分析泰州学派的成员构成。[2] 但近年来也有学者对其学派归属提出了疑问，如日本学者荒木见悟在《赵大洲的思想》一文中，对徐樾与赵大洲的师弟子关系表示了怀疑。[3] 吴震教授则从师承关系的角度进行了考察，指出徐樾与赵大洲是"同辈关系"[4] 而非师弟子关系。

---

* [作者简介] 唐东辉，1987年生，男，广西全州人，博士。主要研究方向：儒家哲学。
[1] 参见侯外庐《中国思想史纲》下册，中国青年出版社1981年版，第16—17页。
[2] 参见季芳桐《泰州学派新论》，巴蜀书社2005年版，第20—21页。
[3] 参见［日］荒木见悟《明末清初的思想与佛教》，廖肇亨译，上海古籍出版社2010年版，第57页。
[4] 吴震：《泰州学派研究》，中国人民大学出版社2009年版，第15页。

赵大洲与徐樾是否具有师承关系？其思想如何，是否与王艮—徐樾一系有传承关系？这是判定赵大洲学派归属问题必须解决的两大核心问题。本文即从这两方面着手，进行考察，作出判断。

一 赵大洲师承考

关于赵大洲的师承授受情况，考其来源，主要有四种说法。一说出自李贽。李贽谓："心斋之后为徐波石，为颜山农。……波石之后为赵大洲，大洲之后为邓豁渠；山农之后为罗近溪，为何心隐，心隐之后为钱怀苏，为程后台：一代高似一代。"[1] 李贽指出，心斋一传为徐波石、颜山农，这没有问题，但他却明显忽略了王氏家学一脉（包括王一庵、王东厓）；至于二传、三传的谱系，徐波石一系暂且不论，仅就颜山农一系来看，说颜山农传之于罗近溪、何心隐虽无误，但说何心隐传之钱怀苏、程后台则系明显错误。钱怀苏"与心隐友善"[2]，二人应是朋友关系，而非师弟子关系。程后台，即程学颜，号后台，是颜山农的及门弟子，颜山农说他"善悟善学，殆近溪所未及者"[3]。程学博（程学颜之弟）谓："梁先生以友为命，友中透于学者，钱同文外，独吾兄耳。"[4] 何心隐死后，程学博将他与其兄程学颜合葬。可知程、何二人为同门知己好友，亦非师弟子关系。据此而论，李贽对泰州一派既缺乏全面之了解，又对其传承谱系尤其是二传弟子中山农一系的把握不甚准确。因此，他对王艮—徐樾一系的传承谱系的叙述，是值得怀疑的。不过李贽的这一说法得到了不少学者的认可，如袁宏道就说："夫阳明之学，一传而为心斋，再传而为波石，三传而为文肃（按：赵大洲谥文肃），谓之淮南派。"[5] 完全认同李贽的观点，尤其是黄宗羲在《明儒学案》中也据此立论，认为"先生（指赵大洲）之学，李贽谓其得之徐波石"[6]，并将赵大洲归入

---

[1] （明）李贽：《焚书·续焚书》校释，陈仁仁校释，岳麓书社2011年版，第142页。
[2] （明末清初）黄宗羲：《明儒学案》下册，沈芝盈点校，中华书局2008年版，第707页。
[3] 《颜钧集》，黄宣民点校，中国社会科学出版社1996年版，第27页。
[4] （明末清初）黄宗羲：《明儒学案》下册，沈芝盈点校，中华书局2008年版，第707页。
[5] 《袁宏道集笺校》下册，钱伯城笺校，上海古籍出版社1981年版，第1535页。
[6] （明末清初）黄宗羲：《明儒学案》下册，沈芝盈点校，中华书局2008年版，第747页。

《泰州学案》，视为泰州学派的传人。当今学界也普遍沿袭黄宗羲在《明儒学案》中的观点，将赵大洲归入泰州学派。但是细心琢磨就可以发现，黄宗羲之所以并未断言赵大洲确属泰州学派，而是引用李贽的说法，说明他对赵大洲的学派归属是有所保留的。既然李贽之说本身就已不甚准确，后来学者因袭其说的论断，也就不足信了。

一说出自顾炎武。顾炎武在《日知录·朱子晚年定论》条下指出："故王门高第为泰州（王艮）、龙溪（王畿）二人。泰州之学一传而为颜山农（均），再传而为罗近溪（汝芳）、赵大洲（贞吉）。龙溪之学一传而为何心隐（本名梁汝元），再传而为李卓吾（贽）、（陶石篑）、（望龄）。"① 顾炎武此说可谓错误百出。首先，颜山农跟赵大洲不是师弟子关系。颜山农拜徐波石为师，但徐波石与赵大洲是同志关系（此后详论）而非师弟子关系。赵大洲被贬，颜山农偕之同行，这只能说明颜山农本人具有一种"儒侠"的精神，二人最多是同志好友关系而非师弟子关系。其次，何心隐是山农之徒而非王龙溪之徒。颜山农在《自传》中称何心隐为"旧徒"②。再次，李贽虽然曾经说过张居正与何心隐"二老者皆吾师也"③，但李贽所谓的"师"，乃"心师"④，而非具体的师弟子关系。最后，陶望龄乃周海门的弟子，而非何心隐的弟子。可见，顾炎武所勾勒的王门师承谱系，错误百出，明显不足为据，而今人官长驰在点校赵大洲的诗文集时，未加察辨，就据顾氏此说，认为其已"明确指出赵贞吉与二王的传承关系"⑤，实在是被前人误导了。

一说出自耿天台。耿天台在《王心斋先生传》中指出，心斋之学，"徐方伯子直承之，传赵文肃；罗大参惟德承之，传宫洗杨贞复"⑥。耿天台说罗汝芳（字惟德）亲承心斋之学，系明显错误，因为罗汝芳拜颜钧为师，罗汝芳与颜钧的文集中都对这一关系言之再三。不过说罗汝芳传

---

① （明）顾炎武：《日知录校释》下册，张京华校释，岳麓书社2011年版，第762页。
② 《颜钧集》，黄宣民点校，中国社会科学出版社1996年版，第27页。
③ （明）李贽：《焚书·续焚书校释》，陈仁仁校释，岳麓书社2011年版，第41页。
④ 吴震：《泰州学派研究》，中国人民大学出版社2009年版，第33页。
⑤ 官长驰：《赵贞吉诗文集（点校本）前言》，《内江师范学院学报》1989年第2期。
⑥ （明）耿定向：《耿天台先生文集》，载四库全书存目丛书编纂委员会《四库全书存目丛书·集部》第131册，齐鲁书社1997年版，第350页。

之杨贞复（号复所）则无问题。至于徐樾（字子直）传之赵大洲（谥文肃）的说法，则赵大洲本人的论述已经将其否定。赵大洲在《泰州王心斋墓志铭》中指出："先生门人贵溪徐子直氏、道州周季翰氏，谓予之向往甚勤，先生之念予亦切，义当志其墓中之石……"① 如果赵大洲真是徐樾的弟子，完全没有必要隐瞒自己的身份，而称自己的老师为"先生门人贵溪徐子直氏"，也完全没有必要不认自己的祖师爷，而只是说"谓予之向往甚勤，先生之念予亦切"。据此可知，耿天台的说法也是站不住脚的。此外，袁承业在编撰泰州学派弟子师承表时，就据上引赵大洲在王艮墓志铭中的说法，认为"其非私淑者欤？"② 但赵大洲在《与湛甘泉书》中也说，"虽在门墙之外，其心实不异于策杖之隶也"③，在《与聂双江司马书》中又说，"驰神公所者几二十年矣"④，对湛、聂二人也是"向往甚勤"，然而我们绝不能据此就将赵大洲归入湛、聂二人门下，同理，我们也不能根据"向往"字样就将赵大洲归入心斋门下。总之，"向往"与"私淑"非同一概念，除非有赵大洲的文字为证，否则，很难说赵大洲"私淑"王艮。因此，袁氏之说亦不足为据。

一说出自颜钧。颜钧在其《自传》中说，他"游入帝里，忽遇一师，徐卿波石，讳樾，字子直，贵溪人，时为礼部祠郎。当[时]有庶吉士赵贞吉，号大洲，内江人；敖铣，号梦坡，高安人，先列游夏座，引农同门，师事三年，省发活机，逢原三教，自庆际缘，何往不利，师亦钟爱，可与共学"⑤。此段文字中，"先列游夏座"，黄宣民认为，"夏"是"指礼部尚书夏言"⑥，吴震教授经过分析后，也"赞同黄宣民的分析结论"⑦。笔者以为，这种分析是有待商榷的。"游夏"即子游、子夏。古

---

① （明）赵贞吉：《赵文肃公文集》，载四库全书存目丛书编纂委员会《四库全书存目丛书·集部·别集类》第100册，齐鲁书社1997年版，第505页。
② 王艮：《明儒王心斋先生遗集》卷五，东台袁氏刻本，第39页。
③ （明）赵贞吉：《赵文肃公文集》，载四库全书存目丛书编纂委员会《四库全书存目丛书·集部·别集类》第100册，齐鲁书社1997年版，第551页。
④ （明）赵贞吉：《赵文肃公文集》，载四库全书存目丛书编纂委员会《四库全书存目丛书·集部·别集类》第100册，齐鲁书社1997年版，第552页。
⑤ 《颜钧集》，黄宣民点校，中国社会科学出版社1996年版，第25页。
⑥ 《颜钧集》，黄宣民点校，中国社会科学出版社1996年版，第124页。
⑦ 吴震：《泰州学派研究》，中国人民大学出版社2009年版，第13页。

人多有此种用法，如《晋书·李密传》中说李密"师事谯周，周门人方之游夏"①，就是把李密比况为擅长文学的子游、子夏。因此，颜钧所说的"游夏座"，是说赵大洲与敖铣已先于自己列于子游、子夏的座次，实则是赞美自己的老师是孔子一样的老师。只有这样理解才能将此段文句前后连贯起来。该文段总体是说自己游入京师拜师徐樾的经过，前面说自己"游入帝里，忽遇一师"，后面说"引农同门，师事三年"，如果像黄宣民、吴震二人所论，中间突然插入"夏言"，不仅不符合行文的逻辑，也使整段文字难以理解。颜钧于嘉靖十五年（1536）游入京师，并拜徐樾为师，而正如笔者前所分析，赵大洲已先于颜钧拜入徐樾门下。颜钧是徐樾的弟子，且"师事三年"，作为当事人，他所论述的徐、赵二人的关系，具有相当的分量。

颜钧所论虽有相当之分量，但笔者也发现有相当分量的反证材料。一是胡直称赵大洲与徐樾为"同志友"而非"同门友"。胡直在《少保赵文肃公传》中指出，赵大洲于嘉靖十七年（1538）上《乞求真儒疏》，引起执政不悦，于是，"公退与同志友尹公台、徐公樾、敖公铣等切劘，不与世比。逾岁，谒告归蜀"②。胡直为赵大洲作传，自然会得到赵家子弟提供的传记原始资料；而且胡直曾经"尽闻王心斋公之学"③，对心斋一派的流衍也有相当之了解；此外，胡直与赵大洲是同志好友，他对赵大洲的交游情况应该也是比较了解的。胡直在此处指出，赵大洲与尹台、徐樾、敖铣三人是"同志友"的关系，这就很明显是要特意区别于"同门友"，说明四人只是志同道合的朋友关系，而非师出一门的同门关系。需要指出的是，赵大洲、尹台、敖铣三人为同年友，为嘉靖十四年（1535）的同科进士，徐樾比他们早一科，为嘉靖十一年（1532）进士，四人因有志于圣学而结为同志好友，是合情合理之事。二是林春称呼赵大洲为同志，且称其自有家法。林春在《简徐波石》第六书中说："大洲、孟坡④、少岩、凤岗诸同志，今皆精进何如。谅朝夕相处，自异往

---

① （唐）房玄龄等：《晋书》第7册，中华书局1974年版，第2274页。
② 《胡直集》下册，张昭炜编校，上海古籍出版社2015年版，第808—809页。
③ （明末清初）黄宗羲：《明儒学案》上册，沈芝盈点校，中华书局2008年版，第522页。
④ 按："孟坡"疑为"梦坡"，敖铣，字梦坡。

昔。"① 据书中所言，则徐樾与赵大洲二人是同志关系。林春与徐樾同受教于心斋门下，两人又是知己好友，徐樾若收有得意门徒，没有理由不对林春提及。而林春在《简赵大洲内翰》中又提到，自己"幸侍心斋教下"，而称赵大洲"自有家法"②，更是明言赵大洲非泰州门下之人。赵大洲是嘉靖十四年（进士，选庶吉士，特旨留馆，相当于肯定其翰林身份），而林春在此信中提到"碧洋先生来"③，陈碧洋于1534年底为父守丧，居丧讲学，孜孜不倦，学者宗之，称为"碧洋先生"，既而服阙北上，以病卒。可知其卒于1537年，故知此信写于1537年。考之赵大洲，他于嘉靖十五年授翰林院编修，1537年仍供职于翰林院，亦符合此信"内翰"的称呼。综合胡直、林春两份材料，笔者愿意相信，颜钧虽在京师，但恐怕只是以其所见所闻，将徐樾与赵大洲想象为师弟子关系。

综合以上分析可知，赵大洲不可能是徐樾的弟子。当然，以上论证资料绝大部分都是外部证据，而最直接、最有力的证据应该是当事人自己的说法。

赵大洲在文集中四次提到他和徐樾的关系。一是在《泰州王心斋墓志铭》中，说自己对心斋"向往甚勤"，如前所论，此不赘述。二是在《与徐波石督学书》中。书中说："别久无缘奉书问，身无羽翮，思君实劳，君所念我，亦应尔也。……闭户思友，山川阻长，惟保啬自爱。"④"闭户思友"四字，已清楚揭示出两人的朋友关系。徐樾于嘉靖二十三年（1544）任贵州提学副使（督学），如果真如颜钧所说，早在嘉靖十五年赵大洲就已先于其拜入徐樾门下，则赵大洲在信中的语气是不可想象的。三是在《别江北谷令洪洞序》中。序中称："北谷子以告于波石徐子。徐子曰：'赵子恐子之学自见起。'"⑤ 赵大洲和徐樾二人互以"子"相称，可见二人是同辈关系，彼此都很敬重对方。四是在《梦波石徐子》一诗

---

① 林春：《林东城文集》第3册，手抄本，第11页。
② 林春：《林东城文集》第3册，手抄本，第3页。
③ 林春：《林东城文集》第3册，手抄本，第3页。
④（明）赵贞吉：《赵文肃公文集》，载四库全书存目丛书编纂委员会《四库全书存目丛书·集部》第100册，齐鲁书社1997年版，第542—543页。
⑤（明）赵贞吉：《赵文肃公文集》，载四库全书存目丛书编纂委员会《四库全书存目丛书·集部》第100册，齐鲁书社1997年版，第452页。

中。徐樾在云南战殁后，赵大洲写了此诗以抒发其怀念之情，诗中云："万里湖天一发通，光风吹落玉壶中。丈人别去应强健，夜上庐山五老峰。"① 赵大洲称其为"徐子""丈人"，可知此时二人仍是同辈好友关系，只是徐比赵年长，故称其为"丈人"。赵大洲本人的说法，已明白无误地表明，他与徐樾之间，只是"同志友"的关系，而非师徒关系。

二 赵大洲思想考

吴震教授指出，如果要将赵大洲从泰州学派剔除出去，必须先做好两项前提工作："（1）必须对赵的思想有一通盘之了解；（2）同时也必须对心斋—徐波石一系的思想传承及其思想特征有一前期之了解。"② 只有在此基础上进行比较分析，才能判断赵大洲在思想上是否属于泰州学派。

（一）王艮—徐樾一系的思想传承

徐樾，字子直，号波石，是王艮的一传弟子，他早年师事阳明，与闻良知学说，后来卒业于心斋之门，成为心斋的得意弟子，心斋晚年曾说："我心久欲授吾子直大成之学，更切切也。但此学将绝二千年，不得吾子直面会口传心授，未可以笔舌谆谆也。"③ 可惜后来徐樾战死于沅江，最终无缘得此"大成之学"。王艮对徐樾的学术影响，主要有两个方面。

一是"现成良知"说。在良知问题上，王艮主张"现成良知"说，认为"良知一点分分明明，亭亭当当，不用安排思索"④，"良知天性，往古来今人人具足，人伦日用之间举措之耳"⑤。在他看来，良知人人具足，不用安排思索，只要在人伦日用之间举而措之就可以了。徐樾从学心斋之初，对"现成良知"并不自信，所以操存过于劳苦，心斋对此多

---

① （明）赵贞吉：《赵文肃公文集》，载四库全书存目丛书编纂委员会《四库全书存目丛书·集部》第100册，齐鲁书社1997年版，第328页。
② 吴震：《泰州学派研究》，中国人民大学出版社2009年版，第15页。
③ （明）王艮：《王心斋全集》，陈祝生等校点，江苏教育出版社2001年版，第53页。
④ （明）王艮：《王心斋全集》，陈祝生等校点，江苏教育出版社2001年版，第43页。
⑤ （明）王艮：《王心斋全集》，陈祝生等校点，江苏教育出版社2001年版，第47页。

有点拨,"常与心斋步月下,刻刻简默,心斋厉声曰:'天地不交否?'①又一夕至小渠,心斋跃过,顾谓先生曰:'何多拟议也?'先生过渠,顿然若失,既而叹曰:'从前孤负此翁,为某费却许多气力'"②。师徒二人月下闲步,本是何等从容,但徐樾却刻刻简默,唯恐进退失据,故心斋厉声曰:"天地不交,否。"意谓良知自然能感应不失,不必如此刻意拘束。哪怕是越过小渠这样的举动,徐樾也是颇多"拟议",不能轻快跃过。最终,徐樾悟得良知现现成成,于是感叹说,自己从前辜负了心斋的苦心教诲,使他为自己"费却许多气力"。其后,徐樾对"现成良知"多有论述,曰:"父慈子孝,耳聪目明,天然良知,不待思虑以养之。"③又曰:"自得之学,于良知之自朝而暮,能闻能见,能孝能弟,无间昼夜,不须计度,自然明觉,是与天同流者,非天命而何?一入声臭,即是意念,是己私也,人为也。转展苦而益劳,是作拙也。"④可以看出,徐樾对良知的认识,已完全从此前的人为、辗转中走出,转向"天然良知,不待思虑""不须计度,自然明觉"的"现成良知"说。

二是"尊身立本"说。王艮曾与徐樾讨论身与道的关系问题,王艮指出:"身与道原是一件,至尊者此道,至尊者此身。尊身不尊道不谓之尊身,尊道不尊身不谓之尊道。须道尊身尊,才是'至善'。故曰'天下有道,以道殉身;天下无道,以身殉道',必不以道殉乎人。……又曰'君子之守,修其身而天下平',若'以道从人,妾妇之道'也。己不能尊信,又岂能使彼尊信哉?"⑤徐樾听闻之后,揖拜而谢之。及王艮卒后,徐樾撰《云南布政使司江西贵溪徐公波石撰门人私谥议》,即竭力表彰王艮的"尊身立本"之说,可见其对王艮的尊道尊身之说极为认同。"尊身立本"说其实是王艮大成学的重要内容,所谓"至尊者此道,至尊者此身""己不能尊信,又岂能使彼尊信哉",其实就是大成师所说"进不失本",不能危身而出。虽然如前所论,王艮认为大成学"不得吾子直面会

---

① 此处断句有误,应为:"天地不交,否。"此为《易经·否卦·象传》之言。此处指良知自然感应而言。

② (明末清初)黄宗羲:《明儒学案》下册,沈芝盈点校,中华书局2008年版,第724页。

③ (明末清初)黄宗羲:《明儒学案》下册,沈芝盈点校,中华书局2008年版,第728页。

④ (明末清初)黄宗羲:《明儒学案》下册,沈芝盈点校,中华书局2008年版,第727页。

⑤ (明)王艮:《王心斋全集》,陈祝生等校点,江苏教育出版社2001年版,第37—38页。

口传心授，未可以笔舌谆谆也"，但他还是在与徐樾的书信中或多或少地透露了大成学的重要内容。

如果说赵大洲师承徐樾，那么他对上述王艮—徐樾一系的思想传承应该有深度的认同或了解，但赵大洲显然对此缺乏相应的了解。就"现成良知说"而言，通观赵大洲的文集可以发现，虽然他也主张天命之性是本心也是良知，但这是心学通义，赵大洲少年时就服膺阳明的良知学说，他主此论，一点都不奇怪，而且他的关注点也不在"现成良知"，而在如何去蔽以复归良知本体，这就与泰州学派的良知现成论拉开了距离，而与江右的良知修证派相一致。就"尊身立本"说而言，赵大洲对王艮的"尊身立本"之学就更为陌生。赵大洲虽也在字面上提到尊道，说"至尊者道也"①，但这是儒家通义，不类王艮将道尊与身尊相提并论。赵大洲唯一一次提到"安身知本"，是在《寄冼少汾书》中，追悔当年在"庚戌之变"中所生的欲速之心，与"古人刚柔彰微之论，不震不动、安身知本之说，身心澄契，无一吻合"②。从其论述可以看出，他完全是根据《周易》立论的。如果他对王艮的"尊身立本"之论有所了解，会很自然地反省到这一点，而不是从《周易》中去寻找立论的资源。就此而言，赵大洲绝非徐樾的弟子。

（二）赵大洲思想概述

赵大洲在思想上有其自己的风貌，他淹贯群学，于学无所不窥，自少年时起，即"或探百家指，或习三昧定"③，他的弟子邓林材在《赵文肃公先生谱序》中概括其为学经历说："先生自冲年以至垂老，学术凡几更历：始焉求道于载籍（取六经百家暨仙佛函藏并人间未见之书而沉诵之④），既而潜心于本体（探索孔孟微言，参究三教宗旨），既而显设于

---

① （明）赵贞吉：《赵文肃公文集》，载四库全书存目丛书编纂委员会《四库全书存目丛书·集部》第100册，齐鲁书社1997年版，第447页。
② （明）赵贞吉：《赵文肃公文集》，载四库全书存目丛书编纂委员会《四库全书存目丛书·集部》第100册，齐鲁书社1997年版，第552页。
③ （明）赵贞吉：《赵文肃公文集》，载四库全书存目丛书编纂委员会《四库全书存目丛书·集部》第100册，齐鲁书社1997年版，第516页。
④ 本段括号中所引，为邓材林《赵文肃公先生谱序》中原文，移至此处，以便观览。

事为（以目及道存不离日用，不欲以离尘绝俗抱空守纪为也），晚而加意于著作（惧此生虚度也，奋起编摩之思，作经世、出世二通）。事与年易，道与时迁，然而精神意向，终始惟一，而随处自得，一以性命了悟为宗也。"① 当时之人对赵大洲的思想也有精要的论述，如高启愚在为其文集作序时就指出："公之学，淹贯群流，博综千古，冥搜遐览，靡所不极，而尤深明出世之旨，于道籛禅宗，咸各晰其微言，以合于性命。"② 胡直在《少保赵文肃公传》中也指出："至其学问渊源，上探尧、孔之微，而并包逮于伯阳、子羽，爰达泥洹，雅自命曰经世、出世，其亦希古之博大人哉？"③ 概而言之，赵大洲之学，虽采百家之说，然以性命为宗，虽以三家为本，然自成一家之言。

1. 心学思想

赵大洲自叙，"吾生有知，即知诵说先生（按：指阳明）之言"④。胡直在《少保赵文肃公传》中也指出："年十五，读王文成公《传习录》，惊曰：'予固疑物理之远于本也，今获所归矣。'"⑤ 赵大洲怀疑朱子求理于心外的为学路径，批评当时学者"固守物理，纷若射覆"⑥，而称赞阳明学是知本之学，"入理界最初之论"⑦。正因为对阳明心学抱持一种认同态度，所以他与阳明后学，如一传大弟子罗念菴、聂双江等多有来往，与唐荆川则是挚友；与二传弟子徐波石、胡直等亦相与讲学切磋。可以说，他对心学的那一套理路是相当熟稔的，他本人也是一位出色的心学家。

赵大洲的心学思想，以性命为宗。赵大洲指出，《中庸》首章性、道、教三句，就是点明道体之论，为此他区分了"天命之性"与"人为

---

① （清）彭泰士：《内江县志》卷十一，清光绪三十一年（1905）重作本，第27—29页。
② （明）赵贞吉：《赵文肃公文集》，载四库全书存目丛书编纂委员会《四库全书存目丛书·集部》第100册，齐鲁书社1997年版，第239—240页。
③ 《胡直集》下册，张昭炜编校，上海古籍出版社2015年版，第817页。
④ （明）赵贞吉：《赵文肃公文集》，载四库全书存目丛书编纂委员会《四库全书存目丛书·集部》第100册，齐鲁书社1997年版，第468页。
⑤ 《胡直集》下册，张昭炜编校，上海古籍出版社2015年版，第808页。
⑥ 《胡直集》下册，张昭炜编校，上海古籍出版社2015年版，第809页。
⑦ （明）赵贞吉：《赵文肃公文集》，载四库全书存目丛书编纂委员会《四库全书存目丛书·集部》第100册，齐鲁书社1997年版，第468页。

之性"。他认为,"天命之性者,生质之本然也,良知也,万事之母、百行之主也"①,圣人不能有所增益,众人也不能有所减损,是至近至约、至善无恶、至密而无声无臭的道体。而"人为之性"则"出于习也"②,贤者智者习于过,愚者不肖者习于不及,百姓习于日用而不知,狂者习于进取,狷者习于有所不为,所以离性日远,无时可一。但天命之性"习识虽蔽之,而不能灭其明也;习气虽累之,而不能害其贞也"③。与此相类,赵大洲也将"心"区分为"真心"与"习心"。他指出,"原此真心,不分愚智,鱼跃鸢飞,各识其职。蒙蒙我生,营营自戕,自斲自丧,自迷自狂,自筑其墙,自固其防,自放于忧悲怆逸鄙吝贪妒之场,而不悟其真常也。……呼为习呼,吸为习呼。习心作主,须臾不离"④。认为芸芸众生迷于"习心"而不能悟其"真心"。

"人为之性"遮蔽"天命之性","习心"遮蔽"真心","习"而生"蔽",遂成为为学的障碍。赵大洲具体分析了"不信自心"导致的为学"五蔽":第一种是"不信自心,而依仿妄念,逡巡袭取也";第二种是"不信自心,而依凭妄念,虚恍意见也";第三种是"不信自心,而枉肆妄念,纷纭玩物也";第四种是"不信自心,而妄生支离也";第五种是"不信自心,而立基无地也"。⑤ 赵大洲认为,这"五蔽"既互相交错又互相生养,因而导致无穷之蔽。只有摧廓诸蔽,才能使本心自明,不假修习;才能使本性自足,不俟旁求。

在工夫上,赵大洲主张顿悟渐修。在他看来,"易悟者心,难净者习"⑥。

---

① (明)赵贞吉:《赵文肃公文集》,载四库全书存目丛书编纂委员会《四库全书存目丛书·集部》第100册,齐鲁书社1997年版,第436页。
② (明)赵贞吉:《赵文肃公文集》,载四库全书存目丛书编纂委员会《四库全书存目丛书·集部》第100册,齐鲁书社1997年版,第437页。
③ (明)赵贞吉:《赵文肃公文集》,载四库全书存目丛书编纂委员会《四库全书存目丛书·集部》第100册,齐鲁书社1997年版,第436页。
④ (明)赵贞吉:《赵文肃公文集》,载四库全书存目丛书编纂委员会《四库全书存目丛书·集部》第100册,齐鲁书社1997年版,第594页。
⑤ 参见(明)赵贞吉《赵文肃公文集》,载四库全书存目丛书编纂委员会《四库全书存目丛书·集部》第100册,齐鲁书社1997年版,第447—448页。
⑥ (明)赵贞吉:《赵文肃公文集》,载四库全书存目丛书编纂委员会《四库全书存目丛书·集部》第100册,齐鲁书社1997年版,第594页。

虽然本心真性为习所遮，为蔽所蒙，但是"夜半一声，天心呈露"①，本心真性亦时时发露，或发之为恻隐，或发之为羞恶，或发之为辞让，或发之为是非，因此顿悟是可能的。但是习蔽难以尽净，因此赵大洲又主张在顿悟之后进行渐修，"己力未充，故时有滞执处，时有碍塞处，于此但假渐习薰修，久之不息，徐徐当彻去矣"②。本心虽可顿悟，习蔽却也深固，因此他反对那种顿悟本心之后就一劳永逸的做法，而主张在"渐习薰修"中徐徐撤去习蔽。

2. 佛学思想

赵大洲出生即有佛缘，他的母亲梦见两个小童比丘牵着她的衣袂以求栖息，"缁者先执母袂，不得脱，生予"③；兄弟三人（仲弟蒙吉，幼弟复吉）少年时就"或探百家旨，或习三昧定"④；遭逢母丧，感慨人世飘忽，"遂兼修出世业，习静古刹，不栉沐解衣者数年"⑤；平生又多与人谈禅，《明儒学案》就记载了他与万鹿园谈禅之事；尤其是在翰林院时，更是"教习庶吉士，课读《楞严经》，谓曰：'诸君齿亦长矣，不以此时读此经，更何待耶？'"⑥ 因此，赵大洲在当时就被人称为大居士，姜宝甚至称他为"宿世高僧化身"⑦。赵大洲的佛学思想，主要表现在两个方面。

一是禅不足以害人。赵大洲以经世之才而耽溺禅宗，许多友人都对此表示担忧，唯恐他沉空向寂，堕其有为之志，而有损于名教，但是赵大洲自我辩护说："夫仆之为禅，自弱冠以来矣，敢欺人哉？公试观仆之

---

① （明）赵贞吉：《赵文肃公文集》，载四库全书存目丛书编纂委员会《四库全书存目丛书·集部》第100册，齐鲁书社1997年版，第594页。
② （明）赵贞吉：《赵文肃公文集》，载四库全书存目丛书编纂委员会《四库全书存目丛书·集部》第100册，齐鲁书社1997年版，第579页。
③ （明）赵贞吉：《赵文肃公文集》，载四库全书存目丛书编纂委员会《四库全书存目丛书·集部》第100册，齐鲁书社1997年版，第517页。
④ （明）赵贞吉：《赵文肃公文集》，载四库全书存目丛书编纂委员会《四库全书存目丛书·集部》第100册，齐鲁书社1997年版，第516页。
⑤ 《胡直集》下册，张昭炜编校，上海古籍出版社2015年版，第808页。
⑥ （清）彭绍升：《居士传》，赵嗣沧点校，成都古籍书店2000年版，第197页。
⑦ （明）赵贞吉：《赵文肃公文集》，载四库全书存目丛书编纂委员会《四库全书存目丛书·集部》第100册，齐鲁书社1997年版，第244页。

行事立身，于名教有悖谬者乎？则禅之不足以害人明矣。"① 赵大洲指出，世儒之论禅害人者，只是徒以口舌论争罢了，而他则是以身证之，因此他确然自信，禅不足以害人。不仅如此，他还认为，吾性中有十八阴界，戕乱我的灵明，贼伐我的元命，而只有凭借修禅所获得的"明智定力"，才可以"破此一身伐性阴贼，虽不能彻底一澄照，睿圣聪明如古至人，而庄孟以下，欲庶几也"②。因此，在他看来，禅非但不足以害人，反而有益于吾人之修身。

二是了天地万物古今人物。欲了天地万物古今人物，一方面须不落有无，即不落于对待之中。在赵大洲看来，"此大圆镜智，即不落有无之窍也"③，只有在大圆镜智中，日用间的种种色色，才能卷舒自在，不见有出入往来之相，也没有陵夺换转之境，才能不思善不思恶见得本来面目。另一方面须随顺觉性。赵大洲以为，"随顺觉性之句有三焉：其一，涵盖乾坤句，周容遍摄之谓也；其二，截断众流句，独一无侣之谓也；其三，随波逐浪句，即随顺觉性之谓也。三句一义也，一义三句也。夫能周容遍摄则一体矣；能独一无侣则一用矣；能随顺觉性则即体即用、即用即体、体用一如矣"④。只有做到体用一如，才算是达到大觉圆顿之门。

3. 沟通儒佛

姜宝在《赵文肃公文集序》中指出，"公自童稚诵法孔子时，即有志求通二氏学，即有志出世而经世"⑤，及致仕归里，形志俱衰，顾影枯残，而忽生勇猛，欲继往开来，著为内、外二篇，可惜序皆初成，局役方落，便倏然长逝了。不过从赵大洲留下的《内外二篇都序》《史业二门都序》

---

① （明）赵贞吉：《赵文肃公文集》，载四库全书存目丛书编纂委员会《四库全书存目丛书·集部》第 100 册，齐鲁书社 1997 年版，第 574 页。
② （明）赵贞吉：《赵文肃公文集》，载四库全书存目丛书编纂委员会《四库全书存目丛书·集部》第 100 册，齐鲁书社 1997 年版，第 574 页。
③ （明）赵贞吉：《赵文肃公文集》，载四库全书存目丛书编纂委员会《四库全书存目丛书·集部》第 100 册，齐鲁书社 1997 年版，第 578 页。
④ （明）赵贞吉：《赵文肃公文集》，载四库全书存目丛书编纂委员会《四库全书存目丛书·集部》第 100 册，齐鲁书社 1997 年版，第 578—579 页。
⑤ （明）赵贞吉：《赵文肃公文集》，载四库全书存目丛书编纂委员会《四库全书存目丛书·集部》第 100 册，齐鲁书社 1997 年版，第 242 页。

《答县庠诸生致新舍字扁疏》《与少司马曾确庵论统部书》《祭古圣贤文》等文章中，我们仍然能够窥探其"二篇"思想的大要。

赵大洲晚年所著内、外二篇，内篇名为《经世通》，外篇名为《出世通》，著此二篇，其"意在备经世之法，俾愿治之主有所采择耳"①。之所以分为内、外二篇，赵大洲认为，"曰内外者，主客之谓也。经世为主，出世为客"②，以经世、出世为主客关系，但是赵大洲在别处又言，"经世者不碍于出世之体，出世者不忘于经世之用"③，以出世、经世为体用关系。赵大洲大概认为：经世虽为主，但须以出世为体；出世虽为客，却须以经世为用。这就是古人常说的，以出世之心做经世之业。通过内、外二篇，赵大洲将经世与出世打成一片，从而也将儒、佛沟通起来。

内篇《经世通》分为二门八部，一为史通门，一为业通门。二门之下各领四部。史通门之下，分为统部、传部、制部、志部；业通门之下，分为典部、行部、艺部、术部。赵大洲解释这八部的命名说："王即经世之主也，其位为统，其臣为传，其令为制，其事为志；其道为典，其德为行，其才为艺，其技为术。"④ 关于史、业二门的关系，赵大洲认为："史门申治理也……业门明学术也。夫学术必助于治理，治理必原于学术。二门通矣，世可经矣。"⑤ 史、业二门当中，又以统、典二部为眼，"若夫史所摄体虽异，而眼在于统，统建而天下之治出于一，治一则外王之法行，而传、制、志皆随之一矣。业所摄体虽异，而眼在于典，典建而天下之道出于一，道一则内圣之学明，而行、艺、术皆随之一矣"⑥。

外篇《出世通》则分为二门四部，一为说通门，一为宗通门。说通

---

① （明）赵贞吉：《赵文肃公文集》，载四库全书存目丛书编纂委员会《四库全书存目丛书·集部》第100册，齐鲁书社1997年版，第598页。
② （明）赵贞吉：《赵文肃公文集》，载四库全书存目丛书编纂委员会《四库全书存目丛书·集部》第100册，齐鲁书社1997年版，第599页。
③ （明）赵贞吉：《赵文肃公文集》，载四库全书存目丛书编纂委员会《四库全书存目丛书·集部》第100册，齐鲁书社1997年版，第604页。
④ （明）赵贞吉：《赵文肃公文集》，载四库全书存目丛书编纂委员会《四库全书存目丛书·集部》第100册，齐鲁书社1997年版，第598页。
⑤ （明）赵贞吉：《赵文肃公文集》，载四库全书存目丛书编纂委员会《四库全书存目丛书·集部》第100册，齐鲁书社1997年版，第604页。
⑥ （明）赵贞吉：《赵文肃公文集》，载四库全书存目丛书编纂委员会《四库全书存目丛书·集部》第100册，齐鲁书社1997年版，第600页。

门统经部、律部、论部三部；宗通门统单传直指部。可见，说通门就是佛教的教门，因材施教，循循善诱，故有种种方便法门；宗通门就是佛教的宗门，不立文字，直指本心。此二门之关系，赵大洲以为，说通门是大智二昧所自出，宗通门是大行三昧所自出，"夫行、智二严，如震轮两足，缺一不可。二门通矣，世可出矣"①。说通门和宗通门并不是对立的，二者是一而不是二，是通达无碍、相辅相成的，只有将二者结合起来，如"震轮两足"，才可出世。

赵大洲对道家（教）亦颇向往，在其诗作中多有此种情感之流露，如他曾作《和葛仙翁箕笔（其二）》说："太上教我岂不曰，上士不必栖林樾。幻身悟得即法身，水中月是天上月。刹刹尘尘无不入，烦恼菩提皆了歇。谁将予诗老秃屑，要和寥天高宫阙。"② 表达了对东晋著名道教人物葛洪的仰慕之情。如他又曾作《化龙山次朱真人韵（其一）》："长生仙老炼黄芽，解断无涯续有涯。剑去采来都是药，壶方跳入即为家。玄云岛迥飞玄鹤，白石源深养白鸦。海岳茫茫求法器，桥边孺子最为嘉。"③ 叙述了朱真人为追求长生不老而采药炼丹的情形。关于此点，具体可参看陈世英所作的梳理。④ 不过赵大洲对道家（教）的专门论述，现存文集中是很少的，此留待后文"三教合一"中论述。

4. 三教合一

姜宝曰："今世论学者，多阴采二氏之微妙，而阳讳其名。公于此能言之、敢言之，又讼言之、昌言之，而不少避忌。"⑤ 赵大洲之所以对二氏"能言之、敢言之，又讼言之、昌言之，而不少避忌"，是因为他自信见到三教真义之所在，所以他才无所避忌，他说："《中庸》曰：'天命之谓性'，言不假人为，无善无不善也。'喜怒哀乐之未发，谓之中也，发

---

① （明）赵贞吉：《赵文肃公文集》，载四库全书存目丛书编纂委员会《四库全书存目丛书·集部》第100册，齐鲁书社1997年版，第604页。
② （明）赵贞吉：《赵文肃公文集》，载四库全书存目丛书编纂委员会《四库全书存目丛书·集部》第100册，齐鲁书社1997年版，第285页。
③ （明）赵贞吉：《赵文肃公文集》，载四库全书存目丛书编纂委员会《四库全书存目丛书·集部》第100册，齐鲁书社1997年版，第313页。
④ 参见陈世英《赵贞吉的学术思想》，《内江师范学院学报》2008年第3期。
⑤ （明）赵贞吉：《赵文肃公文集》，载四库全书存目丛书编纂委员会《四库全书存目丛书·集部》第100册，齐鲁书社1997年版，第245页。

而中节，谓之和也'，指其率性而不假人为之处也。……老子观窍与观妙、同出同玄之旨，与此同也。佛氏'不思善、不思恶，见本来面目'之义，与此同也。"① 在他看来，三教虽歧而为三，但在根本上是同源的，都是以性命为宗，儒家的天命之性，就是道家的玄而又玄，就是佛家的本来面目，因此三教在根本上是相通的。

赵大洲更著七图，以会通三教，依次为：混元图、出庚图、浴魄图、伊字三点图、卍字轮相图、周子太极图以及河图。②

赵大洲认为，"混元一图，实无量妙义、百亿三昧之所从出也。一名真空，一名妙有。转多名号，至于百亿。……古颂曰：'有物先天地，无形本寂寥，能为万象主，不逐四时凋。'"③ 混元一图，实融儒、道、释三家而为一，三家妙义皆从此出。"出庚、浴魄二图，玄宗之指要也，其意出《参同契》中，准太阴行度，以节火候。炼庚者，止于丁，为阴火；炼甲者，止于丙，为阳火。即谓之文武火矣，颇闻有口诀焉。仙书标图无虑千百，予撮其最要者二，实混元图中，妙有真境。"④ 所谓玄宗，即指道家。"伊字、卍字二图，性宗之底蕴也，乃《金经》之中大佛亲口宣授。闻之耽源秘奥，汹仰门风，诸家棒喝，龙象争驰，密证潜符，皆出于此。妙悟此者，四真混一，二事双融，实混元图中真空妙界。"⑤ 所谓性宗，即指佛家。而太极图和河图，则是"儒家之秘典也，乃五常之本，九法之宗，名理之源，道术之门，实混元图中妙有真空之境，世间法与出世法皆备矣"⑥。赵大洲形容七图关系说："一以摄六而无余，六以显一而无尽。泯一之六者，未始有物之先也。了六之一者，万行图备之后也。

---

① （明）赵贞吉：《赵文肃公文集》，载四库全书存目丛书编纂委员会《四库全书存目丛书·集部》第100册，齐鲁书社1997年版，第578页。

② 参见（明）赵贞吉《赵文肃公文集》，载四库全书存目丛书编纂委员会《四库全书存目丛书·集部》第100册，齐鲁书社1997年版，第605—606页。

③ （明）赵贞吉：《赵文肃公文集》，载四库全书存目丛书编纂委员会《四库全书存目丛书·集部》第100册，齐鲁书社1997年版，第605页。

④ （明）赵贞吉：《赵文肃公文集》，载四库全书存目丛书编纂委员会《四库全书存目丛书·集部》第100册，齐鲁书社1997年版，第606页。

⑤ （明）赵贞吉：《赵文肃公文集》，载四库全书存目丛书编纂委员会《四库全书存目丛书·集部》第100册，齐鲁书社1997年版，第607页。

⑥ 官长驰：《赵贞吉诗文集注》，巴蜀书社1999年版，第774页。

儒者见之曰儒，仙者见之曰仙，佛者见之曰佛。"① 可见赵大洲实是以混元一图汇通儒、道、释三教，是典型的三教合一论者。

可以看出，赵大洲的思想从根本上说是以性命为宗，融合三教，以成一家之言，虽有心学的面向，但远非心学所能笼络，而他对王艮—徐樾一系的现"成良知说"、"尊身立本"说，也甚为陌生，故从学术传承的角度来说，显然不能将其归入泰州门下。

三 结论

综上所述，从师承上看，徐樾与赵大洲非师弟子关系，而是"同志友"关系；从思想上看，赵大洲对王艮—徐樾一系的思想传承甚为陌生。故可判定：赵大洲非泰州学派中人。由此可见，"如果《明儒学案》的学派划分较为客观，或至少大体上接近历史的原貌，那么，这种结构性的前提便是在实际上为我们进一步的研究预先铺设了合理的轨道。但假如《明儒学案》的学派划分本身便有问题，那么，这种前提则显然构成一种前理解的限制，若无自觉并加以超越，由之出发，无疑会被误导而愈行愈远，无法贴近学术思想史的真相"②。《明儒学案》确实是一部相当精要的学术著作，其学派之划分，学案之设立，为我们提供了一部相当客观的明代儒学发展史，但黄氏在编撰学案时，有其自身的宗派立场以及学术史考量，因此在一些具体的学派划分与学案设立中，会产生明显有违史实的情况，如对周海门的学派归类，虽然黄氏也了解周海门与王龙溪之间的师承关系，却还是将周海门归入《泰州学案》。因此，我们在沿用黄氏所作的学派划分时，尤其是在进行个案研究时，应持一种审慎的态度，以第一手资料为准。

---

① 官长驰：《赵贞吉诗文集注》，巴蜀书社1999年版，第774页。
② 彭国翔：《周海门学派归属辨》，《浙江社会科学》2002年第4期。